新訂朱子全書

附外編

32

[宋]朱熹　撰
朱傑人　嚴佐之　劉永翔　主編

上海古籍出版社

校點説明

南軒集，張栻著，朱子編。雖不是自己的著述，朱子卻廣事蒐輯，嚴加取捨，爲之傾注了不少心力，向世人展示了他認爲值得留存的張氏著述。

張栻（一一三三——一一八〇），字敬夫，一字欽夫，號南軒，漢州綿竹人，是與朱子同時代的道學家。他是宰相張浚之子，卻毫不沾染貴公子習氣，一生潛心理學，以古聖賢自期。卓爾不羣如此，當是家教之嚴、師承之正、益友之多所致，也是理學流行的時代潮流使然。其父曾問學於程頤的弟子譙定，其師則是湖湘派的創始者五峰先生胡宏，而其友人之中，不消説，最直、諒、多聞的就是閩學的開山者朱子了。朱、張二人並世而生，互相切磋問難，對理學的發揚光大厥功至偉。

南軒以蔭補官，辟宣撫司都督府書寫機宜文字，除直祕閣。孝宗新即位，起用其父張浚伐金。南軒以少年内贊密謀，外參庶務。其所綜畫，幕府諸人皆自以爲不及。曾以軍事入奏，其言引起孝宗的注目。後知嚴州，召爲吏部侍郎，兼權起居郎侍立官。議論多爲皇帝首肯。兼任侍講，除左司員外郎。忤宰相虞允文意，出知袁州。退而家居多年。孝宗念之，詔除舊職，知靜江府，經略安撫廣南西路。詔特進秩直寶文閣，尋除祕閣修撰、荆湖北路轉運副使。改知江陵府，安撫本路。以彈劾不報求去。詔以右文殿修撰提舉武夷山沖佑觀。卒時年僅四十有八（見宋史卷四二九本傳）。

陳寅恪先生標舉「獨立之精神，自由之思想」（金明館叢稿二編王觀堂先生紀念碑銘），其實，在我們現在看來，由於不可能不受時代的裹挾，不管陳先生自己也好，他所表彰的王靜安先生也好，其精神不可能一無依傍，其思想也未始没有高天厚地而畫地爲牢的局限；不過，只要能自求其是而不曲學阿世，就已充分表達了人格的獨立與自由了。準以此例，南軒其人在宋代也無疑算得上是一位「精神獨立」與「思想自由」的人物。

他雖出五峰門下，卻有亞里士多德「吾愛吾師，吾更愛真理」的態度，例如他對其師「先察識後存養」之説的改造（南軒集卷二七答喬德瞻、卷三二答胡季隨），對其師之父胡安國春秋傳「其間多有合商量處」的評價（南軒集卷二三答朱元晦），對安國之侄胡寅所撰讀史管見「病敗不可言，其中間有好處，亦無完篇」的批評（南軒集卷二一答朱元晦秘書），無不體現了這種可貴的精神與思想。對朱子而言，他也是一位當之無愧的諍友，常與朱子反復辯論，不肯放過他認爲有病和於義未安之處。

朱子最欣賞南軒的是其義利之辨，在爲南軒撰寫的神道碑中，他特别拈出：

其常言有曰：學莫先於義利之辨，而義也者，本心之所當爲而不能自已，非有所爲而爲之者也。一有所爲而後爲之，則皆人欲之私，而非天理之所存矣。嗚呼，至哉言也！其亦可謂擴前聖之所未發，而同於性善養氣之功者歟！（晦庵先生朱文公文集卷八九右文殿修撰張公神道碑）

南軒將禮制視爲天理的體現，他説：

克己復禮之説，所謂禮者，天之理也。以其有序而不可過，故謂之禮。凡非天理，皆己私也。（南軒集卷二六答吕季克）

對於天理、人欲的區分，他提出了功夫之説：

然克己有道，要當深察其私，事事克之。今但指吾心之所愧者必其私，而其所無負者必夫禮，苟工夫未到，而但認己意爲則，且將以私爲非私，而謂非禮爲禮，不亦誤乎！（同上）

在方法上，他提倡「居敬窮理」，認爲：

竊考二先生所以教學者，不越於居敬窮理二事，取其書反復觀之，則可以見。蓋居敬有力，則其所窮者益精；窮理寖明，則其所居者益有地。二者蓋互相發也。（南軒集卷二六答陳平甫）

此與朱子意同，而從南軒的表字「敬夫」上，也可以窺見他對「敬」字的極端重視。

南軒和朱子一樣，思想的發展是有一個漸悟的過程的，他原先在體識、存養的先後上墨守其師之説，即先察識而後涵養。而朱子亦一度贊成之（晦庵先生朱文公文集卷四一答程允夫）；後來南軒樹存養、體察並進之義（南軒集卷二五寄吕伯恭、卷二七答喬德瞻），而朱子則轉爲先涵養而後察識（晦庵先生朱文公文集卷四三答林擇之）。人同而趨異，異仍寓同，既是各人獨立思考所得，也是互相觸發所致。這好比莊、惠互辯，有如匠石運斤成風，郢人立不失容。惠子死後，莊子致有「無以爲質」之歎。聯想起朱子讀南軒遺稿，「廢書太息流涕而言曰：『世復有斯人也耶！』」（南軒集序）想必其心情之沉痛亦同於莊之喪惠。

從文學性方面來講，南軒文筆甚工，不讓朱子。集中的南嶽唱酬序（南軒集卷一五）實際上是極佳的一篇遊記，不遜於任何一位宋代文學名家之作。其詩也不是講義、語録之押韻者，朱子曾説：「久聞敬夫城南景物之勝，常恨未得往游其間，今讀此詩，便覺風篁水月，去人不遠。」歎其「筆札之工，追蹤前作」（晦庵先生朱文公文集卷八一跋張敬夫所書城南書院詩）。以朱子之爲人及朱張兩人之間的關係看來，決非應酬之語。羅大經曾舉出其中的六首，説：「六詩平淡簡遠，德人之言也。」（鶴林玉露卷一三）楊慎引宋人絶句多首，説：「數詩有王維輞川遺意，誰謂宋無詩乎？」（升庵集卷五七宋人絶句），其中包括蘇舜欽、王安石、孔文仲、崔鶠、寇準、郭祥正、蘇轍、朱子、南軒之詩，僅蘇轍舉二首，餘人皆一首，而録南軒之詩多達五首，即羅氏所引六首所含。前後三人，所見略同；今吟味其詩，亦覺清絶。朱子曾説：「南軒文字極易成，嘗見其就腿上起草，頃刻便就。」（朱子語類卷一四〇）可見其天分之高。

南軒集的編定在張栻身後，朱子序云：南軒卒後，其弟張杓「裒其故藁得四巨編」，托朱子「次其文以行於世」，「因復益爲求訪，得諸四方學者所傳凡數十篇」，又發篋「出其往還書疏」，「方將爲之定著繕寫，則或者已用别本摹印而流傳廣矣」。朱子認爲其中「多鄙所講焉而未定之論，而凡近歲以來談經論事、發明道要之精語反不與焉」，「於是乃復亟取前所蒐輯，參互相較，斷以敬夫晚歲之意，定其書爲四十四卷」。可見南軒的少作，多爲朱子編集時摒而不録，因爲他認爲流傳的往往是「學者私所傳録，敬夫蓋不善也，以故皆不著」。不過書札中一些與朱子不同的議論，還是保留了下來，曾爲四庫館臣拈出（見四庫全書總目卷一六一南軒集提要）；有些早期的作品，如潭州重修嶽麓書院記和艮齋銘兩篇也並未棄而不收（見南軒集卷一〇及卷三六）。但的確許多異同之論被删去了，如今只能在朱子文集答張欽夫諸書的引録中得見其略。此本朱序繫年淳熙甲辰（一一八四），最早的著録當是趙希弁的讀書附志。

南軒還有許多爲朱子所賞，卻因觸忌而未能編入的文字，朱子在答胡季隨書中説：

南軒文集方編得略就，便可刊行。最好是奏議文字及往還書中論時事處，確實痛切，今却未敢編入。異時當以奏議自作一書，而附論事書尺於其後，勿令廣傳。或世俗好惡稍衰，乃可出之耳。（晦庵先生朱文公文集卷五三）

所以，嚴格講來，南軒集只是一個大型的選本，歷來許多讀者對未睹南軒著述之全有不足之感。如趙希弁讀書附志就不無遺憾地提了一筆：「朱文公校定而爲之序，然紫巖碁圖跋語之類皆不載于集中。」劉昌詩蘆浦筆記也記下自己得到南軒佚文慤齋銘時的喜不自勝：「右銘不載集中，蓋當時此紙流落，今幸寶藏遺墨。」愛讀一個人的著述，由此而想搜集他的佚文，這也是人情之常。朱子所編張集付梓後，南軒弟子胡大時嫌所收不全，想加以增補，遂與朱子商量，想仍用其序而删去其中有關不收少作的字句。朱子堅決不允，正告他：

序文後段若欲删去，即不成文字。兼此書誤本之傳，不但書坊而已，黄州印本亦多有舊來文字，不唯無益，而反爲累。若不如此説破，將來必起學者之疑。故區區特詳言之，其意極爲懇到，不知何所惡而欲去之耶？且世之所貴乎南軒之文者，以其發明義理之精，而非以其文辭之富也。今乃不問其得失是非，而唯務多取；又欲删去序文緊切意思，竊恐未免乎世俗之見，而非南軒所以望乎後學之意。試更思之。若必欲盡收其文，則此序意不相當，自不必用，須别作一序，以破此

序之説乃可耳。若改而用之，非惟熹以爲不然，南軒有靈，亦必憤歎於泉下也。（晦庵先生朱文公文集卷五三答胡季隨）

不知胡氏後來是否仍買菜求益地將集子編成付印，書闕有間，考索無從。直齋書録解題著録的南軒集，只有三十卷，若係胡氏以四十四卷的朱本爲基礎增補，不可能卷數反而大減，故疑是朱子所説的書坊别本。信中談到的另一個版本，朱子在另處提及時説：「黄州亦有官本，篇秩尤多。然多是少作，可恨也。」（晦庵先生朱文公文集卷五八答宋深之）不過，這些本子後來都散佚無存了，留下的都是以朱編爲祖本的。這樣，朱子所憂慮的「讀者或不能無疑信異同之惑」（南軒集序）便不致出現於今日了。我們這次整理，作爲朱子全書外編的一種，充分尊重朱子的編輯意圖，儘管南軒有許多佚文尚保留在方志、類書和總集裏，也不再以多爲富地去拾遺補闕了。

今存的唯一宋本是宋寧宗時的浙江刊本，可惜只殘存了二十八卷，令人有未窺全豹之憾。不過僅此殘本，其中就有數篇文字與他本大不相同，如潭州重修嶽麓書院記、敬齋記、經世紀年序、孟子講義序、胡子知言序等文皆是。究竟何者是朱子編定時的原貌，想來在祖本重現之前，難以作答。這次整理，我們只能將同題的兩篇文字並列，以供讀者參稽。

諸本相同的是有些篇章都留有空格，這是朱子有意删字留白的。他説：

其間空字，向來固已直書，尤延之見之，以爲無益而賈怨，不若刊去。今亦不必補，後人讀之，自當默喻也。（晦庵先生朱文公文集卷五三答胡季隨）

想來都是些指斥之語，恐觸時忌而遵尤袤之意删去。朱子答尤尚書袤書云：

今承疏示，當以示刊者。有姓字處且令鑱滅，後人亦須自曉得也。（晦庵先生朱文公文集續集卷三）

不過如今這些字若要補全，卻也大爲不易，因爲八百餘年過去，我們已是朱子所説的「後人」之「後人」了，書之闕文姑留待後賢之有考據癖者。

這次整理，即以人稱最爲精審的清康熙四十五年錫山華氏劍光書屋刊本爲底本，校以殘宋本，明嘉靖元年劉氏翠巖堂慎思齋刻本（簡稱劉本）和文淵閣四庫全書本（簡稱四庫本），并以明嘉靖四十一年繆輔之刻本（簡稱繆本），道光二十五年陳鍾祥刻本（簡稱陳本），清吴騫跋、近人傅增湘校清抄南軒先生詩集本（簡稱抄本）等參校。

古人云：「校書如掃塵，一面掃，一面生。」（夢溪筆談卷二五）而點書則更難。書中錯謬，或闕學識，或涉粗疏，自屬難免，統望方家時予指正，是爲至望。

二〇一〇年六月　劉永翔　許　丹

南軒先生文集序

孟子没，而義利之説不明於天下。中間董相仲舒、諸葛武侯、兩程先生屢發明之，而世之學者莫之能信，是以其所以自爲者，鮮不溺於人欲之私，而其所以謀人之國家，則亦曰功利焉而已爾。爰自國家南渡以來，乃有丞相魏國張忠獻公倡明大義以斷國論，侍讀南陽胡文定公誦説遺經以開聖學，其託於空言、見於行事雖若不同，而於孟子之言，董、葛、程氏之意，則皆有所謂千載而一轍者。若近故荆州牧張侯敬夫者，則又忠獻公之嗣子，而胡公季子五峰先生之門人也。自其幼壯，不出家庭，而固已得夫忠孝之傳。既又講於五峰之門，以會其歸，則其所以默契於心者，人有所不得而知也。獨其見於論説，則義利之間，毫釐之辨〔一〕，蓋有出於前哲之所欲言而未及究者。措諸事業，則凡宏綱大用、鉅細顯微，莫不洞然於胸次，而無一毫功利之雜〔二〕。是以論道於家，而四方學者争鄉往之；入侍經帷，出臨藩屏，則天子亦味其言，嘉其績，且將倚以大用，而敬夫不幸死矣。

敬夫既没，其弟定叟裒其故藁，得四巨編，以授予，曰：「先兄不幸蚤世，而其同志之友亦少存者。今欲次其文以行於世，非子之屬而誰可？」予受書愀然，開卷亟讀，不能盡數篇，爲之廢書，太息流涕而言曰：「世復有斯人也耶！無是人而有是書，猶或可以少見其志。然吾友平生之言，蓋不止此也。」因復益爲求訪，得諸四方學者所傳凡數十篇。又發吾篋，出其往還書疏讀之，亦多有可傳者。方將爲之定著繕寫，歸之張氏，則或者已用别本摹印而流傳廣矣。遽取觀之，蓋多向所講焉而未定之論。而凡近歲以來談經論事、發明道要之精語，反不與焉。予因慨念敬夫天資甚高，聞道甚蚤，其學之所就既足以名於一世，然察其心，蓋未嘗一日以是而自足也。比年以來，方且窮經會友，日反諸心而驗諸行事之實，蓋有所謂不知年數之不足者，是以其學日新而無窮。其見於言語文字之間，始皆極於高遠，而卒反就於平實。此其淺深疏密之際，後之君子其必有以處之矣。顧以序次之不時，使其説之出於前而棄於後者猶得以雜乎篇帙之間，而讀者或不能無疑信異同之惑，是則予之罪也已夫！於是乃復亟取前所蒐輯，參伍相校，斷以敬夫晚歲之意，定其書爲四十四卷。嗚呼！使敬夫而不死，則其學之所至、言之所及，又豈予之所得而知哉！敬夫所爲諸經訓義，惟論語説晚嘗更定，今已别行。其他往往未脱槀時學者私所傳録，敬夫蓋不善也，以故皆不著。其立朝論事及在州郡條奏民間利病，則上意多鄉納之，亦有頗施行者，以故亦不著。獨取其經筵口義一章，附於表奏之後，使敬夫所以堯舜吾君而不愧其父師之傳者〔三〕，讀者有以識其端云。淳熙甲辰十有二月辛酉新安朱熹序〔四〕。

校勘記

〔一〕毫釐之辨　「釐」，原作「髮」，據宋本、劉本、四庫本改。

〔二〕而無一毫功利之雜　「雜」，原作「習」，據宋本、劉本、四庫本改。

〔三〕而不愧其父師之傳者　「其」，原作「於」，據宋本、劉本、四庫本改。

〔四〕淳熙甲辰十有二月辛酉新安朱熹序　「辛酉」二字原無，據宋本補。

南軒先生文集目録

卷二

卷三

卷四……一二二

卷五……一四六

卷六……一六七

卷七……一八三

卷八……二〇六

卷九……二二五

記……二二五

卷十 ……二四〇

卷十三……二八一

卷十四

卷十九……三六二

卷二十七……四七六

卷三十三

卷三十四……五七三

卷三十五

卷四十二……六七二

卷四十四 …… 六九七

南軒先生文集卷第一

詞

風雩亭詞

嶽麓書院之南有層丘焉，於登覽爲曠。建安劉公命作亭其上，以爲青衿遊息之地，廣漢張某名以「風雩」，以繫以詞。

眷麓山之回隩，有絃誦之一宫。鬱青林兮對起，背絶壁之穹窿。獨樵牧之往來，委榛莽其蒙茸。試芟夷而卻視，翕衆景之來宗。擢連娟之修竹，森偃蹇之喬松。山靡靡以旁圍，谷窈窈而潛通。翩兩翼兮前張，擁千麾兮後從。帶湘江之浮淥，矗遠岫兮横空。何地靈之久閟，昉經始乎今公。悦棟宇之宏開，列闌楯之周重。撫勝概以獨出，信兹山之有逢。予揆名而諏義，爰遠取於舞雩之風。昔洙泗之諸子，侍函丈以從容。因聖師之有問，各踸陳其所衷。獨點也之摻志，與二三子兮不同。方舍瑟而鏗然，諒其樂之素充。味所陳之紆餘，夫何有於事功。蓋不忘而不助，亦何始而何終。于鳶飛而魚躍，實天理之中庸。覺唐虞之遺烈，儼洋洋乎目中。惟夫子之所與，豈虚言之是崇。嗟學子兮念此，遡千載以希蹤。希蹤兮奈何，盍務勉乎敬恭。審操舍兮斯須，凛戒懼兮冥濛。防物變之外誘，遏氣習之内訌。浸私意之脱落，自本心之昭融。斯昔人之妙旨，可實得於予躬。循點也之所造，極顔氏之深工。登斯亭而有感，期用力於無窮。

謁陶唐帝廟詞

宋淳熙四年，静江守臣張某既新陶唐帝祠，以二月甲子率官屬祗謁祠下，再拜稽首〔一〕，退而歌曰：

溪交流兮谷幽，山作屏兮層丘。木偃蹇兮枝相樛，皇胡爲兮于此留。藹冠佩兮充庭，潔芳馨兮載陳。純衣兮在御，東風吹兮物爲春。皇之仁兮其天，四時叙兮何言。出門兮四顧，渺宇宙兮茫然。

公安竹林祠迎神送神樂章

神之來兮何許？風蕭蕭兮吹雨。悄屏氣兮若思，儼霓旌兮來下。昔公車之自南，民望車以歆歔。今乘駒兮入廟，亦孔悲兮若初。秋月兮皎皎，嚴霜兮凜凜。澤終古兮何窮，噫微管吾其左袵。酌荆江以爲醴兮，擷衆芳以爲羞。歌嗚嗚兮鼓坎坎，惠我民爲此留。神之去何所游，風颯颯挾歸輈。倏昭明兮上征，撫一氣兮横九州。有新兮斯宇，竹森森其在户。嗟我民兮勿傷，公時來兮一顧。有新兮斯堂，竹猗猗其在旁。嗟我民兮勿替，公顧民兮不忘！

賦

遂初堂賦

洛陽石伯元作堂於所居之北，榜曰「遂初」，廣漢張某爲之辭曰：

皇降衷于下民兮，粤惟其常。猗於穆而難名兮，維生之良。翕衆美而具存兮，不顯其光。彼孩提而知愛親兮，豈外鑠繫中藏。年燁燁而寖長兮，紛事物之交相。非元聖之生知兮，懼日遠而日忘。緣氣稟之所偏兮，横流始夫濫觴。感以動兮不止，乃厥初之或戕。既志帥之莫御，氣決驟以翺翔。六情放而曷禦，百骸弛而孰强。自青陽而逆旅，暨黄髮以茫茫。儻矍然於中道，盍反求於厥初。厥初如何，夫豈遠歟？彼匍匐以向井，我惻隱之拳如。

驗端倪之所發，識大體之權輿。如寐而聰，如迷而途。知睨視之匪遐，乃本心之不渝。嗚呼！予既知其然兮，予惟以遂之。若火始然而泉始達兮，惟不息以終之。予視兮毋流，予聽兮毋從。予言兮毋易，予動兮以躬。惟自反兮于理，兹日新兮不窮。逮充實而輝光，信天質之本同。極神存而過化，亘萬世以常通。嗚呼！此羲文之所謂「復」，而顏氏之子所以爲道學之宗也歟？吾友石君，築室湘城，伊抗志之甚遠，揭華榜以維新。命下交兮勿固，演妙理以旁陳。探上古之眇微，得斯説於遺經。謂非迂而匪異，試隱几而一聽。然則兹其爲遂初也，又豈孫興公所能望洋而瞠塵者乎？

飯杞菊賦〔二〕

張子爲江陵之數月，時方中春，草木敷榮，經行郡圃，意有所欣。非花柳之是問，眷杞菊之青青。爰命采掇，付之庖人。汲清泉以細烹，屏五味而不親。甘脆可口，蔚其芳馨。蓋日爲之加飯，而它物幾不足以前陳。飯已捫腹，得意謳吟。客有問者曰：「異哉，先生之嗜此也！昔坡公之在膠西，值黨禁之方興，歎齋厨之蕭條，乃攬乎草木之英。今先生當無事之世，據方伯之位。校吏奔走，頤指如意。廣厦延賓，毬場享士。清酒百壺，鼎臑俎胾。宰夫奏刀，各獻其技。顧無求而弗獲，雖醉飽其何忌？而乃樂從夫野人之餐，豈亦下取乎葑菲？不然，得無近於矯激，有同於脱粟布被者乎？」張子笑而應之曰：「天壤之間，孰爲正味？厚或腊毒，淡乃其至。猩唇豹胎，徒取詭異。山鮮海錯，紛糾莫計。苟滋味之或偏，在六府而成贅。極口腹之所欲，初何出乎一美。惟杞與菊，中和所萃。微勁不苦，滑甘靡滯。非若他蔬，善嘔走水。既瞭目而安神，復沃煩而蕩穢。驗南陽與西河，又頽齡之可制。此其爲功，曷可殫紀？况於膏粱之習，貧賤則廢，雋永之求，不得則恚。兹隨寓之必有，雖約居而足恃。殆將與之終身，又可貽夫同志。子獨不見吾納湖之陰乎？雪消壤肥，其茸萎蕤。與子婆娑，薄言掇之。石銚瓦椀，啜汁咀虀。高論唐虞，詠歌書詩。嗟乎！微斯物，孰同先生之歸？」於是相屬而歌，殆日晏以忘饑。

古詩

送八兄

彌旬積雨穗生耳，冬壑未渠收潦水。圍爐情話政爾佳，乃復歸舟行萬里。三年百感臥湘城，風急鶺鴒原上情。豈無他人意獨貞〔三〕，每覺軟語温如春。少年鋭氣凌八區，晚以樂義稱鄉閭。聞人有急若己如，天報兩子雙明珠。小隱卜築蘭溪邊，修篁喬木今參天。是非

歸時。

政倚晚節增光輝。有弟有弟復何爲，杜門讀書人謂癡。故山未遂掃松願，江頭獨立送

榮辱不到處，卷書一榻清晝眠。人言壽骨隱修眉，慶事鼎鼎供期頤〔四〕。豈惟宗族託軌範，

五士遊嶽麓圖

閉門六月汗如雨，出門襏襫紛塵土。文書堆案曲肱臥，夢逐征鴻過前浦。西山突兀不可忘，勇往政須求快睹。朝暾未升起微風，中流咿啞挾鳴櫓。長林秀色已在望，有如出語見肝腑〔五〕。意行愛此松陰直，眼明還喜碑字古〔六〕。高低梵釋著幽居，深穩僊家開閎宇。忽看宮墻高十丈，學宮峩峩起鄒魯。斯文政倚講磨切，石室重新豈無補。危梯徑上不作難，横欄截出可下俯。惟兹翼軫一都會，往事繁華雜歌舞。變遷反覆寧重論，昔日樓臺連宿莽。邇來人物頗還舊，豈止十年此生聚。泉流涓涓日循除，華表何時鶴來語。炎氛知不到山林，茗盌蒲團對香縷。鼎來杖屨皆勝引，季也亦復同步武。洛陽年少空白頭，三閭大夫浪自苦。一笑便覺真理存，高談豈畏丞卿怒。不圖畫僧聖得知，貌與兒童作夸詡。請君爲我添草堂，風雨蕭蕭守環堵。

次韻伯承見簡探梅之什且約人日同遊城東

江湖漫浪歲年晚，雖有梅花誰寄遠。城中可人獨吴郎，不惜日力供往返。東郭枝頭玉雪明，下有清淺溪流横。新春好趁花前約，莫待飄零空作惡。

張安國約同賦仇氏匰甕酒

人間炎熱不可耐，君家甕酒春未央〔七〕。想當醉倒臥永日，夢遶清淮歸故鄉。後生那得識此酒，從君乞方還肯否？徽州作賦爲欷歔，荆州詩來端起予。

李仁父寄茯苓酥賦長句謝之

岷峩山中千歲松，枝虬幹直摩青空。雪霜剥落中不槁，膏液下與靈泉通。龜趺皇伏自磊砢，金堅玉潔仍豐融。篝明夜取喜得雋，煑鼎朝聽如吟風。杵成坐上看飛雪，更和酪乳收全功。當知至味本無味，子若服之壽莫窮。巽巖脊梁硬如鐵，冠峩切雲佩明月。百好都隨春夢空，大藥獨傳鴻寶訣。中宵咀嚼不摇頭，玉池生肥噍不徹。憐我百慮形蚤衰，裹贈扶持意何切。丹砂着根謾爾傳，脂澤釀黍計已拙。由來妙道初不煩，此法莫從兒輩説。

徑思舉袂揖浮丘，下視塵世真一吷。朱顔留得亦何爲，追逐同堅歲寒節。

和吴伯承

一葦湘可航，風濤逮春深。裴臺咫尺地，勇往復雨淫。窗前幾紅藥，俛首如不禁。悠悠覽物化，了了知予心。卜隣得佳士，問學方駸駸。端如雲間鶴，不受塵埃侵。應門有長鬚，杖策許相尋。匪爲食有魚，杞梗采墻陰。聽我清廟詩，三歎有餘音。洋洋百世下，斯道豈陸沉。君看有本源，發端自涔涔。願君勉勿倦，抱膝試長吟。儻臻名教樂，何必懷山林。新詩尚來嗣，庶以貽規箴。

用前韻送彪德美

嘗嗜貴知味，短綆難汲深。讀書不能發，但自成書淫。况復翻異説，横流渺難禁。豈知言意外，妙此惟微心。初無古今異，歲月謾駸駸。五峰講學地，歎息風雨侵。前時約同途，舊遊愴追尋〔八〕。鳴鳳不可見，修竹餘清陰。斯文天未喪，千載發韶音。春風滿天宇，魚鳥自飛沉。河流貫霄極，芥舟膠寸涔。神交獨吾子，妙處但微吟。文會匪易得，未應歸故林。君無泉石癖，膏肓詎須箴。

再用前韻

元化首萬類，聖學極幾深。有如亞聖賢，尚謹殆與淫。淺見僅一斑，歡喜不自禁。豈知天地全，於穆千聖心。嗟哉我學子，進道宜駸駸。立志務弘毅，異説毋交侵。仁端驗發見，精微試探尋。超然見大體，皎日破重陰。重新鄒魯傳，挽回韶濩音。當年不自勉，與物終堙沉。神龍倐變化，豈復顧泥涔。有來南山友，更唱共迭吟。群材欲封殖，杞梓看成林。慇懃勸學子，逆耳成良箴。

采菊亭并引

陶靖節人品甚高，晉宋諸人所未易及。讀其詩，可見胸次灑落，八窗玲瓏，豈野馬遊塵所能棲集也！前建安丞張君精力未衰，即掛冠，家于瀏陽，有年矣。葺小園爲亭，面南山，來求予名。予名之曰「采菊」，取靖節所謂「采菊東籬下，悠然見南山」。嗚呼！靖節興寄深遠，特可爲識者道耳。

陶公千載人，高標跨餘子。豈無濟時念，歛藏獨知止。歸來臥衡門，無慍復何喜。九日天氣佳，東籬擷芳蕋。舉頭見南山，佳處政在此。地偏心則遠，意得道豈否。張侯謝銀魚，築室娱燕几。小亭才尋丈，景物自新美。頗聞雙瞳清，亦復强步履。不妨數登臨，倚杖看雲起。高詠「悠然」篇，飛鴻送千里。

送楊廷秀

自吾友若人，歎息恨不早。相逢未出語，已足慰懷抱。寒窗逾浹旬，百慮略傾倒。霜晴不留客，别語詎能好。不盡此時情，梅邊試深討。

又

昔人忘言處，可到不可會。還須心眼清〔九〕，未許一理蓋〔一〇〕。辭章抑爲餘，子已得其最。當知鄒魯傳，有在文字外。

又

平生風雨夕，每念名節難。窮冬百草歇，手自種琅玕。吾子三十策，字字起三歎。豈欲求人知，正自一心丹。請哦碩人詩，匪爲樂考槃。

送鮮于大任入成都幕

虜馬昔飲江，扁舟憶同騖。翁方爲國謀，客以名義故。安危匪前料，得失詎異趣。淮壖渺風雪，王事有程度。息偃多在床，君車不停駐。初無作難色，所立詎忩素。嗟我吴門別，風木歲徂暮。相逢復湘城，往事忍回顧。獨餘後凋心，特立凛不懼。莫邪雖云利，寧作囊錐露？善藏要有待，小試隨所遇。終無缺折虞，豈但走狐兔。吾州得良牧，民力或可裕。本根賴封殖，彊索費調護。從容試長思，取急無窘步。作別忽草草，懷抱復誰付。他時下瞿唐，訪我林下屨。儻於功名餘，更講未後句。

同遊嶽麓分韻得洗字

遊觀不作難，呼舟度清泚。新晴宿潦浄，群山政如洗。上方着危欄，萬象見根柢。寒泉自可斟，况復雜肴醴。高談下夕陽，邂逅玄鑰啟。中流發浩歌，月色在波底。

送張深道

秋風木葉落，送客麗譙東。豈懷兒女戀，愛此趣味同。至理無轍迹，妙在日用中。聞言有不信，渠自馬牛風。吾子實所畏，立志高冥鴻。卓然遊聖門，不受異説訌。切磋豈不樂，愧非郢鼻工。於皇太極蘊，精微浩無窮。願言終玩繹，默參玄化功。

人言底柱險，袖手不敢邇。孰知人心危，毫釐千萬里。由來事物繁，酬酢無披靡。雖云應不難，要且辨真僞。良知本易直，天機駭所起。涵濡自日新，日新乃無蔽。聖學非空言，要領故在此。吾子端發源，所進渺涯涘。我雖念不敏，詎敢忘所止。後會儻有時，深功同舉似。

留題金山寺

長江岷山來，灌注天下半。東行近海門，勇往更瀰漫。蒼巒忽中流，屹立助傑觀。孤根入層淵，秀色連兩岸。我來最奇絶，霜月與璀璨。褰衣到絶頂，恍若上河漢。悠然發遐思，俯仰爲三歎。乾坤無餘藏，今古有長算。更深寂群動，樹杪獨鳴鸛。回頭唤山僧，爲記此公案。

送范西叔教授西歸

乃祖至和間，忠謀書鼎彝。但知陛下聖，豈知吾言危。元祐愛君語，讀者猶涕洟。典刑今不亡，盛德故在兹。歲晚子過我，秀若齋房芝。持身蹈規矩，出語無瑕疵。向來長安道，詎肯舍靈龜。萬里一泮宫，行囊幾新詩。湘山足幽勝，而水清漣漪。登臨豈不樂，邂逅枌榆思。我懶抱僻學，絶絃理朱絲。子獨慕千載，悠然契心期。豈不爲我留，感此節物移。臨岐撫陳編，爲子三噫嘻。高深諒何極，循求有端倪。願言勉事此，奕葉光前規。

王長沙梅園分韻得林字

令君五畝園，不問蓬蒿深。江梅忽秀發，邂逅成賞音。一笑領諸客，掃地坐墻陰。清芳到酒面，落蕊飄衣襟。月出未忍去，起舞獨微吟。人自賞晤耳，問花亦何心。花雖有開落，意則無古今。須君戒勿折，嘉實看成林。

送邵懷英赴召

自君之西來，吾徒獲三益。匪惟欣晤言〔一一〕，望見意已適。俯仰歲再更，交情共金石。豈翩然别我去，寧復得此客？諸公有推轂，詔下亟傳驛〔一二〕。嘉言久填胸，往覲天咫尺。豈其湘水邊，而可滯六翮？雖深惜别思，敢後天下責。嗟哉善利途，雞鳴分舜蹠。浮雲起毫釐，乃有泰山隔。持身與謀國，兹義貫於一。君侯天資高，遇事無逼迫。所立凜不回，舉手謝物役。保此方寸印，勿受一塵隙。廓然麗昭回，萬象歸指畫。富貴豈君心，事業追往昔。贈言不能工，庶以永無斁。

陪安國舍人勞農北郊分韻得闌字

寒收花尚瘦，風静江不湍。元戎肅千騎，歷覽無留難。好景要徐出，微雲故遮闌。惟春布嘉惠，公豈樂遊觀。厖眉八十老，扶杖來蹣跚。去年幸一稔，何以報長官？酌酒公自勞，得無有愁嘆？嗟哉三章約，所貴簡且寬。黄堂載清静，自覺田里安。須公出妙語，兹遊記不刊。

安國晚酌葵軒分韻得成字

桐花三月寒，風雨滿江城。使君晚被酒，千騎過友生。名談宿霧捲，逸氣孤雲横。揮斥看墨妙，笑語皆詩成。人物有如此，爾輩賴主盟。更呼南隣客，共此樽酒傾。愛我庭下竹，頭角方峥嶸。永懷冰雪姿，寧復世俗情。新篇一湔祓，凡木不足程。願言謹封殖，歲晚長敷榮。

安國置酒敬簡堂分韻得柳暗六春字

桴鼓息荒村，䆉穲盛南畝。永日省文書，呼客共樽酒。主人出塵姿，宛是靈和柳。行歸帝所遊，此地豈淹久。

公臥百尺樓，餘子可下瞰。我每奉談塵，汲古得深探。身外皆爲餘，此道要無憾。從渠梅雨天，陰晴遞明暗。

公憎孔壬面，怪石乃寓目。夜堂發深藏，林立驚滿屋。我亦苦嗜此，一見下風伏。何當載而歸，妙策三十六。

堂下列絲竹，堂上娛佳賓。相看夜未艾，樂此笑語真。風流今屬公，我輩但逡巡。文章千古意，翰墨四時春。

同元晦擇之遊嶽道遇大雪馬上作

驅車望衡嶽，群山政參差。微風忽南來，雲幕爲四垂。炎官挾蓐收，從以萬玉妃。庭熒亦何有，尺璧仍珠璣。奇貨我敢居〔一三〕，妙意良自知。林巒倏變化，轍迹平高低。喬松與修竹，錯立呈瑰姿。清新足遐寄，浩蕩多餘思。平生湘南道，未省有此奇。況復得佳友，晤言相追隨。茅簷舉杯酒，旅榻誦新詩。更約登絶頂，同觀霽色時。

詩送元晦尊兄

君侯起南服，豪氣蓋九州。頃登文石陛，忠言動宸旒。坐令聲利場，縮頸仍包羞。却來臥衡門，無愧自日休。盡收湖海氣，仰希洙泗游。不遠關山阻，爲我再月留。遺經得紬繹，心事兩綢繆。超然會太極，眼底無全牛。惟兹斷金友，出處寧殊謀。南山對床語，匪爲林壑幽。白雲政在望，歸袂風飀飀。朝來出别語，已抱離索憂。妙質貴强矯，精微更窮搜。毫釐有弗察，體用豈周流。驅車萬里道，中途可停輈。勉哉共無斁，邈矣追前修。

遊南嶽風雪未已決策登山用春風樓韻

人言南山巔，煙雲聳樓觀。俯瞰了坤倪，仰攀接天漢。勇往愧未能，長吟湘水畔。兹來渺遐思，風雪豈中斷。行行重行行，敢起自畫歎。我聞精神交，石裂冰可泮。陰沴驅層霄，杲日麗旭旦。决策君勿疑，此理或通貫。

校勘記

〔一〕再拜稽首　「首」，原作「手」，據劉本、四庫本改。

〔二〕飯杞菊賦　「飯」，劉本、四庫本作「後」。

〔三〕豈無他人意獨貞　「貞」，劉本、四庫本作「真」。

〔四〕慶事鼎鼎供期頤　「鼎鼎」，四庫本作「鼎鼐」。

〔五〕有如出語見肝膈　「如」，原作「時」，據劉本、四庫本改。

〔六〕眼明還喜碑字古　「喜」，原作墨丁，據劉本、四庫本補。

〔七〕君家甕酒春未央　「酒」，劉本、四庫本作「頭」。

〔八〕舊遊愴追尋　「遊」，原作「時」，據劉本、四庫本改。

〔九〕還須心眼清　「清」，劉本、四庫本作「親」。

〔一〇〕未許一理蓋　兩宋名賢小集、石倉歷代詩選作「未許工雕績」。

〔一一〕匪惟欣晤言　「晤」，原作「語」，據劉本、四庫本改。

〔一二〕詔下亟傳驛　「驛」，原作「譯」，據劉本、四庫本改。

〔一三〕奇貨我敢居　「我」，劉本、四庫本作「吾」。

南軒先生文集卷第一

古詩

陪舍人兄過陳仲思溪亭深有買山卜鄰之意舍人兄預以顓壑見名因成古詩贈仲思

築居湘水濱，歲月亦已久。寧知負郭東，勝處入君手。回環煙塢深，有此溪十畝。朝暾穿林薄，荷氣薰户牖。堂堂吾州牧，下馬唤賓友。主人故喜事，一笑具殽蔌。汲泉泛崇蓮，洗醆傾樽酒。淋漓壁間書，自可傳不朽。我獨留薄暮，並溪時矯首。人言君不偶，此豈落人後。觀君眉宇間，似亦挾所有。隔溪更幽絶，古木蔭高阜。却立望遥岑，四序列鐘卣。買山吾計決，便欲剪榛莠。居然顓一壑，豈羡印如斗。未知隣家翁，還肯見容否。

送然姪西歸二

堂堂希白翁，共惟同出自。百年詩禮傳，名教有樂地。嗟予力未勝，永抱蓼莪意。積累蓋百艱，承家豈云易。愓然履淵冰，中夜耿不寐。協心望爾曹，勉力紹前志。歲晚期有成，庶或保無墜。

自子來見我，倏焉十六秋。一聞沂上音，此意便綢繆。中間豈不别，會合同轉頭。今茲舍我去，萬里不復留。豈不能挽子，懼子爲親憂。六月送歸船，我思與悠悠。愛子剛毅資，不作繞指柔。願子進問學，琢磨須自修。居然知見廣，百病會有瘳。誰謂道云遠，行矣當深求。

送黄子默

元祐不復見，太史今諸孫。人物尚論世，典刑故猶存。酣歌拓金戟，三年佐雄藩。超然車馬中，高韻獨孤騫。永懷白鷗盟，修竹滿故園。得句見眉睫，外慕何足言。顧以感知己，跋馬向修門。朝開英俊途，王度待討論。小試翰林手，乘槎薄崑崙。我懶卧衡麓，秋風擷蘭蓀。交遊歎益落，拭目看騰掀。軒冕豈足貴，政爾名義尊。執手念相聞，此意古所敦。

過胡文定公碧泉書堂

入門認溪碧，循流識深源。念我昔此來，及今七寒暄。人事幾更變，寒花故猶存。堂堂武夷翁，道義世所尊。永袖霖雨手，琴書賁丘園。當時經行地，尚想語笑温。愛此亭下水，固若玻瓈盆〔一〕。晴看浪花湧，静見潛鱗飜。朝昏遞日月，俯仰鑑乾坤。因之發深感，倚檻更忘言。

次韻德美碧泉感舊之什且約胡廣仲伯逢季丘來會上封

相逢傾蓋地，回首歎川上。士窮不足怪，但喜氣愈王。凛然歲寒姿，儒林有龍象。棲遲似隱君，矍鑠真詩將。惟應一彈指，欲了四大藏。舊習想氷消，豈復留餘恙。新篇更紆餘，和氣與醖釀。却思東魯遊，幾載南陽葬。風霜摧宰木，日月隨過浪。豈期經世心，晚歲成獨往。蕭然屋半欹，使我懷抱愴。獨有千載傳，此事可憑仗。細觀宇宙間，何得復何喪。尚期浮雲開，衡嶽來見狀。秋蟄采蘭蓀，霜林收栗橡。曉看日浮空，夜賞雪侵帳。更憐二三友，前山屹相望。文會儻來尋，勝踐天所相。妙理須細論，長歌却雄放。褰裳請勿疑，當仁應不讓。

自西園登山

雨後溪重碧，木落山增明。西風肅群物，感此秋氣清。振衣千崖表，俯瞰萬籟生。匪云幽遐慕，政爾未忘情。

路出祝融背仰見上封寺遂登絶頂

我尋西園路，徑上上封寺。竹輿不留行，及此秋容霽。磴危霜葉滑，林空山果墜。崇蘭供清芬，深壑遞幽吹。不知山益高，但覺寒侵袂〔二〕。路回屹陰崖，突兀聳蒼翠。故應祝融尊，群峰拱而侍。金碧雖在眼，勇往詎容憩。絶頂極遐觀，脚力聊一試。昔遊冰雪中，未盡登臨意。兹來天宇肅，舉目浄纖翳。遠邇無遁形，高低同一視。永惟元化功，清濁分萬類。運行有機緘，浩蕩見根柢。此理復何窮，臨風但三喟。

中夜祝融觀月

披衣凛中夜，起步祝融巔。何許氷雪輪，皎皎飛上天。清光正在手，空明浩無邊。群峰儼環列，玉樹生瓊田。白雲起我旁，兩腋風翩翩。舉酒發浩歌，萬籟爲寂然。寄言平生友，誦我山中篇。

晨鐘動雷池望日

浮氣列下陳，天浄澄秋容。朝暾何處升，彷彿認微紅。須臾眩衆采，閶闔開九重。金鉦忽湧出，晃蕩浮雙瞳。乾坤豁呈露，群物光芒中。誰知雷池景，乃與日觀同。徒傾葵藿心，再拜御曉風。

道旁見穫者

腰鐮聲相呼，十百南畝穫。婦持黍漿饋，幼稚走雀躍。辛勤既百爲，幸此歲不惡。王租敢不供，大室趣逋約。雖云粒米多，未辦了升龠。姑寬目前饑，詎有卒歲樂。樂歲尚爾爲，一歉更何托？書生獨多憂，何以救民瘼。

臘後一日尋梅東門外馬上遇雪

羸驂出東郭，静與幽意期。尋梅冷入眼，野路信所之。寒萼靳未吐，我自愛横枝。雪花忽排空，成此一段奇。歲晚故人闊，天寒鴻雁稀。南國少霜霰，北山多蕨薇。坐看節物改，莫遣心事違。角巾風獵獵，日暮獨吟歸。

雪中登樓分韻得未字

南州冬多温，一雪已可貴。今年臘三白，故足蘇品彙。朝來凭危欄，舉酒聊自慰。翩翩着客衣，漠漠亂雲氣〔三〕。珪璧滿天地，造物初不費。更邀二三友，晤賞見風味。燭至僕尚更，酒苦飲亦既。仍遣探梅花，已坼南枝未？

笋脯一瓶馳寄因和去歲詩爲一笑春笋未盛尚續致也

權門極珍羞，未辦食龍肉。我家湘楚山，籜龍飫奴僕。淮南户户有黄虀，公今徑歸亦不癡。更包笋脯贈行李，定應笑殺長安兒。

湖南使者邵公召赴行在所寓客張某敬賦以餞行李

公來使湘州，氣象日淳美。不爲察察明，自謂平平耳。未須走原隰，但使心如水。儻無耳目蔽，庭户即千里。頃聞上封章，便欲返桑梓。其如矍鑠姿，難着湖山裏。春風一札下，趣往覲天咫。新渌渺滄洲，揚舲一何駛。士方處遠外，憂國抱藴底。寧應立君前，輔車有或柅。煌煌四門開，側席問民疻。百慮願畢陳，高風泚餘子。

次韻元晦擇之雪中見懷

流水浩無息，游雲去不休。我思在何許，起步三徑幽。男子四方志，胡爲守一丘。盍簪未可期，此意空綢繆。平生子朱子，砥柱屹横流。探古獨遐觀，萬象供雙眸。結友得林子，苦心事窮搜。看渠清介姿，便可披羊裘。昔者千里駕，共我風雪遊。永言清絶景，祇以好語酬。居然隔年别，却喜翰墨留。詩來尚記憶，知子不我尤。講習今難忘，離索古所憂。但當勉耘耔，歲晚儻可收。

送甘甥可大從定叟弟之桂林

季也有行役，我思獨悠悠。親朋非不多，子能從之遊。挂席上湘水，青山挾行舟。籃輿問嶺路，政爾荔子秋。人言桂林好，頗復類中州。近郊多勝槩，雉堞冠層樓。待渠幕府暇，時與同冥搜。吾子有令姿，胸中富九流。處世多齟齬，但當付滄洲。超然擴遐思，詎可耳目謀。願爲百鍊剛，莫作繞指柔。昔人不吾欺，子盍試反求。預想他年歸，此地復綢繆。刮目看二子，一笑紓百憂。

湘中館餞定叟弟分韻得位字

江樓倚夜闌，樽酒留客醉。挽衣更小語，不盡今夕意。吾家德義尊，此豈在名位。勉哉嗣芬芳，停此寬別思。

廣漢黄仲秉即轉運使所治之東作亭扁以楚翠葢取杜陵所謂楚岫千峰翠者屬客賦詩

維衡屹南荒，作鎮自開闢。蟠根結地厚，面勢倚空碧。陂陁數州境，高下相接迹。麓山乃其趾，神秀固未極。定王十里城，處處見山色。知誰長在眼，嗟此塵中客。觀風君獨暇，延納到几席。得句悦忘言，寄興渺今昔。自君之東來，民瘼極深索。仁言徹九關，寧懼虎豹戹。諏詢遍南畝，民肥吾則瘠。築亭一舒嘯，逮此百憂隙。看山儻不愧，隱几亦聊適。寄語後來者，此意當無斁。

三茅觀李仁父劉文潛員顯道趙温叔崔子淵置酒分韻得高字

節物歲云暮，九衢塵滿袍。起我二三友，招要步林皋。仰看冥飛鴻，俯覽千丈濤。石徑上深窈，竹風更蕭騷。杯槃自真率，更起瀉濁醪。歎我會合難，慰我涉歷勞。薫然鄉社遊，飲少意已陶。我亦壽長者，萬里欣所遭。嗟哉事業艱，逝矣日月滔。古義重金石，外物真秋毫。願言共勉厲，勿負岷山高。

寒食前三日野步烏龍山中石上往往多新芽手擷盈匊酌玉泉煑之芳甘特甚有懷伯承兄賦此以寄

披雲得新腴，煑泉聽松風。香永味自真，不與餘品同。悠然薄莫留，歸來殷疎鐘。念昔湘濱游，年年擷芳叢。遲日煦高嶺〔四〕，新雷驚蟄龍。落磑快先啜，鼓腹欣策功。夜燈紫筠窗，香生編簡中。誰與共此樂，臭味有隣翁。揭來七里城，日月轉飛蓬。山川豈不好，予憂日忡忡。酌此差自慰，思君復無窮。

六月晦發雲川廣德兄與諸友飲餞于漁山已而皆有詩贈別寄此言謝

平生苕霅夢，邂逅此登臨。青山秀而遠，溪水潔且深。浮玉千古色，飛鳳何年音。小丘鬫荒薈，修竹初成林。居然得此客，領畧還披襟。已歌棠棣詩，更作伐木吟。兄嗟弟行役，友念朋盍簪。情深語更質，意到酒自斟。荷風生薄莫，凉雨洗遥岑。翻然放舟去，別緒故難任。我行日以遠，佳處長會心。作詩寄餘韻，併以謝幽尋。

遊靈巖

我登姑蘇臺，笑指前溪水。水從具區來，古色映清泚。明朝泛舟去，兩岸雜蘋芷。縈紆知幾曲，舉目皆可喜。稻熟千頃黄，秋入四山紫。疎鐘度横塘，青帘穿野市。忽驚秀氣逼，突兀平地起。飛閣出林顛，穹石滿山趾。褰裳上深徑，鳴蟬聲聒耳。木鋍露遐觀，欲進足屢止。梵宫開何年，金碧焕相倚。上方納湖光，千里浄如砥。中峰何亭亭，正爾當燕几。沙闊鷗鷺微，水落魚龍徙。雲遶闔閭邦，草迷於越壘。琴臺俯香徑，不念前王侈。兹山自古今，詎此能爲痏。老松獨堅臥，根株互盤峙。頽然閱滄波，愛此青未已。我來三日留，幽事付行李。領畧寧有窮？登臨聊可紀。

遊惠山

兹泉幾歲月，復此慰渴心。諒惟獨鍾秀，源委來何深。在昔抱幽獨，邂逅逢賞音。希聲聽者難，至味乃可尋。兀坐正亭午，凉風度清陰。於焉有深悟，三歎復微吟。

遊池州齊山

舊聞齊山勝，抱病來登臨。蒼然俯平湖，秀出幾百尋。穹石天與巧，修篁近成林。高攀極巉巖，俯探窮窈深。愛此堅貞姿，摩挲會予心。憶行西湖岸，亦復多嶔崟。頗悵人力勝，刻畫時見侵。誰知醜石面，乃亦變孔壬。何如榛莽間，屹立長森森。天然抱幽獨，妙質逢賞音。支笻到絶頂，孤亭指遥岑。樊川有留詠，兀坐一長吟。

齊山石壁間見林擇之題字緬懷其人賦此

平生子林子，一别今幾春。寧知林壑中，忽見題墨新。巉巉屹蒼石，恍若對其人。徘徊不忍去，我懷誰爲陳。自子來江東，相去亦已邇。謂當復相逢，跂首日望子。云何竟差池，又此隔千里。憑高久佇立，飛鴻渺煙水。

過馬當山

千秋馬當廟，千尋獅子磯。寒風起崖腹，慘澹含陰威。孤帆駕巨浪，瞬息洲渚非。忠信儻可仗，神理兹不違。

題乖崖堂

平生乖崖公，及此拜仿像。凛然風埃外，餘子避英爽。憶公昔正色，抗論指邪枉。念當絶其根，所畏日滋長。晴空轟雷霆，下土走魅魍。云何廊廟姿，半世江海上。徒令治郡聲，迄今滿天壤。論相危及公，亦豈坐倔彊。嗟哉彼隘俗，利欲扼其吭。聞公卓絶風，吐舌仍儻怳。豈知古之人，事業係所養。臨機隨手應，如爬適苛癢。李侯亦高世，希蹤自疇曩。萬里見丹青，高堂闢虚敞。琅琅壁間記，讀者興慕仰。我來歲云莫，霜林振餘響。歎息重徘徊，題詩詔吾黨。

張子囦攜二子西歸求予詩爲賦此以致鄉黨之義

窮冬泝荆江，風急波濤怒。張君一葉舟，追逐任掀舞。時從古岸邊，頗得班荆語。君家岷山下，須眉挾風雨。萬里垂槖歸，問君何自苦。兩兒纔過膝，秀色隱眉宇。昨者試省中，旁觀正如堵。誦書聲琅琅，亦復記訓詁。呼前與酬答，進止良應矩。我爲三咨嗟，每見必摩拊。祝君須愛惜，事業貴有序。美質在陶冶，如器無苦窳。道遠方愁予，速成戒自古。但當可使利欲風，居然熏肺腑？良心人所同，愛敬發端緒。岷江本一勺〔五〕，東流貫吴楚。

養其源，日進自莫禦。君歸閉門思，予言或可取。

過洞庭

城頭雞一號，浩蕩風脚回。篙師起相呼，牽帆上高桅。我亦推枕聽，波浪聲轟豗。窗間試一覘，萬頃銀山開。附火且安坐，念此亦快哉。良久天平明，已見金沙堆。泊舟古廟底，喜色動輿臺。我行正長夏，及此歲律摧。通籍恨亡補，敢賦歸去來。所至有何忙，妙處姑徘徊。險阻元自平，鷗鳥亦不猜。萬事有定理，渠謾費安排。明朝上湘水，雪意正栽培。行矣一杯酒，好在故園梅。

次韻陳寺丞建除體

建議了亡補，歸來謝馳驅。除荒城南丘，有田十畝餘。滿城車馬喧，得此逃空虛。平湖永晝静，泉聲雜塤竽。定自非偶然，供我耳目娱。執熱者誰子，來浣塵土褕。破顔爲我笑，共看雲卷舒。危機起於中，胡越生同車。成功妙克己，八荒元一區。收心試參此，得失竟焉如。開緘得君詩，嗜好如我迂。閉門君未可，出處本非疎。

湖南參議宋與道奉祠歸崇安里中賦此以別

憶昔歲丙寅，束書從吾翁。驅車服嶺南，弭節湟江東。湟江地僻左，窮年少過從。邂逅傾蓋友，一笑蠻煙空。秋水泛孤艇，春郊支短筇。琴書適有餘，酬唱寫不供。豈惟吾曹懽，固足愉親容。日月遽如許，于今再星終。中間亦會面，別去復轉蓬。歸來洞庭野，乃此相迎逢。回首歎風樹，欲語悲填胸。愛君堅忍姿，凜凜霜後松。徐公真有常，意味與曩同。而我學不進，長大加愚惷。幸蒙故人惠，苦語相磨礱。梅霖漲宿潦，行李何匆匆。自云祠庭樂，遠勝千户封。將兒更抱孫，綵衣映諼叢。搜奇萃圖刻，攷古羅彝鐘。知君頗挾此，詎信詩能窮。同里有佳人，抱獨環堵中。未妨閒暇日，更共討論功。它時有新得，爲寄冥飛鴻。

嚴慶胄射策南歸迂途相訪六月二十有一日同遊城南書院論文鼓琴煑茶烹鮮徘徊湖上薄莫乃歸明日作別書此爲贈

炎暑盛三伏，駕言得清游。城南才里所，便有山林幽。崇蓮炫平堤，修竹緣高丘。方茲閔雨辰，亦有清泉流。舉網鮮可食，汲井瓜自浮。絲桐發妙音，更覺風颼颼。喜無舉業累，獨有講學憂。逮子閒暇日，微言要窮搜。譬彼治田者，黽勉在勿休。但勤穮蓘功，勿作刈穫謀。雖云千里別，豈無置書郵。祝子時嗣音，慰我日三秋。

長沙歷冬無雪正月十日與客登卷雲亭望西山始見一白莫夜復大作竹聲蕭然是日坐上分韻得雲字

冬温氣苦鬱，玄冥未書勳。薄雪殿餘臘，一夜收楚氛。驩欣想農圃，潤澤到蒿芹。我亦破曉出，唤客來卷雲。蒼蒼西山樹，棲此萬鶴群。爽氣入病眼，幽懷愜前聞。意到自舉酒，語多秖論文。薄莫勢未已，飛花復繽紛。還將蕭瑟聲，一一付竹君。洗醆且更酌，清絶未酣醺。

次韻周畏知問訊城東梅塢七首

城東幽事如許，一見定勝百聞。苦雨斜風無柰，斷橋流水餘芬。

誰知牛鐸黄鍾，寡和陽春白雪。如君句法飽參，妙處不關言說。

春意新回庭樹，角聲莫起江城。更着水僊爲伴，真成難弟難兄。

可是看花不厭，城南更欲城東。多謝諸君着語，莫教孤負春風。

堤上已垂新柳，屋邊尚有殘梅。雪盡春生湖水，野航竟日悠哉。人情自爾變遷，此道不渝燥溼。未妨静處閑觀，要知二五即十。短笻遍歷溪山，欵段時尋隣里。遇酒聊一中之，得句亦偶然耳。

别離情所鍾十二章章四句送定叟弟之官嚴陵

别離情所鍾，會合意無斁。如何僅踰歲，復賦弟行役。歲律亦已暮，風烈雪漫漫。去路阻且長，念子衣裘單。嚴之水淪漪，其山復蒼蒼。子陵釣游地，草木有餘光。我昔臨此州，民容拙使君。子行爲多謝，慰彼無毫分。别駕亦何事，休戚理則同。但使民受惠，無論别駕功。巍巍孤高亭，念我昔所喟。子也時一登，千載起立志。某在嚴陵，嘗爲宋廣平立孤高亭。

義路本如砥，利徑劇羊腸。何以書子紳，世德不可忘。自昔謹交際，人情易因循。敬始以念終，君子貴守身。鄰邦吕正字，質疑時以書。校官有袁子，苦語莫厭渠。藐兹遺體重，相對子與予。祝子以自愛，念不忝厥初。雲滿南陽陌，書藏善和宅。行行重回首，無使歸思隔。送子目力短，朔風吹我裾。心焉獨如結，子也當念予。

平時兄弟間十三章章四句送定叟弟之官桂林

平時兄弟間，未省別離味。別時已不堪，別後何由慰。庭萱既荒蕪，綵綬委塵土。予嘆子咨嗟，寒窗夜風雨。逮此閑暇日，賴有先世書。與子共紬繹，舍去情何如。嗚呼忠獻公，典則垂後裔。遺言故在耳，夕惕當自厲。何以嗣先烈，匪論達與窮。永惟正大體，不遠日用中。履度如履冰，猶恐有不及。毫釐儻不念，放去如決拾。事業無欲速，燕逸不可求。速成適多害，求逸翻百憂。南山有佳木，柯葉有敷榮。願圖歲晚功，大用寧小成。歲晚豈不念，風雨漂搖之。但當護本根，紛紜爾何爲。嶺海坐清靜，府公金玉姿。幙府省文書，簡編可委蛇。十步有芳草，會府宜多賢。親仁古所貴，更誦伐木篇。聞之元城公，南州宜止酒。止酒縱未能，少飲還得不？子行日以遠，我思日以長。政或少閒暇，書來不可忘。

芭蕉茶送伯承伯承賦詩三章次韻

與子藝蘭九畹，勝渠賜璧一雙。更碾春風白雪，同看明月清江。
正色可參官焙，妙香還近嵇山。草木叢中清絶，天教散在人間。
春去雲藏嶽麓，梅黃雨漲昭潭。政爾倚欄無那，一甌喚起清談。

賦遺經閣

生世豈云晚，六籍初未亡。向來言外旨，瞠視多茫茫。隱微會見獨，如日照八荒。始知傳心妙，初豈隔毫芒。絶學繼顔孟，淳風返虞唐。讀書無妙解，數墨仍尋行。况復志寵利，荆榛塞康莊。自云稽古功，此病真膏肓。君家屹飛閣，面對群山蒼。匪爲登臨娱，牙籤富書藏。邀予爲着語，會意詎可忘。一洗漢儒陋，活法付諸郎。

三友堂

寒窗政爾念蕭瑟，况復故人疎近音。憑欄爲子賦三友，便覺氷霜千古心。

初春和折子明歲前兩詩

古今同活法，妙處在阿堵。浮雲不作祟，白黑可坐數。窮冬掩關卧，豈爲作詩苦。挑燈讀韋編，至味可深咀。新春風雨中，日日鳩鳴屋。小園政可步，奈此泥滑足。却坐問樽酒，知足乃不辱。一杯竟陶然，敢羡車載麴。

和德美韓吏部笋詩

籜龍春雨後，得勢類乘軒。驟長寧嫌速，駢生詎厭煩。錯連非異族，蒼老見玄孫。色並蒲葵扇，香侵老瓦盆。静依花影轉，新帶蘚文昏。外美看彪炳，中虛驗晏温。出欄俄競秀，侵徑怳孤騫。頴脱錐囊見，森嚴武庫存。風回飄粉霧，龜坼露坤垠。生理知無息，神功本不言。牙籌誰數箇，玉斧莫傷根。錯立環兵衛，周羅儼翰藩。危岑遥寸露，睹浪忽驚奔。委蛇隨勁節，回青眼，齊觀壯小園。嚴凝難奪志，霡霂合知恩。蛟鰐蟠深宅，牛羊隱半垣。真户牖，撐拄動荃蓀。愛惜滋千畝，高低辨兩番。藐真應莫稱，著譜欲重論。豈止同苞茂，真成後嗣繁。兒童防戲折，口腹謝空飱。深夜共椽燭，清朝列戟門。於菟真筆健，季子屢髯掀。北海雖頻設，南山可盡髠？深培資後賞，獨倚莫消魂。看取炎歊候，清陰蔭午暾。

生辰謝邵廣文惠仁者壽賦

左弧念當辰，藐此卧歲晚。重雲不予蔭，敢望滋九畹。南隣有良朋，敏質快瓴建。進道方駸駸，吐辭看衮衮。妙語極吹噓，至理屬關鍵。嗟予澹泊好，學植自穮蔉。豈能益涓埃，感子意繾綣。昭然隱微中，當念仁豈遠。起知妙乾體，實理踐坤簡。大易乃在我，亘古當一本。期君得真傳，永以息邪遁。

校勘記

〔一〕固若玻瓈盆　「固」，宋詩紀事卷五七作「炯」。

〔二〕但覺寒侵袂　「寒」，劉本、四庫本、抄本作「冷」。

〔三〕漠漠亂雲氣　「氣」，原作「飛」，據劉本、四庫本、抄本改。

〔四〕遲日煦高嶺　「煦」，劉本、四庫本作「照」。

〔五〕岷江本一勺　「江」，原作「山」，據劉本、四庫本、抄本改。

南軒先生文集卷第三

古詩

五月十六日夜城南觀月分韻得月字

梅收清風來，宇浄寶鑑揭。頻年城南游，未有今夜月。呼舟泛微瀾，游魚亦出没。危榭倒影浮，倚檻涼入骨。舉酒屬西山，寒光動林樾。諸君興未已，南阜上突兀。目極大江流，高情更超越。

三月七日城南書院偶成

積雨欣始霽，清和在兹時。林葉既敷榮，禽聲亦融怡。鳴泉來不窮，湖風豈淪漪。西山捲餘雲，逾覺秀色滋。層層叢緑間，愛彼松栢姿。青青初不改，似與幽人期。坐久還起步，堤邊足逶迤。游魚傍我行，野鶴向我飛。敢云昔賢志，亦復詠而歸。寄言山中友，和我和平詩。

四月二十日與客來城南積潦方盛湖光恬然如平時泛舟終日分韻得水字

澤國盛梅雨，漲潦彌兩涘。常時侵溢患，乃復到城市。納湖迫西閾，衝突固其理。今年築隄防，捷石細積累。艱辛迄崇成，龜魚亦歡喜。節宣有程度，盈縮無壅底。昨宵未没岸〔一〕，民居例遷徙。走馬來問訊，屹若堅城壘。江濤從渺茫，湖光自清泚。小舟足游泳，新荷方蕤蕤。嘉我二三客，共此風日美。相期寂寞濱，雅意淡如水。念言隄防功，得失乃如彼。而况檢身者，詎可忘所止？明朝更哦詩，斯言或當紀。

展省龍塘有作

十年衡山陰，驅馬幾往還。山色如故人，牧豎隨馬鞍。俛伏長松下，清晨涕汎瀾。念昔初拱把，兹焉影團圞。白雲歸何時，日月如轉環。矯首祝融峰，依前倚高寒。於焉百感集，欲去良獨難。

田舍

竹葉帶曉露，茅簷起炊煙。蛩吟枯草根，犬吠壞垣邊。田家亦何營，生理固足憐。風霜摧我稼，稂莠長我阡。卒歲復何念，一飽未補前。我思昔之人，備豫理所先。積倉遍郊野，甘雨盈公田。臨風重搔首，復古何由緣。

舊聞長沙城東梅塢甚盛近歲亦買園其間念欲一往未果也癸巳仲冬二十有八日始與客遊過東屯渡十餘里間玉雪彌望平時所未見也歸而爲詩以紀之

半生客荆楚，歷覽非一隅。寧知城東路，有此梅萬株。瘦馬路曉寒，清風起菰蒲。度溪上平坂，頓覺景物殊。霏雪下晴晝，香霧迷前驅。近坡與遠嶺，玉立同一區。老樹固瑰特，小枝亦敷腴。有如衆君子，彙聚德不孤。精粗無可揀，酥酪與醍醐。千株未覺多，此語信不誣。班荆或小憩，沽酒時一蔛。勝賞諒難盡，昭質知不渝。我有十畝園，丘壑正盤紆。念此縞袂侶，歲晚足我娱。來遊自今始，琴書與之俱。回首桃李埸，冷淡莫邪揄。

平父求筍炙既并以法授之乃用往歲張安國詩韻爲謝輒復和答

知君友竹居，寧使食無肉。更哦脯笋詩，句妙騷可僕。南公鮭菜傖父韲，嗜好自爾元非癡。君但相從力啖此，大勝折腰鄉里兒。

題淮陰祠

秦關昔先驅，南鄭豈淹久。夜中丞相歸，平明印垂肘。古來豪傑人，調度出窠臼。登壇一軍驚，六合已在手。從兹看廓清，指揮如運帚。時艱思奇才，廟古酹樽酒〔二〕。出門望長淮，故國長稂莠。風雲正慘淡，人事極紛糾。拘攣儻無累，吾欲獻九九。

時爲桂林之役斜川前一日刑部劉公置酒相餞曾節夫預焉既而劉公用陶靖節斜川詩韻見貽亦復同賦以謝

通籍念無補，先廬獲歸休。所忻三載間，暇日從公遊。城中十畝園，頗復依清流。渺渺送歸雁，翩翩下輕鷗。駕言欲南騖，踟蹰脊林丘。況且遠晤言，公唱孰與酬。祖席近佳日，呼客仍我儔。相與千載思，誰復念此不？新詩更紆餘，用以寬離憂。它年南阜約，剥啄時相求。城南有丘巋然，名以南阜，它年當與公歲講是遊也。

送劉樞密留守建康

整駕欲南騖，乃復送公舟。公行民所瞻，願言勿淹留。向來秉事樞，正色有忠謀。坐覺國勢尊，已驗權綱收。如何霖雨澤，偏使及南州。新春紫詔下，聞者寬百憂。誰昇今重鎮，百萬宿貔貅。控江撫長淮，聲勢接上流。吾皇志經畧，此地合綢繆。不應萬全策，歲月空悠悠。先當植本根，次第施良籌。未聞欲外攘，而乃忽内修。幕府方宏開，人才要旁搜。可不念葑菲，惟當别薰蕕。留鑰豈淹久，即歸侍前旒。盡舒醫國手，凋瘵會有瘳。還憶遐荒守，時能寄音不？

淳熙乙未春予有桂林之役自湘潭往省先塋以二月二日過碧泉與客煮茗泉上徘徊久之

下馬步深徑，洗琖酌寒泉。念不踐此境，于今復三年。人事苦多變，泉色故依然。緬懷德人游，物物生春妍。當時疏闢功，妙意太古前。屐齒不可尋，題榜尚覺鮮。書堂何寂寂，草樹亦芊芊。于役有王事，未暇謀息肩。聊同二三子，煑茗蒼崖邊。預作他年約，扶犁山下田。

七月旦日晚登湘南樓

文書稍去眼，日夕進微凉。高樓一徙倚，清風爲我長。漁父蔭深樾，歸人度浮梁。仰看河漢明，俯視羣山蒼。平生會心處，於此故難忘。舊聞水東勝，巖巒發天藏〔三〕。豈無一日暇，勇往聊徜徉。民瘼未渠補，况敢懷樂康。天邊雲物佳，似復爲雨祥。秋成儻可期，歲晚或自强。當從農家鼓，一歷水雲鄉。

望後一日與客自水鄉登湘南月色佳甚翌日用鄉字韻簡游誠之

一雨五日餘，南州三伏凉。唤客近方沼，笑譚引杯長。相將復登樓，月色在屋梁。念我懷百憂，忽忽髮變蒼。及此少自舒，觴詠未可忘。孤光凛下照，景妙無留藏。沙邊數白鷺，欲下仍翔徉。羣動亦自得，如我四體康。平生子游子，虚白生吉祥。官舍並樓居，登臨筋力强。未可效王粲，居然思故鄉。誠之所居正在樓旁，自中夏以來，每移書獨登。

定叟弟生朝遣詩爲壽

我昔在嚴城，惟子桂林思。舊游復更踐，相望仍今兹。行止不可期，會合何參差。况乃近重九，清杯憶同持。想子撫初度，難忘蓼莪詩。而我獨東向，慇懃頌期頤。祝子以愛身，永佩過庭規。勉子事遠業，昔賢以爲師。安車按節度，中道行逶迤。他年老兄弟，鶴髮仍厖眉。歲晚話平生，期以無媿辭。及此良未易，兢兢願同之。

八月既望要詳刑護漕游水東早飯碧虚徧觀棲霞程曾龍隱諸巖晚酌松關放舟過水月洞月色佳甚逼夜分乃歸賦此紀遊

灕江即湘江，戢戢清見石。其東列羣峰，秋色碧復碧。日出霧露收，草徑上逼側。憑欄揩望眼，已足慰疇昔。更窺巖穴勝，創見爲驚咋。如何數里間，奇觀相接迹。寬同厦屋深，劃若巨靈擘。日月遞光景，風雲變朝夕。石橋幾年成，乳竇時一滴。神龍舊隱處，仰視多辟易。蜕迹凛猶存，隱隱印霜脊。下有澄湫深，餘波漱蒼壁。往者已仙去，來者此其宅。薄晚扣松關，風過聲索索。聊麾車騎退，容我且散策。卻望訾家洲，輕舫度前磧。回首煙樹林，已復掛蟾魄。宇曠凈餘滓，羣物被光澤。何所寄遐思，空巖皎虚白。清輝可一規，水色相激射。天邊與川上，亭亭如合璧。居然廣寒游，不用假六翮。班坐依微瀾，晤賞共佳客。因之想千載，詎有今古隔。簫鼓歸夜闌，觀者粲城陌。往往羅杯柈，班班見殽核。諒因年歲豐，人意少舒適。視爾意少舒，於予亦忻懌。

次韓機幕韻

韓杜有佳句，炯炯如辰星。自昔此邦勝，中土亦飫聽。奇觀今愈多，洞户長不扃。秀色真可餐，腴澤到畦丁。寒巖度輕舫，瘦嶺着危亭。固已小雁蕩，寧復談錦屏。自我來擁麾，每思御風泠。如何半載間，足迹才一經。居然俯仰中，便覺塵慮冥。舊刻暗蒼蘚，往事過奔霆。頗聞煙霞外，往往接神靈。向來羽衣士，吐内誇奇齡。終焉亦歸盡，難留鬢毛青。塞雁度霄漢，沙鷗飛遠汀。大哉天壤間，逍遥各隨形。人生亦何有，泛若水上萍。勿作分外念，但勉明德馨。乘時各努力，日馭不我停。夢回故園好，蘭菊羅中庭。從知靖節醉，遠勝次公醒。

秘閣鄭公移節鄉部置酒餞别詩以侑之〔四〕

嗜僻寡同好，意合難語離。傾蓋今幾年，盍簪愜心期。况復王事同，退食陪委蛇。窺君肺腑中，落落無藩籬。獨有見義勇，褰裳欲從之〔五〕。憂時多苦語，懷古更餘悲。坐使嶺海間，冰雪映清規。我拙倚君重，孤懷良自知。正如乘霧行，不覺蒙其滋。人生豈無别，念此尤依依。維閩號蕃庶，今亦困繭絲。平時里社游，耳目到隱微。想當入境初，不待褰車帷。晝綉匪所榮，民瘼要深醫。看培邦本强，詎止鄉國肥。還歸報明主，廟論資扶持。願堅歲寒節，慰我别離思。

清明後七日與客同爲水東之遊翌朝賦此

平生山水癖，妙處只自知。夙約常寡味，邂逅愜心期。幅巾與藜杖，安步隨所之。竭來坐官府，頗覺此願違。城頭望羣峯，欲往類絆羈。三春苦風雨，晴日一伸眉。沙邊散車騎，竹輿從嘔啞。獨與三四客，野服相追隨。亭高俯空曠，洞古探環奇。懸崖隱日月，幽壑蟠蛟螭。澗水雜鳴佩，松風發清吹。興來即傾酒，語到亦論詩。聊揩簿書眼，償此閒暇時。所歷固未厭，所感多餘思。昔遊木葉下，今兹緑陰肥。江山雖可識，歲月迺如馳。素餐豈不念，懷安敢云私。歸來耿不寐，欹枕聽晨鷄。

題榕溪閣

寒溪澹容與，老木技相樛。其誰合二美，名此景物幽。太史昔南騖，於焉曾少休。想當下榻初，清與耳目謀。品題得要領，亦有翰墨留。我來訪遺址，密竹鳴鈎輈。稍令舊觀復，還與佳客遊。樹影散香篆，水光泛茶甌。市聲不到耳，永日風颼颼。所忻簿書隙，有此足夷猶。平生丘壑願，如痼不可瘳。雖知等喧寂，終覺静理優。更思濯滄浪，榕根浮小舟。

送陳擇之

君能千里來，乃作觸熱去。凉秋幸非遥，歸計無已遽。向來文字間，講論有平素。及兹共王事，益得君佳處。幾微獨深窺，圭角本不露。豈期寂寞濱，獲此友朋助。吾邦雖云僻，山水足奇趣。更期休沐晨，相與窮杖屨。匆匆何少悰，咄咄出别語。君懷負丞思，行矣當及戍。我亦念歸歟，霜天收栗芋。後會未可期，往事屢回顧。贈言復何有，獨以此道故。寥寥千載前，達者同一路。所趍固絶塵，所履無虚步。臨深覺居高，仰止有餘慕。要須學滄溟，匯此百川注。他年儻相憶，訪我城南圃。無使歲月深，永思編簡蠹。

止酒

淵明通達士，止酒乃成詩。終焉未能忘，寄意良在兹。勇哉典午君，覆觴無再期。念彼萬乘貴，艱難有深思。况乃一介士，而或志可移。祓齋揆前訓，剛制聖所辭。銘心諒無斁，多言亦奚爲。

斜川日雪觀所賦

行客念故里，勞者思少休。如何歲華新，尚爾天南游。涉五遇佳日，品題自名流。聊復揩病眼，沙邊玩輕鷗。和風着冠巾，春意動林丘。緬懷千載人，孤高諒難儔。亦有一二士，舉酒相勸酬。未知吾故園，草木如此不？政拙甘下考，智短空百憂。賜歸儻蒙幸，舊盟良可求。

静江歸舟中讀書

南風駕小雨，羣山静如沐。吾歸及新凉，所歷慰心目。軋軋柔櫓鳴，卧見山起伏。推枕意悠然，還取我書讀。平生領解處，於焉更三復。老矣百念疎，但欲斯境熟。向來五嶺游，日力半吏牘。小心了官事，終覺媿悍獨。世路自險夷，人情費追逐。翩翩孤飛翼，息蔭望林麓。

張子真楊政光吴德夫追路湘源賦此以别

驅車出嚴關，觸熱歸路長。一雨羣物蘇，吾行亦清凉。灕水自南去，湘流正洋洋。眷言二三友，跋馬勤送將。蕭然短長亭，每語夜未央。張子名家駒，千里方騰驤。楊郎嶺中彦，而能歛鋒鋩。延陵舊所熟，氣味固難忘。向來幕府遊，三秀麗齋房。居然出別語，分袂楚粤鄉。人生會有別，忽悲參與商。獨有贈言意，臨岐更平章。風俗易移人，宦途劇羊腸。千鈞有不守，决去飛鳥翔。要當勉自持，詩書作金湯。他年相會處，刮目看增光。爲謝桂父老，無澤留一方。惟餘石間字，時與洗苔蒼。

登江陵郡城觀雪

黄雲淡四垂，飛雪忽無際。排空風力静，整整若有制。穿林初着花，點瓦已成毳。低連七澤波，遠接關河勢。憑城領奇觀，壯思起病滯。四年領邊州，氣候苦多盭。清秋日昏昏，仲冬雷虺虺。雪花有時零，轉首即開霽。及兹洗瘴眸，天公豈無意。爲邦抱百憂，但願得豐歲。對之一欣然，不飲心已醉。春前尚餘臘，三白或可冀。更約竹間梅，共作歲寒計。

正甫還長沙復用斜川日和陶韻爲别

吾黨有佳士，寡欲自日休。眷言平生志，從我萬里游。披雲度嶺嶠，犯雪臨江流。顧我無定蹤，飄然若輕鷗。茲行雖云遠〔六〕，所欣近故丘。況得與君俱，豈患寡朋儔。有酒君爲飲，有句君能酬。如何舍我歸，頗亦念此不？我老百念冷，獨有謀道憂。臨歧無他祝，簡編細研求。

子遠使君出守廣漢始獲傾葢諸官賦詩贈别某廣漢人也故末章及之

半生落南州，分與岷峨疎。朅來荆江上〔七〕，所忻近鄉閭。吾鄉多雋豪，雜遝來舟車。時從説情話，頗覺中懷舒。中間識胡公，粹美真璠璵。心遠氣自静，語簡意有餘。向來有推轂，入校中秘書。名場萬夫立，人亟我則徐。拳拳抱忠愛，百慮纔一攄。白雲已在望，思親惜居諸。乞州枌榆邊，政以便版輿。同舍挽不住，清風挾歸裾。觀君進退間，此豈爲名譽。春帆肯小駐，論交良慰予。愛君秉質高，且復富蓄儲。任重則道遠，願言勿踟躕。吾州得賢牧，父老想樂胥。我亦有一廛，徑思歸荷鋤。

李仁甫用東坡寄王定國韻賦新羅參見貽亦復繼作

三韓接蓬萊，祥雲護山頂。涵濡雨露春，吞納日月景。美蔭背幽壑，靈根發奇穎。艱難航瀚海，包裹走湖嶺。仙翁閲世故，未肯遽生癭。相期汗漫游，歲晚共馳騁。願持紫團珍，往扣黃庭境。想翁面敷腴，玉色帶金井。芸芸納歸根，湛此方寸静。清規照濁俗，不惑類楊秉。懸知藥籠中，此物配丹鼎。從今談天舌，不用更澆茗。

外弟信臣總幹西歸駐舟沙岸得半月之欵於其行口占道别

外家源流遠，文物被諸孫。嗟我數年來，頗識佳弟昆。酥酪本同味，蘭芷非殊根。競爽有如此，知當大其門。信也來過我，氣貌清而温。方忻駐足地，中有静者存。皎然明月光，豈復受濁渾。塤篪迭和時〔八〕，此理試共論。

廬山有勝處曰卧龍南康朱使君始築茅亭繪諸葛武侯像於其中以書屬予賦詩寄題此篇

廬山僊靈宅，佳處固非一。頗聞卧龍勝，幽深諒難匹。懸瀑瀉琮琤，石壁兩崒嵂。草木被光輝，波瀾動回汨。今年朱使君，下馬恍若失。徘徊領妙趣，指點築茅室。爲愛卧龍名，英姿慨超軼。於焉儼繪事，長風起蕭瑟。髣髴梁父吟，尚想翁抱膝。慘澹風雲會，飄忽日月疾。獨存經世心，千載詎可汨。褰裳欲從之，雲濤渺寒日。

淳熙四年二月既望静江守臣張某奉詔勸農於郊乃作熙熙陽春之詩二十四章章四句以示父老俾告於其鄉之人而歌之

熙熙陽春，既發既舒。翼翼南畝，是展是圖。嗟爾農夫，各敬乃事。往利爾器，誡爾婦子。惟生在勤，勤則及時。惟時之趨，時不爾違。祈祈甘雨，膏我下土。習習谷風，和澤乃普。往即爾耕，惟力之深。往蒔爾苗，勿倦其耘。于日于夕，自遂自達。爾心勿忘，彼生孰遏。惟天之心，矜我下民。民不違天，使爾有成。既穟既實，既堅既好。爾穫既周，先養爾老。保爾家室，撫爾幼穉。既迄有年，復思嗣歲。嗟爾父老，其訓其誡。俾務於本，惟土物愛。不念其本，則越其思。所思既越，害斯百罹。嗟爾父老，其告其喻。爾之有生，君實覆汝。尊君親上，其篤勿忘。小心畏忌，率于憲章。嗟爾父老，教之孝悌。孰無父母，與其同氣。反于爾心，孰無愛敬。即是而推，烏往不順。嗟爾父老，勿替諄諄。其未率從，警厲其身。告以禍患，其使知懼。無俾蹉跌，以陷罪罟。惟國之法，煒煒其垂。使爾知避，豈欲爾施。爾或自陷，予疚予恫。曷使予懷，寘于爾衷。於赫聖主，敷德流澤。布宣弗廑，時予之責。咨爾父老〔九〕，助予念兹。豈予之助，報國是宜。粤以今日，勸相于郊。乃作此詩，以懋爾勞。咨爾父老，尚演厥義。其諷其歌，于鄉于里。俾一其心，服我訓言。擊鼓坎坎，自古有年。

校勘記

〔一〕昨宵未没岸　「未」，劉本、四庫本作「水」。

〔二〕廟古酹樽酒　「酹」，原作「酬」，據劉本、四庫本、抄本改。

〔三〕巖巒發天藏　「巒」，原作「蠻」，據劉本、四庫本、抄本改。

〔四〕秘閣鄭公移節鄉部置酒　「置」字原無，據目録頁及劉本、四庫本、抄本補。

〔五〕褰裳欲從之　「裳」，原作「褰」，據四庫本、陳本、抄本改。

〔六〕兹行雖云遠　「雖」，原作「誰」，據劉本、四庫本、抄本改。

〔七〕朅來荆江上　「朅」，原作「獨」，據劉本、四庫本、抄本改。

〔八〕塤篪迭和時　「時」，原作「詩」，據劉本、四庫本、抄本改。

〔九〕咨爾父老　「咨」，原作「兹」，據劉本、四庫本、抄本改。

南軒先生文集卷第四

律詩

和石通判酌白鶴泉

談天終日口瀾翻，來乞清甘醒舌根。滿座松聲間金石，微瀾鶴影漾瑤琨。淡中知味誰三嚥，妙處相期豈一樽。有本自應來不竭，濫觴端可驗龍門。

憇清風峽

扶疎古木矗危梯，開始知經幾攝提。還有石橋容客坐，仰看蘭若與雲齊。風生陰壑方鳴籟，日烈塵寰正望霓。從此上山君努力，瘦藤今日得同攜。

讀李邕碑

荒榛日暮倚笻時，歎息危亭北海碑。後輩但知尊字畫，當年不得成邊垂。豈關貝錦能成禍，祇恐干將不自奇。杜老惜才千古意，如今誰詠六公辭？

登法華臺

山間景物轉流年，臺上風光處處傳。放目便應雲夢小，憑欄平挹祝融巔。忽尋故國占天際，誰看孤舟繫岸邊？百感還將山下去，肯同槁木墮深禪。

謝楊文昭主簿寄詩楊之父紹興間倅建康不屈於兀朮而死

洒翁詈賊氣如虹，千載衣冠起懦庸。雙廟已應同卞壼，佳兒今喜見甄逢。傳郵贈我凌雲句，斷簡知君學古胷。忠孝可全須力勉，策勳寧復羨侯封？楊公血食金陵，正與卞將軍祠相望。

喜廣仲伯逢來會

二阮向來俱莫逆，支笻爲我到山巔。濁醪共飲聊復爾，勝集於今亦偶然。人立千峰秋色裏，月生滄海暮雲邊。高談此地曾知幾，一笑歸來對榻眠。

和黄仲秉喜雨

雨後清泉遶舍流，懸知耘耜徧南州。占相歲事端無恙，勞苦農人亦少休。好句收功經百鍊，彌旬不見便三秋。閒來只願長豐稔，江海白鷗盟共求。

遊道場山次沈國録韻

玻瓈盆外起千鬟，路入空濛紫翠間。心遠最便天宇迥，眼明偏見野雲閒。寒泉辛木留千載，清磬疎鐘度兩山。我亦湘城三徑在，湖邊歸去洗塵顔。

早秋湖亭

澤國今年秋氣早，湖亭清晚獨徘徊。翩翻荷蓋隨風舞，蕭瑟松聲帶雨來。静處豈云身計得，吟邊但覺歲華催。悠悠遠思憑誰寫，多病新來罷酒杯。

賦周畏知寓齋

知君隨寓即能安，久矣家山詠考槃。幕府漫遊從鬢秃，竹窗寄傲有書觀。此身詎可忘三省，世路何妨閲萬端。俯仰周旋皆實理，未應衹向寓中看。

送甘可大

子陵溪水千年緑，猶憶登臨日暮時。子去定能尋勝槩，書來當復慰相思。簡編有味寧論晚，得失從渠莫自疑。也學迂疎教似舅，不應空賦渭陽詩。

送胡伯逢之官金陵

相望數舍已云疎，遠別何因執子袪？漫仕想應同捧檄，舊聞當不廢觀書〔一〕。月明淮水空陳迹，山繞新亭有故墟。暇日更須頻訪古，因來爲我道何如。

寄題建安公梅山堂

梅公山色近庭除，勝日供公几杖餘。千古謾傳棲迹地，當年誰憶愛君書。丹心炯炯元無間，白髮星星不用鉏。待得斯民俱奠枕，歸來端亦愛吾廬。

重九陪詳刑護漕東西樓之集

獵獵西風滿角巾，登臨秋思與雲平。山圍四野高低碧，江繞東城今古清〔二〕。莫恨寒花未堪摘，且忻尊酒得同傾。政須客裏頻回首，細話家山此日情。

次趙漕贈王昭州韻

煌煌金節按江城，驛路梅花正小春。聞説争迎來滿道，定將何術慰斯民？憇棠異日誇南國，懷橘歸時拜壽親。流澤會看均一路，要令治象復熙淳。

九日登千山觀

清晨領客上巉巖，野路衣襟溼翠嵐。九日開尊仍絶景，西風欹帽且高談。地形盤薄一都會，山色周遭萬玉簪。却指飛鴻煙漠漠，故園茱菊老江潭。

和正父遊榕溪韻

隔岸高低露碧山，眼明便作故園看〔三〕。直從榕影度輕舫，更傍溪光撫曲欄。鴻雁來希空悵望，梅花開早未知寒。喜君萬里同情話，明月清風足佐觀。

仲冬朔日登湘南樓復用正父前韻

歷遍江南處處山，嶠南還得倚樓看。化工此地無餘巧，爽氣窮冬更逼欄。官事隨時寧解了，書盟平日未應寒。相逢自有論文樂，只把空杯未礙歡〔四〕。

六月二十六日秀青亭初成與客同集

亭成勝日好風光，佳客攜將共一觴。蒼壁插空千古色〔五〕，高松蔭堤三伏凉。網魚縷膾寒冰玉〔六〕，剥蓮煮鼎甘露漿。便覺故園渾在眼，祇應瀟水似瀟湘。

送韓宜州

頃年未識宜州面，已信諸賢品藻公。幕下從容逢益友，胷中骯髒本家風。一麾且與寛彫瘵，華髮應無慕勇功。從古安邊須自治，人情初不問華戎〔七〕。

鹿鳴宴

從昔山川夸八桂，只今文物盛南州。秋風萬里攜書劍，春日端門拜冕旒。聖世取才先實用，儒生報國豈身謀？且看廷策三千字，爲寫平時畎畝憂。

送宇文正甫

重來能復幾旬餘，臨水登山又送渠。夜雨已知農事好，春寒未放小桃舒。眼前佳處應難盡，别後書來詎可疎？我亦相將歸舊隱，杖藜時復訪樓居。

雨後同周允升登雪觀

一雨端能減百憂，肩輿徑上最高樓。山容浄洗無窮碧，江水新添自在流。已覺春隨花片老，不應身似賈胡留。煙簑風笠南山下，正好歸歟看麥秋。

題邢使君釣隱

使君卜築占芳洲，短檻疎籬處處幽。風月隨時供燕几，笑談終日在中流。翩翩影落來賓雁，漠漠寒生欲下鷗。城市山林俱寓目，問君底處足消憂？

某辱歸父文惠貺新詩謹次韻末章爲别

淮海相從幾歲年？南州雁不到西川〔八〕。重逢影落煙沙外，却喜身如金石堅。莫嘆武城資莞爾，且看平楚正蒼然。剸繁自是君餘事，毫髮難逃止水淵。

和查仲文雪中即席所賦

方帽衝泥有客來，九衢俗眼莫驚猜。一尊相對十年外，兩脚新從萬里回。壯志未隨衰鬢改，孤懷良爲故人開。雪中細訪梅花發，不用匆匆羯鼓催。

和宇文正甫探梅

天與孤清迥莫隣，祇應空谷伴幽人。千林掃迹愁無那，一點横梢眼便親。顧影莫驚身易老，哦詩尚覺句能新。幾多生意氷霜裏，説與夭桃自在春。

襄州護漕使者張侯寄示所作快目亭記辭多慷慨予讀而壯之且想斯亭觀覽之勝爲賦此

聞説君家快目亭，溢江直上起千尋。昔人事業規模在，故國山河草木深。世態從渠翻覆手，壯圖還我短長吟。會須一展平戎策，始稱平生灑落襟。

送舜臣撫幹表兄赴部

疇昔相看意便傾，重逢更覺眼增明。半生漫仕壯心在，五月長江去棹輕。龜櫝久藏千乘寶，鵬風方快九霄程。公朝兼用人門選，外氏傳家舊有聲。

壽定叟弟

爲邦和氣滿鄉閭，袖手還家樂有餘。案上簡編元好在，閒中日月更寬舒。功名且要身長健，尋尺何求計不疎。好泛菊英斟壽酒，扁舟吾欲賦歸歟。

重九日與賓佐登龍山

曉風獵獵笛横秋，澤國名山九日遊。萬里煙雲歸老眼，千年形勢接中州。丘原到處堪懷古，萸菊隨時豈解愁。此日此心誰共領，朝宗江漢自東流。

贈樂仲恕

老子曾從先覺游，後來文采繼風流〔九〕。胸中有意窮千古，筆下成章映九秋。塵世利名無着意〔一〇〕，聖門事業要精求。詠歸消息今猶在，魚躍鳶飛會得不？

小園荼蘼盛開伯承以詩見督置酒於此爲増不敏之歎

留連紅紫計無從，晚惜芬芳萬卉空。枕上幾回清夢斷，風前正可碧紗籠。春隨夜雨但三歎，韻入香醪尚一中。長有花開消息在，不應鳴鼓便相攻。

再和

閉門謝客少過從，獨倚修篁傲碧空。忽喜千條發瓊蘂，紛如萬鶴出樊籠。與君前日徘徊久，得句懸知慘淡中。胸次本無愁可着，何爲苦要酒兵攻？

夜讀韋編起欲從，門前流水落花空。春同心事應常在〔一一〕，月當燈花不用籠〔一二〕。弔古誰能嗟澤畔，高吟且欲效隆中。君詩似玉無瑕玷，豈有他山石可攻？

市朝車馬列雲從，君自危樓出半空。但覺乾坤增老眼，不妨日月轉空籠。花開花落關何事，江北江南只此中。互出新詩殊未艾，長城尚許短兵攻。

和楊教授

道在無今昔，才難有屈伸。青編知子意，白眼付時人。鏡裏顏容舊，胷中事業新。絶嘆知味鮮，渠自説甘辛。

客少從蒿長，居深懶户開。孤城歲云暮，瘦馬子能來。長策憐葵向，新詩更雨催。相看前日事，此首忍重回？

送少隱兄赴興元幕

出手寧嫌晚，論心本不欺。五年江左客，萬里故園思。肯枉洞庭棹，來尋棠棣詩。固知名義重，豈但慰朝飢。

邊塞連隴，貔貅罷戰征。幕中須預計，堂上乃奇兵。漢水追前策，秦源憶舊耕。書生亦多事，慷慨試經行。

廉州何使君挽詩

橘井登賢籍，槐宫並俊游。姓名題雁塔，文字上瀛洲。公嘗進卷〔一三〕，召試詞科。青簡窮千載，朱幡但一州。有懷終未試，眼看落山丘。

憶昔湟江上，相逢意便傾。胷中元浩蕩，筆下更縱横。士伏徐公德，人言景倩清。定應鄉里敬，枌社祭先生。

和張晉彦遊嶽麓

齋舫凌煙浦，雲屏入畫圖。日烘花炫晝，風定水明湖。布穀催春種，提壺勸客沽。湘中無限景，賦詠繼三都。

送臨武雷令

詔舉循良吏，時資撫字功。人情平易看，治道古今同。緑野新耕盛，潢池舊習空。便應君課最，名姓御屏中。

去路連崇嶺，扁舟上漲濤。不違將母願，敢歎獨賢勞。境静歸鳧雁，庭空長艾蒿。不妨頻拄頰，千里寄風騷。

喜雨呈安國

望歲民心切，爲霖帝力均。崇朝變炎暑〔一四〕，舉目盡清新。坎坎連村鼓，熙熙萬室春。北窗凉枕簟〔一五〕，安穩到閒人。

十二月十六日夜枕上聞雷已而大雪

春信梅邊動，雷聲枕上驚。忽看窗紙白，頓覺竹聲清。江海空餘夢，壺觴起自傾。朝來倚樓處，玉樹滿湘城。

過湘潭劉信叔舊居有感

北渚留行客，東陵憶舊侯。池蓮半枯折，風葉正颼飀。事業留千載，英雄去一丘。平生許國志，歲晚詎悠悠？

題唐興寺湘江亭

寺廢蒼崖聳，江回遠岸明。風霜摧翰墨，有唐大中記及詩刻，兵火後沉于潭中。歲月老絲緡。寺右有釣磯。兀坐知茶味，閑行忘去程〔一六〕。長哦伊水句，回首若爲情？鄭都官嘗題詩云：「湘水似伊水，湘人非故人。」

彪德美來會於碧泉有詩因次韻

君臥衡山北，我行湘水濱。相逢還莫逆，清絶兩無塵。勝集追前日，輕陰近小春。濯纓聊復爾，舉首謝簪紳。

上封有懷元晦

憶共朱夫子，登臨氷雪中。劇談無俗調，得句有新功。别去雁横浦，重來月滿空。遥憐今夕意，清夢儻相同？

題福巖寺

擲鉢峰前寺，肩輿幾度來。樓臺還舊觀，杉桂撫新栽。湘水堂堂去，秋山面面開。徘徊千古思，風壑有餘哀。

題南臺寺

相望幾蘭若，勝處是南臺。閣逈規模穩，門空晝夜開。回風時浩蕩，高嶺更崔嵬。謾說石頭滑，支笻得往來。寺多風，二門不可置扉。寺之側有石頭庵。

由西嶺行後洞山路〔一七〕

西嶺更西路，雲嵐最窈深。水流千澗底，樹合四時陰〔一八〕。幽絶無僧住，閒來有客吟。山行三十里，鐘磬忽傳音〔一九〕。

過高臺寺〔二〇〕

着屋懸崖畔，開窗疊嶂秋。半畝雲榭冷，不斷石泉流。茗椀味能永，竹風聲更幽。平生版庵老，得句似湯休。寺之前有雲莊榭，舊車轍亭，侍郎胡公以其妄謬，易今名。記刻不存，必惡其害己者所去也。長老了信有詩名。

宿方廣寺

俗塵元迥隔，景物自天成。山近四圍碧，泉鳴永夜清。月華侵户冷，秋氣與雲橫。曉起尋歸路，題詩寄此情。

和黄澧雪中將至長沙

吾道元如砥，人間謾畏途。未容舟泝峽，且泛雪平湖。子孝寧投杼，天回看脱弧。不應從我懶，欲老豆麻區。

人日遊城東晚飯陳仲思茅亭分韻得香字

絶憐梅事晚，與客到林塘。瓦椀村醪釅，杯羹野菜香。舊遊看壁字，新歲尚他鄉。一笑俱真率，悠然意未央。

二月十日野步城南晚與吴伯承諸友飲裴臺分韻得江字

春日煙沙岸，禪房風竹窗。有時傾緑酒，隨處見清江。世路紛多轍，吾生老此邦。千林看不盡，白鳥去雙雙。

與弟姪飲梅花下分韻得香字

日夕色愈正，春和天與香。提攜一尊酒，問訊滿園芳。嗣歲詩多思，懷人心甚長。更須多秉燭，玉立勝紅粧。

十四日陪黄仲秉渡湘飲嶽麓臺上分韻得長字

支筇穿百級，把酒問春光。喬木依然在，幽蘭祇自芳。未嘗湘水滿，更覺橘洲長。暝色須回首〔二一〕，天涯話故鄉。

王長沙約飲縣圃梅花下分韻得梅字

平生佳絶處，心事付江梅。縣圃今年見〔二二〕，芳尊薄暮開。朗吟空激烈，燒燭且徘徊。

未逐徵書去，窮冬尚一來。

湯總管邢監廟約遊城東酒間求詩爲賦此

春事已如許，客愁空自多。梅花成莫逆，尊酒付亡何。楚楚邢郎子，眈眈老伏波。定應容我醉，耳熱更高歌。

謝胡掾惠詩

一見知心事，旋觀慰月評。慈祥漢循吏，儒雅魯諸生。莫作周南歎，終期冀北程。新詩連夜讀，梅影伴孤清。

除夜立春

積雪陰難解，新梅凍未開。誰知殘臘底，已報早春來。一氣元無息，羣兒浪自猜。短檠非守歲，百感政交懷。

送趙節卿

昭代才難歎，宗盟自有人〔一三〕。千鈞定晚試，一角信逢真。政擬尋梅共，還經折柳新。青雲看穩上，回首楚江春。

二月二十五日登裴臺坐上口占

朝來風雨好，抱病亦登臨。故國江山在，荒城花柳深。憂時空百慮，望遠只微吟。春事如櫻筍，幽盟可重尋。

上巳日晚登裴臺自仲春凡三登

前日看花地，重來對落暉。雨餘山著色，沙没水初肥。寒食家家出，殘紅樹樹飛。還同二三子，及此詠而歸。

長沙郡丞丁君挽詞

廉吏今尤重，朝家詔舉頻。方看千里駕，忽盡百年身。職業憂勞甚，遊從笑語真。空令行路歎，没後見清貧。

和黄仲秉喜雨

雨涼窗户好，佳木正陰陰。畎畝憂時念，乾坤濟物心。引泉聊自照，移竹更親臨。尚想皇華使，風前擁鼻吟。

寄侯彦周

塞雁仍南去，慇懃問耒陽。催科應獨拙，理髮詎能長？邑古絃歌地，年豐魚稻鄉。婆娑還得不？三徑未云荒。

過長橋

西風吹短髮，復此渡長橋。木落波空闊，亭孤影動摇。徘徊念今昔，領略到漁樵。倘有山中隱，憑誰爲一招？

多景樓

疇昔南徐地，登臨北固樓。平原迷故國，滄海接江流。木落煙沙晚〔二四〕，城孤鼓角秋。寄言鷗鷺侶，吾已具扁舟。

金山

萬頃洪濤裏，巍然閲古今。雲煙三島接〔二五〕，花木四時深。亂石維舟住，西風倚檻吟。朝宗知不斷，凄切此時心。

重陽前一日

九日明朝是，清尊强自開。蕭蕭疎雨暗，滚滚大江來。野菊開無數〔二六〕，沙鷗静不猜。何須騎臺飲〔二七〕，此興亦悠哉。

十五日過小孤山

沃野迥千里，巋然突孤標。崖分勢亦裂，江静影頻摇。棲鶻巢何險，盤柯凍不凋。吾行足觀覽，未覺客程遥。

新亭

風景自今古，斯亭今是非？絶憐江水去，還有故山圍。得失同千慮，成虧共一機。所思惟謝傅，不但勝淮淝。

庚申過青草湖

已越重湖險，張颿勝順流。亂雲藏野寺，横網鬧漁舟。物色湖南好，風霜歲晚謀。未知荒歉後，得似向來不？

校勘記

〔一〕舊聞當不廢觀書　「舊」，原作「傳」，據劉本、四庫本改。

〔二〕江繞東城今古清　「江」，原作「紅」，據劉本、四庫本改。

〔三〕眼明便作故園看　「便」，原作「復」，據劉本、四庫本改。

〔四〕只把空杯未礙歡　「歡」，原作「觀」，據劉本、四庫本改。

〔五〕蒼壁插空千古色　「壁」，原作「碧」，據劉本、四庫本改。

〔六〕網魚縷膾寒氷玉　「氷」，劉本、四庫本作「水」。

〔七〕人情初不問華戎　「問」，劉本、四庫本作「間」。

〔八〕南州雁不到西川　「不」，原作「下」，據劉本、四庫本改。

〔九〕後來文采繼風流　「後」，原作「從」，據劉本、四庫本改。

〔一〇〕塵世利名無着意　「意」，劉本、四庫本作「算」。

〔一一〕春同心事應常在　「常」，劉本、四庫本作「長」。

〔一二〕月當燈花不用籠　「花」，劉本、四庫本作「光」。

〔一三〕公嘗進卷　「卷」字原闕，據劉本、四庫本補。

〔一四〕崇朝變炎暑　「崇朝」二字原闕，據劉本、四庫本補。

〔一五〕北窗凉枕簟　「窗」字原闕，據劉本、四庫本補。

〔一六〕閑行忘去程　「行」，原作「雲」，據劉本、四庫本改。

〔一七〕由西嶺行後洞山路　南嶽倡酬集作「後洞山口晚賦」。

〔一八〕自「西嶺更西路」至「樹合四時陰」　南嶽倡酬集作林用中詩前四句。

〔一九〕自「幽絶無僧住」至「鐘磬忽傳音」　南嶽倡酬集作張栻詩後四句，而「音」作「心」。前四句作：「石裂長藤瘦，山圍野路深。寒溪千古思，喬木四時陰。」
〔二〇〕過高臺寺　「高」，原作「南」，據劉本、四庫本改。
〔二一〕暝色須回首　「須」，劉本、四庫本作「猶」。
〔二二〕縣圃今年見　「今」，劉本、四庫本作「經」。
〔二三〕宗盟自有人　「自」，劉本、四庫本作「世」。
〔二四〕木落煙沙晚　「沙」，劉本、四庫本作「莎」。
〔二五〕雲煙三島接　「三」，原作「山」，據劉本、四庫本改。
〔二六〕野菊開無數　「開」，原作「間」，據劉本、四庫本改。
〔二七〕何須騎臺飲　「臺」，原作「馬」，據劉本、四庫本改。

南軒先生文集卷第五

律詩

喜聞定叟弟歸

吾弟三年别，歸舟半月程。瘦肥應似舊，歡喜定如兄。秋日聯鴻影，凉窗聽雨聲。人間團聚樂，身外總云輕。

聞定叟弟已近適迫祀事未能出先遣姪輩往迎書此問訊

漸喜書題近，懸知歸意忙。才聞下湘水，早已過衡陽。雨洗秋山净，凉生桂樹香。慇懃二三子，策馬爲迎將。

醇叟崇道之喪未得往哭聞窀穸有期輒賦二章以相挽〔一〕

慶席親賢胄，心知道義尊。如何着閒處，終不近修門。三歲成長別〔二〕，微言未細論。人琴俱寂寞，風雨閉丘園。

晚歲渾無事，端居只自如。冰霜澆磈磊，日月老籧篨。山寺留題墨，晴窗罷卷書。從今衡嶽路，忍復過公廬？

故太子詹事王公挽詩二首

大節元無玷，中心本不欺。排姦力扛鼎，憂國鬢成絲〔三〕。方喜三旌召〔四〕，俄興一鑑悲。西風吹淚眼，夫豈哭吾私？

睿主龍飛日，如公舊學臣。忠言關國計，清節映廷紳。歲月身多外，江湖澤在民。當年遺直歎，千古更如新。

詩送陳仲思參佐廣右幕府

舊說桂林好，君今幕府遊。江山資暇日，梅雪類吾州。賁海何多說，安邊更預謀。政應勤婉畫，不用賦離憂。

呂善化秩滿而歸兩詩贈行

令尹三年政，湘民去日思〔五〕。艱難救菑歉，憂瘁見云爲。薦牘今交上，夷途去不疑。正須頻顧省，御者可無辭。

伯氏相從舊，歸來意若何。從渠笑方拙，還我自吟哦。聖有詩書在，人多歲月過。德門好兄弟，夜雨細研磨。

默姪之官襄陽兩詩以送之

默也相從久，吾心念汝多。又爲江漢別，空覺歲年過。氣習須消靡，工夫在講磨。惟應介如石，人事易蹉跎。

潦雨彌旬月，予方念鞠窮。子行何草草，别語又匆匆。漢沔英靈在，江山今昔同。未須登峴首，先合拜隆中。

送零陵賈使君二首

籍甚零陵郡，風流記昔賢。宅存元水部，人識范忠宣。山近地宜竹，溪清岸有泉。官閒時訪古，餘韻故依然。

孝友傳家法，如君好弟兄。祇應推此意，便足慰民情。間歲仍艱食，新書督勸耕。想今瀟水畔〔六〕，惟日望雙旌。

寄曾節夫

曾子别經月，相思如幾秋。不應行役歎，却爲賈胡留。雨後湖光滿，梅邊春意浮。須君細商略，晴日共茶甌。

送周畏知二首

秋冬仍苦雨，旬浹喜霜晴。木末樓臺見，江頭橘柚明。登臨方適意，離别已增情。後夜相思地，寒梅影正横。

半世功名誤，蒼顔幕府游。文辭追楚些，得失付陽秋。薦牘方交上，衡門豈重留。青雲看穩去，快處一回眸。

題伏龍寺壁

少日憶曾到，歸途得小留。回環山寺古〔七〕，蕭瑟柿林秋。道路情無那，琴書可細求。從來士窮達，分付水悠悠。

送外弟宇文挺臣二首

合族情尤重，論交意復深。還爲萬里别，未盡幾年心。佳處應相憶，書來倘嗣音。及時須努力，莫待鬢華侵。

漠漠灘江上，匆匆送客情。平原宵雨溼，絶壁野雲横。世路多新轍，韋編有舊盟。中流屹砥柱，過浪豈能傾。

寄題周功父溪園三詠

聞説亭花好，居然似蜀鄉。色深姿不俗，香淡意能長。高燭留深夜，輕陰護晚芳。何心較桃李，只擬答春光。

右嫣然亭

未識主人面，先爲溪上吟。澄潭依近岸，絶壁聳遥林。領略襟期遠，登臨歲律深。想當軒冕外，三歎有餘音。

右溪亭

溪園平廣處，雅稱雪中游。疎密看千變，高低共一丘。寒知松節勁，静覺竹聲幽。還有故人否，當能着小舟。

右雪亭

曾節夫罷官歸盱江以小詩寄别〔八〕

俗隘寧爲異，言深敢自欺。如何幕中辯，翻作暗投疑。行李秋將半，家園菊正滋。反躬端得味，當復有餘師。

寄趙漕

想得昭潭上，兒童夾道迎。皇華今日使，竹馬舊時情。梅蘂冬前折，山光雨後清。使君桃李客，當爲駐車旌。

送李新州

清絶湘南地，鄉閭見老成。蔽棠方有望，折柳却關情。側聽輿人誦，還新月旦評。相望幸鄰壤，猶得借餘明。

游誠之來廣西相從幾一年今當赴官九江極與之惜别兩詩餞行

游子名家後，天資更敏强。壯懷知自許，遠業定難量。幕府文書簡，韋編趣味長。居然成濶别〔九〕，音寄莫相忘。

士學端成己，工夫要自程。聖門窺廣大〔一〇〕，中德養和平。美玉資勤琢，良才詎小成。心期須後會，拭目更增明。

寄宇文卭州

寄語臨卭守，相望萬里情。由來詩句好，足驗教條清。好古從時詘，爲邦已政成。無尋子虚賦，忠厚詔諸生。

次陳擇之遊湖韻

落日遊魚上〔一一〕，青林白鳥過。稻香來隔岸，巖影占清波。招隱何年賦，尋幽此地多。晚涼容縱棹，聽我采菱歌。

送但能之守潯州

循吏古猶少，嶺民今未蘇。丁寧煩詔旨，推擇得吾徒。根本誰深念，詩書計不迂。惟應敦此意，豈但應時須。

送祖七姪西歸二首

萬里逢猶子，中年憶故鄉。只知情話好，豈覺去途長。巫峽波濤壯，秦山檜柏蒼。何能從汝往，佇立看歸艎。

故國非喬木，名家重典刑。飄零念吾黨，寂寞撫遺經。菽水知何病，芝蘭要滿庭。汝歸應記取，爲我話丁寧。

仲春過陽亭

亭古危臨岸，林幽巧近城。煙容隨雨住，花片着溪清。春事已如許，客懷誰與傾。亭前兩好樹〔一二〕，滿意欲敷榮。

堯廟

明祀崇千載，荒山拱萬靈。插天巉絶壁，飛瀑下空庭。繪事存淳古，真風寄杳冥。蘋蘩何以薦，帝德日惟馨。

户曹廬陵胡君引年求謝事予視其精力未衰留之踰年乃今告去不復可挽爲詩送別澹庵君之叔父也〔一三〕

出守嗟何晚，懷歸已倦游。細看渾矍鑠，可是畏伊優。幕下傾三語，山中賦四愁。平生大小阮，來往足風流。

若海運使移節廣東賦詩贈别予每過若海諸郎誦書於旁琅琅可喜爲之重賦

行止非人料，驅馳未席温。傳聞選膚使，端爲慰黎元。瘴嶺農畊少，山城海氣昏。惟勤凋瘵慮，此外更何言。

玉雪明人眼，森然膝下郎。原流知袞袞，誦讀聽琅琅。有子君何慕，他年我莫量。願崇詩禮訓，勿近利名場。

送李崧老歸閩二首

歷數勳賢後，如君到眼希。胸中藴金石，筆下出珠璣。傾蓋嗟何晚，臨流又送歸。他年儻相憶，尋我釣魚磯。

公事妨開卷，遐征念索居。能來數月欵，端爲百憂紓。師友洛川上，人才元祐初。歸來有新益，不惜幾行書。

和定叟送行韻

舊别情何限，重逢意豁然。相看疑似夢，欵語不成眠。但欲燈窗共，其如事後牽。固應回首處，衹在集雲前。

題益陽清修寺

峯勢香爐直，溪流峽水潺。居然一蘭若，喚出小廬山。老木千崖表，孤亭萬竹間。明朝問征路，回首白雲閑。

故觀文建安劉公挽詩四首

憶昨登廊廟，忠言達帝聰。所思惟盡瘁，敢復計成功？半世江湖上，千憂寤寐中。汗青誰秉筆，請考衆言公。

國耻臣當死，公家三世心。忍看垂絶筆，誰續斷弦音？精爽今如在，衣冠恨更深。却嗟蜍與志，處世漫侵尋。

平日多奇節，中間似富公。天從廬墓請，人説救荒功。辛苦培邦本，雍容遏亂鋒。文傳遺奏切，更過子囊忠。

曾是南荆地，他年竹馬迎。旌旂嚴騎士，弧矢盛民兵。細攷規模舊，還知節制明。思公如峴首，同我淚縱横。

追餞馬憲

虜使行原陘，清風伴往還。詩情渾漫興，雪意正相關。許國心何壯，憂民鬢易斑。留連三日語，邂逅十年間。

某以四十字送詳刑使君

拙守荆江上，無人共往還。能來慰牢落，話舊幾間關。冬蟄龍蛇蟄，風林虎豹斑。相期涵養力，直到古人間。

除夕登仲宣樓

懷土昔人志，傷時此日心。長江霜潦浄，故國暮煙深。訪古多遺恨，憑欄更獨吟。細看前浦樹，生意已堪尋。

隔牆聞正父鄉飲甚樂偶畏風不預用前韻敬簡

元日忻晴色，新年祇舊心。故人同客裡，鄉話自情深。儘説成都酒，休爲楚澤吟。相逢須痛飲，歲月易侵尋。

劉勝因自襄陽過予渚宫於其歸小詩贈别

骯髒寧多忤，棲遲久倦游。折肱諳世味，袖手惜良籌。日月隆中晚，風煙峴首愁。登臨應慷慨，還解寄詩不？

光弼姪得邑西歸賦詩勉之併示光義二首

共惟二百載，詩禮一門中。冷落吾憂甚，扶持爾輩同。傳心無異轍，隨用不言功。外慕知何極，惟應念祖風。

得邑寧論小，居官最近民。中誠倘無倦，同體會相親。暇日書還讀，清源政自新。吾兄有遺訓，爾輩足持循。

送曾裘父

交舊問何濶，能來浹日留。還尋佳橘頌，惜别仲宣樓。探古書盈屋，憂時雪滿頭。絶思黄閣老，招隱意綢繆。樞密劉公嘗欲以遺逸舉裘父。

帳幹周君桂林相從之舊己亥暮春出嶺迂道相過臨别求予言姑賦此

江北逢新雨〔一四〕，湘南憶舊游。能來慰岑寂，恨不小遲留。日月徒催老，功名浪自愁。惟應編簡樂，在己可深求。

中秋與僚佐登江陵郡城觀月

涼意今年蚤，蟾光七澤多。憑欄共懷古，擁袂獨高歌。風物關山遠，功名歲月過。一尊聊復爾，於此興如何。

遊章華臺

楚國舊雄勝，荒臺今是非。平川留宿潦，蕭寺掩斜暉。木落秋聲急，天高雁影微。淒涼無處問，騎馬踏堤歸。

和元晦擇之有詩見懷

作别又如許，何當置我旁。卷舒書在手，展轉月侵床。合志師千載，相思謾一方。臨風三歎息，此意渺難量。

送范伯崇

堂堂延閣老，遺範見斯人。孝友傳家舊，詩書用力新。人心危易失，聖學妙難親。願勉思弘毅，求仁可得仁。

定叟弟生辰〔一五〕

清秋記弧矢，舉酒頌年長。別去今踰歲，情親秖對床。韋編閒玩味，幕府小徜徉。刮目它時看，光輝映棣棠。

南軒木樨十月〔一六〕

不隨秋月鬬天香，冰雪叢中見縷黄。却得清寒惜花地，少須梅影慰孤芳。

和安國送茶

官焙蒼雲小臥龍，使君分餉自題封。打門驚起曲肱夢，公案從今又一重。

賦鄭子禮壽芝堂

莫向堂中覓壽芝，主人心地本平夷。子孫保此傳家瑞，世享長年自不疑。

喜雨呈安國

懸知雨意未渠已，一夜簷聲到枕間。曉上高樓望雲氣，蟄龍千丈起西山。
早秧出隴蠶已絲，眼中一雨正垂垂。農家辛苦渠能識，請誦周公七月詩。
向來惻怛哀矜意，便覺雨滿乾坤間。城東大士寧關汝，民倚邦侯如泰山。
涼生椽筆試烏絲，妙語便作星斗垂。我亦小窗無一事，細傾新酒和公詩。

自烏石渡湘思去歲與朱元晦林擇之偕行講論之樂賦此

朝來一舸渡湘水，山色横秋真可憐〔一七〕。忽憶去年聯騎客，沙邊搔首已茫然〔一八〕。

道間晚稻甚盛喜而賦此

我行自喜有勝事，夾道黄雲禾黍秋。聞道今年罷和糴，老農卒歲儻寬憂？

墳庵枕上追愴賦此

秋氣惻惻侵户牖，霜林風過猶餘音。八年淚溼龍塘土，展轉不眠中夜心。

晚晴

昨日陰雲滿太空，眼前不見祝融峰。晚來風卷都無迹，突兀還爲紫翠重。

渡興樂江望祝融

日上寧容曉霧遮，須臾碧玉貫明霞。人謀天意適相值，寄語韓公不用誇。

仲秉再用前韻爲梅解嘲復和之

幾年身在水雲間，愈見花邊下語難。猶有故人相慰藉，西山載酒未盟寒。

東君豈是結新知，誰共群芳較疾遲。不但開花高一世，更看嘉實滿青枝。

有懷安國

若人别去已經秋，却見山間翰墨留。獨對西風揩望眼，試從雲際辨荆州。

自上封下福巖道旁訪李鄴侯書堂山路榛合不可往矣

石壁巉巖路已荒，人言相國舊書堂。臨機自古多遺恨，妙策當年取范陽。

下山有作

五日山行復下山，愛山不肯住山間。此心無着身長健，明歲秋高却往還。

廬陵李直卿以復名其齋求予詩久未暇也今日雪霽登樓偶得此遂書以贈顧惟聖門精微綱領豈淺陋所能發祇增三歎

李侯索我復齋詩，此理難明信者稀。要識聖賢端的意，須於動處見天機。萬化根原天地心，幾人於此費追尋。端倪不遠君看取，妙用何曾間古今。

和張荆州所寄

自古荆州通陸海，祇今學士過青錢。笑譚坐了安邊策，取次成詩盡可編。詩來千里作春妍，尚記城南五畝園。豈但苔痕留屐齒，故應石上有窪罇。有時散策過西隣，共向東風憶故人。芙蓉亭下池水滿，敬簡堂前楊柳春。鍾陵未命千里駕，洞庭亦繫沙邊舟。閉門讀書卧歲晚，世事敢云風馬牛。共父、安國皆欲相招，未能往也。

明時未可廢譚兵，壯歲寧容便乞身？何人爲向沙頭去，憑仗慇懃一問津。

正月强半梅猶未開黄仲秉作詩嘲之次韻

孤芳未分落人間，故向東風小作難。眼底莫容蜂蝶亂，好留明月趂春寒。水邊疎影幾人知，尚喜詩翁到未遲。怪得尋花心眼别，去年曾賦上林枝。

謝邢少連送葡萄豆蔻栽

君家小圃占春光，眼看龍鬚百尺長。移向樓邊並寒井，明年垂實更陰凉。

留取園中數畝賖，擬栽靈藥謝紛華。兒童今日知翁喜，移得君家豆蔻花。

晚過吴伯承留飲〔一九〕

推門野路竹毶毶，落日天寒相對談。可是主人風韻别，自斟白酒擘黄柑。

校勘記

〔一〕輒賦二章以相挽　「挽」下，宋本、劉本、四庫本有「者」字。
〔二〕三歲成長别　「歲」，宋本、劉本、四庫本作「載」。
〔三〕憂國鬢成絲　「憂」，原作「愛」，據宋本、劉本、四庫本改。
〔四〕方喜三旌召　「三」，原作「二」，據宋本、劉本、四庫本改。
〔五〕湘民去日思　「日」，原作「昔」，據宋本改。
〔六〕想今瀟水畔　「瀟」，宋本作「湘」。
〔七〕回環山寺古　「環」，原作「還」，據宋本、劉本、四庫本改。
〔八〕曾節夫罷官歸盱江　「盱」，原作墨丁，據劉本、四庫本補。
〔九〕居然成濶别　「居」，四庫本作「悵」。

〔一〇〕聖門窺廣大　「窺」，宋本作「規」。

〔一一〕落日遊魚上　「日」，原作「石」，據宋本、劉本、四庫本改。

〔一二〕亭前兩好樹　「兩」，宋本作「多」。

〔一三〕留之踰年　「年」，宋本、劉本、四庫本作「半載」。

〔一四〕江北逢新雨　「逢」，原作「求」，據宋本、劉本、繆本、四庫本改。

〔一五〕定叟弟生辰　「定叟」，宋本作「五二」。

〔一六〕十月　二字原無，據宋本補。

〔一七〕山色橫秋真可憐　「真」，宋本作「正」。

〔一八〕沙邊搔首已茫然　「已」，宋本、劉本、繆本、四庫本作「意」。

〔一九〕晚過吴伯承留飲　「吴」，原作「胡」，據宋本、劉本、繆本、四庫本改。

南軒先生文集卷第六

近體〔一〕

某敬采民言成六韻爲安撫閣老尚書壽伏幸過目

里胥不踏桑麻路，桴鼓長閒花柳邨。都在邦君和氣裏，賣刀買犢長兒孫。

前時勸君出東郊〔二〕，父老歡呼望羽旄。甘雨便隨車馬到，眼看霑足遍蓬蒿。

清坐鈴齋公事稀，春來風日更遲遲。胸中水鏡渠自避，却笑鮎簾徒爾爲。

蜀江東下接襄江〔三〕，總是當年蔽芾棠。此地回旋莫嫌窄，且教春色滿三湘。

公今卧護足從容，豈有扁舟欲便東。少待政成歸帝所，此邦還在化鈞中。

湘民清曉壽邦君，下客慚無句語新。敢述老農歌誦意，一觴持上太夫人。

夜得嶽後庵僧家園新茶甚不多輒分數椀奉伯承

小園茶樹數十許，走寄萌芽初得嘗。雖無山頂煙嵐潤，亦有靈泉一派香。

四月四日飲吴仲立家梅桐花下吴伯承以事不至寄詩來次韻

翠蓋亭邊春色歸，還來把酒及開時。坐無車公歡意少，猶得風前讀好詩。

題湘潭丞黄子辯哦松軒

黄子官居多暇日，吟哦薄暮一窗中。雖無瀌瀌循除水，但覺颼颼滿屋風。

筠州曾使君寄貺中州新芽賦此以謝

黄蘗山前水遠沙，春風吹石長靈芽。午窗落磑飛瓊屑，烏椀翻湯湧雪花。

日長燕寢無公事，忽憶故人雲水邊。包裹甘芳慰幽獨，使君風味故依然。

仲春有懷

青山四面擁江城，暮角聲中淡月明。自倚闌干生白髮，無心行樂趂春晴。
西湖景物元瀟灑，楊柳新來兩岸垂。亦有遊人往來否？不應閒過看花時。
老木高枝不可攀，玉泉飛出半崖間。如何借得清泠水，一洗瘡痍爲解顔。
楚翠亭邊花正開〔四〕，道鄉臺下石崔嵬。主人今有此客否？客亦思君日百回。
想見城南春水深，春來夜夜動歸心。隔墻季子應無恙，爲托飛鴻寄好音。

次韻無爲使君見寄之什〔五〕

江山接境相望近，風雨一春音問疎。安得從公苕霅上，幅巾一葉卧看書。

從吕揚州覓芍藥栽

揚州風物故依然，夢想他時楚水邊。乞與靈根歸自種，梢頭繭栗看新年。

鶴

月底風前意味多，不妨佇立勝婆娑。軒中君子知多少，遣汝乘軒看若何。

望廬山

却望廬山倚柂樓，半空宿靄未全收。蒼然五老獨獻狀，似欲勸人來一遊。

十二月乙卯登岳陽樓丙辰再登

維舟徑上岳陽樓，風雨排空暝不收。明日重來天色好，君山元自翠光浮。

舟行湘陰道中雪作

歲晚歸來風雪裏，有懷端復爲誰開？江清沙白湘陰路，却似當年訪戴回。

登樓

風雨經旬只閉門，朝來倚檻已春深。不知花片飛多少，但覺江城滿緑陰。

題城南書院三十四詠〔六〕

差差竹影連坡静，細細荷風透屋香。午寂睡餘聊隱几，人間何用較閒忙？

新竹成林蕉葉青，隔籬深處有蟬鳴。晚涼更覺長堤静，自遶荷花待月明。

堦前樹影開還合，葉底蟬聲短復長。睡起更知茶味永，客來聊共竹風涼。

新涼物物有精神，静倚書窗聽雨聲。忽憶子綦元未解，强分天籟太麄生。

凌晨騎馬踏新涼〔七〕，來挹湖邊風露香。妙意此時誰共領，波閒鷗鷺静相忘。

林塘過雨不勝秋，萬蓋跳珠寫碧流。倚檻孤吟天欲暮，更穿芒屩上方舟。

山色頓清秋欲半，湖光更浄日平西。涼風獵獵低荷蓋〔八〕，歸翼翩翩度柳堤。

湖邊小築喜新成，秋入西山照眼明。不是厭喧來覓静，四時光景本均平。

秋風颯颯林塘晚〔九〕，萬緑叢中數點紅。若識榮枯是真實，不知何物更談空。

移得幽蘭幾本來，竹籬深處手栽培〔一〇〕。芬芳不必紉爲佩，月白風清取次開。

今年少雨菊花遲，青蕋方開三兩枝。但得悠然真意在，青山何處不相宜。

秋後冬前一月晴，小園佳處日經行。半山木落樓臺露，幾樹霜餘橘柚明。

鐃鼓喧豗十里城，人情正喜上元晴。瘦笻獨立湖邊路，却有白鷗同眼明。

和風習習禽聲樂，晴日遲遲花氣深。妙理沖融無間斷，湖邊佇立此時心。

曉來天氣更清新〔一一〕，獨倚闌干正暮春。花落花開鶯自語，東風吹水細鱗鱗。

花柳方妍十日晴，五更風雨送餘春。莫嫌紅紫都吹盡，新緑滿園還可人。

並湖數畝新疏闢，便有魚兒作隊行。我亦隨流浮小艇，晚涼細看縠紋生。

無言桃李也成陰，葉底黄鸝自好音〔一二〕。一縷爐煙清晝永，韋編卷罷短長吟。

化工生意源源在，静處詳觀總不偏。飛絮滿空春不盡，新荷貼水已田田。

野艇新成尋丈許，柳堤橘浦足周旋。添蓬不但爲遮日，準擬乘涼聽雨眠。

暮從别墅跨驢歸，風雨蕭蕭泥濺衣。出門回首且按轡，細聽泉聲和式微。

陰陰松竹影自轉，午枕無人到北窗。何許狂風來動地，夢回波浪洶春江。

疎竹蕭蕭正雨聲，眼中日影又還晴。鈎窗燕坐夏將半，荷葉已香湖水清。

莫道閒中一事無，閒中事業有工夫。閉門清晝讀書罷，掃地焚香到日晡。

亭畔薰風盡日涼，來從水面過新篁。悠然但覺盈襟抱，千古虞絃意未央〔一三〕。

拍堤水滿草茸茸，盡日野航西復東。欲去未須愁日暮，月明波面更溶溶。

烏雲夭矯風作惡，雷奔電掣雨懸河。須臾天宇復清霽，突兀西山紫翠多。

朝陽初上藕花香，下馬虚亭一味涼。山鳥自呼魚自樂，誰云身世可相忘。

北窗竹簟午陰涼，亦有清風到我旁。還與陶公事同否，未妨諸子細商量。
睡覺西山月正平，荷香不斷曉涼生。園中雙鶴知人意，已作金風警露聲。
西風夜半摧炎暑，曉看雲横天際秋。時序轉移皆妙理，惟應及早戒衣裘〔一四〕。
新涼修竹意愈静，初日芙蕖色倍鮮。物態直須閒裏見，人情多向快中偏。
四面紅蕖鏡緑波，晚涼奈此野情何。憑城更覺看山穩，入户還欣得月多。
殷雷終日在前山〔一五〕，風捲雲環意作難。薄暮有懷空佇立，忽然飛雨到闌干。

臘月二十二日渡湘登道鄉臺夜歸得五絶

三年不作山中客，纔踏船舷眼便明。曳杖直登千尺蹬，尚欣脚力慰生平。
舊日書堂倚翠屏，只今棟宇尚高明。門前恍若聞絃誦，瀌瀌遶墻流水聲。
道旁老松高拂雲，刳心取明彼何人。説與往來須愛護，雪霜時節看長身。
人來人去空千古，花落花開任四時。白鶴泉頭茶味永，山僧元自不曾知〔一六〕。
湘江歲晚水清淺，橘州霜後猶青葱。歸舟着沙未渠進，且看漁火聽疎鐘。

次韻許深父

日日經行只小園，静揞邛竹聽鳴泉。此時心事向誰共〔一七〕，素壁題詩第幾篇？
西山老木正亭亭，雲影參差陰復晴。手卷殘書天欲暮，聞君剥啄叩門聲。
却向斜坡並柳堤〔一八〕，雙飛燕子正啣泥。紛紛風雨春將半，渌漲平湖橋柱低〔一九〕。
下瞰寒江百尺坡，小松新種也婆娑。栽培擬待凌雲日，眼底浮花奈若何〔二〇〕。
年中一稔願無餘，漸喜徵呼息里胥。贏得閒身學農圃，未妨斜日帶經鋤。

初夏偶書

江潭四月熟梅天，頃刻陰晴遞變遷。掃地焚香清晝永，一窗修竹正森然。

墨梅

眼明三伏見此畫，便覺氷霜抵歲寒。唤起生香來不斷，故應不作墨花看。
日暮横斜又一枝，水邊記我獨吟時〔二一〕。不妨更作江南雨，併寫青青葉下垂。

謝韓監芍藥

一年春事雨聲裏，十里揚州夢想邊。眼底名花煩折贈，君家風物自嫣然。

龍孫竹生辰陽山谷間高不盈尺細僅如針而凡所以爲竹者無一不具予寘石斛中暮春生數筍森然可喜爲賦此

小竹如針能具體，方春茁筍更堪憐。乾坤妙用無餘欠〔二二〕，隱几旁觀爲莞然。

葉夷中屢以書求予記敬齋予往年嘗爲親舊爲記及銘矣今獨成兩絶句寄之

聰明用處翻多暗，機巧萌時正自癡。若識聖門持敬味，臨深履薄更何之？

向來屢着敬齋語〔二三〕，正恐言多意未明〔二四〕。今日報君惟一句：工夫端的貴躬行。

謝侯彦明惠白蓮栽

添得湖光百畝餘，湖邊早已長菰蒲。更移玉井峯頭種，還有花開十丈無？

青鞋不踏遠公社，偶共濂溪嗜好同。少待薰風開玉鏡，與君來賦月明中。周濂溪有愛蓮説。

書妙應庵壁

窗前新竹浄娟娟，借我風凉一榻眠。試問莊周説鵬鷃，何如洙泗舉魚鳶？

壽定叟弟〔二五〕

今年黄菊開花早，手擷芳新壽一杯。不用南陽三十斛，家山根蒂好栽培。

堂堂自昔源流遠，衮衮方來事業長〔二六〕。駟馬安車遵大道，正須緩轡不須忙。

向來相望各天涯〔二七〕，兩載團圞似舊時。只恐桐江來趣駕，明年把酒又相思。

嶽後步月

衡嶽山邊霜夜月，青松影裏看嬋娟。正須我輩爲領畧，寒入衣襟未得眠。

訪羅孟弼竹園

籃輿嘔軋上荒坡，奈此緣城修竹何？歷眼向來誰復領？買山未覺費金多。

林深谷窈路詰曲，慘澹西山横遠青。想得天寒來獨倚，空雲髣髴下湘靈。

江梅獨立蔭頹墻，苔蘚封枝色老蒼。手剪荆榛增歎息，眼中春意滿三湘。

知君日來修竹底，却課市樓朱墨程。應是禪門嫌揀擇，不論清濁要圓成。是日見孟弼方校市樓簿書。

臘月二日携家城東觀梅夜歸

前日看花正薄陰，重來晴日更精神。莫教容易飛花片，且放千林自在春。

元自陽春無間斷〔二八〕，何人能識化工心。梅邊把酒日近午，鳥語風微花氣深。

晴日東山飽看花，歸來野路已昏鵶。坡頭認得疎籬處，簷蔔林中李老家。

仰看鴻雁思吾弟，連日清游只欠渠。不知千里江南路，亦有梅花似此無？

題庾樓

南瞻廬阜北淮山，下有長江萬頃寒。往事無邊隨去浪，西風有客傍闌干〔二九〕。

城南即事

活泉細引忽盈溝，自遶書齋漲漲流。添得眼前無限思，石橋竹塢共清幽。

一春風雨水平湖，更覺湖心月榭孤。坐看百花開落遍，依然山色對清廬。

東風吹得緑成陰，積雨初收柳絮輕。記取湘中最佳處，橘花開時香滿城。

月榭當湖景最奇，故人千里寄新題。背欄看字成相憶，何日能來步柳堤？元晦新寄月榭題榜。

茅亭水溜四周遭，花木經春一一高。却望西山隔江水，徑思一葉泛雲濤。新亭名東渚。

枕邊風雨過今春，起步園林已緑陰。更向坡頭望湘浦，水雲無際遶遥岑。病起。

次韻劉樞密

朔風漠漠低黄雲，曉看繽紛萬鶴群。爲應農祥眉一展，更將餘力付斯文。

燕寢凝香意自長，不須乘月據胡床。新正更喜身强健，和氣都歸柏子觴。

是日二使者出遊晚凉有作

疎風細雨隨華節，西浦東山總勝遊。拙守亦忻凉意好，挑燈清坐讀春秋。

二使者遊東山酒後寄詩走筆次韻〔三〇〕

頗聞東山盛行樂，坐想風前酒興豪。領畧正應胸次別，吟哦更覺筆端高。綉衣雙節從天下，文字皆稱一世豪。桂山發地凜千尺，新詩與之相並高。壯歲幾成山水癖，年來袖手不能豪。忽傳燈底詩篇好〔三一〕，但想雲間屐齒高。

次韻范至能峽中見寄

合綰絲綸對紫薇，却捫青壁聽猿啼。衹應許國心金石，蜀道如天亦可梯。

前日從趙漕飲因得徧觀所藏書帖之富既歸戲成三絶簡之

烏雲夭矯天欲雨，虛堂美蔭共徜徉。開奩百軸驚傳翫，更覺人間六月涼。

舊藏自是承平物，新軸收從古道旁。人間好事戒多得，防有雷霆下取將。李金之亂，護漕爲寧遠宰，獨守邑不去，以兵行縣郊。視道旁卷帙零亂雜泥土，下馬就觀，多得佳帖。

今古驅馳翰墨場，何人下筆到顔楊。君侯知我有書癖，乞與西臺字幾行。

題馬氏草堂復齋聽雪

前鄰百鬼瞰高明，夜雨華榱歎昔人。却愛君家鴻雁集，還能葺理草堂春。

今古茫茫浪着鞭，誰知聖學有真傳。請君細誦復齋記，直到羲皇未畫前〔二二〕。

平生求友人千里，永夜論心雪滿窗。爲問蒲團聽脩竹〔二三〕，何如一舸泛清江。

送林擇之

遺篇寂寞論心少，一見吾人意已傾。冰雪持身金石志，它年事業更光明。

校勘記

〔一〕近體　宋本、劉本、四庫本作「律詩」。

〔二〕前時勸君出東郊　「勸君」，宋本作「勸向」，疑當作「相勸」。

〔三〕蜀江東下接襄江　「襄」，宋本作「湘」。
〔四〕楚翠亭邊花正開　「亭」，原作「庭」，據宋本、劉本、四庫本改。
〔五〕次韻無爲使君見寄之什　「使君」下，宋本、劉本、四庫本有「尊兄」二字。
〔六〕題城南書院三十四詠　「詠」，宋本作「首」。
〔七〕凌晨騎馬踏新涼　「踏」，原作「路」，據宋本改。
〔八〕涼風獵獵低荷蓋　「低」，宋本作「傾」。
〔九〕秋風颯颯林塘晚　宋本作「西風颯颯池塘晚」。
〔一〇〕竹籬深處手栽培　「籬」，宋本作「林」。
〔一一〕曉來天氣更清新　「更」，劉本、四庫本作「便」。
〔一二〕葉底黄鸝自好音　「葉」，原作「華」，據宋本、劉本、四庫本改。
〔一三〕千古虞絃意未央　「央」，宋本作「忘」。
〔一四〕惟應及早戒衣裘　「戒」，原作「解」，據宋本、劉本、四庫本改。
〔一五〕殷雷終日在前山　「前山」，原作「山前」，據宋本、劉本、四庫本乙。
〔一六〕山僧元自不曾知　「元」，原作「兀」，據宋本、劉本、四庫本改。
〔一七〕此時心事向誰共　「向誰」，宋本、劉本、四庫本作「何人」。
〔一八〕却向斜坡並柳堤　「向」，宋本、劉本、四庫本作「下」。

〔一九〕渌漲平湖橋柱低　「平」，原作墨丁，據宋本、劉本、四庫本補。
〔二〇〕眼底浮花奈若何　「花」，原作「雲」，據宋本、劉本、四庫本改。
〔二一〕水邊記我獨吟時　「時」，劉本、四庫本作「詩」。
〔二二〕乾坤妙用無餘欠　「欠」字原闕，據宋本、劉本、四庫本補。
〔二三〕向來屢着敬齋語　「向」，原作「何」，據宋本、劉本、四庫本改。
〔二四〕正恐言多意未明　「言多」，宋本、劉本、四庫本作「多言」。
〔二五〕壽定叟弟　宋本無「弟」字。
〔二六〕衮衮方來事業長　「衮衮」，原作墨丁，據宋本、劉本、四庫本補。
〔二七〕向來相望各天涯　「向」，原作「何」，據宋本、劉本、四庫本改。
〔二八〕元自陽春無間斷　「元」，原作「兀」，據宋本、劉本、四庫本改。
〔二九〕西風有客傍闌干　「傍」，宋本作「憑」。
〔三〇〕二使者遊東山酒後寄詩走筆次韻　「二」，宋本作「趙」。
〔三一〕忽傳燈底詩篇好　「篇」，原作墨丁，據宋本、劉本、四庫本補。
〔三二〕直到羲皇未畫前　「皇」，宋本、劉本、四庫本作「爻」。
〔三三〕爲問蒲團聽脩竹　「蒲團」，宋本作「滿園」。

南軒先生文集卷第七

律詩

次韻趙漕

中宵憂歲不成穼，一雨爲霖敢自虞？應是行臺借餘潤，故教均澤及樵蘇。雨聲歷歷來庭户，喜色津津到澤虞。擊壤徑思同野老，名亭詎敢學坡蘇？

和答鄭憲分贈米帖

字中有筆米博士，片紙人間什襲藏。好帖袖歸終日看，從渠車馬鬧康莊。是日中元，傾城出游。

偶作

世情易變如雲葉，官事無窮類海潮。退食北窗凉意滿，卧聽急雨打芭蕉。

偶成至前

公庭過午無餘事，退食歸來默坐時。晴日半窗香一縷，陽來消息只心知。

送鄭憲酒

晴日南山几杖俱，躋高選勝不須扶。也知坐上多佳客，可着青州從事無？

再和

想得經行與客俱，身强寧復要人扶？晚來山色應難盡，十里青蒼看有無。

韓廷玉築亭於官舍之旁園中故多梅亭成會有飛雪予因題其扁曰梅雪蓋取少陵詩語而劉公貢父送劉長官掌廣西機宜嘗用此事有雪片梅花五嶺春之句今廷玉適爲此官於以名亭抑其宜也亭邊花木多吾弟定叟舊植故予於首章及之〔一〕

城陰一徑自深窈，花木成行菊遶籬。細説當時經始事，夢回春草費相思。

南州要是梅開早〔一〕，北客巡簷徧眼明。一夜飛花來點綴，新亭端復得佳名。
眼底風光正自佳，滯留何必歎天涯。日長況是文書省，且與閒吟對落花。

立春日禊亭偶成

律回歲晚冰霜少，春到人間草木知。便覺眼前生意滿，東風吹水緑差差。

和陳擇之春日四絶

花落花開總可憐，嶠南亦復好風煙。雨餘起我故園夢，漠漠浮鷗水拍天。
年華冉冉春將半，花事怱怱雨滿城。想復東郊變新緑，未妨携酒趂初晴。
泗上當時皷瑟人，風雩豈是樂閒身。言外默傳千聖旨，胸中長有四時春。
日長漸有簡編樂，春半已將櫻筍來。無數青山相慰藉，有時明月共徘徊。

元日

古史書元意義存，春秋揭示更分明。人心天理初無欠，正本端原萬善生。

從鄭少嘉求貢綱餘茶

貢包餘璧小盤龍〔三〕，獨占人間第一功。乞與清風行萬里，爲君一洗瘴雲空。
茗事蕭疎五嶺中，修仁但可愈頭風。春前龍焙令人憶，知與故人風味同。

初食荔枝

開奩未暇論香味，便合令居第一流。細擘輕紅傾瑞露，周南端復且淹留。
照水依山祇自奇，晞風沐雨借光輝〔四〕。冰肌不受紅塵涴，頳頰從教酒暈肥。

嶺南荔枝不可寄遠龍眼新熟輒以五百顆奉晦叔或可與伯逢共一酌也

荔子如今尚典刑，秋林圓實著嘉名。雖無頳玉南風面，却耐筠籠千里行。
手自封題寄故人，聊將風味赴詩脣。千年尚憶唐羌疏，不汙華清驛騎塵。

壽定叟弟五絶〔五〕

聞説清朝對紫宸，君王側席屢咨詢。惟應民瘼開陳切，故遣分符驗撫循。

聞說嚴人愛貳車，呻吟赴愬賴携扶。從今充擴應無倦，千里疲民待子蘇。
聞說年來更老成，清心寡欲厭紛紜。固知造物有深意，端享修齡看策勳。
秋風想已治歸裝，吾亦扁舟具碧湘。世味祗應皆歷遍，如何兄弟對方床。
年年桂綻菊開時，長憶芳樽共一巵。請誦周人和樂句，全勝三歎陟岡詩。

丙申至前五日復坐南窗憶去年詩又成兩章

依然紅日照窗楣，還是去年消息時。妙理不須尋轍迹，只於生處驗新知。
新晴物物有春意，正值一陽來復時。變化無窮俱是易，探原密處起乾知。

題雉山禊亭

一曲清江正可憐，隔江新竹露娟娟。好風成我曲肱夢〔六〕，起看飛雲度碧天。

夢乘大舸卧泛江湖波濤甚壯醒乃悟其爲雨因成小詩

平生得意白鷗外，歲晚歸心鴻雁俱。蕉葉雨聲喧曉枕，夢成風楫泛江湖。

南嶽庵僧寄上封新茶風味甚高薄暮分送韓廷玉李嵩老

浮甌雪色喜初嘗，中有祝融風露香。徑欲與君同晤賞，短檠清夜正相望。

跋王介甫遊鍾山圖

林影溪光静自如，蕭疎短鬢獨騎驢。可能胸次都無事，擬向山中更著書。

歲晚烹試小春建茶

陽月藏春妙莫窺，靈芽粟粒露全機。煑茶獨啜寒窗夜〔七〕，已覺東風天際歸。

昨過漕臺庭前荼蘼盛開已而詹體仁海棠和章及此因用前韻賦兩章

玉立春深雪不如，生香透骨雪應無。莫遣飄零雜塵土，芬芳留入碧琳腴。

紛紛花片逐風飛，緑幄藏春自一奇。不入時人紅紫眼，却須我輩與題詩。

所思亭海棠初開折贈兩使者將以小詩

未須比擬紅深淺，更莫平章香有無。過雨夕陽樓上看，千花容有此膚腴？

東風着物本無私，紅入花梢特地奇。想得霜臺春思滿，一枝聊遣博新詩。

廖憲送牡丹用海棠韻復走筆戲和之

緑葉滿園風雨餘，君家花事嶺中無。眼明見此復三歎，京洛名園憶上腴。

報答春光須着語，年來老我不能奇。風前娟好有餘態，未必此花如此詩。

定叟弟頻寄黄蘗仰山新芽嘗口占小詩適灾患亡聊久不得遣寄今日方能寫此〔八〕

瘴雨昏昏梅子黄，午窗歸夢一繩床。江南雲腴忽到眼，中有吾家棠棣香。

集雲峰頂風霜飽，黄蘗洲前水石清。不入貢包供玉食，祇應山澤擅高名。坡公貶草茶，未爲確論。予謂建茶如臺閣勝士，草茶之佳者如山澤高人，各有風致，未易疵也。

益陽南境松杉夾道鬱然父老相傳忠定張公爲邑時所植也其間亦有既剪而復生者作詩屬來者護持之

夾道松杉半老蒼，前賢餘澤未應忘。君看直幹連雲起，豈但當年蔽芾棠。

登楚野亭見張舍人題字

英豪自昔多遺恨，人物於今正渺然。來訪舍人題字處，淡煙莎草滿平川。

城南雜詠二十首

納湖

原原錫潭水，匯此南城陰。岸花有開落，水盈無淺深。

東渚

團團凌風桂，宛在水之東。月色穿林影，却下碧波中。

詠歸橋

四序有佳趣，今古蓋共兹。橋邊獨微吟，回首忘所之。

船齋

窗低蘆葦秋，便有江湖思。久已倦垂綸，游魚不須避。

麗澤

長哦伐木篇，佇立以望子。日暮飛鳥歸，門前長春水。

蘭澗

藝蘭北澗側，澗曲風紆餘。願言植根固，芬芳長慰予。

山齋

疊石小峥嶸，修篁高下生。地偏人迹罕，古井轆轤鳴。

書樓

高樓出林杪，中有千載書。昔人不可見，倚檻意何如。

蒙軒

開軒僅尋丈，水竹亦蕭疎。客來須起敬，題榜了翁書。

石瀨

流泉自清寫，觸石短長鳴。窮年竹根底，和我讀書聲。

卷雲亭

雲生山氣佳，雲卷山色静。隱几亦何心，此意相與永。

柳堤

前年種垂柳，已復如許長。長條莫攀折，留待映滄浪。

月榭

危欄明倒影，面面湧金波。何處無佳月，惟應此地多。

濯清亭

芙蓉豈不好，濯濯清漣漪。采之不盈把，怊悵暮忘饑。

西嶼

繫舟西岸邊，幅巾自來去。島嶼花木深，蟬鳴不知處。

琮琤谷

幽谷竹成陰，懸流着石清。不妨風月夕，來此聽琮琤。

梅堤

亭亭堤上梅，歷歷波間影。歲晚憶夫君，寂寞煙渚静。

聽雨舫

風吹渡頭雨，摵摵蓬上聲。欣然會心處，端復與誰評？

采菱舟

散策下亭阿，水清魚可數。却上采菱舟，乘風過南浦。

南阜

湘水接洞庭，秋山見遥碧。南阜時一登，搔首意無斁。

遊嶽尋梅不獲和元晦韻

眼看飛雪灑千林，更着寒溪水淺深。應有梅花連夜發，却煩詩句寫愁襟。

十三日晨起霜晴用定王臺韻賦此

晴嵐開嶽鎮，雲雨斷陽臺。日出寒光迥，川平秀色回。興隨天際雁，詩寄嶺頭梅。盛事他年説，憑君記玉杯。

用元晦定王臺韻

珍重南山路，驅羸幾度來。未登喬嶽頂，空説妙高臺。曉霧層層斂，奇峯面面開。山間元自樂，澤畔不須哀。

馬上口占

向來一雪壓霾昏，曉跨征鞍傍水村。七十二峰俱玉立，巍然更覺祝融尊。

馬上舉韓退之語口占

擾擾人心墮渺茫，更於底處問穹蒼。今朝開霽君知否？春到無邊花草香。

和朱元晦韻

一見瓊山眼爲青，馬蹄不覺渡沙汀。如今誰是王摩詰？爲寫清新入畫屏。

登山有作

上頭壁立起千尋，下列群峰次第深。兀兀籃輿自吟詠，白雲流水此時心。

和元晦馬跡橋

便請行從馬跡橋，何須乘鶴簉叢霄。慇懃底事登臨去？不爲山僧苦見招。

方廣道中半嶺少憩

半嶺籃輿小駐肩〔九〕，眼中已覺渺雲煙。山頭更盡無窮境，非是人間別有天。

道中景物甚勝吟賞不暇因復作此

支筇石壁聽溪聲〔一〇〕，却看雲山萬疊新。總是詩情吟不徹，一時分付與吾人。

崖邊積雪取食清甚賦此

陰崖積雪射寒光，入齒清甘得味嘗。應是山神知客意，故將瓊液沃詩腸。

和元晦後洞山口晚賦

石裂長藤瘦，山圍野路深。寒溪千古思，喬木四時陰。更得尋幽侶，何妨擁鼻吟。笑看雲出岫，誰似此無心？

和元晦雪壓竹韻

山行景物總清奇，知費山翁幾許詩。雪急風號聯騎日，月明霜淨倚闌時。

和元晦懷定叟戲作

路入青山小作程，每逢佳處憶吾人。山林朝市休關念，認取臨深履薄身。

方廣聖燈

陰壑傳聞炯夜燈，幾人高閣費追尋。山間光景祇常事，堪笑塵寰萬種心。

賦羅漢果

黄實纍纍本自芳，西湖名字著諸方。里稱勝母吾常避，珎重山僧自煑湯。

和元晦詠畫壁

松杉夾路自清陰，溪水有源誰復尋？忽見畫圖開四壁，悠然端亦慰予心。

和元晦方廣版屋

葺蓋非陶埴，年深自碧差。如何亂心曲，不忍誦秦詩。

和擇之賦泉聲

試問今宵澗底聲，何如三歎有餘音？堂中衲子還知否，月白風清底處尋？

和擇之賦霜月

月華明潔好霜天，遥指層城幾暮煙。妙意此時誰與寄？美人湘水隔娟娟。

和擇之賦枯木

陰崖虎豹露鬚牙，元是枯槎着蘚花。不向明堂支萬祀，玄冬苦節未須誇。

聞方廣長老化去有作

夜入精藍意自真，上方一笑政清新。山僧忽復隨流水，可惜平生未了身。

賦蓮花峰

玉井峰頭十丈蓮，天寒日暮更清妍。不須重詠洛神賦，便可同賡雲錦篇。

和元晦詠雪

兀坐竹輿穿澗壑，仰看石徑接煙霞。是間故有春消息，散作千林瓊玉花。

自方廣過高臺

兩寺清聞磬，群峰石作城。風生雲影亂，猿嘯月華明。香火遠公社，江湖鷗鳥盟。是中俱不着，俯仰見平生。

賦石廩峰

巋然高廩倚晴天，獨得佳名自古傳。多謝山中出雲氣，人間長與作豐年。

道旁殘火温酒有作

陰崖衝雪寒膚裂，野路然薪春意回。旋暖提壺傾濁酒，陶然絶勝夜堂杯。

和元晦林間殘雪之韻

眼中光潔盡瓊瑶，未覺蔚藍宫殿遥。石壁長林氷筯落，鏘然玉佩響層霄。

和擇之看雪

嶽背三冬雪，真同不夜城。野雲何晃蕩，澗水助空明。行橐多新句，青山有舊盟。堂堂身世事，渠謾説三生。

和擇之福巖回望嶽市

回首塵寰去渺然，山中别是一風煙。好乘晴色上高頂，要看清霜明月天。

福巖讀張湖南舊詩

兹遊奇絶平生事，只欠瀛儒冰雪姿。元是經行題品地，却從山際誦新詩。

和擇之登祝融峰口占

祝融高處好，拂石坐林端。雲夢從渠小，乾坤本自寬。回眸增浩蕩，出語覺高寒。明日重來看，寧應取次還？

和元晦晚霞

早來雪意遮空碧，晚喜晴霞散綺紅。便可懸知明旦事，一輪明月快哉風。

過高臺攜信老詩集

蕭然僧榻碧雲端，細讀君詩夜未闌。門外蒼松霜雪裏，比君佳處讓高寒。

和元晦贈上封長老

上方元自好，一榻有餘清。秖趂晨鐘起，寧聞山鳥聲。高僧足幽事，野客富詩情〔一〕。試問峰頭景，今朝作麽生？

和元晦醉下祝融

雲氣飄飄御晚風，笑談噓吸滿心胸。須臾歛盡還空碧，露出天邊無數峰。

和元晦十六日下山之韻

歸袂隨雲起，籃輿趂雪明。山僧苦留客，世故却關情。小倚枯藤杖，仰聽絶澗聲。如何山下客，一笑已來迎。

和擇之韻

山中好景年年在，人事多端日日新。不向青山生戀着，祇緣身世總非真。

和擇之韻

舊説峰頭寺，真成杖屨來。却尋泥路滑，更喜野雲堆。寒積三冬雪，陽生九地雷。城中幾親友，爲説看山回。

題曾氏山園十一詠

尚絅堂

昔人爲己學，深旨妙隱微〔一二〕。三復尚絅章，服膺願無違。

夕陽臺

日暮天無風，岸巾夕陽中。回首發遐想，明月已升東。

橘洲

我家湘水濱，年年賦徠服。君家百畝田，晚歲千樹緑。

霜傑

種松苦難長，松長還耐久。莫作目前思，但種門前柳。

菊隱

不肯競桃李，甘心同艾蒿。德人一題品，愈覺風味高。

君子亭

嘉蓮秉嘉質，邂逅逢賞音。翁豈玩物者，寄意一何深。

蓼步

扁舟横薄莫，渺渺蓼知秋。家山有江湖，何必賦遠遊。

北山

南山煙雨霏，北山風露多。衣沾非所惜，屨溼知如何。

梅沼

寒梅只自芳，野水有餘清。山空歲云暮，妙意相發明。

桃花塢

花開山與明，花落水流去。行人欲尋源，只在山深處。

吟風橋

橋邊風月佳，俛仰有餘思。無忘履冰心，方識吟風意。

昨日與周伯壽别終夕雨小詩追路

夜雨虛簷響徹明，地蒸衣潤欲生雲。想君渚路頻回首〔一三〕，我亦書窗倍憶君。

自西園登山

日光射崖冰雪色，風壑傳響松龍吟。但欣耳目得所遇，不覺山高幾許尋。

校勘記

〔一〕韓廷玉至故予於首章及之　「亭成」二字原無，據宋本及底本目録補。「會有飛雪」，宋本無「有」字。「首章」上「於」字原無，據底本目録補。

〔二〕南州要是梅開早　「要」，宋本作「最」。

〔三〕貢包餘璧小盤龍　「璧」，原作「壁」，據宋本、劉本改。

〔四〕晞風沐雨借光輝　「晞」，劉本、四庫本作「櫛」。
〔五〕壽定叟弟五絶　「五絶」原無，據宋本補。
〔六〕好風成我曲肱夢　「好」，原作「我」，據宋本、劉本改。
〔七〕賫茶獨啜寒窗夜　「茶」，宋本、劉本、四庫本作「泉」。
〔八〕久不得遣寄今日方能寫此　「久」，原作「又」，據宋本、劉本、四庫本及底本目録改。
〔九〕半嶺籃輿小駐肩　「小」，原作「少」，據宋本、劉本、四庫本改。
〔一〇〕支笻石壁聽溪聲　「石壁」二字原闕，據宋本、劉本、四庫本補。
〔一一〕野客富詩情　「富」，宋本作「賦」。
〔一二〕深旨妙隱微　「旨」，宋本作「工」。
〔一三〕想君渚路頻回看　「看」，劉本、四庫本作「首」。

南軒先生文集卷第八

表

謝太師加贈表

日月昭回，燭孤忠於既没；風雷鼓動，詔邮典於無窮。藐然遺孤，重以隕涕〔一〕。中謝。伏念先臣早趨列署，即值多艱〔二〕。痛陵廟之莫扶，歎簪紳之自保。以爲寇讎若此，豈臣子之遑安；義理所存，何利害之足計？會真人之勃起，先百辟以駿奔。奉命於危機洶湧之秋，投軀於衆難紛紜之際。以至進登揆路，盡獲戎車。不憂醜虜之方張，惟懼人心之不正。炳若丹青之誓，率兹縞素之師。雖蒙神聖之深知，亦致姦邪之横戾〔三〕。擯居炎郡〔四〕，中逾二紀之更〔五〕；敢意餘齡，復際重明之運？竊窺睿藴，思復祖疆。願畢効於精誠，冀平清於氛祲。而割地奉讎之論起，合黨締交之謀深。修邊備則指爲費財，講武功則目爲生事。妄擬偷安於歲月，曾微却顧於興衰。非惟沮先臣之爲，實乃傷陛下之志。爍金成市，卒賴保全；易簀餘哀，空存感慨。悵歷時之寖久，忽當饋以興思。中旨顯頒，褒章具舉。既極上公之貴，復稽節惠之文。人知忠義之榮，莫不競勸；士喜是非之定，少緩私憂。固將垂訓於邦家，豈但增光於泉壤？此蓋伏遇皇帝陛下，勤儉法禹，聰明繼堯。緯武經文，不暫忘於宗祏；彰善癉惡，用允若於天心。敷揚舊勳，表厲在服。誦温言之曲盡，仰至意之旁孚。臣猥以承家，極兹追往。奉牲以告，知神理之來歆；聚族而謀，念上恩之曷報。惟慕先臣之許國，力圖後日之捐身。

嚴州到任謝表

奉詔中陛，分符近邦。已見吏民，敬頒條教。中謝。伏念臣稟資不敏，涉道未深。誦編簡以窮年，粗守趨庭之訓；雖江湖之屏迹，敢忘向日之心？藐兹憂患之餘，時軫記憐之舊〔六〕。既將詳試以民事，又使密邇於行都。賜對彤庭〔七〕，曲形睿獎。辭闕未更於積日，驅車已届於新封。仰在望之雲天，依歸曷已；顧來迎之父老，責望謂何？此蓋伏遇皇帝陛下，勇智繼湯，聰明法舜。謂意誠心正，澄源雖自於朝廷；然本固邦寧，共理亦資於牧守。夫何迂戇，乃預選掄。惟是此方，素稱瘠土；而其輸賦，獨重他州。編居半雜於山林，稔歲猶艱於衣食。覩其生理，良足興嗟。臣謹當咨訪里閭，推原根本。悉陳利害之實，仰冀恩澤之流〔八〕。視民如傷，用體大君之德意；爲國以禮，更思先聖之格言。

静江到任謝表

還之寓直，假以价籓。祗服訓詞，已臨官次。伏念臣稟資甚戇，涉理未深。徒以蚤被於教忠，故亦粗知於守義。頃由郎省，入侍經帷。方聖主之有爲，思延忠讜；愧下臣之末學，無補高明。居然半載之間，負此素餐之責；獨有孤危之迹，上廑覆護之私。終畀便州，使歸故里。甫及瓜期之近，更叨改命之榮。此蓋伏遇皇帝陛下，愛養人才，重惜名器。謂臣鈍不生事，或可責以撫摩；察臣愚無他腸，示不忍於捐棄。惟是桂林之地，夙專制閫之權。盡護邊蠻，南極嶺嶠。深虞綿薄，莫副使令。臣敢不思既厥心，克共於事。奉法循理，期躬率於遐方；和衆安民，用仰承於皇武。

江陵到任謝表

便私有請，已媿乘軺；改命彌優，又叨分閫。仰承德意，既見吏民。中謝。惟全、楚之上流，實皇家之要屏。居吴、蜀之會，屹形勢之相關；控襄、沔之衝，渺規模之甚遠。自戎馬平寧之後，亦歲時閱歷之多。田土膏腴，莫盡新耕之利；人煙蕭瑟，靡聞舊觀之還。既富庶之未臻，諒恢圖之難濟。孤聖主有爲之志，虚輿人望治之心。謀帥之艱〔九〕，於今尤甚。豈兹遴選，乃及微臣。兹蓋伏遇皇帝陛下，明並日中，仁同天大。念臣服於先訓，亦有意於捐軀；謂臣守其愚忠，或可望以立事。肆加明試，不忍遐遺。臣敢不務集衆思，勉圖來効！事君以勿欺爲主，期利害之實聞；禦侮以得民爲先，當本根之力護。庶幾毫髮，仰答乾坤。

進職因任謝表

内閣分華，進其寓直；介籓因任，錫以賛書。既莫遂於終辭，凛不知夫所措。臣某誠惶誠懼，頓首頓首。伏念臣昨承人乏，來守嶺隅。忽坐閱於兩秋，亦既殫於五技。所賴旁流之惠澤，故兹少息於疲甿。吏於其間，譴因以免。敢希誤寵，何有微勞？此蓋伏遇皇帝陛下，以大有爲之資，行不忍人之政。遠邇一視，真傳太上之心；賞罰至公，悉聽國人之論。惟臣不敏，曷稱所蒙？況聞前哲之言，多畏居官之久。非人情狃習之爲慮，實己志怠忽之難防。其幾弛於方寸之間，則害及於一路之廣。反復以念，經營莫寧。敢不履薄臨深，益思謹於侯度；庶幾積銖累寸，或不玷於皇明。

謝除秘閣修撰表

臣某言：先在廣西任日，伏蒙聖恩，除臣秘閣修撰。尋具辭免，奉聖旨不允，已祇受誥命者。奉籓何補，坐費三年；進律之褒，乃蒙再命。控忱辭而莫獲，拊小己以增羞。中謝。伏念臣鈍質無堪，孤蹤難植。備保鄣於遠服，凜危懼之百懷。惟仰恃於聖明，勉自殫其心力。班超之策，但守於平平；陽城之書，固甘於下下。豈期睿獎，薦賜寵光。俯矜塵坌之餘生，俾隸蓬萊之高選。超踰若此，報稱謂何？此蓋伏遇皇帝陛下，器使群才，光被四表。顧未忘於簪履之舊，尚念黯愚；將示勸於牧圉之臣，姑從隗始。榮踰華衮，愧甚循墻。臣敢不勉務樸忠，仰承德意？始終一節，期不負於素懷；驅馳四方，敢或憚於煩使。

謝侍講表

臣拜命中宸，執經西學。雖踵熙朝之故事，實爲儒者之至榮。莫遂懇辭，惟深惕懼。臣某云云。竊以剛健篤實，易稱多識之功；緝熙光明，詩著仔肩之義。蓋典學所以建事，而治國始乎修身。厥惟哲王，乃燭大本。此蓋伏遇皇帝陛下，德先勤儉，政用中和。從善若轉圜，每盡謙虛之道；臨民如御馬，居懷兢業之思。念六籍之格言，爲百王之要範。將求鴻碩，與共講論。顧臣何人，亦預兹選。臣敢不樸忠自許，古義是研。勉殫夙夜之誠，庶幾千慮；儻有涓埃之補，少答大恩。

謝賜冬衣表

出笥分珍，在廷均賜。方此御冬之始，俱懷挾纊之温。中謝。兹蓋伏遇皇帝陛下，子視庶民，天臨群下。遇之有禮，俾知臣節之恭；「豈曰無衣」，獨覺君恩之重。臣等敢不力圖其報，仰稱所蒙。惟公爾以忘私，庶服之而無斁。

賀郊祀表

率時陽復，式展泰壇。配我思成，有嚴熙事。中賀。竊攷前王之典，莫先上帝之郊。明德惟馨，匪備物之爲貴；精意以饗，本一誠以潛通。必知禮樂之原，斯格高升之應。恭惟皇帝陛下，躬行舜孝，業廣禹勤。守位曰仁，允寶祖宗之訓；應天以實，克單夙夜之心。兹舉彌文，益昭順福。神靈來燕，穆然聲氣之交；服采駿奔，儼若豆籩之薦。更旁流於沛澤，用永錫於蒸黎。臣等幸備邇聯，豫承明祀。體宸衷之寅畏，敢怠交修；仰帝命之昭融，庶幾無斁。

賀冬至表

律應中聲，候迎長景。宜人神之贊喜，輔宗祏以儲休。中賀。恭惟皇帝陛下，重堯之華，行禹之智。籲俊以尊上帝，斂福而錫庶民。周典是遵，待彼陰陽之定；羲爻默玩，見夫天地之心。臣叨奉藩條，阻陪班綴。天子萬壽，敢忘歸美之誠；王者三微，願廣好生之德。

遺奏庚子二月初二日

臣再世蒙恩，一心報國。大命至此，厥路無由。猶有微誠，不能自已。伏願陛下，親君子，遠小人。信任防一己之偏〔一〇〕，好惡公天下之理。永清四海，克鞏丕圖。臣死之日，猶生之年〔一一〕。

經筵講議

二南之詩，聖人示萬世以制治之本源，乃三百六篇之綱要。如易之首乾坤然。葛覃次於關雎，蓋述后妃雖貴，不可忘其初。處宫室之中，而思其在父母家之時；居富貴之位，而念夫女工之勞。感時撫事，而因以起其歸寧之心。思其節儉敦本、孝愛恭敬，藹然見乎其辭。反復誦詠之，則可以得其趣矣。一章思夫在父母家之時，方春葛延蔓于中谷，維葉萋萋然，其始茂也。黄鳥聚於藂木，其鳴喈喈然，其甚和也。誦此章，則一時景物如接吾耳目中矣。二章「維葉莫莫」，則是葛既成而可采之時也。於是言其刈穫之以爲絺綌，如此服之無厭也。蓋躬其勤勞而享之則安耳。誦此章，則其敦本之意可見矣。三章言其因是以思其父母，告師氏以言歸，污治其燕私之服，澣濯其朝見之衣。「害澣害否」，言何者當澣、何者當否？治其衣服，蓋欲以歸寧父母也。誦此章，則其孝愛恭敬與夫節儉之意，又豈不藹然於言辭之表乎？古者雖后妃之貴，亦必立之師傅以詔之，故此詩言歸，必首以告師氏。而左氏傳亦謂「傅母不在，宵不下堂」，則知師傅之職所以朝夕輔導之也。法家拂士，非惟人主不可一日無，在后妃亦然。誠以人心易動，貴驕易溺，處其極而無所畏憚，則其可憂將有不可勝言者。是以古之明君與其后妃，相與夙夜警戒，而不敢少忽乎此也。臣嘗考周家建國，自后稷以農事爲務，歷世相傳，其君子則重稼穡之事，其室家則躬織紝之勤，相與咨嗟歎息，服習乎艱難，詠歌其勞苦，此實王業之根本也。如周公之告成王，其見於詩，有若七月，皆言農桑之候也；其見於書，有若無逸，則欲其知稼穡之艱難，知小人之依也。臣以爲帝王所傳心法之要，端在乎此。夫治常生於敬謹，而亂常起於驕肆。使爲國者而每念乎稼穡之勞，而其后妃又不忘乎織紝之事，則心不存焉寡矣。何者？其必嚴恭朝夕而不敢怠也，其必懷保小民而不敢康也，其必思天下之饑寒若己饑寒之也。是心常存，則驕矜放肆何自而生？豈非治之所由興也歟？美哉，周之家法也！聖哲相繼，固不待論，而其后妃之賢見於簡編。太王之妃，則姜女也；而文王之母則太姙〔一二〕，妃則太姒；而武王之后又邑姜也。則皆助其君子，焦勞於内，以成風化之美。觀后妃，則太王、文、武之德可知矣。以此垂世，而其後世猶有若幽王者，惑褒姒而廢正后，以召犬戎之禍，而詩人刺之曰「婦無公事，休其蠶織」，蓋推其禍端，良由稼穡織紝之事不聞於耳、不動於心，以至於此。故誦「服之無斁」之章，則知周之所以興；誦「休其蠶織」之章，則知周之所以衰。其得失所自，豈不較著乎〔一三〕？以是意而考秦漢以下，其治亂成壞之源，皆可見矣。

講畢，臣栻復進曰：臣觀三代令主，必知稼穡之艱難，其后妃必知織紝之勤勞。惟其身親之，視民如傷，其心誠痛切也。後來只爲不知艱難，故都不省察，但見目前一事之辦、一令之行，不知百姓流離困苦於下。所以漢唐妄爲興作之君，多在中葉，良由不知艱難所致。周公作七月，反復只説農桑；作無逸，只説稼穡之艱難。要得成王胸中了然，都知許多辛苦曲折，自然朝夕敬畏，惟恐失民心。下情通達，凡事不敢草草，其治所以安固長久。天生民以立君，非欲其立乎民之上以自逸也，蓋欲分付天之赤子而爲之主。人主不以此爲職分，以何爲職分？人主不於此存心，於何所存心？若人主之心念念在民，惟恐傷之，則百姓之心自然親附如一體。若在我者，先散了此意思，與之不相管攝，則彼之心亦將泮渙而離矣，可不懼哉？自古帝王爲治，皆本乎此。後世興利生事之臣，先毁薄此論，謂之陳腐，亦無怪其然。蓋須指此爲陳腐，則彼興利生事之説方得而進。臣嘗譬之，饑必食穀粟，渴必飲水漿，此語似乎陳腐，然饑須食穀粟、渴須飲水漿，不可易也。若以此爲陳腐，却求吸風飲露之計，寧有是理？人主不可以不察。臣又嘗觀後世兩種議論，或云「小害無傷」，或云「要得立事，擾人不奈何」，臣以爲此等議論，乃壞國家元氣毒藥。上云：王安石謂人言不足卹，所以誤國事。臣栻請破前此二者説。臣嘗爲州郡，備見百姓利害，百姓甚易擾動。未論州郡所行，只如知縣妄行出一文字，鄉間擾害百姓有不可勝言者，何况以朝廷之勢臨之。若一事偶未審，草草行出，外間受害又何可以數計？百姓被困毒，得聞於人主之前者，有多少間隔？其受害已不少矣。然則豈可謂「小害無傷」？濟大事必以人心爲本，若未曾做得一毫事，先擾百姓，失却人心，是將立事根本自先壞矣，烏能立哉？然則豈可謂「要立事擾人不奈何」？人主又豈可不察？然而又有一等頹隋苟且之論，借養民之説，却是要玩歲愒日，都無所爲。此反害正論。臣所論先王養民之政，蓋其所施行，具有本末先後，正合朝夕講究，以次行之，非是恬然不爲。臣栻又進曰：古人論治，如木之有根，如水之有源。言治外必先治内，言治國必先齊家，須是如此，方爲善治。臣適論成周家法，自漢唐以來家法之美無如我宋。臣嘗考四后之德，其立甚正，終爲宗廟社稷之福。光獻曹太后，方英宗之初，有功社稷；宣仁高太后，致元祐之治，號爲女主中堯舜；欽聖向太后，建中靖國之初有功社稷；欽慈孟太后，靖康、建炎間，社稷之功又冠前古。以此知本朝之家法，何媿三代？實子孫萬世無窮之法。

啓

謝宰執啓〔一四〕太師加贈

仰祇明詔，追述遺忠。惟聖主明燭無疆，莫掩中天之照；而大臣言乃底績，豈無前席之陳？孤生藐然，有涕滂若。永言先父之志，粤自靖康而來。蓋以爲天理所安，期没身而後已；人臣之義，不與賊以俱生。國餘三户，而可以亡秦；田有一成，而卒能祀夏。苟精誠之自竭，豈利鈍之逆知？惟其不渝，是以克濟。若謀國懷畏懊之見，則事仇甘陵夷之歸。妄希一日之安，莫思千載之耻。三綱不振，萬事曷成？皎若丹心，歷多艱而愈厲；凛乎白首，曾孤立以奚傷？痛易簀之有言，恨枕戈之未遂。孰謂閲時之久，忽形當寧之思。肆命有司，昭加卹典。焚中山之篋，既空讒慝之羣；祭曲江於家，益懋始終之眷。而平章僕射相公扶持公論，翼贊化原。想夫正色於朝，蔚有沃心之助。致此休命，賁於幽扃。豈私門以爲榮，實吾道之增重。某奉書而告，追往更深。記先友以示方來，所願勳名之懿；銘上恩而思報効，敢忘忠義之傳？

答周漕啓

伏審持節載驅，褰帷來涖。道以禮樂，上資周度之聞；雖則劬勞，民有安居之託。共惟某官，以敦厚之稟，負通達之才。學道愛人，夙著撫循之實；正身率下，更高刺舉之風。眷此南湘，寔爲巨屏。湖山清遠，昔稱控制之雄；户口浩穰，尤覺賦輸之劇。雖故歲之幸稔，尚前歉之未償。正資惠存，以底安裕。儻官吏之奉法，自民俗之蒙休。激濁揚清，即聽公平之論；圖事揆策，旋歸獻納之班。某久寓是邦，便同舊里。方衡門之自屏，喜廣蔭之可依。染翰見貽，先辱瓊瑶之贈；造門不遠，行修桑梓之恭。

答胡提舉啓

伏審持節載驅，褰帷來届。送以禮樂，上資周度之聞；雖則劬勞，民有安居之託。伏惟提舉郎中，以疏明之稟，負通達之才。執法漢庭，夙著平反之譽；觀風周道，已聞忠厚之言。載惟推擇之公，實寄丁寧之旨。蓋念兹土，重罹歉菑。尚遠食新之期，居多仰哺之衆。是勤賢德，來布上恩。正兹救患之時，何異拯焚之急。儻誠心惻怛，惟恐一夫之傷；則惠澤周流，自然千里之及。政施有序，風動可期。既寬宵旰之深憂，且召豐年之和氣。遂因成績，入步要津。某昨幸朝班，數瞻風宇。方衡門之自省，喜廣蔭之可依。染翰見貽，先辱瓊瑶之贈；造門不遠，行修桑梓之恭。

答柳嚴州啓

奉詔牧民，方待臨川之次；蒙恩易郡，更叨桐水之除。自揆初心，敢忘素守？已上奉祠之請，輒辭乘傳之行。豈不知在今此州，實拱行闕。仰雲天之在望，知日月之可依。地望既隆，民俗且簡。几席枕湖山之上，簿書雜魚鳥之間。前瞻文正之風流，尚想子陵之節槩。叨逾過分，夫復何言？然某方兹退伏於里閭，且欲從容於學問。斯未能信，敢言輕試於治人？道之難明，祇合静求於在己。庶幾有得，不辱其先。日冀大君之仁，俯從小己之願。豈謂山川之阻，忽勤魚素之攽。敢占蕪辭〔一五〕，少叙鄙意。恭惟知府朝議，以德履之甚茂，全天才之有餘〔一六〕。惟自處期忠厚之歸，故所至以牧養爲事。翺翔中外，益著聲猷〔一七〕。詠中和之詩已騰身於近服〔一八〕；陳治安之策，即趨對於明庭。某未諧先覿之期，徒負告新之意。敢借偃藩之樂，少留坐嘯之娱。秋律既深，霜飈愈厲。願體眷毗之厚，益精調護之宜。瞻頌之深，敷宣罔既。

答胡參議啓

空冀北之野，昔知人物之英；佐湖南之軍，今喜風猷之近。辱書先及，佩意惟深。伏惟某官，以淳茂之資，富通明之學。持心近厚，蔚聞平讞之風；正色不求，雅有安恬之樂。惟瀟湘之都會，控江漢之上流。溪山阻深，户口繁夥。雖民安俗阜，必資元帥之得人；然川泳雲飛，亦賴嘉賓之贊畫。是煩耆德，來慰輿情。諒坐席之未温，即鋒車之趣駕。某深惟亡補，退切自修。好語見貽，知有斷金之義；從游在即，更歌伐木之詩。

答翟通判啓

德門雅望，聖世美才。久更踐於民情，益推高於吏治。出分屏軾，尚淹半刺之權；入佩荷囊，行被九重之眷。知有斷金之義，偶同退鷁之飛。遠勤專价之臨，重辱長牋之貺。褒揚過實，展讀懷慚。千里叙情，所愧非子雲之筆札；一時仰德，未由披彦輔之雲天。瞻頌之深，敷宣罔既。

答竹通判啓

義形辭色，識辨安危。惟險阻之備嘗，宜功名之立致。豈期歲月之久，尚爾淹遲；乃於州縣之間，更煩闕決。頃自吴門之别，繼爲南楚之歸。寤寐雖勤，書辭莫及。知有斷金之義，偶同退鷁之飛。兹承專价之臨，首辱朋緘之問。辭旨敷暢，展讀再三；事理分明，惟知感嘆。騏驥伏櫪，無忘驤首之時；鵬鶚在天，更看冲霄之翼。

答嚴州州縣官啓

南爲祝融客，方自屏於江湖；郡枕子陵溪，忽起分於符竹。雖公朝之不棄，在私義之未遑。蓋退而治己，尚多缺然；則出而臨民，其敢率爾？輒上祠宫之請，且惟編簡之求。豈期薰慈，遠貽慶問。三復辭情之美，益增顔面之慙。恭惟某官，議論該深，見聞卓異。素所蓄積，蔚爲瑚璉之珍；暫爾淹遲，莫掩斗牛之氣。未遂同僚之幸，徒勤仰德之懷。愧感之深，敷宣罔既。

答吕太博啓

兹蒙薰慈，委貺牋翰。不爲華藻，無非忠信之言；歷舉大猷，備著切磋之義。詠味數過，感藏至深。伏惟某官，世德相傳，天資甚茂。立志靡追於時好，行身力慕於昔賢。暫分典於泮宫，益養成於遠器。某相聞雖久，既見末繇。永惟事道之難，莫若求仁之要〔一九〕。考麗澤之象，正資講習之功；誦伐木之詩，益見和平之助。顧驅車之寖邇，知傾蓋之可期。所忻有過之必聞，庶或臨民之寡悔。

答游廣文啓

疏恩北闕，分教南邦。出御史之名門，先聲已著；羣諸生於泮水，講席方嚴。伏惟某官，文采蜚英，豈弟從政。蓄於平素，既以致遠爲心；見於施爲，當有躬行之實。念兹都會，夙多俊良。正資教養之功，庸底作成之盛。識其大者，豈誦説云乎哉？何以告之，亦仁義而已矣。某一違風采，三易歲華。忻聞徒御之臨，首拜牋辭之辱。自慚短翰，曷報勤劬〔二〇〕？即聽名言，少慰孤陋。

回嚴主簿啓

發策大庭，蜚英雋軌。所論不詭，公言允孚。惟皇家設科，本收多士之用；而君子從仕，豈爲一身之謀。故官無尊卑，而報國則均；事無大小，而行志則一。方觀遠業，以慰輿情。先辱貺於辭牋，徒增深於感抱。

答新及第啓

兹審承恩天陛，拜慶親庭。閭里知榮，士友增慰。惟策名委質，當思忠義之勉圖；而學道愛人，豈其利禄之是慕？願擴昔賢之志，永爲鄉國之光。

答新舉人啓

伏承起從里選，遂與計偕。顧兹勸駕之初，是乃策名之漸。惟國之取士，豈將富貴其身；而士之逢時，益厲忠嘉之節。行觀大對，用卜遠圖。願希董子之奏篇，更加剴切；毋若公孫之曲學，徒取譏羞。輙因報貺之辭，少致贈言之義。敷宣罔既，悚愓增深。

答新舉人啓

兹審起從里選，榮與計偕。惟藴積之素充，宜發揮之有漸。待時而動，豈爲干禄之云；正學以言，斯乃事君之始。蔚辭章之辱貺，惟推轂之何功。報贈不文，謹藏爲好。

謝生朝啓

歲晚而思益艱，蓋重蓼莪之感；齒長而學不進，更深伐木之求。方渴佇於良規，乃忽厪於善頌。意則厚矣，吾惟闕然。敢云初度之光，實積中心之媿。

校勘記

〔一〕重以隕涕　「以」，原作「於」，據宋本改。

〔二〕即值多艱　「艱」，原作「難」，據宋本改。

〔三〕亦致姦邪之横戾　「戾」，宋本、劉本、四庫本作「疾」。

〔四〕擯居炎郡　「郡」，宋本、劉本、四庫本作「服」。

〔五〕中逾二紀之更　「二」，原作「一」，據宋本、劉本、繆本、四庫本改。
〔六〕時軫記憐之舊　「時」，宋本作「特」。
〔七〕賜對彤庭　「彤」，宋本作「昕」。
〔八〕仰冀恩澤之流　「冀」，宋本作「覬」。
〔九〕謀帥之艱　「帥」，原作「師」，據宋本、四庫本改。
〔一〇〕信任防一己之偏　「防」，宋本作「絶」。
〔一一〕猶生之年　「猶」，宋本作「如」。
〔一二〕而文王之母則太姙　「則」字原無，據宋本、劉本、四庫本補。
〔一三〕豈不較著乎　「著」，宋本作「然」。
〔一四〕謝宰執啓　「啓」字原無，據四庫本補。
〔一五〕敢占蕪辭　「敢」，宋本作「謹」。
〔一六〕全天才之有餘　「天才」，原作「才脱」，據宋本改。
〔一七〕益著聲猷　「聲」，原作「深」，據宋本、劉本、四庫本改。
〔一八〕已騰身於近服　「身」，宋本作「聲」。
〔一九〕莫若求仁之要　「仁」，原作「人」，據宋本改。
〔二〇〕曷報勤劬　「劬」，宋本、劉本、四庫本作「渠」。

南軒先生文集卷第九

記

静江府學記乾道六年春二月

國朝學校徧天下，秦漢以來所未有也。桂林之學，自唐大曆中觀察使李昌夔經始於郊，而熙寧中徙於郡城東南隅。乾道二年，知府事張侯維又以其地堙陋，更相爽塏，得浮屠廢宮，實故始安郡治，請於朝而遷焉。侯以書來曰：「願有以告於桂之士。」某惟古人所以從事於學者其果何所爲而然哉？天之生斯人也，則有常性；人之立於天地之間也，則有常事。在身有一身之事，在家有一家之事，在國有一國之事。其事也非人之所能爲也，性之所有也。弗勝其事則爲弗有其性，弗有其性則爲弗克若天矣。克保其性而不悖其事，所以順乎天也。然則捨講學其能之哉！凡天下之事皆人之所當爲，君臣、父子、兄弟、夫婦、朋友之際，人事之大者也，以至於視聽言動、周旋食息，至纖至悉，何莫非事者？一事之不貫，則天性以之陷溺也。然則講學其可不汲汲乎！學所以明萬事而奉天職也。雖然，事有其理而著於吾心。心也者，萬事之宗也。惟人放其良心，故事失其統紀。學也者，所以收其放而存其良也。夏葛而冬裘，饑食而渴飲，理之所固存，而事之所當然者，凡吾於萬事皆見其若是也，而後爲當其可學者求乎此而已。嘗竊怪今世之學者其所從事往往異乎是。鼓篋入學，抑亦思吾所謂學者果何事乎？聖人之立教者果何在乎？而朝廷建學，群聚而教養者又果何爲乎？嗟夫！此獨未之思而已矣。使其知所思，則必竦然動於中，而其朝夕所接，君臣、父子、兄弟、夫婦、朋友之際，視聽言動之間，必有不得而遁者，庶乎可以知入德之門矣。某也不敏，何足以啓告於人，辱侯盛意，勉爲之書。

袁州學記

淳熙五年秋八月，某來宜春。至之明日，州學教授李中與州之士合辭來言：「宜春之學，自皇祐中太守祖無擇實始爲之，今百有二十五年矣。中更兵革，廢而復興，惟是庳陋弗克稱，至於今。守乃慨然按尋舊規，首闢講肄之堂，立稽古閣於堂上，生師之舍皆撤而一新之。將告成，而君侯適來，敢請記以詔多士。」某謝不敏，則請益堅。乃進而告之曰：先生所以建學造士之意，亦嘗攷之乎？惟民之生，其典有五，君臣、父子、兄弟、夫婦、朋友是也；而其德有四，仁、義、禮、智是也。人能充其德之所固有，以率夫典之所當然，則必無力不足之患。惟人之不能是也，故聖人使之學焉。自唐虞以來，固莫不以是教矣，至於三代之世，立教人之所，設官以董涖之，而其法益加詳焉。然其所以爲教則一道耳。故曰：「學則三代共之，皆所以明人倫也。」嗟夫！人倫之在天下，不可一日廢，廢則國隨之。然則有國者之於學，其可一日而忽哉！皇朝列聖相承，留意教養，所以望於多士甚厚，三代而下言學校之盛，未有若此時也。然則教於斯，學於斯者，其可不深攷先王建學造士之本意而勉之乎？惟四德之在人，各具於其性，人病不能求之耳。求之之方，載於孔孟之書，備有科級，惟致其知而後可以有明，惟力其行而後可以有至。孝弟之行，始乎閨門而形於鄉黨；忠愛之實，見於事君而推以澤民。是則無負於國家之教養，而三代之士風亦不越是而已。嗟乎，可不勉哉！於是書以爲記。今守名杓，實某之弟也。是月庚戌記。

邵州復舊學記

慶曆中，天子詔天下郡邑皆得立學。邵州去王畿數千里，於時亦爲學以應詔旨，而學在牙城之中，左獄右庾，庫陋弗稱。治平四年，駕部員外郎、通判永州周侯敦頤來攝郡事。始至，伏謁先聖祠下，起而悚然，乃度高明之地，遷於城之東南。及其成，帥士者行釋菜之禮以落之，今祠刻具存，可攷也。惟侯唱明絶學於千載之下，學者宗之，所謂濂溪先生者。在當時之所建立，後之人所宜謹守，以時修治，而貽之無窮可也。顧今僅百有餘年，而其間興壞之不常，甚至於徇尋常利便之説，徙就他所，甚失推崇先生長者流風遺澤之意，而於學校之教，所害亦已大矣。乾道九年，知州事胡侯華公歎息其故，與學教授議所以復之者。轉運判官、提舉學事黄侯洧聞之，頗捐緡錢以相其事，於是即治平故基而加闢焉。祠祭有廟，講肄有堂，棲息有齋，前後樓閣翬飛相望，下至庫庾庖湢無不備具，而民不知其費，不與其勞。遣使來請記。某以爲，春秋之義，善復古者是誠可書也。然嘗攷先生所以建學造士之本意，蓋將使士者講夫仁義禮智之彝，以明夫君臣、父子、兄弟、夫婦、朋友之倫，以之修身、齊家、治國、平天下，其事蓋甚大矣，而爲之則有其序，教之則有其方。故必先使之從事於小學，習乎六藝之節，講乎爲弟、爲子之職，而躬乎灑掃應對進退之事，周旋乎俎豆羽籥之間，優游乎絃歌誦讀之際，有以固其肌膚之會、筋骸之束，齊其耳目，一其心志，所謂大學之道格物致知者，由是可以進焉。至於物格知至，而仁義禮智之彝得於其性，君臣、父子、兄弟、夫婦、朋友之倫皆以不亂，而修身、齊家、治國、平天下無不宜者。此先王之所以教而三代之所以治，後世不可以跂及者也。後世之學校，朝夕所講，不過綴緝文辭，以爲規取利禄之計，亦與古之道大戾矣。上之人所以教養成就之者，夫豈端爲是哉！今邵幸蒙詔旨，得立學宮，而周先生實經理其始，又幸而得復其舊於已廢之後。士者游於其間，盍試思夫當時先生所以望於後人者，其亦如後之學校之所爲乎？抑將以古之道而望之也？往取其遺書而讀之，則亦可以見矣。於是而相與講明，以析夫義利之分，循古人小學、大學之序如前所云者，勉之而勿舍，則庶幾爲不負先生經始期望之意，而有以仰稱上之人教養成就之澤，今日之復是學，斯不爲虚設矣。學故有二記。其一治平五年湖北轉運使孔侯延之之文〔一〕，蓋爲周先生作也。其一紹興二十三年武夷胡子宏之文，雖不詳學之興廢，而開示學者爲仁之方則甚明，皆足以傳後。某不敏，幸以淺陋之辭列於二記之次，實榮且愧云。淳熙元年三月癸巳。

郴州學記

維三代之學，至周而大備。自天子之國都以及於鄉黨，莫不有學，使之朝夕優游於絃誦詠歌之中，而服習乎進退揖遜之節，則又申之以孝弟之義，爲之冠昏喪祭之法，春秋釋菜，與夫鄉飲酒養老之禮。其耳目手足肌膚之會、筋骸之束無不由於學。在上則司徒總其事，樂正崇其教，下而鄉黨亦莫不有師。其教養之也密，故其成才也易。士生斯時，藏修游息於其間，誦其言而知其味，玩其文而會其理，德業之進，日引月長，自宜然也。於是自鄉論其行而升之司徒，司徒又論之而升之國庠，大樂正則察其成以告於王，定其論而官之。其官之也，因其材之大小，蓋有一居其官，至於終身不易者。士修其身而已，非有求於君也，身修而君舉之耳。夫然，故禮義興行，人才衆多，風俗醇厚，至於斑白者不負戴於道路，而王道成矣。國朝之學，視漢唐爲盛，郡縣皆得置學。郡有教授以掌治之，部刺史、守令佐又得兼領其事，亦既重矣；而士之居焉者大抵操筆習爲文辭，以求應有司之程耳。嗟乎，是豈國家所望於多士之意哉！雖教養之法疑若未盡復古，然爲士者豈可不思士之所以爲士者果爲何事也哉？

郴故有學，迫於城隅，湫隘不治，知州事薛彦博、通判州事盧遹、教授吴鎰始議遷改，因得浮屠廢宫，江山在前，高明爽塏，乃徙而一新之。郡之士相與勸率，以助資役。甫逾時而迄成焉，來屬某，願有記。

某惟先王之於學，所以勤勤懇懇，若飲食起居之不可須臾離者，誠以正心、修身、齊家、治國以至於平天下，未有不須學而成者，實生民之大命，而王道之本原也。然而學以何爲要乎？孟子論三代之學，一言以蔽之，曰「皆所以明人倫」也。大哉言乎！人之大倫，天所叙也。降衷於民，誰獨無是性哉！孩提之童，莫不知愛其親，及其長也，莫不知敬其兄；而夫婦、朋友之間，君臣之際，禮儀三百，威儀三千，無適而非性之所有者。惟夫局於氣禀，遷於物欲，而天理不明，是以處之不盡其道，以至於傷恩害義者有之。此先王之所以爲憂，而爲之學以教之也。然則學之所務，果何以外於人倫哉！雖至於聖人，亦曰盡其性而爲人倫之至耳。嗚呼！今之學者苟能立志尚友，講論問辯，而於人倫之際審加察焉，敬守力行，勿舍勿奪，則良心可識，而天理自著。馴是而進，益高益深，在家則孝弟雍睦之行興，居鄉則禮遜廉耻之俗成。一旦出而立朝，致君澤民，事業可大，則三代之風何遠之有，豈不盛歟！又豈可不勉歟！學之成，實乾道四年春二月。

桂陽軍學記

桂與郴地相接，近歲洞甿紛擾之後，甫及安定，郡各建學以舘士，亦可謂知務矣。郴學之成，某嘗爲之記，而桂之士復以請，於是告之曰：嗟夫，學之不可不講也久矣！今去聖雖遠，而微言著於簡編，理義存乎人心者，不可泯也。善學者求諸此而已。雖然，聖賢之書，未易讀也。蓋自異端之説行，而士迷其本真，文采之習勝，而士趨於蹇淺，又况平日群居之所從事，不過爲覔舉謀利計耳。如是而讀聖賢之書，不亦難乎！故學者當以立志爲先，不爲異端訹，不爲文采眩，不爲利禄汩，而後庶幾可以言讀書矣。聖賢之書，大要教人使不迷失其本心者也。夫人之心，天地之心也，其周流而該徧者本體也。在乾坤曰元，而在人所以爲仁也。故易曰「元者善之長也」，而孟子曰「仁者人也，合而言之道也」，禮曰「人者天地之心也」。而人之所以私僞萬端，不勝其過失者，梏於氣，動於欲，亂於意，而其本體以陷溺也。雖曰陷溺，然非可遂殄滅也。譬諸牛山之木，日夕之間，豈無萌蘖之生乎？患在人不能識之耳。聖賢教人以求仁，使之致其格物之功，親切於動静語默之中，而有發乎此也。有發乎此，則進德有地矣。故其於是心也，治其亂，收其放，明其蔽，安其危，而其廣大無疆之體可得而存矣。此學之大端也，然則其可一日而不講乎？願與諸君共勉焉。學之成，乾道己丑歲三月也。爲之者，知軍事趙公瀚、教授劉允廸也。

欽州學記

安陽岳侯霖爲欽州之明年，政通人和，乃經理其州之學，悉易故之庳陋，廟堂齋廡次第一新。伻來謁記，久未暇也。又明年，其學之教授周去非秩滿道桂，復以侯意來請，且曰：「欽之爲邦，僻在海隅，地近蠻而俗尚利，縫掖之士蓋鮮有焉。惟侯不敢以其陋而鮮加忽也，故新其學以勸之，且求一言以示後，庶或有起也。」某於是而歎曰：是可書也已。

夫所爲建學者，固欲其士之衆多也。今夫通都大邑，操觚習辭，發策决科，肩摩袂屬，必如是而後謂之多士乎哉？殆未然也。夫寡國鮮士亦何病，十室之邑必有忠信之質者焉，其成就與否，則係乎學與不學而已。學也者，所以成才而善俗也。今欽雖僻而陋也，其士雖鮮也，然其間亦豈無忠信之質者乎？無以揭之，曷其昭之？無以導之，曷其通之？爲之嚴學宮於此，詳其訓廸，以夫人倫之教、聖賢之言行薰濡之以漸，由耳目以入其心志，其質之美者能不有所感發乎？有所感發，則將去利就義，以求夫爲學之方，而又以訓其子弟，率其朋友，則多士之風豈不庶幾矣乎！異時人才成就，風俗醇美，其必由侯今日之舉有以發之。請刻記於學以俟。淳熙四年甲午。

雷州學記

廬陵戴君爲雷州之明年，以書抵某曰：「雷之爲州，窮服嶺而並南海，士生其間，不得與中國先生長者接，於聞見爲寡，而其風聲氣習亦有未能遽變者。某惟念所以善其俗，宜莫先於學校。而始至之日，謁先聖祠，則頹然在榛莽中，用不敢遑寧，乃度郡治之西，有浮屠廢居〔二〕，撤其材，即其地少下而得山川之勝〔三〕，殿堂齋廡，輪奐爽塏，凡所以爲學宫者無一不具。用錢一千萬。既成，則延其長老，集其子弟而語之以學之故，某之心亦庶幾其廑者，願不鄙爲記以詔之。」

予嘗觀孟子論王政，其於學曰：「謹庠序之教，申之以孝悌之義。」而後知先王所以建庠序之意，以教之孝悌爲先也。「申」云者，朝夕講明之云耳。蓋孝悌者天下之順德，人而興於孝悌，則萬善類長，人道之所由立也。譬如水有源，木有根，則其生無窮矣。故善觀人者，必於人倫之際察之，而孝弟其本也。然則士之進學，亦何遠求哉？莫不有父母兄弟也，愛敬之心豈獨無之？是必有由之而不知者，盍亦反而思之乎？反而思之，則所以用力者蓋有道矣。古之人自冬温夏清、昏定晨省以爲孝，自徐行後長者以爲弟，行著習察，存養擴充，以至於盡性至命，其端初不遠，貴乎勿舍而已。今使雷之士講明孝弟之義，於是學而興，行孝弟之行於其鄉，則雷之俗其有不靡然而變者乎？豈特可以善其鄉，充此志也，放諸四海而準可也。然則戴君之所以教者，宜莫越於是矣。乃書以寄之。乾道六年七月十日。

雷州學記

淳熙四年秋，知雷州李侯以書來告曰：「雷舊有學宫，比歲日以頽壞。今焉葺治一新，願請記以詔其士。且希白先生嘗爲是州，宜公之所加念也。」惟希白先生實某之曾大父，至和元年以殿中丞來守雷州，今廳壁題名具存，故李侯援以爲請。然某幸得備帥事於此，所當以風教爲先務。聞雷學之成，雖微此請，固願有以告也，而况李侯之言如此哉，嗟乎！舜、跖之分，善與利之間而已矣。譬之途焉，善則天下之正逵，而利則山徑之邪曲也。

人顧舍其正而弗由，以自陷於崎嶇荆棘之間，獨何歟？物欲蔽之，而不知善之所以爲善故耳。蓋二者之分，其端甚微，而其差則甚遠。學校之教，將以講而明之也。故自其幼則使之從事於灑掃應對進退之間，以固其肌膚，而束其筋骸，又使之誦詩、讀書、講禮、習樂，以涵泳其情性，而興發於義理。師以導之，友以成之，故其所趨日入於善，而自遠於利。及其久也，其志益立，其知益新，而明夫善之所以爲善，則其於毫釐疑似之間，皆有以詳辨而謹察之。如駕車結駟，徐行正逵，所見日廣，所進日遠，雖欲驅之而使由於徑，不可得已。故曰：「少成若天性，習慣如自然。」此學之功也。自學校之教不明，爲士者亦習於利而已，故其處已臨事，徇於便安，而不知其有非所宜安也，於富貴利達，志夫苟得，而不知其有非所宜得也。夫惟徇於便安而志夫苟得，則亦何所不至哉！間視其所爲，雖有涉於善事，而察其所萌，則亦未免出於有所爲而然。至於挾策讀書，亦是意耳，終身由之而以爲當然，是豈人之情也哉！故曰「性相近也，習相遠也」，可不畏歟！夫後之爲治所以不及於古之世，而其人才所以不及於古之人者，常在於是〔四〕。然則學校之教，其所係顧不重矣哉！今李侯既不鄙其士，而新其學宫，然其所以爲教者則又不可以不明也。故予獨以善、利之説告之，使不迷其所趨。雷之士誠能因予之言，如古之學者從事於灑掃應對之際，以涵泳乎詩書禮樂之中，從師親友，久而勿舍，將必有能辨之者，亦非予言之所能盡也。李侯名茆，字叔茂，長沙人。

江陵府松滋縣學記

乾道九年冬，知江陵府松滋縣事余君彦廣以書來言曰：「松滋之爲邑，僻在大江之濱，自兵戈以來，其鄉廬邑居固不能以復舊，而又重以水潦爲患，淪墊遷徙之餘，庶事大抵苟且，而學校爲尤甚。春秋奉祀，幾無以障風雨，青衿散處，莫適所依。六年之秋，知縣事滕君琛始聚材陶瓦，撤其故而更新之。首嚴廟象，備其彝器，已而講肄棲息之所亦以次舉。其明年，彦廣實來，親帥其士者而勸程之，又擇其秀者而表厲之，吟誦之聲藹如也。今年秋，復命甓工結密其地，自廟而及門，又加黝堊之飾於其棟宇，用釋菜之禮以告其成。自惟小邑寡民，不敢爲勞費，第積其力，時而爲之，故與滕君相繼四年之間，而後訖事。願不鄙爲之記，以風示邑之士，庶幾有以作興焉。」

某念今之爲邑者急於簿書期會之報，詳於追胥督責之事，則云舉其職矣。有能慨然於荒寒僻遠之區，留意教養如二君之相繼者，豈不可貴哉！而余君且將求其説以作興其人才，顧雖文字荒陋，有不得辭也，則爲之説曰：先王之教，其大旨見於孟氏之書，曰「學則三代共之，皆所以明人倫也」，又曰「謹庠序之教，申之以孝弟之義」。是知學校以明倫爲教，而明倫以孝弟爲先。蓋人道莫大乎親親，而孝弟者爲仁之本也〔五〕。古之人自冬温夏清、昏定晨省以爲孝，自徐行後長者以爲弟，躬行是事，默體是心，充而達之，不使私意間於其間。親親之理得，而無一物不在吾仁之中，孝弟之道有不可勝用者矣。試以驗於邑之士〔六〕，孰無事親從兄之心乎？誠能相與勸勉，朝夕講磨，以從事乎此，然後知人倫之際，盡其道爲難，而學之不可以已也。士之從事於此，則夫風聲氣俗之所及，閭里小民亦將視効而知勸，畏威而寡罪，以樂趨於淳厚之習，然則顧不美與！嗟乎！是乃先王建學之本意。余君今日之所望於多士者，宜莫先於此也，遂書以寄之。淳熙元年正月。

宜州學記

淳熙四年，某備位廣右帥事，以經畧司主管機宜文字韓璧聞於朝曰〔七〕：「璧清介豈弟，願假守符，俾牧遠民。」詔爲宜州，便道之官。宜爲州被邊，所控制非一。前此爲州者日夜究切備禦，繕治財賦之不暇，莫遑他議。韓侯至官，既舉其職，則慨然念學校委廢，議所以修復之，蓋積累而後成。廟宫既嚴，講肄有堂，生師有舍，門廡庖湢悉具，合境人士歎息誦詠〔八〕，伻來請記。

方韓侯之爲是舉也，或者竊笑，以爲在邊州乃不急之務，且曰宜故寡士，亦何必汲汲爲。某獨以爲不然。蓋俎豆之修，則軍旅之事斯循序而不忒；教化興行，則禍難之氣坐銷於冥冥之中。詩曰：「既作泮宫，淮夷攸服。」是有實理，非虚言也。建學於此，使爲士者知名教之重，禮義之尊，修其孝弟忠信，則其細民亦將風動胥勸，尊君親上，協力一心，守固攻克，又孰禦焉？近而吾民既已和輯，則夫境外聚落聞吾風者亦豈不感動，有以伏其心志、柔其肌膚，其孰有不順？況於秉彝之心，人皆有之，奇才之出，何間遠邇。遠方固曰寡士，然如唐之張公九齡，出於曲江；姜公公輔，出於日南，皆表然著見於後世。宜之士由是而作興，安知異日不有繼二公而出者乎？又安知其所成就不有可過之者乎？然則其可以寡士而忽諸？故於其學之成，樂爲書之〔九〕。

校勘記

〔一〕湖北轉運使孔侯延之之文　「延」，原作「廷」，據宋本改。

〔二〕有浮屠廢居　「居」，四庫本作「宫」。

〔三〕撤其材即其地少下而得山川之勝　「其材即」三字原無，據宋本補。

〔四〕常在於是　「常」，繆本作「當」。

〔五〕而孝弟者爲仁之本也　「弟」字原無，據宋本補。
〔六〕試以驗於邑之士　「驗」，宋本、劉本、四庫本作「諗」。
〔七〕以經畧司主管機宜文字韓璧聞於朝曰　「璧」，劉本、四庫本作「壁」。下同。
〔八〕合境人士歎息誦詠　「人士」，宋本作「士人」。
〔九〕樂爲書之　「書之」，劉本、四庫本作「之書」。

南軒先生文集卷第十

記

潭州重修嶽麓書院記

潭州嶽麓書院，開寶九年知州事朱洞之所作也。後四十有五年，李允則來，爲請於朝，因得賜書藏焉。是時山長周式以行義著，祥符八年召見便殿，拜國子主簿，使歸教授，始詔因舊名賜額，仍增給中秘書，於是書院之稱聞天下。紹興初，更兵革灰燼，十一僅存，已而遂廢。乾道元年，建安劉侯珙安撫湖南，既剔蠹夷姦，民俗安靖，則葺學校、訪儒雅，思有以振起之。湘人士合辭以書院請，侯竦然曰：「是固章聖皇帝所以加惠一方，勸厲長養以風天下者，而可廢乎？」乃屬州學教授金華邵穎經紀其事。未半歲而成，大抵悉還舊規。某從多士往觀焉，愛其山川之勝、堂序之嚴，裴徊不忍去，喟而與之言曰：「侯之爲是舉也，豈將使子群居族譚，但爲決科利禄計乎，抑豈使子習爲言語文詞之工而已乎？蓋欲成就人才，以傳斯道，而濟斯民也。惟民之生，厥有常性，而不能以自達，故有賴於聖賢者出而開之，是以二帝三王之政，莫不以教學爲先務。至於孔子，述作大備，遂啓萬世無窮之傳。其傳果何與？曰仁也。仁，人心也，率性立命，知天下而宰萬物者也。今夫目視而耳聽，口言而足行，以至於食飲起居之際，謂道而有外夫是，烏可乎？雖然，天理人欲，同行異情，毫釐之差，霄壤之繆，此所以求仁之難，必責於學以明之與？善乎孟子之得傳於孔氏，而發人深切也！齊宣王見一牛之觳觫而不忍，則告之曰：是心足以王矣。古之人所以大過人者，善推其所爲而已。論堯舜之道本於孝弟，則欲其體夫徐行疾行之間，指乍見孺子匍匐將入井之時，則曰：『惻隱之心，仁之端也。』於此焉求之，則不差矣。嘗試察吾終日事親、從兄、應物、處事，是端也。其或發見，亦知其所以然乎？誠能默識而存之，擴充而達之，生生之妙，油然於中，則仁之大體豈不可得乎？及其至也，與天地合德、鬼神同用，悠久無疆，變化莫測，而其則初不遠也。是乃聖賢所傳之要，從事焉終吾身而後已，雖約居屏處，庸何損？得時行道，事業滿天下，而亦何加於我哉？」

侯既屬某爲記，遂書斯言，以厲同志，俾無忘侯之德，抑又以自厲云爾。二年冬十有一月辛酉日南至右承務郎、直秘閣賜紫金魚袋廣漢張某記。

堯山灕江二壇記

古者諸侯各得祭其境内之山川。山川之所以爲神靈者，以其氣之所蒸，能出雲雨潤澤群物，是故爲之壇壝，立之祝史，設之牲幣，所以致吾禱祀之實，而交乎隱顯之際，誠之不可掩也如此。後世固亦有山川之祠，而人其形、宇其地，則其失也久矣。夫山峙而川流，是其形也，而人之也何居？其氣之流通，可以相接也，而宇之也何居？無其理而强爲之，雖百拜而祈、備物以饗，其有時而應也，亦偶然而已耳。淳熙二年之春，某來守桂，按其圖籍，覽觀其山川，所謂堯山者，蟠據於東，氣象傑出。環城之山，大抵皆石，而茲山獨以壤，天將雨，則雲氣先冒其顛，山之麓故有唐帝廟，山因以得名。而灕江逶迤，自城之北轉而東，以達於南，清潔可鑑，其源發於興安，與湘江同本而異派，故謂之灕，而以水媲之，凡境内之水皆匯焉。以是知堯山、灕江爲吾土之望，其餘莫能班也。歲七月，彌旬不雨，禾且告病。先一日齋戒，以夜漏未盡，望奠於城觀之上，曾未旋踵，雷電交集，一雨三日，均浹四境，邦人讙呼，穡以大稔。伏自念山川爲吾土之望，而壇壝未立，禱祀無所，其何以率吾民嚴昭事之意？用惕然不敢寧〔一〕，乃俾臨桂縣尉范子文度高明爽塏之地，得於城之北叠彩巖之後，隱然下臨灕江，而江之外正與堯山相直；面勢回環，表裏呈露，對築二壇，以奉祀事，爲屋三楹於壇之下以備風雨，其外則繞以崇垣，踰時而告成，乃十有二月丁酉，率僚吏躬祭其上，以祈嗣歲。事畢，裴徊喟然歎息，退而述所以爲壇之意，以告邦之人與來爲政者，使知事神之義在此而不在彼，庶有以致其禱祀之實，且得以傳之於無窮云。

楚望記

禮：「諸侯望祭其境内之山川，必有壇壝以爲歲時祈報之所。」今之爲郡，古諸侯國也。江陵據舊楚一都會，其山雖去郡爲遠，然迤邐聯絡，以屬於當陽、巫峽之間，有自來矣。而其浸則有如蜀江，波濤吐吞，瀰亘千里，長吏所當率民敬事弗怠。而望祭之地乃或有闕，始度寸金堤之會，平曠爽塏，爰築二壇，既高既堅，繞以周牆，扁曰「楚望」，蓋取傳所謂「江漢沮漳，楚之望也。」於其成，率僚屬以告。惟神之靈，佑此下土，時其雨暘，茂乃嘉生，使永無水旱癘疫之憂。惟吏與民，各端乃心，以承以引，無替於厥初，無以非鬼得以紊我常祀〔二〕，神人相保，終古曷窮。遂書以貽來者。淳熙六年正月。

道州重建濂溪周先生祠堂記

宋有天下，明聖相繼，承平日久，元氣胥會，至昭陵之世盛矣。宗工鉅儒，磊落相望。

於是時，濂溪先生實出於春陵焉。先生姓周，字茂叔，晚築廬山之下，以「濂」名其溪，故世稱爲濂溪先生。春陵之人言曰：濂溪，吾鄉之里名也，先生世家其間，及寓於他邦，而不忘其所自生，故亦以是名溪，而世或未知之耳。惟先生仕不大顯於時，其澤不得究施。然世之學者，攷論師友淵源，以孔孟之遺意復明於千載之下，實自先生發其端。由是推之，則先生之澤其何有窮哉！蓋自孔孟没，而其微言僅存於簡編，更秦火之餘，漢世儒者號爲窮經學古，不過求於訓詁章句之間，其於文義不能無時有所益。然大本之不究，聖賢之心鬱而不章，而又有顓從事於文辭者，其去古益以遠，經生、文士，自歧爲二塗。及夫措之當世、施於事爲，則又出於功利之末、智力之所營，若無所與於書者。於是有異端者乘間而入，横流於中國。儒而言道德性命者，不入於老，則入於釋。間有希世傑出之賢攘臂排之〔三〕，而其爲説復未足以盡吾儒之指歸，故不足以抑其瀾，而或反以激其勢。嗟乎！言學而莫適其序，言治而不本於學，言道德性命而流入於虚誕，吾儒之學其果如是乎哉？陵夷至此，亦云極矣。及吾先生起於遠方，乃超然有所自得於其心。本乎易之太極、中庸之誠，以極乎天地萬物之變化。其教人使之志伊尹之志，學顔子之學。推之於治，先王之禮樂刑政可舉而行，如指諸掌。於是河南二程先生兄弟從而得其説，推明究極之，廣大精微，殆無餘藴，學者始知夫孔孟之所以教，蓋在此而不在乎他，學可以至於聖，治不可以不本於學，而道德性命初不外乎日用之實。其於致知力行，具有條理，而詖淫邪遁之説皆無以自隱，可謂盛矣。然則先生發端之功顧不大哉！春陵之學舊有先生祠，實紹興某年向侯子忞所建，至於今淳熙五年，趙侯汝誼以其地之狹也，下車之始即議更度之，爲堂四楹，併二程先生之像列於其中，規模周密，稱其尊事之實。既成，使來謁記。某謂先生之祠，凡學皆當有之，豈惟春陵，特在春陵尤所當先者。趙侯兹舉知急務矣〔四〕，故爲之論述如此，以告後之人。

衡州石鼓山諸葛忠武侯祠記

自五伯功利之説興，謀國者不知先王仁義之爲貴，而競以末塗，秦遂以勢力得天下，然亦遂以亡。漢高帝起布衣，一時豪傑翕然從之，而其所以建立基本，卒滅項氏者，乃三老董公仁不以勇、義不以力之説也。相傳四百餘年，而曹氏篡漢。諸葛忠武侯當此時，間關百爲，左右昭烈父子，立國於蜀，明討賊之義，不以强弱利害二其心，蓋凛凛乎三代之佐也。侯之言曰：「漢、賊不兩立，王業不偏安。」又曰：「臣鞠躬盡力，死而後已，至於成敗利鈍，非臣之明所能逆睹。」嗟乎！誦味斯言，則侯之心可見矣。雖不幸功業未究，中道而殞，然其扶皇極、正人心，挽回先王仁義之風，垂之萬世，與日月同其光明可也。夫有天地，則有三綱，中國之所以異於夷狄，人類之所以別於庶物者，以是故耳。若汩於利害之中，而忘夫天地之正〔五〕，則雖有天下不能一朝居，此侯所以不敢斯須而忘討賊之義，盡其心力，至死不悔者也〔六〕。方天下雲擾之初，侯獨高卧，昭烈以帝室之胄三顧其廬，而後起從之，則夫出處之際固已有大過人者。其治國，立經陳紀而不爲近圖；其用兵，正義明律而不以詭計。凡其所爲，悉本大公，曾無纖毫姑息之意，類皆非後世所可及。至讀其將没自表之辭，則知天下之物欲舉不足以動之〔七〕，所養者深，則所發者大，理固然也。曾子曰：「士不可以不弘毅。」若侯者，其所謂弘且毅者歟！孟子曰：「富貴不能淫，貧賤不能移，威武不能屈。此之謂大丈夫。」若侯者，所謂大丈夫非耶？侯既没，蜀人追思，時節祭於道。後主用廷臣之議，立廟沔陽，使得申其敬。去今千有餘歲。蜀漢間往往有祠奉祀不替，侯之澤在人者深矣。衡州石鼓山舊亦有祠。按蜀志，昭烈牧荆州時，侯以軍師中郎將駐臨蒸，督零陵、桂陽、長沙三郡，調賦以供軍實。臨蒸，今衡陽縣是也。蒸水出縣境，遝石皷山之左，會於湘江，則其廟食於此固宜。考昌黎韓愈及刺史蔣防詩碑，祠之立，其來遠矣。宋乾道戊子之歲，湖南路提舉常平范君成象始以圖志搜訪舊跡，得廢宇於榛莽中，乃率提點刑獄鄭君思恭、知衡州趙君公邁，乃徙於高明而一新之，移書俾某爲記。某謂侯之名不待祠而顯，而侯之心亦不待記而明。然而仁賢昔時經履之地，山川草木光采猶在，表而出之，以詔來世，使見聞者竦然知所敬仰師慕，當道術衰微之際，其爲益蓋非淺也。惟某不敏，不足以推本侯胸中所存萬一，是則愧且懼焉耳。

撫州重立唐魯郡顏公祠記

唐魯郡顏公，在大曆中嘗爲撫州刺史。宋至和二年，知州事聶侯厚載始立公祠於郡之圃，南豐曾公鞏爲之記。而其地狹隘，歲久，宇且敝壞。紹興十二年，某之伯父滉爲守，即圃之地，相其高阜而徙焉。比三十年，復以頹廢。廢之二年，今趙侯燁寔來，攷視歎息，因其基而一新之。以淳熙三年正月辛酉落成，廟貌儼如，升降俯仰，不迫不陋，使來請記。某惟念公之大節，終始凜然，足以風厲後之爲人臣者，其所嘗涖，廟食是宜。趙侯之舉，知政所本，當有文字登載金石。惟是南豐曾公之文，於公行事論述爲詳，學者之所誦習，故某不復贅於言，獨推本君臣之義而顯詩之，俾時節侑饗，亦庶幾公之志云。其詞曰：

於皇大倫，首曰君臣。惟天所叙，而敕乎人。忠貫無隱，義寧偷生。敢有或踰，紊我常經。粤惟斯人，林林而羣。匪斯之綱，孰條其棼？允毅顏公，千載之特。是篤是明，終始無忒。方在平原，獨嬰賊鋒。糾厥義旅，孰不悦從。洎登王朝，剴言歷陳。治忽攸關，敢毖於音？彼姦眴側，三斥在外。不折彌堅[八]，之死靡悔。汝州之使，人諭厥指。公曰君命，予奚可避？凛然其辭，豺狼所憚。云何其行，終以不返？身雖可隕，義則不磨。用雖不究，益則已多。立懦激頑，於訓於式。翼彼大倫，詔於罔極。惟是臨川，公所嘗臨。焄蒿悽愴，英烈猶存。有嚴其宫，於今幾秋？圮傾蕪荒，新自今侯。嗟爾君子，來拜來祠。瞻彼言言，盍伏以思？人之好德，相爾秉彝。豈惟思之，無或泚之。擷芳於豆，酌清於巵。祈祐蒸嘗，聲以歌詩。

永州州學周先生祠堂記

零陵守福唐陳公輝下車之明年，令信民悦，乃思有以發揚前賢遺範，貽詔多士。它日偕通判州事贛上曾公廸詣郡學〔九〕，顧謂諸生曰：「永雖小郡，而前輩鉅公名德往往辱居之。如本朝范忠宣公、范内翰公、鄒侍郎公皆既建祠於學宫矣，惟濂溪周先生嘉祐中嘗倅此州，而獨未有以表出之，豈所以爲重道崇德示教之意乎？」

於是教授廬陵劉安世率諸生造府，請就郡學殿宇之東廂，闢先生祠。前通判武岡弋陽方公疇以書走九江〔一〇〕，求先生像於先生諸孫，得之。陳公命零陵宰歷陽高祈董其事而成之。繪像儼然，欄楯周密。既成，屬某爲記。某以晚生，屢辭不獲，敬誦所聞，以廣其意。

先生諱敦頤，字茂叔，舂陵人。歷官凡六遷，至通判永州。用吕正獻公薦，擢廣南東路轉運使判官，改提點刑獄。所臨力行其志，晚以病丐分司，築居廬山下，有溪流其旁，名之曰濂溪，故世稱爲濂溪先生。某嘗聞程公大中倅南安，先生爲獄掾，大中公視其氣貌非常人，與語，果知道者，因與爲友。故明道自十五六時聞先生論道，遂厭科舉之業，慨然有求道之志。伊川年十二三，亦受學焉。惟二程先生唱明道學，論仁義忠信之實，著天理時中之妙，述帝王治化之原，以續孟氏千載不傳之道，其所以自得者，雖非師友可傳，而論其發端，實自先生，豈不懿乎！先生著通書及拙賦，皆行於世，而又嘗俾學者求孔、顔所樂何事。噫！以此示人，亦可謂深矣。後之登斯祠者，睹先生之儀容，讀先生之書賦，求先生之心，真積力久，希聖希賢，必有得顔子之所樂者矣。

濂溪周先生祠堂記韶州

淳熙二年冬，廣南東路提點刑獄公事詹君儀之以書抵某曰：「儀之幸得備使事，念無以稱上德意，始至，披攷故籍，熙寧中濂溪先生實嘗爲此官，今壁之題名具存〔一〕。儀之雖不敏，敢不知所師慕，且念宜有像設，以詔後世，庶幾來者感動焉。迺度地於治所曲江郡城之内、唐相張公故祠之東，爲屋三楹，以奉祀事。且崇其門垣，大書揭之，嚴其扃鑰，以時啓閉。十有一月告成，願請記。」某讀其書，喟然而歎曰：詹君下車，首爲是舉，可謂知所先務矣，其意豈不遠哉！則不敢辭，而爲之書。按廳壁記所書，先生以熙寧四年正月九日抵官下，是年八月朔旦移知南康軍，在官僅踰半載耳。攷其行事，其見於先生之墓誌者曰：自廣東轉運判官改提點刑獄，不憚瘴毒，雖荒崖絶島，人迹所不至，皆緩視徐按，以洗冤澤物爲己任。未及盡其所爲，而已告病，求守南康以歸。而著作郎黄公庭堅作濂溪詞，亦稱先生爲使者，進退官吏，得罪者人自以爲不冤。以是二者觀之，亦可以想見當時施設之大槩矣。雖然，凡先生之所施設，皆其學之所推，非苟然也。某嘗攷先生之學，淵源精粹，實自得於其心，而其妙乃在太極一圖，窮二氣之所根，極萬化之所行，而明主静之爲本，以見聖人之所以立人極，而君子之所當修爲者，由秦漢以來，蓋未有臻於斯也。故其所養内充，闇然而日章，雖不得大施於時，而莅官所至，如春風和氣，隨時發見，被飾萬物，百世之下，聞其風者猶將咨嗟興起之不暇。然則即其所嘗臨之地而繪像立祠，以昭示來世，豈非有志於名教者所宜汲汲者乎！使後之人睹先生睟然之容，而攷法其行事，因先生詳刑之心，而究極其淵源，則是祠之建，其爲益固有不可勝言者矣。抑嘗聞先生之論刑曰：「刑者，民之司命，情僞微曖，其變千狀，苟非中正明達果斷者不能治也。」夫中正者仁之所存，而明達者知之所行，果斷者又勇之所施也。以是詳刑，本末具矣。詹君之立祠，爲詳刑者設也，故某復以此繫於終焉。詹君嚴陵人，嘗爲御史臺主簿云。十有二月丁酉記。

南康軍新立濂溪祠記

淳熙五年秋，詔新安朱侯熹起家爲南康守。越明年三月至官，慨然思所以仰稱明天子德意者，首以興教善俗爲務，乃立濂溪周先生祠於學宫，以河南二程先生配，貽書其友人張某曰：「濂溪先生嘗領是邦，祠像之立，視他州尤不可以緩，子盍爲我記其意？」某既不克辭，則以平日與侯習講者述之以復焉〔一二〕。

自秦漢以來，言治者汩於五伯功利之習，求道者淪於異端空虚之説，而於先王發政施仁之實，聖人天理人倫之教，莫克推尋而講明之。故言治若無預於學，而求道者反不涉於事。孔孟之書僅傳，而學者莫得其門而入，生民不克睹乎三代之盛，可勝嘆哉！惟先生崛起於千載之後，獨得微旨於殘編斷簡之中，推本太極，以及乎陰陽五行之流布，人物之所以生化，於是知人之爲至靈，而性之爲至善，萬理有其宗，萬物循其則，舉而措之，則可見先王之所以爲治者，皆非私知之所出，孔孟之意于以復明。至於二程先生，則又推而極之，凡聖人之所以教人與學者之所以用工，本末始終，精析該備。於是五伯功利之習無以亂其正，異端空虚之説無以申其誣，求道者有其序，而言治者有所本。其有功於聖門而流澤於後世，顧不大矣哉！春秋奉嘗，徧於學校，禮則宜之，而况此邦嘗爲先生所領之地，祠像久焉未設，誠缺典也。今朱侯下車，未遑他議，而首及乎此，可謂得爲政之本矣。詩曰：「高山仰止，景行行止。」朱侯之所以望於來者，豈不在於斯乎！雖然，某又有説焉。蓋自近歲以來，先生之書徧天下，士知尊敬講習者寖多，而其間未免或失其旨，妄意高遠，不由其序，游談相夸，不踐其實，反以病夫真若是者，適爲吾道之罪人耳。夫惟淳篤懇惻〔一三〕，近思躬獲〔一四〕，不忽於卑下而審察乎細微，是則爲不負先生之訓，其於孔孟之門墻，庶幾乎可以循求而進也，此又豈非朱侯所望於來者之意乎？

三先生祠記

淳熙二年，静江守臣張某即學宫明倫堂之旁立三先生祠，濂溪周先生在東序，明道程先生、伊川程先生在西序。繪像既嚴，以六月壬子率學之士俯伏而告成，退則進而諗之曰：師道之不可不立也久矣！良才美質，何世無之，而後世之人才所以不古如者，以夫師道之不立故也。凡所謂爲士者，固曰以孔孟爲宗〔一五〕，然而莫知所以自進於孔孟之門墻，則亦没世窮年，倀倀然如旅人而已。幸而有先覺者出，得其傳於千載之下，私淑諸人，使學者知夫儒學之真，求之有道，進之有序，以免於異端之歸，去孔孟之世雖遠，而與親炙之者固亦何以相異〔一六〕，獨非幸哉？是則秦漢以來師道之立，宜莫盛於今也。而近世學者誠知所信慕者蓋鮮，間有號爲推尊，則又或竊虚聲以自高，而不克踐其實，顧反以爲病。是則師道雖在天下，而學者亦莫知其立也。桂之爲州，僻處嶺外，山拔而水清，士之秀美者夫豈乏人？惟見聞之未廣，而勉勵之無從，故某之區區，首以立師道爲急。繼自今瞻三先生之在此祠也，其各起敬起慕，求其書而讀之，味其言，考其行，講論紬繹，心存而身履，循之以進於孔孟之門墻，將見人才之作興，與灕江爲無窮矣。此某之所望也。且獨不見濂溪先生之言乎？曰：「師道立則善人多，善人多則朝廷正而天下治。」嗟乎，某之所望，又豈特於邦之士云哉！敢記而刻諸石。

瀏陽歸鴻閣龜山楊諫議畫像記

宋興百有餘年，四方無虞，風俗敦厚，民不識干戈。有儒生出於江南，高談詩書，自擬伊、傅，而實竊佛、老之似，濟非、鞅之術，舉世風動，雖巨德故老有莫能燭其姦者。其説一行[一七]，而天下始紛紛多事，反理之評，詭道之論，日以益熾，邪慝相乘，卒兆裔夷之侮[一八]，考其所致，有自來矣。靖康初，龜山楊公任諫議大夫、國子祭酒，始推本論奏其學術之謬，請追奪王爵，罷去配饗[一九]。雖當時餘黨猶夥，公之説未得盡施，然大統中興，論議一正，到於今學者知荆舒禍本[二〇]，而有不屑焉[二一]。則公之息邪説、距詖行、放淫辭以承孟氏者[二二]，其功顧不大哉！是宜列之學宫，使韋布之士知所尊仰。而况公舊所臨，流風善政之及，祀事其可缺乎！瀏陽實潭之屬邑。紹聖初，公嘗辱爲之宰，歲饑，發廩以賑民，而部使者以催科不給罪公，公之德於邑民也深矣。後六十有六年，建安章才邵來爲政，慨然念風烈，咨故老，葺公舊所爲飛鴻閣〔二三〕，繪像於其上，以示後學，以慰邑人之思，去而不忘也。又六年，貽書俾某記之。某生晚識陋，何足以窺公之藴？惟公師事河南二程先生，得中庸「鳶飛魚躍」之傳於言意之表，踐履純固，卓然爲一世儒宗，故見於行事，深切著明如此。敢表而出之，庶幾慕用之萬一云爾〔二四〕。

昭州新立吏部侍郎鄒公祠堂記

故尚書吏部侍郎鄒公諱浩字志完，學者稱爲道鄉先生，而不敢斥其名字。在元符中爲右正言，以直諫顯聞。初貶新州。建中靖國之元，入朝爲天子從臣。崇寧二年又貶昭州。某處昭凡四歲，歸，没於常州。其立朝大節，載在史官，播在天下，固有不待紀述而傳者。某獨嘗謂人臣不以犯顔敢諫爲難，而忠誠篤至之爲貴〔二五〕；士君子不以一時名節爲至，而進德終身之可慕。若公始所論諫，蓋亦他人之所難言；而攷味其平生辭氣，曾微一毫著見。再位于朝，憂國深切〔二六〕，重斥炎荒，凛不少沮，至於病且死，語不及它，獨以時事爲念。方其少時，道學行義已有稱於世〔二七〕，晚歲益爲中外所尊仰，而功不居其成〔二八〕，講究切磋，惟是之從。蓋嘗從伊川程先生論學，而上蔡謝公良佐、龜山楊公時皆其所友也。其任重道遠、自强不息如此，所謂忠誠篤至，而進德終身者，若公非邪？故某樂爲天下後世誦之。淳熙二年秋，清江王光祖爲昭州〔二九〕，道桂，問政所宜先。某告以道鄉先生當有祠，盍圖之？則應曰「諾」。明年春，使來告成，且曰：「郡故有公祠，紹興中守臣陳廷傑所建，蕪荒久矣〔三〇〕，故其地卑陋，亦不足以奉烝嘗。按郡城之西北，有所謂得志軒者，公所嘗游歷也。下臨長塘曰木梁，廣數十畝。群山環於前，其秀曰龍嶽，舊爲郡士張雲卿之居，公實名而記之，棟宇今無復存者。乃即其地爲屋四楹，繪公像於中，門廡悉具。又葺茅其下，俾張氏之後人居而世守之，敢請記。」某既爲之説〔三一〕，而且有感焉。國家列聖相繼，以納諫容直爲家法。人臣雖甚觸忤，亦不至如前代加以重辟〔三二〕；間有暫貶徙者，旋即復還，且又進用，俾得以名節始終。故扶持公論〔三三〕，培固邦基，雖有賴於多士之助，而其長養成就，實非一日，皆自列聖深仁厚澤中來也。聞公之風者亦復有感於斯乎？

校勘記

〔一〕用惕然不敢寧　「敢」，原作「致」，據宋本、劉本、四庫本改。

〔二〕無以非鬼得以紊我　「以」，宋本、劉本、四庫本作「使」。
〔三〕間有希世傑出之賢攘臂排之　「賢」，宋本作「資」。
〔四〕趙侯兹舉知急務矣　「兹」，宋本作「之」。
〔五〕而忘夫天地之正　「地」，宋本、劉本、四庫本作「理」。
〔六〕至死不悔者也　「至」，原作「致」，據宋本、劉本、四庫本改。
〔七〕則知天下之物欲舉不足以動之　「知」字原無，據宋本補。「之物」，宋本無「之」字。
〔八〕不折彌堅　「不」，四庫本作「百」。
〔九〕它日偕通判州事贛上曾公廸詣郡學　「贛上」二字原闕，據宋本、劉本、四庫本補。
〔一〇〕前通判武岡弋陽方公疇以書走九江　「前」，宋本作「後」。
〔一一〕題名具存　「具」，原作「俱」，據宋本、劉本、四庫本改。
〔一二〕則以平日與侯習講者述之以復焉　「習」，宋本作「共」。
〔一三〕夫惟淳篤懇惻　「淳」，宋本作「惇」。
〔一四〕近思躬穫　「穫」，宋本、劉本、四庫本作「履」。
〔一五〕凡所謂爲士者固曰以孔孟爲宗　「所謂爲士」、「固」，宋本作「所謂士」、「孰不」。
〔一六〕而與親炙之者固亦何以相異　「何」，宋本作「無」。
〔一七〕其説一行　「其」下，四庫本有「時私」二字。

〔一八〕卒兆裔夷之侮 「侮」，宋本作「禍」。
〔一九〕罷去配饗 「去」，繆本作「其」。
〔二〇〕到於今學者知荆舒禍本 「於」，劉本作「如」。
〔二一〕而有不屑焉 劉本、四庫本無「焉」字。
〔二二〕則公之息邪説距詖行放淫辭以承孟氏者 「則」上，劉本、四庫本有「然」字。
〔二三〕葺公舊所爲飛鴻閣 「爲」，原作「謂」，據宋本改。
〔二四〕庶幾慕用之萬一云爾 「慕」字原闕，據宋本、劉本、四庫本補。
〔二五〕而忠誠篤至之爲貴 「至」，原作「志」，據劉本、四庫本改。
〔二六〕憂國深切 「深」，宋本作「彌」。
〔二七〕道學行義已有稱於世 「行」，宋本作「德」。
〔二八〕而功不居其成 「功」，宋本、劉本、四庫本作「公」。
〔二九〕清江王光祖爲昭州 「清」，原作「青」，據宋本改。
〔三〇〕蕪荒久矣 「蕪荒」，劉本、四庫本作「荒蕪」。
〔三一〕某既爲之説 「説」，宋本作「書」。
〔三二〕亦不至如前代加以重辟 「如」，原作「於」，據宋本改。
〔三三〕故扶持公論 「故」，宋本、劉本、四庫本作「顧」。

南軒先生文集卷第十一

記

建寧府學游胡二公祠堂記

學者博觀載籍，尚論古人，攷迹而有以觀其用，察言而有以求其心，則其相去久遠，雖越宇宙，猶恨其不得身親而炙之，而況接吾耳目，近出鄉黨，而其模範典刑，足以師表後學者哉！建之爲州，素稱多士。近數十年之間，御史游公、文定胡公相繼而出，其模範典刑皆足以師表後學，而接於其人之耳目，又未有若是其近者也。是以比歲以來，爲政而知務者繼立。二公之祠於學宫，其所以開示學者，尚論古人，先於其近者之意亦云切矣。蓋隆興癸未，知府事陳侯正同始祠游公於東廡之北端；後六年，轉運副使任侯文薦、判官芮侯燁又以邦人之請命祠胡公，且徙游公之祠爲東西室於堂上，未畢而皆去。又五年，今轉運副使沈侯樞始因其緒而卒成之，而教授王定方遂以書來屬某爲記〔一〕。某生晚矣，雖不及二公而躬拜之，然論其言行，以與同志者共講之，則亦區區之願也。昔者竊聞之，二程先生兄弟唱明道學於河南，東南之士受業于門，見推高弟有三人焉，曰上蔡謝公，龜山楊公，而游公其一也。伊川先生嘗稱其德器睟然，問學日進，政事亦絕人遠甚；而楊公亦謂公心傳自到，誠於中形於外，儀容辭令，粲然有文，望而知其爲成德君子也。元符三年冬，爲監察御史，旋出守郡，事業不得大施，獨有中庸、論、孟說垂於世。考其師友所稱，味其話言所傳，則夫造道之深，流風之遠，蓋有可得而推者矣。至若胡公雖不及河南之門，然與游公及謝、楊二君子游而講於其說，自得之奥，在於春秋。被遇明時，執經入侍，正大之論竦動當世，所以扶三綱、明大義、抑邪說、正人心，亦可謂有功於斯文矣。夫以二公之賢，所立如此，是豈獨建人所得私以爲其鄉之先生哉！今姑以其模範典刑接於耳目而論之，則即夫建學而立祠焉，亦其事之宜耳。自今以來，凡建人之游於學，與夫四方之士往來而有事於建之學者，瞻二公之在此堂也，必將竦然於中，知所敬慕，退而考其言行，以泝其師友之淵源，即其所至，而益究夫問學之無窮，則聖賢之門墻，庶幾其可循而入矣。然則爲是祠者，夫豈徒然而已哉！

静江府廳壁題名記

自秦戍五嶺，漢開南粵，踰嶺以南，次第入中國，爲郡縣。桂州本屬零陵郡，梁天監中始建州名，已而更易，離合不常。唐末升爲静江軍節度，然是時嶺南已分爲東西兩道，而西道所領實在邕管，桂獨得察州十餘。宋有天下，四方萬里罔不臣，規模法制加詳於前代。景祐二年，詔桂州兼廣南西路兵馬鈐轄。後十七年，又詔兼經畧安撫。於是始得顓制一路，地望隆重。其後復建大都督府之號。而紹興初，遂以静江易其州，選帥滋不輕。合一路所領，郡二十有五，其外則羈縻之州七十有二，又其外則諸小蕃羅殿、自杞、特磨、白衣之屬環之，又其外則交趾、大理等國屬焉。其地南入於海，去帥所治，水陸幾四千餘里，其所控御，亦可謂雄且劇矣。然其土素瘠，多荒茅篁竹，風氣異於北，民之生理甚艱，是以賦入寡少，郡縣亦例以迫束。而又並邊非止一面，蠻夷之性不常，赤子龍蛇，交致其恩威，乃克無事，故其任責常重。夫以選之不輕，地之雄劇而任責之常重，居其官者不亦既難矣哉！蓋非特近者之察，將遠者之無不燭焉；非特目前之安，將長久之計其益焉而後可也。然常人之情，往往忽於小而暗於大，鋭於始而怠於終，睹其著而不原於微，望於人者常深，而約於己者常不盡，則其所以綱紀維持於數千里之間者，烏得不曠廙事哉！詩不云乎：「戰戰兢兢，如臨深淵，如履薄冰。」此先王之所以謹乎侯度者也。日朝廷乏使，使某斯帥事且將兩歲，伏自念何所稱塞，而猶得待罪于此，夙夜是懼。暇日視廳壁，舊有刻，悉書前任人名氏，試攷一二，則輒差誤脱畧。迺俾僚吏諸葛昕、吴獵與郡之士加訂定焉〔二〕。蓋自開寶三年王師平嶺南，以樂繼能爲守，至于今凡二百有七載，合七十有六人，書之於石而重刻之。夫攷前政之名氏，以詔其吏民，亦後人之責也。若其人之賢不肖，指而問焉，固不可得而掩，亦足爲方來者之儆也。因併書置州建牧之大畧，且述其所當任者而以自勵焉。在嘉祐中，轉運使李師中常攝帥事〔三〕，攝事本不當書，以其政之美而人之思之也，特附著其間，又以見善善不忘之意云。

南樓記

廣西轉運判官所治便廳之前，故有樓，棲官府之文書，鬱而不治，予每睨而病之。他日過之，則焕然一新矣。詹侯體仁觴予於其上，倚檻而觀，凡四旁之嘉花美木悉獻其狀，而遥岑寸碧，挺然屋山之隅。樓之下爲堂，堂之前爲亭，皆幽雅有趣。予怪而問之，詹侯笑曰：「吾皆因其舊云耳。始吾闢樓之塞而觀之，則其美已具。易其楣桷之腐壞者，與其窗户之隘狹者，周以闌楯，而吾樓成焉。又視其下，居然一堂也，則敞其詹楻而重飾之。前有茀地，去其積壤，而柱之礎存焉，則又因之以爲亭。名吾樓曰南樓，取其面勢所直也；堂曰梅雪，因吾治之故名也；亭曰須友。亭之旁植竹與梅與松，吾將與之友，亦且須吾友朋而共樂乎此也。爲我書其扁且記之。」予嘆詹侯之智，能因其故而損益，不宿勞，不重費，不出户庭而得美觀，是可志也。予於此竊有感焉。嗟乎，物之通塞固有其時哉！向也人所賤棄弗顧之處，一旦而吾曹相與談笑周旋於其間，闢暗鬱爲光明，變荒穢爲整治，此非其時也哉！且通塞固有時，然使其不遇詹侯，則歸於廢壞而已，時固存乎人哉！凡物皆然，豈獨是邪！且詹侯方以使指按行一路，一路之郡邑亦廣且夥矣，政事之隳弛，人情之鬱拂，與夫利之所壅，而病之所生，蓋不一矣。詹侯將次第而振其弊，導其鬱，通其所壅，而去其所病，亦若爲是樓，因其故而損益，不勞而有條也，則斯人之所遇，豈不在於斯時邪？抑有待於詹侯者邪？予方賴侯以免於戾，其涉筆而俟也，又豈特記是觀覽之間而已邪！樓之成，以淳熙五年三月五日，提點刑獄事廖侯季能實同予來觀。又十五日，而予爲之記。詹侯，嚴陵人，名儀之。廖侯，南劍人，名蘧。予則廣漢張某也。

潭州重修左右司理院記

獄，重事也，欽恤之義著於虞書，其命咎繇曰：「明于五刑，以弼五教。」蓋古者刑罰之設，教化未嘗不存乎其中。聖人之心，固期于天下之無刑也。孔子亦曰：「聽訟，吾猶人也，必也使無訟乎！」使之至於無訟者，其必有道矣。周衰，先王之意不傳，而其法日壞，故又曰：「上失其道，民散久矣，如得其情，則哀矜而勿喜。」夫得其情矣，而繼之以哀矜而勿喜，則反本之思深，忠厚惻怛，所以涵養斯民者爲如何哉！嗟乎！推是心也，使之至於無訟可也。國朝藝祖開基，恫念庶獄〔四〕，首革歷世之弊。其在諸郡者舊有子城院、軍巡院。開寶六年，命子城院毋得收繫，改軍巡爲司寇，始以士人爲參軍，天下巨鎮得置左右兩院者凡十有六。太宗朝復更司寇爲司理。列聖相傳，卹刑之令，史不絶書，雖中遭變故，〔五〕而基祚克鞏，則祖宗所以培植根本者有自來矣。長沙在南方爲一都會。乾道戊子之歲，上命吴興沈侯介來爲牧。侯以簡重惠肅臨民，深惟時詘舉嬴之義，節約自己，用財以制。未踰年而爭訟衰，庾庫實。獨念左右院歲久屋敝，煩蒸膠轇，癘疫間作，顧謂其屬曰：「不幸教化之未孚，民罹于狴犴，或者其情之未得，而横夭之適遭，豈不甚痛！」議更撤而一新之。捐錢四百萬，貿材于山，募民爲役，民爭趨焉，踰時而成，堅久燥實，几以時汛掃滌治之宜，無不具備。某謂此可以窺侯仁恕之心矣。侯屬某爲記，不獲辭，因念治獄所以多不得其平者，蓋有數説。吏與利爲市，固所不論，而或矜知巧以爲聰明，持姑息以惠姦慝；上則視大官之趨向而重輕其手，下則惑胥吏之浮言而二三其心；不盡其情而一以威怵之，不原其初而一以法繩之，如是而不得其平者抑多矣。無是數者之患，鄆罰麗於事，而深存哀矜勿喜之意，其庶幾乎！在上者又當端其一心，勿以喜怒好惡一毫先之，聽獄之成，而審度其中，隱於吾心，竭忠愛之誠，明教化之端，以期無訟爲本，則非惟可以臻政平訟理之効，而收輯人心，感召和氣，其於邦本所助豈淺也哉！遂書之以詔來者。

敬齋記〔六〕

誠者，天之道；敬者，人事之本。敬道之成，則誠而天矣。然則君子之學，始終乎敬者也。人之有是心也，其知素具也，意亂而欲汨之，紛擾巇𡾟，不得須臾以寧，而正理益以蔽塞，萬事失其統矣。於此有道焉，其惟敬而已乎！伊川先生曰：「主一之謂敬。」又曰：「無適之謂一。」夫所謂一者，豈有可玩而執者哉？無適乃一也，蓋不越乎此而已。嘗試於平居暇日深體其所謂無適者，則庶乎可識於言意之表矣。故「儼若思」雖非敬之道，而於此時可以體敬焉。即是而存之，由是以察之，事事物物不得遁焉。涵泳不舍，思慮將日以清明，而其知不蔽矣。知不蔽，則敬之意味無窮，而功用日新矣。天地之心，其在兹歟？學者舍是而求入聖賢之門，難矣哉！至於所進有淺深，則存乎其人，用力敏勇與緩怠之不同耳。吾友臨川吳仲權志於古道，將以「敬」名其所居之齋，而日勉焉。於其行也，書此以贈之，蓋朋友相與警勸之義也。

存齋記

太極動而二氣形，二氣形而萬物化，生人與物俱本乎此者也。原物之始，亦豈有不善者哉！其善者天地之性也。而孟子道性善，獨歸之人者何哉？蓋人稟二氣之正，而物則其繁氣也。人之性善，非被命受生之後，而其性旋有是善也。性本善而人稟夫氣之正〔七〕，初不隔其本然者耳〔八〕。若物則爲氣所昏，而不能以自通也。惟人全夫天地之性〔九〕，故有所主宰，而爲人之心所以異乎庶物者獨在於此也。是以君子貴於存之，存之則在此，不存則孰知其極哉？存之則有物，不存則果何所有哉？故主一無適，敬之方也。無適則一矣，主一則敬矣。存之之道曷要於此乎！誠能從事焉，真積力久，則其所存者將洋洋乎察于上下而不可掩，功用無窮，變化日生，性可得而全矣。吾友吕季克敏而好義，以「存」名齋，其志遠矣，屬予爲之記。若予者，蓋矻矻自保之不暇，而何以善於朋友？然則斯記也，非特以勉季克，且將以自警歟！

弗措齋記

金華邵元通名齋曰「弗措」，以爲朝夕講習居處之地，而求予爲記。其請屢甚，予焉能忘言也。中庸論誠之之道，其目有五，曰學、曰問、曰思、曰辨、曰行。而五者皆貴於弗措。蓋聖學與天地並，高明博厚而悠久無疆也。學者竭終身之力，勉勉不已，猶懼不及，而況於若存若亡、暫作復輟，其何益乎？弗措之義大矣！雖然，入德有門户，得其門而入，然後有進也。夫子之教人，循循善誘，始學者聞之，即有用力之地，而至於成德，亦不外是。今欲求所持循而施吾弗措之功，其可不深攷之於夫子之遺經乎？試舉一端而論。夫子之言曰：「弟子入則孝，出則弟，謹而信，汎愛衆而親仁，行有餘力則以學文。」嗟乎！是數言者，視之若易，而爲之甚難；驗之不遠，而測之愈深。聖人之言化工也，學者如果有志，盍亦於所謂入孝出弟、所謂謹而信、所謂汎愛親仁者學之而弗措乎？學然後知不足，其間精微曲折，未易盡也，其亦問之而弗措乎？思之未至，終不爲己物，盍亦思之而弗措乎？思之而有疑，盍亦辨之而弗措乎？思而得，辨而明，又盍行之而弗措乎？是五者蓋同體以相成，相資而互相發也，真積力久，所見益深，所履益固，而所以弗措者益有不可以已，高明博厚，端可馴而至矣。噫！學不躐等也，譬諸燕人適越，其道里之所從，城郭之所經，山川之阻修，風雨之晦冥，必一一實履焉。中道無畫，然後越可幾也。若坐環堵之室，而望越之渺茫，車不發軔，而欲乘雲駕風以遂抵越，有是理哉！且夫爲孝必自冬温夏凊、昏定晨省始，爲弟必自徐行後長者始，故善言學者必以灑掃應對進退爲先焉。惟夫弗措之爲貴也，吾子毋忽於予言。誠能服夫子之教而用力焉，則希音至味，吾子將自得於心矣。

擴齋記

武夷胡廣仲扁其齋曰「擴」，其友張某敢起古義以告曰：太極混淪，生化之根，闔闢二氣，樞紐群動。惟物由乎其間而莫之知，惟人則能知之矣。人之所以能知者，以其爲天地之心，太極之動，發見周流，備乎己也。然則心體不既廣大矣乎？道義完具，事事物物無不該，無不徧者也。而人顧乃局於血氣之内而自小之，雖曰自小之，而其廣大之體，本自若是，以貴夫能擴也。然而知之之端不發，則擴之之功亦無自而施。故孟子謂「凡有四端於我者，知皆擴而充之矣」。夫惻隱、羞惡、辭讓、是非一萌於中，亦知其所以然乎？知其所以然，則良心見矣。此所謂若火之始然，泉之始達，擴者擴乎此者也。擴之之道，其惟窮理而居敬乎！理明則有以精其知，敬立則有以宅其知。從事於斯，涵泳不舍，則其胸中將益開裕和樂，而所得日新矣。故充無欲害人之心而至於仁，不可勝用；充無穿窬之心而至於義，不可勝用。仁義之不可勝用，豈自外來乎？擴而至於如天地變化草木蕃，亦吾心體之本然者也。故擴者生道也，恕之功也，仁之方也，學者所以求盡其心者也。今廣仲將體夫知之之端，以致其擴之之力，其進也孰禦焉！雖然，世固有不樂狹陋而求以自擴者，不流於放肆則將窮大而失其所居，蓋彼不知其有本也。吾所謂擴者天理之素，而彼所謂擴者人欲之爲也，學者又不可以不辨。

校勘記

〔一〕而教授王定方遂以書來屬某爲記　「方」，原作「遠」，據宋本、劉本、四庫本改。
〔二〕廼俾僚吏諸葛昕吴獵與郡之士加訂定焉　「定」，宋本作「正」。
〔三〕轉運使李師中常攝帥事　「師」，原作「時」，據宋本改。
〔四〕恫念庶獄　「恫」，宋本作「憫」。
〔五〕雖中遭變故　「中」，原作「有」，據宋本改。
〔六〕敬齋記　本篇原闕，據宋本補。
〔七〕性本善而人稟夫氣之正　「夫」，原作「天」，據宋本改。
〔八〕初不隔其本然者耳　「本」，宋本、劉本、四庫本作「全」。
〔九〕惟人全夫天地之性　「全」，宋本作「存」。

南軒先生文集卷第十二

記

無倦齋記

廣西經畧使所治廳事之西偏，有齋直喜豐堂之後，方而虚明，於燕息爲宜，舊以「緩帶」名，予懼其肆也，更題曰「無倦」，且志其故。昔者洙泗之門，子張問政，夫子首告之以無倦；及季路之請益，則又終之以無倦。是知爲政始終之道，無越乎此也。夫難存而易怠者心也。吏者分天子之民而治焉，受天子之土而守焉，一日之間，所爲酧酢事物者亦不一端矣。幾微之所形，紀綱之所寓，常隱於所忽而壞於所因循，纖毫之不謹，而萬緒之失其機，方寸之不存，而千里之受其害。又况欲動而物乘，意佚而形隨，其所差繆復何可勝計，可不畏哉！於是知聖人無倦之意深矣。師也窮乎高明，而懼其所踐之未篤也，故使以居之無倦爲本，而繼以行之以忠。由也勇於進爲，而懼其有所忽也，故既告以先之勞之，及其請益，則繼以無倦。以二子而聖人所以勉之者如此，則在他人其所當從事抑可知矣。雖然，常人之情，往往始之謹而末之慢。守失於終，事廢於久者，蓋多矣，非敦篤乎敬者，其能日新而無斁哉？予於此懼，書于坐右以自警，併以告來者云。

敬齋記

孟氏没，聖學失傳，寥寥千數百載間，學士大夫馳騖四出以求道，泥傳註，溺文辭，又不幸而高明汩於異説，終莫知其所止。嗟夫，道之難明也如此！非道之難明也，求之不得其本也。宋興又百餘載，有大儒出於河南，兄弟並立，發明天地之全、古人之大體，推其源流，上繼孟氏，始曉然示人以致知篤敬爲大學始終之要領。世方樂於荒唐放曠之論，窮大而失其歸，視斯言若易焉者，而曾莫思其然也。天下之生久矣，紛紜轇轕，曰動曰植，變化萬端。而人爲天地之心，蓋萬事具萬理，萬理在萬物，而其妙著於人心。一物不體則一理息，一理息則一事廢。一理之息，萬理之紊也；一事之廢，萬事之隳也〔一〕。心也者，貫萬事，統萬理，而爲萬物之主宰者也。致知所以明是心也，敬者所以持是心而勿失也。故曰「主一之謂敬」，又曰「無適之謂一」。噫！其必識夫所謂一而後有以用力也。且吾視也、聽也、言也、手足之運動也，曷爲然乎？知心之不離乎是，則其可斯須而不敬矣乎？吾饑而食也，渴而飲也，朝作而夕息也，夏葛而冬裘也，孰使之乎？知心之不外乎是，則其可斯須而不敬矣乎？蓋心生生而不窮者道也，敬則生矣，生則烏可已也；怠則放，放則死矣。是以君子畏天命，不敢荒寧〔二〕，懼其一失而同於庶物也。仁壽崔子霖以「敬」名齋，而請予記之。予嘉其志之美也，則不敢辭。吾鄉之士，往往秀偉傑出，而吾子霖方有志於斯道，以與朋遊共講之。予歎夫同志之鮮也，乃今得吾子霖，而子霖又將與其朋友共之，益知吾道之不孤也〔三〕，故樂爲之書。

拙齋記

盱江曾節夫以「拙」名其齋，而請予爲之記。予喟而歎曰：士病於不拙也久矣！文采之衒而聲名之求，知術之滋而機巧之競，争先以相勝，詭遇以幸得，而俗以益薄。士病於不拙也久矣！頃者始見吾子，望乎容止，退然若不安，聽乎言辭，吶然若不足，意吾子之不馳騖於斯世也。已而旋觀乎吾子之爲，則處己也介而接物也嚴，又有以知吾子之能自守也。今以「拙」名齋，抑子之志如此，而何以予之記爲？雖然，子之求於予也，幾予言之可以輔仁也，抑以子之質之美，子亦有望焉，請試爲子言之也。予聞之，義理之本於天者至精而無窮，氣禀之存乎人者雖美而有限。伊欲究夫無窮而化其有限，舍學何以哉？雖然，所爲進學之方則亦有道矣。古之人於此蓋終身焉，若升高之必自下，若陟遐之必自邇，此其用力豈苟然而已哉！予又病夫學者之不拙也。旁窺而竊取，耳受而口傳，恃臆度而鑿空虛，難之不圖而惟獲之計，序之不循而惟至之必，久之不務而惟速之欲，若是而欲有諸其躬也難矣。予是以病夫學者之不拙也。稽諸洙泗之門，子之家子輿非百世師乎？聖人始以魯稱之，而其於是道終以魯得之，所謂三省其身，自反而縮，與夫動容貌、正顏色、出辭氣，皆其平日所爲用力者也。戰兢臨履，至於啓手足之際而後以爲知免，一簣之未正猶不敢安其終〔四〕，其學之有始有卒，幾於聖而全其天蓋如此，謂於是道以魯得之，非邪？由予前所言士病於不拙者，吾子既無是之患矣；由予後所言病夫學者之不拙者，吾子其率是以勉之哉！請無他求，以子之家子輿爲標準而從事焉，其可矣。若夫安其所已能，而倦其所未進，則爲拘於有限而息乎無窮，是拙之流生害也，吾子其必不然矣。

隱齋記

予弟杓爲袁州，再閱月，以書來曰：「某幸得備位郡守，懼無以宣上之澤於斯民，乃闢便齋於廳事之旁，日與同僚講民之疾苦，相與究復之，於其暇則誦詩讀書於其間，以自培溉，敢請名。」

予嘉其意，爲大書「隱齋」字以寄，蓋取孟子惻隱之心之義。夫所謂惻隱者，惻然有隱云耳。嗟夫！是心乃子民之本也。一日夕之間，几事物之至乎吾前，與夫講論之所及，思慮之所萌，所謂惻然以隱者，如源泉之達，續而無窮，新而有常，流行而不可以已，則其履度也豈有越思？而其施於四境之内者雖不中不遠矣。子其體是心而存之，而充之，勿使有害之者而已。語曰：「君子學道則愛人。」所貴乎學者，以其能愛人也。嗟乎！爲政者苟惟不知是心之存〔五〕，則本既不立矣，雖有過絶人之才智，亦何以觀之哉？抑又有一説焉。人之情，於其始也惴惴然懼其不克也，汲汲然憂其不及也〔六〕，察民之從違而未敢安也，則是心之不存焉者寡矣。及其久也，於意之得而偏，於譽之聞而矜，於令之行而忽，則所謂隱然者，將汩於因循而息於驕肆，政之所繇隳也。嗟乎，可不懼哉！而可不察哉！又其可使箴儆之言不聞於吾耳哉！併書之，使刻寘于壁。

約齋記

約之爲言要也，而有檢束之義。自學者而言，所貴乎趨夫要也，曾氏之「守約」是也；自教者而言，則束之而使之惟要之歸，「約我以禮」是也。然而博與約實相須，非博無以致其約，而非約無以居其博。故約我以禮，必先博我以文。蓋天下之事衆矣，非一二而窮之，在己習之偏、〔七〕意之私亦不則無以極其理之著。然所謂窮理者，貴乎能有諸己者而已。學者之所當從一矣，非反而自克，則無以會其理之歸。博文而約禮，聖人之所以教人與！凡所見聞，無非詩書禮樂之事焉者，亦無越乎此矣。吾友眉山李塾季修，自幼居其親旁，而予以「約」爲事，上下數千載間，其攷之詳備之熟矣〔八〕。頃年相遇於武昌，求予名其齋，非予之未暇也，季修於是時從事於多聞之言，欲其趨夫要也。季修屬予爲記，而久未暇。今七年矣，蓋嘗抱其所學欲獻之於吾君，而舉，佔畢編綴，殆忘寢食也，故予無以進其說。乃將還其親之旁，復與予相遇於江陵。視不得以自伸。既而泝三峽，登岷峨，窮江之源，曰：「其言是也，某不其色，則愉然不以見抑爲意，且出友人清江劉清之子澄之書以示予，謂吾不能，無傷也。且所當從事者，敢不汲汲？敢以復從事於科矣。人不吾知，安焉也；予於是而爲之記，勉之以博文約禮之事，無慕乎外，無泥於俗，願以請。」意者其殆趨約乎！詩曰：「衣錦尚絅」，惡其文而惟致知克己之思，極力之所至而無有怠忽焉，則予之望也。嗟乎，季修其勉哉！之著也。君子之所不可及者，其惟人之所不見乎！

困齋記

弋陽方君耕道謫居零陵，其友廬陵胡君邦衡自海外以書抵之曰：「公取易困卦詳玩而深索之，則得所以處困之道矣。」耕道於是榜其齋曰「困齋」，自號曰「困叟」，其居閒而讀易則謂之「困交」。耕道可謂能尊其所聞矣。在易之繫辭三陳九卦，意義深切，至於困則曰「困，德之辨也」，又曰「困窮而通」，又曰「困以寡怨」。嗚呼！聖人發明處困之義，備盡於此，其惠後世學者至矣，是可不盡心以體之乎！夫窮達者在外者也，理義者在我者也。在外者存於時命，而在我者無斯須而可離。世之惑者於其存於時命者乃欲人力而强移，於其不可離者則違之而忘反，居得則患失，居失則覬得，或能行於其所易，而不能行於其所難，能自保於安逸之時，而有變於危窮之際。是則非其心之正也〔九〕，窮達亂之也。君子則不然。其心日夕皇皇然，惟知在我者禮義之安而行，寧卹其它！故其處困也，致命而已，於天何怨！順義而已，於人何尤！而反諸其躬，則益念其所未至，惟恐思之不精，益勉其所未能，惟恐行之不力。是君子之處困，抑其進德深切之時也。如斯而後，庶幾爲不負聖人之訓歟！耕道往以直道忤權臣，既而以非罪罷吏議，方且責己自克，好問不倦，可謂知所處矣。而邦衡以危言切論，一貶嶺海近二十年，窮經自樂，浩然以歸，其非有得於斯邪〔一〇〕？宜乎以此道相切勵也。又聞横渠先生之言曰：「貧賤憂戚，庸玉女於成也。」噫！安知造物者不以是金玉耕道之德乎？此豈特邦衡所望於耕道也。耕道以記文見屬，栻雖晚生，念不爲無契，是以不敢以固陋辭。紹興二十八年春二月戊申，廣漢張某記。

敬簡堂記

歷陽張侯安國治長沙，既踰時，獄市清凈，庭無留民，以其閒暇，闢堂爲燕息之所，而名以「敬簡」。他日與客落之，顧謂某曰：「僕之名堂，蓋自比於昔人起居之有戒也，子其爲我敷暢厥義。」某謝不敏，一再不獲命，因誦所聞而言曰：「聖賢論爲政，不曰才力。蓋事物之來，其端無窮，而人之才力雖極其大，終有限量。以有限量應無窮，恐未免反爲之役，而有所不給也。君子於此抑有要矣，其惟敬乎！蓋心宰事物，而敬者心之道所以生也。生則萬理森然，而萬事之綱總攝於此。凡至乎吾前者，吾則因其然而酬酢之。故動雖微，而吾固經緯乎古之先；事雖大，而吾處之若起居飲食之常。雖雜然並陳，而釐分縷析，條理不紊。無他，其綱既立，如鑑之形物，各止其分而不與之俱往也。此所謂居敬而行簡者歟！若不知舉其綱而徒簡之務，將見失生於所怠，而患起於所忽，乃所以爲紛然多事矣。故先覺君子謂飾私智以爲奇，非敬也；簡細故以自崇，非敬也。非敬則是心不存，而萬事乖析矣，可不畏歟！雖然，若何而能敬？克其所以害敬者，則敬立矣。害敬者莫甚於人欲。自容貌顏色辭氣之間而察之，天理人欲絲毫之分耳。遏止其欲而順保其理，則敬在其中，引而達之，擴而充之，則將有常而日新，日新而無窮矣。侯英邁不羣，固已爲當世之望，誠能夙夜警勵，以進乎此，則康濟之業可大，而豈特籓翰之最哉！」侯曰：「然則請書以爲記，以無忘子之言。」

仰止堂記

武夷宋子飛，蓋游從之舊也，戊寅之夏，自其鄉觸熱來訪予瀟水之上。留既越月，方念無以答其意者。子飛謂某曰：「某家有小堂，面值西山，欲以『仰止』名之，何如？」某曰：「請無以易斯名，而某願爲之記。」子飛曰：「諾。」

子之名是堂也，豈徒取其偉觀乎哉？而某爲之記也，亦豈復叙其境物之勝，抑將因名以達義，庶幾相與之意云耳。噫！人生天地之中，而與天地同體，出乎萬世之下，而與聖人同心，其惟仁乎！詩曰：「高山仰止，景行行止。」夫子蓋歎息焉，曰：「詩之好仁如此。」仁之爲道，論其極致，雖曰舉者莫能勝，行者莫能至，然而聖人之教人求仁，則具有塗轍。論語一書，明訓備在，熟讀而深思，深思而力體，優游厭飫。及其久也，當自知之，有非人之所能與矣。古之人起居寢食之間，精察主一，不知有外物之可慕，他事之可爲〔一二〕，不知富貴之可喜，憂患之可戚。蓋其中心汲汲於求仁而已。是道也，夫人皆可勉而進，而用力者鮮，無他，所以病之者多矣。病之者多，而不求以去之，期爲完人，其以是終其身〔一三〕，豈不大惑歟！故學莫强於立志，莫進於善思，而莫害於自晝，莫病於自足，莫罪於自棄。今子飛既以是名堂，日游其間，將詠「仰止」之詩，以深念聖人之意，當必慨然有感於中，其惟篤信勿移，弗得弗措，期至於古人之域，則如某者亦有望於切磋之益焉，是以樂記之也。

尊美堂記

湖南轉運使判官所治，舊直潭州城之東南，中更兵革，徙于子城之中。比歲復即其舊爲東西兩廳，今且十載矣。東則倚岡阜，來者相繼，立亭觀於上，有登覽之勝；而其西獨病於迫隘，燕閒舒適，無所可寓。又西隔垣，有地數畝，蓋弗不治也。乾道八年冬，建安黄公來爲判官，實治西廳，歷三時興革，剌舉既以次上，而漕事益簡。乃以暇日視其地而加翦闢焉，氣象平曠，若有待者，將規以立宇。會有主管文字廢廳，易之得羨緡，市材鳩工，爲堂五楹。僅踰月，郡縣不知，而堂已克成。植梅竹於前，而其後爲方沼，向之弗不治者，一旦爲靚深夷衍之居，于以問民事，接賓客，奉燕處，無不宜者。於是始與其東之亭觀隱然相望，而其迫隘之患亡矣。公獨過某而言曰：「子其爲我名之，使有以垂于後者。」某謝不敏，則不可，請退而思之。它日言於公曰：「公之名堂，豈獨爲是物景之美哉？其將有補於政也？孔門論政之載於魯論〔二三〕，獨所以告子張者反復爲甚詳焉。所謂尊五美者，于以正己而施諸人，蓋無不備，顧爲政者力行何如耳。其曰尊云者，言當謹乎是而不可以慢也，將以尊美名公堂，其可哉！」公曰：「諾，是吾志也。」某又曰：「雖然，不特是也。聖人於五美之後，復繼之以四惡之屏，其儆戒防檢之意深矣〔一四〕。今雖以尊美名堂，而所謂屏惡之義，蓋亦不可不察也。公既以是二者體其身而推於有政，又將以是察夫郡縣之吏而進退之，則善善惡惡之理，庶幾其亦得矣。」公曰：「善哉！請書聖人之言於堂之中壁，朝夕觀覽，以比夫几杖盤杅之銘戒，而子爲之記，俾來者有攷焉。」於是乎書。公名湑，字清臣云。

校勘記

〔一〕萬事之隳也　「隳」，原作「墮」，據宋本改。

〔二〕不敢荒寧　「荒」，宋本作「遑」。

〔三〕益知吾道之不孤也　「益」字原無，據宋本補。

〔四〕一簣之未正猶不敢安其終　「正」，宋本作「易」。

〔五〕爲政者苟惟不知是心之存　「惟」字原闕，據劉本、四庫本補。

〔六〕汲汲然憂其不及也　「然」，劉本、四庫本作「焉」。

〔七〕在己習之偏　「習」，原作「者」，據宋本改。
〔八〕其攷之詳備之熟矣　「備」，宋本作「講」。
〔九〕是則非其心之正也　「則」，宋本作「皆」。
〔一〇〕其非有得於斯邪　「其」，宋本作「豈」。
〔一一〕他事之可爲　「他」，原作「也」，據宋本、劉本、四庫本改。
〔一二〕其以是終其身　「其」，宋本作「甘」。
〔一三〕孔門論政之載於魯論　「門」，原作「孟」，據宋本、劉本、四庫本改。
〔一四〕其儆戒防檢之意深矣　「防」，原作「方」，據宋本改。

南軒先生文集卷第十三

記

一樂堂記

上饒徐衡仲幼育于龔氏，爲龔氏後。長讀書，取科第，事龔氏父母，養生送終，克共其子事。年踰五十矣，游宦四方，求友訪道，有感於昔人正本明宗之義，愓懼不敢寧，乃言於朝，願歸徐姓，詔可其請。方是時，衡仲之父母俱存，合百有五十六春秋，而其伯氏某、仲氏某、及其季某亦皆無故。雍雍愉愉，與其兄弟奉二老者，以爲天下之樂，殆無以易此也。它日，伯氏取孟子所謂「一樂」者以名其居之堂，而衡仲求予爲記。予惟念往歲道岳陽，衡仲適爲其州學官，相與語于洞庭之野，愴然及茲事，予蓋嘉其志，贊其決，而憂其爲世俗之論所移也〔一〕。今衡仲中誠懇惻，卒能成就其志。又爲龔氏調護，立之後人，所以處之者蓋有餘味。義正而恩得，天實相之，且使其親壽考康寧，其兄弟在旁，得全其所謂「一樂」者，固予所咨嗟而樂記也。

原民之生，與萬物並於天地之間，父天而母地，本一而已，而於其身莫不有父母之親，兄弟之愛，以至於宗支之屬，釐分縷析，血脉貫通，分雖殊，而本實一，此性之所具，而天之所爲也。聖人有作，立姓以别其系，嚴宗以謹其承，亦因夫性之自然、理之所不可易者而已。苟惟强離其所系，而合於其所不可合，是豈性也哉！是故神不歆非祀，而民不祀非族，以此坊民。而春秋之時，猶有身爲諸侯而立異姓以涖祭祀，如鄫子之爲者，聖人書之曰「莒人滅鄫」，謂其先無血食之理也，豈不深切著明哉！衡仲其講於此矣。雖然，引義而返其宗，衡仲之能爲也；返而全其所謂「一樂」者，此豈衡仲之所能爲哉！衡仲誠樂乎此也。人倫之際，昔人謂盡其分爲難，衡仲誠勉乎此也。抑孟子之所謂「三樂」，其難必者，吾既已得之於天矣，則夫其二端者又可不深體之乎！予嘗論「三樂」，仰不愧，俯不怍爲本。蓋在己者可得而勉也。詩云：「潛雖伏矣，亦孔之昭。」君子之所不可及者，其惟人之所不見乎！衡仲而力追乎此〔二〕，以至於無所愧怍之地，則上有以寧其親，翕其兄弟，而下有以推類而及人，庶幾乎克全而不憾矣。予因記一樂而併及乎此，亦朋友儆勵之意云。衡仲名安國，今爲連山令。

潔白堂記

劍南陳君自蜀以書抵予曰：「某不幸，今不獲奉供養，深惟所以報親者，惟是澡身瀹德，庶幾終身無玷缺之行，則或可以塞萬一之責。家故有堂，因取周詩白華『孝子潔白』之義〔三〕，名之曰『潔白』，兄弟朝夕其間，以警以戒，敢請爲記。」

予雖未識陳君，而嘗聞之吾友魏掞之元履，謂君直諒，又得君書勤甚，則不果辭。雖然，白華之章句逸矣，其爲義固不可以臆度，獨以予心之所謂「孝子潔白」者而以復于陳君焉。惟人之生，受之天地而本乎父母者也，然則天地其父母乎！父母其天地乎！故不以事天之道事親者，不得爲孝子；不以事親之道事天者，不得爲仁人。傳曰「仁人不過乎物，孝子不過乎物」，此之謂也。然所謂物者果何謂乎？蓋其實然之理而已。實然之理具諸其性。有是性，則備是形以生。性無不善也。凡其所爲，視聽言動莫不有則焉，皆天之理也，性則然矣。是故君子無敢不敬也。非禮則勿視，非禮則勿聽，非禮則勿言，非禮則勿動，將以順保其彝，性庶幾乎勿失。蓋全而生之者此也，其可不以全而歸之乎？此所謂不過乎物，孝子仁人事親之道，而所以事天者也。「潔白」之義，其有取於斯乎！有取於斯，則造次不可忘也，戰兢不可懈也。由盡心以知性，由存心以養性，必期於無媿歉。若曾子所謂「而今而後吾知免夫」，然後爲盡人子之道也。如予之不敏，雖知此義，勉焉而未至，抱罔極之痛，日夜以懼，因陳君之請，而有感於中，敢併取南陔相戒以養之義，願與吾黨之士相戒以潔白，其可乎？陳君往歲奉對大廷，蓋盡言無隱者。今又孜孜然志於古道，充是心以往，吾知其終有以無負於斯堂之名也。然則可不懋乎！陳君名槩，字平甫云。

思終堂記

永嘉郡許深夫從事湖南幕府之明年，其尊父登仕没于官舍，予往弔之。間又往焉，深夫泣而請曰：「及之不天，未丱而喪母。吾家方窮空，既殯而無以葬。逮省事，則日夜究心，不敢寧。歲丁亥，得地于瑞安縣之北曰季奧〔四〕，泣血負土，乃克卒事。于時老父嘗登斯丘而眷焉，顧而曰：『異日我必葬是。』今者不幸至于大故殊州，獨哭數千里之遠。惟是不孝之軀，大懼隕越，賴父之靈，儻獲歸合于兆〔五〕，則將立堂其旁，以爲早暮瞻省、時節祀饗之地，未死之前，敢不勉盡其力！願預請其名與記，庶幾佩服思惟，有以大警其懈惰者。」則又泣。

予既不果辭，乃取禮傳「慎行其身，不遺父母惡名，可謂能終矣」之義，名之以「思終」，且從而記之。夫墓祭非古也，體魄則降，魂氣在上〔六〕，故立之主以祀其精神之極，而謹藏其體魄，以竭其深長之思，此古之人明於鬼神之情狀，而篤於孝愛之誠實者也。然孜之周禮，則有家人之官，凡祭於墓爲尸。是則成周盛時，固亦有祭於其墓者，雖非制禮之本經，而出於人情之所不忍，而其於義理不至於甚害，則先王亦從而許之〔七〕。其必立之尸者，乃亦所以致其精神而示饗之者，非體魄之謂，其爲義抑精矣。故夫後世以來，立宇於墓道，或立於其側，以爲瞻省祀饗之地，至有援諸古義以爲之名，揭而出之。顧名而思義，比諸几杖盤盂之有銘有戒，君子亦有所取而不廢，以人子之心，拳拳於其親者〔八〕，誠無已也。然則予之名斯堂，豈無旨哉？蓋人子之於親，終其事之爲難也。所謂終其事之難者，亦在於吾身而已。故於其親之没，睹杯棬則捧之而泣，以吾親之所嘗御也；見桑梓則竦然而敬，以吾親之所嘗息也。夫其於物也猶然，而吾之此身乃受之於吾親，而爲親之遺體，然則所以敬其身當何如耶！故身體髮膚，不敢毁傷，不敢以遺體行殆。夫於其形見者其守之之嚴固如此，而其賦是形以生者，蓋以其具是性也，然則又可使之或虧乎？故自視聽言動之不莊不欽，以至朋友之不信，事君之不忠，涖官之不敬，皆謂之非孝。凡一毫有歉乎其中，則爲有辱乎其親，爲其有以害於性故也。故君子戰戰兢兢，每懼或失之，凡欲以順保其性，以無失其身，而無辱乎其親。由是觀之，至於曾子全而歸之，而後可謂之能終其事者矣。所謂行身而不遺父母惡名者，其在斯歟！而世之昧者顧以富貴利達爲足以顯其親，汲汲然求之，曾不知枉道苟得，戕賊天性，莫此之甚，而負乘播惡，恥加遺體，若撻市朝，其得失爲如何哉！是則行身以其道，則雖處貧賤，而其所爲事親者未嘗不得；不以其道，則至於居富貴，而所爲辱親者，蓋益以滋甚矣。自深夫之來湖南，予數與之欵，又於朋游間聞其尊父教飭之甚嚴。以深夫哀之篤而請之屢也，故爲推言人子之道所以終其事者而勉之，使思焉。思而體之，體之而不忘，然後知終之之果爲難也。予抱罔極之痛，夕惕念此，未知所濟。然則今日之所以告深夫者，是亦所以自勵云耳。乾道九年七月二十二日。

名軒室記

或曰：知道矣，而常患其不能長一於己。夫不能長一於己，則道與己尚爲二物也，執柯伐柯，睨而視之，猶以爲遠。嗚呼，是果爲真知也歟？其功未至也。將使己化於道，如水入水，初無有間，以全於天，其必有本要矣，其力行之積歟！道與己尚爲二物，則天理不備。天理不備，而不加省焉，吾見道日有遠己而已，可不畏哉！中庸曰：「苟不至德，至道不凝焉。」道至於凝，則斯能有之矣。惟至德可以凝道。古之人禮儀三百，威儀三千，君臣、父子、兄弟、夫婦、朋友之際，灑掃應對、獻酧交酢，以至於坐立寢食之間，無一而不在德焉，至纖至悉也，所謂成其天理而已。蓋毫釐之間不至，則毫釐之間天理不在。故學而時習之，無時而不習也，念念不忘天理也。此所以至德以凝道也。及其久也，融然無間，涣然和順，而内外、精粗、上下、本末功用一貫，無餘力矣。名吾軒曰「時習」。夫習之有斷絶者，心過有以害之也。心過尤難防，一萌于中，雖非視聽所及，而吾時習之功已斷絶矣，察之緩則滋長矣。惟人安於故常，以爲微而忽焉，而不知此豈可使之熟也哉！今日一念之差而不痛以求改，則明日兹念重生矣。積而熟，時習之功銷矣，不兩立也，是以君子懼焉。萌于中則覺〔九〕，覺則痛懲而絶之，如分桐葉然，不可復續。如此則過境自疎，時習之功專，以至於至德以凝道，顔子之不貳，一絶不復生也。名吾室曰「不貳」。因書此自勉焉。

多稼亭記

歲辛卯之八月，予適毘陵。甲寅，郡守嵩山晁伯彊置酒郡齋〔一〇〕，薄暮登城。城有故亭基，下瞰阡陌，方秋稻熟，黄雲蔽野，相與裴徊縱觀。已而月光皎然，景氣清浄，伯彊舉觴屬予曰：「斯亭，昔人以『多稼』名〔一一〕，某假守於此，歲事適登，君侯辱臨，得以從容一杯，實天幸也。將因而葺之，願爲某記。」明日將行，又以請，且寄聲相趣者三四。

予惟念春秋書法，喜雨者，有志乎民者也，亭名「多稼」，豈無意哉！吏於斯者，以暇時登臨，觀稼穡之厪勞，而念民生之不易，其時之不可以奪，其力之不可以不裕，而又謹視其苗之肥瘠，時夫雨暘之節，以察吾政事之若否。幸而一稔，則又不敢以爲己之能，而益思勉其不可以怠者，閔閔然，皇皇然，無須臾而寧於心，其庶矣乎！吁，是春秋之意也。然則伯彊之復斯亭，豈爲游觀者哉！因書以寄。甲寅之集，通判州事吴興葛謙問與焉。伯彊名子健，謙問名郯。

遊東山記

歲戊寅夏四月己亥，弋陽方疇畊道、廣漢張栻酌餞東平劉芮子駒於永之東山。久雨新霽，天朗氣清，步上絶頂，山色如洗，相與置酒于僧寺之西軒，裴徊遠望。于時零陵張紆公飾預焉，俯仰庭户，忽喟然而歎曰：「噫嘻！此丞相范公忠宣之故居也。」坐客皆聳然起而問之，公飾曰：「公居此時，某始年十三四。某之先人辱爲公客，故某亦得侍公。公時已苦目疾，手執寸許玉，用以摩按，某未之識也，則亟視之。旁有小兒誑曰：『此石也。』公愕然曰：『非也，此之謂玉。』嗚呼！公存誠至於不欺孺子，則公之氣象可想見已。」坐客皆咨嗟。公飾又曰：「公居此西偏，爲屋僅三十楹，蓋與寺僧鄰也。諸孫皆尚幼，它日與寺僧戲，僧愚無知，至相詬駡，直行過公前，語微及公，公漠然若不聞見者。明日，僧大悔慚，踽踖詣求謝，亦卒無一言，待之如初。永之士間有得進見，公循循親加訓誘。一日坐定，有率爾而問曰〔一二〕：『范某於相公爲何親？』蓋斥文正公之名。時二子正平、正思侍旁，悚汗恐懼，衆亦懼。公蹙額，久而曰：『先公也。』言者大恐。已而復以温詞慰其心，後亦與相見不絶。公之度量雖曰天與，其亦學以成之歟！又一日問坐客曰：『郡士之登科者皆歸矣，而某人獨未歸耶？』或曰：『試學官也。』公愀然曰：『吏事近民，精心於此，學之要也，始登科顧求從便安耶？』凡公言簡而深，足以垂世立教，率類此。自奉極儉約，士從諸子游者時命之飯，不過蔬三品，彘胾不掩盤。後有客至，即以分餉，不復更益。某年幼，所記公如此，不能細也。」

於是坐客相與言曰：「江山如昔，公不可得而復見矣，而有如公飾者尚及見公，所記之詳如此，豈易得哉！而斯亭也，經兵火煨燼之餘，屹然獨存。吾曹晚生，亦與聞公之言行，又豈偶然哉！中庸曰：『君子動而世爲天下道，行而世爲天下法，言而世爲天下則。』孟子曰：『聞下惠之風者，鄙夫寬，薄夫敦。』於公其信之矣！」子駒謂某曰：「盍記之，以爲異日傳？」某雖不文，至此其何敢辭也。抑嘗記某庚午歲來永時，寺僧有法賢者，年八十餘矣，謂某言：「范丞相居此，某時爲沙彌，每見公遇朔望必陳所賜書及賜物列于堂上，率家人子弟再拜伏閲。」嗚呼！公之不忘君父至此，所謂在廟堂之上則憂其民，處江湖之遠則憂其君，文正公之心，公得之矣。「請併附于記之末可乎？」皆曰：「諾。」時某弟杓、姝爣、兼偕遊〔一三〕。後一日庚子記。

校勘記

〔一〕而憂其爲世俗之論所移也　「移」，宋本作「屈」。

〔二〕衡仲而力追乎此　「追」，宋本、劉本、四庫本作「進」。

〔三〕因取周詩白華孝子潔白之義　「白」，原作「曰」，據宋本、劉本、四庫本改。

〔四〕得地于瑞安縣之北曰季奧　「季」，宋本、劉本、四庫本作「李」。

〔五〕儻獲歸合于兆　「獲」，原作「復」，據劉本、四庫本改。宋本作「或」。

〔六〕魂氣在上　「魂」，宋本作「知」。

〔七〕則先王亦從而許之　「先王」，原作「志士」，據宋本、劉本、四庫本改。

〔八〕拳拳於其親者　「拳拳」，宋本作「眷眷」。

〔九〕萌于中則覺　「則」，宋本、劉本、四庫本作「必」。

〔一〇〕郡守嵩山晁伯彊置酒郡齋　「彊」，原作「疆」，據宋本、劉本、四庫本改。下同。

〔一一〕斯亭昔人以多稼名　「昔」，劉本、四庫本作「者」，屬上讀，亦通。

〔一二〕有率爾而問曰　「率」，原作「卒」，據四庫本改。

〔一三〕時某弟杓妷爟兼偕遊　「杓」，原作「枃」，據宋本、劉本、四庫本改。「爟」，原作「懽」，據宋本改。

南軒先生文集卷第十四

序

經世紀年序

太史遷作十二國世表，始記甲子，起於成周共和庚申之歲，庚申而上則莫紀焉。歷世寖遠，其事雜見於諸書，靡適折衷，則亦傳疑而已。本朝嘉祐中，康節邵先生雍出於河南，窮往知來，精極於數，作皇極經世書，上稽唐堯受命甲辰之元，爲編年譜。如去外丙、仲壬之祀，康節以數推知之，乃合於尚書「成湯既没，太甲元年」之説。因康節之譜，編自堯甲辰至皇上乾道改元之歲，凡三千五百二十有二年，命之曰經世紀年，以便觀覽。間有鄙見，則因而明之，如孟子謂堯、舜三年之喪畢，舜、禹避堯、舜之子而天下歸之，然後踐天子位，此乃帝王奉天命之大旨，其可闇而弗章？故皆書其服喪踐位之實焉。夏后相二十有八載，寒浞弑相，明年，少康始生於有仍氏，凡四十年，而後祀夏配天，不失舊物，故於此四十載獨書少康出處，而紀元載於復國之歲，以見少康之君臣經營宗祀，絶而復續，足以爲萬代之冠冕。於新莽之簒，缺而不書，蓋呂氏不可間漢統，而所假立惠帝子亦不得而紀元，故獨以稱制書也。以至周文王之稱王，武王之不紀元於國，皆漢儒傳習之謬，先覺君子辨之詳矣，故皆正而書之。漢獻之末，曹丕雖稱帝，而昭烈以正義立於蜀，諸葛亮相之，則漢統烏得爲絶？故獻帝之後，即係昭烈年號，書曰蜀漢，逮後主亡國，而始繫魏。凡此皆節目之大者。嗟乎！世有古今，而古今不間於一息，事有萬變，而萬變卒歸於一原。蓋義理根乎天命而存乎人心者〔一〕，不可没也。是故易本太極，春秋書元，以著其體用，其示後世至矣。然則大易、春秋之義，其可以不明乎！乾道三年正月甲子謹序〔二〕。

附　經世紀年序宋本

太史遷作十二國世表，始紀甲子，起於成周共和庚申之歲，庚申而上則莫紀焉。歷世寖遠，其事雜見於諸書，靡適折衷，則亦傳疑而已。本朝嘉祐中，康節邵先生雍出於河南，窮往知來，精極於數，作皇極經世書，上稽唐堯受命甲辰之元，爲編年譜。如云外丙、仲壬之祀，康節以數推之，乃合於尚書「成湯既没，太甲元年」之説。成湯之後，蓋實傳孫。孟子所説，特以太丁未立而卒，方是時，外丙生二年，仲壬生四年耳，又正武王伐商之年，蓋武王嗣位十一年矣。故書序稱十有一年，而復稱十有三年者，字之誤也。是類皆自史遷以來傳習之繆，一旦使學者曉然得其真，萬世不可改者也。某不自揆，輒因先生之曆，考自堯甲辰至皇上乾道改元之歲，凡三千五百二十有二年，列爲六圖，命之曰經世紀年，以便觀覽。間有鄙見，則因而明之。其大節目有六。蓋孟子謂堯、舜三年之喪畢，舜、禹避堯、舜之子而天下歸之，然後踐天子位。此乃奉天命之大旨，其可闇而弗章？故於甲申書服堯、舜之喪，乙酉書踐位之實。丙戌書「元載，格於文祖」。自乙酉至丁巳，是踐位三十有三載也，則書薦禹於天，與尚書命禹之詞合。自丁巳至癸酉，是薦禹十有七載也，與孟子之説合。於禹受命之際，書法亦然。然而書稱舜在位五十載，陟方乃死，則是史官自堯崩之明年通數之耳。夏后相二十有八載，寒浞弑相。明年，少康始生於有仍氏，凡四十年。而後祀夏配天，不失舊物。寒浞豈可使間有夏之統？故缺此四十載不書，獨書少康出處，而紀元載於復國之歲，以見少康四十年經營，宗祀絶而復續，足以爲萬代中興之冠冕。於新莽之簒缺其年，亦所以表光武之中興也。漢呂太后稱制，既不得係年，而所立少帝乃他人子，又安得承統？故復缺此數年，獨書曰呂太后臨朝稱制，亦范太史祖禹係嗣聖紀年之意也。漢獻之末，曹丕雖稱帝，而昭烈以正義立於蜀，不改漢號，則漢統烏得爲絶？故獻帝之後即繫昭烈年號，書曰蜀漢，逮後主亡國而始繫魏。凡此皆節目之大者，妄意明微扶正，不自知其愚也。其他如夏以上稱載，商稱祀，周始稱年，皆考之書可見。而周書洪範獨稱祀者，是武王不欲臣箕子，尚存商曆，箕子之志也。由魏以降，南北分裂，如元魏、北齊、後周，皆夷狄也，故統獨係於江南。五代迭揉，則都中原者不得不係之。嗟乎，世有今古，太極一而已矣。太極立，則通萬古於一息，會中國爲一人。雖自堯而上六闕逢無紀，然上聖惟微之心，蓋未嘗不周流該徧，亘乎無窮而貫於一也。是以春秋書元以著其妙用，成位乎其中者也。大君明斯義則首出庶物，天地交泰，裁成輔相之妙矣。爲人臣而明斯義，則有以成身而佐其主矣。若夫易、春秋之用不明，則經世之旨不幾於息乎？乾道三年正月甲子謹序。

閫範序

天地奠位〔三〕，而人生乎其中，其所以爲人之道者，以其有父子之親、長幼之序、夫婦之别，而又有君臣之義、朋友之信也〔四〕。是五者，天之所命，而非人之所能爲。有是性則具是道，初不爲聖愚而損益也。聖人能盡其性，故爲人倫之至，衆人則有所蔽奪而淪失之耳。雖然，亦豈不可及哉？聖人有教焉，所以化其欲而反其初也。舜之命契曰：「敬敷五教，在寬。」寬云者，漸濡涵養之，使其所素有者自發也。而咎繇亦曰：「天叙有典，勑我五典五敦哉！」勑云者〔五〕，所以正其綱，而敦云者，所以厚其性也。降及三代，庠序之教尤詳。故孟子曰：「學則三代共之，皆所以明人倫也。」「明」云者，講明之而使之識其理之所以然也。惟先王道行於家，而化浹乎天下，萬事以正，萬物以遂，氣志交孚而無不應焉。至於世衰道微之時，而流澤之在人心，不可以壅閼，故詩三百篇發乎情，止乎禮義者，聖人猶有取云爾〔六〕。然則人之所以爲聖賢，與夫聖賢之教人，舍是五者，其何以哉！東萊呂祖謙伯恭父爲嚴陵教官，與其友取易、春秋、書、詩、禮傳、魯論、孟子聖賢所以發明人倫之道見於父子兄弟夫婦之際者，悉筆之於編。又泛考子史諸書，上下二千餘載間，凡可以示訓者皆輯之。惟其事之可法而已，載者之失實有所不計也；惟其長之可取而已，他爲之未善有不暇問也。間日攜所編以示某而講訂焉。未幾而成，名以閫範。

某謂此書行於世，家當藏之，而人當學之也。家庭閨閫之内，鄉里族黨之間，隨其見之淺深、味之短長，篤敬力行，皆足以補。然在學者則當由是書而講明之，以求識其理之所以然者。誠知是書所載，莫非吾分内事，而古之君子皆非有所爲而爲之，則其精微親切，必有隱然自得於中者，雖欲舍是而不由，亦不可得矣。書所登載未盡，伯恭尚繼編云。

論語説序

學者，學乎孔子者也。論語之書，孔子之言行莫詳焉，所當終身盡心者，宜莫先乎此也。聖人之道至矣，而其所以教人者，大略則亦可睹焉。蓋自始學則教之以爲弟、爲子之職，其品章條貫，不過於聲氣容色之間，灑掃應對進退之事，此雖爲人事之始，然所謂天道之至賾者，初亦不外乎是〔七〕，聖人無隱乎爾也。故自始學則有致知力行之地，而極其終則有非思勉之所能及者，亦貴於行著習察，盡其道而已矣。孔子曰：「道之不行也，我知之矣，知者過之，愚者不及也。道之不明也，我知之矣，賢者過之，不肖者不及也。」

秦漢以來，學者失其傳，其間雖或有志於力行，而其知不明，擿埴索塗，莫適所依，以卒背於中庸。本朝河南君子始以窮理居敬之方開示學者，使之有所循求，以入堯舜之道。於是道學之傳，復明於千載之下。然近歲以來，學者又失其旨，曰吾惟求所謂知而已，而於躬行則忽焉。故其所知特出於臆度之見，而無以有諸其躬，識者蓋憂之。此特未知致知力行互相發之故也。孔子曰：「學而不思則罔，思而不學則殆。」歷考聖賢之意，蓋欲使學者於此二端兼致其力，始則據其所知而行之，行之力則知愈進，知之深則行愈達。是知常在先，而行未嘗不隨之也。知有精粗，必由粗以及精；行有始終，必由始以及終。内外交正，本末不遺，條理如此，而後可以言無弊。然則聲氣容色之間，灑掃應對進退之事，乃致知力行之原也，其可舍是而他求乎！

顧某何足以與明斯道，輒因河南餘論，推以己見，輯論語説，爲同志者切磋之資，而又以此序冠於篇首焉。乾道九年五月壬辰朔廣漢張栻序〔八〕。

洙泗言仁序

昔者夫子講道洙泗，示人以求仁之方。蓋仁者天地之心，天地之心而存乎人，所謂仁也。人惟蔽於有己，而不能以推，失其所以爲人之道〔九〕，故學必貴於求仁也。自孟子没，寥寥千有餘載間，論語一書家藏人誦，而真知其指歸者何人哉？至本朝伊洛二程子始得其傳，其論仁亦異乎秦漢以下諸儒之説矣，學者所當盡心也。某讀程子之書，其間教門人取聖賢言仁處，類聚以觀而體認之，因裒魯論所載，疏程子之説於下，而推以己見，題曰洙泗言仁，與同志者共講焉。嗟乎！仁雖難言，然聖人教人求仁，具有本末。譬如飲食乃能知味，故先其難而後其獲，所以爲仁。而難莫難於克己也，學者要當立志尚友，講論問辨，於其所謂難者，勉而勿舍。及其久也，私欲浸消，天理益明，則其所造將有不可勝窮者。若不惟躬行實踐之勝，而懷蘄獲之心，起速成之意，徒欲以聰明揣度於言語求解〔一〇〕，則失其傳爲愈甚矣。故愚願與同志者共講之，庶幾不迷其大方焉。

孟子講義序

學者潛心孔孟，必得其門而入，愚以爲莫先於義利之辨。蓋聖學無所爲而然也。無所爲而然者，命之所以不已，性之所以不偏，而教之所以無窮也。凡有所爲而然者，皆人欲之私，而非天理之所存，此義利之分也。自未嘗省察者言之，終日之間鮮不爲利矣，非特名位貨殖而後爲利也。斯須之頃，意之所向，一涉於有所爲，雖有淺深之不同，而其徇己自私則一而已。如孟子所謂内交要譽、惡其聲之類是也。是心日滋，則善端遏塞，欲邇聖賢之門墻以求自得，豈非却行以望及前人乎？使談高説妙，不過渺茫臆度，譬猶無根之木，無本之水，其何益乎？學者當立志以爲先，持敬以爲本，而精察於動静之間，毫釐之差，審其爲霄壤之判，則有以用吾力矣。學然後知不足。平時未覺吾利欲之多也，灼然有見於義利之辨，將日救過之不暇，由是而不舍，則趣益深，理益明，而不可以已也。孔子曰：「古之學者爲己，今之學者爲人。」爲人者無適而非利，爲己者無適而非義。曰利，雖在己之事，亦爲人也；曰義，則施諸人者，亦莫非爲己也。嗟乎！義利之辨大矣，豈特學者治己之所當先，施之天下國家一也。王者所以建立邦本，垂裕無疆，以義故也，而伯者所以陷溺人心，貽毒後世，以利故也。孟子當戰國横流之時，發揮天理，遏止人欲〔一一〕，深切著明，撥亂反正之大綱也。其微辭奥義，備載七篇之書。如某者雖曰服膺，而學力未充，何足以窺究萬一。試以所見與諸君共講之，願無忽深思焉〔一一〕。

附　孟子講義序 宋本

學者潛心孔孟，必得其門而入，愚以爲莫先於義利之辯。蓋聖學無所爲而然也。無所爲而然者，命之所以不已，性之所以不偏，而教之所以無窮也。自非卓然先審夫義利霄壤之判，審思力行，不舍晝夜，其能真有得乎？蓋自未嘗省察者言之，終日之間鮮不爲利矣，非特名位貨利之慕而後爲利也。此其流之甚著者也。凡處君臣、父子、夫婦以至朋友、鄉黨之間，起居話言之際，意之所向，一涉於徇己自私，是皆利也。其事雖善，而内交要譽，惡其聲之念或萌於中，是亦利而已矣。方胸次營營，膠擾不暇，善端遏塞，人僞日滋，而欲邇聖賢之門牆以求自得，豈非却行以望及前人乎？縱使談高説妙，不過渺茫臆度，譬猶無根之木，無本之水，其何益乎？諸君果有意乎，則請朝夕起居，事事而察之，覺吾有利之之意，則願深思所以消弭之方。「學然後知不足」，平時未覺吾利欲之多也，慨然有志於義利之辯，將自求過不暇矣。由是而體認，則良心發見，豈不可識乎？涵濡之久，其趣將益深，而所進不可量矣。孔子曰：「古之學者爲己，今之學者爲人。」爲人者無適而非利，爲己者無適而非義。曰利，雖在己之事，亦爲人也；曰義，則施之人者，皆爲己也。爲己者，無所爲而然者也。嗟夫，義利之説大矣！豈特學者之所當務，爲國家者而不明乎是，則足以召亂釁而起禍源。

王者之所以建立邦本，垂裕無疆，以義故也；而伯者所以陷溺人心，流毒後世，以利故也。孟子生於變亂之世，發揮天理，遏止人欲，深切著明，撥亂返正之大綱也。其微辭奥義，備載七篇之書。如某者，雖曰服膺，而學力未充，何足以窺萬一。試以所見與諸君共講之，願深思焉。

胡子知言序

知言，五峰胡先生之所著也。先生諱宏，字仁仲，文定公之季子也。自幼志於大道，嘗見楊中立先生於京師，又從侯師聖先生於荆門，而卒傳文定公之學。優游南山之下餘二十年，玩心神明，不舍晝夜，力行所知，親切至到。析太極精微之藴，窮皇王制作之端，綜事物於一源，貫古今於一息，指人欲之偏，以見天理之全，即形而下者而發無聲無臭之妙，使學者驗端倪之不遠，而造高深之無極。體用該備，可舉而行。晚歲嘗被召旨，不幸寢疾，不克造朝而卒。是書乃其平日之所自著，其言約，其義精，誠道學之樞要，制治之蓍龜也。然先生之意，每自以爲未足。逮其疾革，猶時有所更定，蓋未及脱藁而已啓手足矣。或問於某曰：論語一書，未嘗明言性，而子思中庸獨於首章一言之；至於孟子，始道性善，然其爲説則已簡矣。今先生是書於論性特詳焉，無乃與聖賢之意異乎？某應之曰：無以異也。夫子雖未嘗指言性，而子貢蓋嘗識之，曰：「夫子之文章可得而聞也，夫子之言性與天道不可得而聞也。」是豈真不可得而聞哉？蓋夫子之文章無非性與天道之流行也。至孟子之時，如楊朱、墨翟、告子之徒，異説並興，孟子懼學者之惑而莫知所止也，於是指示大本而極言之〔一三〕，蓋有不得已焉耳矣。又況今之異端直自以爲識心見性〔一四〕其説譸張雄誕，又非當時之比，故高明之士往往樂聞而喜趨之，一溺其間，則喪其本心，萬事隳弛，毫釐之差，霄壤之繆，其禍蓋有不可勝言者。先生於此又烏得而忘言哉！故其言有曰：「誠成天下之性，性立天下之有，情效天下之動。」而必繼之曰：「心妙性情之德。」又曰：「誠者，命之道乎！中者，性之道乎！仁者，心之道乎！」而必繼之曰：「惟仁者爲能盡性至命。」學者誠能因其言而精察於視聽言動之間，卓然知夫心之所以爲妙，則性命之理蓋可默識，而先生之意所以不異於古人者，亦可得而言矣。若乃不得其意而徒誦其言，不知求仁而坐談性命，則幾何其不流於異端之歸乎！某頃獲登門，道義之誨，浹洽於中，自惟不敏，有負夙知，輒序遺書，貽於同志。不韙之罪，所不得而辭焉。乾道四年三月丙寅門人張栻序〔一五〕。

附　胡子知言序 宋本

知言，五峰胡先生之所著也。先生諱宏，字仁仲，文定公之季子也。自幼志於大道，嘗見楊中立先生於京師，又從侯師聖先生於荆門，而卒傳文定公之學。優游南山之下餘二十年，玩心神明，不舍晝夜，力行所知，親切至到。析太極精微之藴，窮皇王制作之端，綜事物於一源，貫古今於一息，指人欲之偏，以見天理之全；即形而下者，而發無聲無臭之妙。使學者驗端倪之不遠，而造高深之無極。先生於斯道，可謂見之明而擴之至矣。晚歲嘗被召旨，不克造朝。先生之學，體用該備，豈恝然忘斯世者。是書乃其平日之所筆，逮疾病時猶在枕間，意有所到，隨即更定。其言約，其義精，誠道學之樞要，制治之蓍龜也。或問於某曰：「論語一書，未嘗明言性，而子思中庸獨有『天命之謂性』一語。而孟子始道性善。今先生是書，反復論性爲甚詳，無乃與聖賢之意或有異乎？」某應之曰：無以異也。夫子雖未嘗明言性，而子貢蓋嘗識之，曰：「夫子之文章，可得而聞也；夫子之言性與天道，不可得而聞也。」是豈真不可得而聞哉！蓋夫子之言無非性與天道之流行也。至孟子之時，如楊朱、墨翟、告子之徒，異説並興。孟子懼學者之惑，則指示大本，使知所止。今之異端則又異乎古，自謂識心見性，其説開廣，故高明之士往往樂聞而喜趨之，一溺其間，則喪其本心，隳弛萬事，毫釐之差，霄壤之繆，其可勝言哉！先生於此又烏得而忘言也！其言有曰：「誠成天下之性，性立天下之有，情效天下之動，心妙性情之德。」又曰：「誠者，命之道乎！中者，性之道乎！仁者，心之道乎！惟仁者爲能盡性至命。」學者能精察於視聽言動之間，而知心之所以爲妙，則性命之理蓋可默識，而後知先生之意與古人若合符節矣。不然，不知求仁而居然論性，則幾何其不流於異端之歸乎！某頃獲登門，道義之誨，浹洽心府，自惟不敏，有負夙知。序次成書，貽於同志。不韙之罪，所不得而辭焉。

五峰集序

五峰胡先生遺書有知言一編，某既序而傳之同志矣。近歲先生季子大時復裒集先生所爲詩文之屬凡五卷〔一六〕，以示某。某反復而讀之，惟先生非有意於爲文者也，其一時詠歌之所發，蓋所以舒寫其性情，而其他述作與夫答問往來之書，又皆所以明道義而參異同，非若世之爲文者徒從事於言語之間而已也。又惟先生自早歲服膺文定公之教，至於没齒，惟其進德之日新，故其發見於辭氣議論之間者亦月異而歲不同。雖然，以先生之學，而不得大施於時，又不幸僅得中壽，其見於文字間者復止於如此，豈不甚可歎息！至其所志之遠，所造之深，綱領之大，義理之精，後之人亦可以推而得焉。淳熙三年元日門人張栻序〔一七〕。

江諫議奏藁序

諫議江公奏藁凡十有七篇。上章執徐之歲，徽宗皇帝親萬幾，厭朋黨之論，收召豪傑以自近，放逐之臣相繼起南荒。越明年，以建中靖國爲元，思與天下更始。於是公由奉常博士擢左司諫。自以不世之遇，進見拳拳，不敢不盡，有所聞見，言之惟恐不及，而於遠便佞、敦友睦、消黨與、容受直言，尤極反復致意，上往往開納。會姦人得柄，公旋即補外，竄貶流落以死，天下惜之。乃紹興四禩，有詔追録，贈公諫議大夫，制詞有曰：「惟世道之多變，致國論之靡常。是非或出於愛憎，夷險獨持於一節。權寵所忌，竄斥莫還。」嗚呼，公亦庶幾無憾矣！某側聞前輩道公事，云方公在門下，珍禽奇獸稍稍入内苑，奏疏力諫其漸。後數日，上謂公前所論，朕已悉罷遣〔一八〕，時獨一鶡鷳不肯去，上以杖擊之，顧内侍刻公姓名此杖上，以志忠諫。然則公言在當時不爲不用矣，一斥不復，豈徽考意耶？而獲伸於紹興，又豈非天也耶？某得此書於公之孫似祖，伏而讀之，不知涕泗之横集。

嗟乎！不有君子，其能國乎？自祖宗有天下，留意多士，仁宗皇帝涵濡長育四十二年，而收其用，爲元祐之政。元祐諸君子雖困厄百罹〔一九〕，而直道隱然，流風所被，論議著見於元符之末〔二〇〕、建中靖國之初，蓋又彬彬如也。元氣不傾，雖裔夷侵食，而中興之日旋踵即見〔二一〕，人才之爲國重輕如此。然則爲國計者，其可忘封殖愛護，伸忠直之氣，遏導諛之萌，以壽天下之脈？而人臣幸登王朝，其又可遲廻利害之塗，自同寒蟬，卒蹈委靡陵夷，以負吾國家耶〔二二〕？郡學教授邵頴慨然鋟版傳後，其所向慕，又可知也〔二三〕。公諱公望，字民表云。

趙氏行實序

戊戌之夏，吾友趙子直以書抵予甚哀，且曰：「先君子不幸而没，惟其隱德實行，世之人鮮克知之，不肖孤大懼失墜，皇皇然裒集，僅成編，願得文冠其首，以信於來者。」

予拜受其書，伏自念頃歲侍先忠獻於餘干，始識子直之尊父，見其貌毅而氣平，心固知其好義樂善君子也。已而子直以嘉言擢上第、官中朝〔二四〕，有直聲；出而臨民，豈弟之實見於行事；持使者節，風績隱然。於是人始攷其源流所自，而益知其父之賢。今又得是編而讀之，慨然如見其人焉。予觀其書，凡一言一行之細，莫不備紀。至於其心志之所存，亦皆推極而究見。若子直可謂盡心於其親者矣！語曰：「父在觀其志，父没觀其行。」若子直於其親，其觀之也亦詳且密哉！

予嘗攷於禮矣。禮有銘，銘者自名也，孝子孝孫所以稱揚其先之美而著之後世者也。蓋其中心汲汲然惟恐夫美之不克章，此衛孔悝之鼎銘所爲作也。今子直之爲，其心豈不本於是哉！然而以人之子孫而稱揚其先，其能以取信於人者，豈非以其實而非誣故歟〔二五〕？夫有善而弗知，知而弗傳，與夫傳之而誣，君子皆以爲耻。予觀子直之於其親，致其知也深，欲其傳也切，而其言則實而不浮也，其信於後，夫果何疑也哉？抑予又聞之，人之欲揚其先之美，未若行其身無負之爲先也。以子直之賢，進德不怠，異時推是心以終報吾君，而發於事業，國人將稱願曰「幸哉，有子如此」，則其爲顯揚也，又孰加邪？又豈有不信之患也邪？若予者求所以無墜乎先訓而無忘乎先志，凛凛焉每懼莫之任也，觀子直之爲，則亦有感於中焉，於是書於其編之首。子直名汝愚。

校勘記

〔一〕蓋義理根乎天命而存乎人心者　「義理」，劉本、四庫本作「理義」。

〔二〕按此文宋本文字大異，今附於篇後。

〔三〕天地奠位　「奠」字原無，據宋本補。

〔四〕而又有君臣之義朋友之信也　「信」，宋本、劉本、四庫本作「交」。

〔五〕勑云者　「勑」上，宋本有「曰」字。

〔六〕惟先王道行於家至聖人猶有取云爾　此段文字原無，據宋本補。

〔七〕初亦不外乎是　「亦」字原無，據宋本、劉本、四庫本補。

〔八〕乾道九年五月壬辰朔廣漢張栻序　此十四字原無，據論語解卷首補。
〔九〕失其所以爲人之道　「失」，原作「夫」，據宋本、劉本、四庫本改。
〔一〇〕徒欲以聰明揣度於言語求解　「言語」，宋本、劉本、四庫本作「語言」。
〔一一〕遏止人欲　「止」，原作「指」，據劉本、四庫本改。
〔一二〕按此文宋本文字大異，今附於篇後。
〔一三〕於是指示大本而極言之　「示」，原作「是」，據劉本、四庫本改。
〔一四〕又況今之異端直自以爲識心見性　「況」，原作「説」，據四庫本胡子知言卷首改。
〔一五〕乾道四年三月丙寅門人張栻序　此十三字原無，據四庫本胡子知言卷首補。按此文宋本文字大異，今附於篇後。
〔一六〕近歲先生季子大時復裒集先生所爲詩文之屬凡五卷　「集」，宋本、劉本、四庫本作「輯」。
〔一七〕淳熙三年元日門人張栻序　「三年」、「門人張栻」六字原無，據五峰集卷首補。
〔一八〕朕已悉罷遣　「朕」，宋本、劉本、四庫本作「繼」。
〔一九〕元祐諸君子雖困厄百罹　「困厄」，宋本、劉本、四庫本作「厄窮」。
〔二〇〕論議著見於元符之末　「見」字原無，據宋本、劉本、四庫本補。
〔二一〕而中興之日旋踵即見　「即見」二字原無，據宋本、劉本、四庫本補。
〔二二〕以負吾國家耶　「耶」，宋本、劉本、四庫本作「也」。

〔二三〕又可知也　「也」，宋本、劉本、四庫本作「已」。

〔二四〕已而子直以嘉言擢上第官中朝　「已而」之「已」字原無，「官」上原有「而」字，據宋本、劉本、四庫本增刪。

〔二五〕豈非以其實而非誣故歟　「豈」下，宋本、劉本、四庫本均無「非」字。

南軒先生文集卷第十五

序

南嶽唱酬序

某來往湖湘踰二紀，夢寐衡嶽之勝，亦嘗寄跡其間，獨未得登絶頂爲快也。乾道丁亥秋，新安朱熹元晦來訪予湘水之上[一]，留再閲月，將道南山以歸，乃始偕爲此遊，而三山林用中擇之亦與焉。粤十有一月庚午，自潭城渡湘水。甲戌，過石灘，始望嶽頂。忽雲氣四合，大雪紛集，須臾深尺許。予三人者飯道旁草舍，人酌一巨杯。上馬行三十餘里，投宿草衣巖。一時山川林壑之觀，已覺勝絶。乙亥，抵嶽後[二]，丙子，小憩，甚雨，暮未已，從者皆有倦色。湘潭彪居正德美來會，亦意予之不能登也。予獨與元晦決策，明當冒風雪亟登。而夜半雨止，起視，明星爛然，比曉，日升暘谷矣。德美以怯寒辭歸。予三人聯騎渡興樂江，宿霧盡卷，諸峰玉立，心目頓快。遂飯黄精，易竹輿，由馬跡橋登山。

始皆荒嶺彌望，已乃入大林壑，崖邊時有積雪，甚快。溪流觸石曲折，有聲琅琅。日暮抵方廣，氣象深窈，八峰環立，所謂蓮花峰也。登閣四望，霜月皎皎。寺皆版屋，問老宿，云用瓦輒爲冰雪凍裂，自此如高臺、上封皆然也。戊寅明發，穿小徑，入高臺寺。門外萬竹森然，間爲風雪所折，特清爽可愛。住山了信有詩聲〔三〕，云良夜月明，窗牖間有猿嘯清甚。出寺，即行古木寒藤中。陰崖積雪，厚幾數尺，望石廪如素錦屏，日影下照林間，冰墮鏘然有聲。雲陰驟起，飛霰交集，頃之乃止。

出西嶺，過天柱，下福巖，望南臺，歷馬祖庵，由寺背以登。路亦不至甚狹，遇險輒有石磴可步陟〔四〕。踰二十餘里，過大明寺，有飛雪數點。自東嶺來，望見上封寺，猶縈迂數里許乃至。山高，草木堅瘦，門外寒松皆拳曲擁腫，樛枝下垂，冰雪凝綴，如蒼龍白鳳然。寺宇悉以版障蔽，否則雲氣噓吸其間，時不辨人物。

有穹林閣，侍郎胡公題榜，蓋取韓子「雲壁潭潭，穹林攸擢」之語。予與二友始息肩，望祝融絶頂，褰裳徑往。頂上有石，可坐數十人。時煙靄未盡澄徹，然群峰峭立〔五〕，遠近異態，其外四望渺然〔六〕，不知所極，如大瀛海環之，真奇觀也。湘水環帶山下，五折乃北去。寺僧指蒼莽中云，洞庭在焉。

晚歸閣上，觀晴霞，橫帶千里。夜宿方丈，月照雪屋，寒光射人，泉聲隔窗，泠然通夕，恍不知此身踞千峰之上也。

己卯，武夷胡實廣仲、范念德伯崇來會，同游儒人橋。路並石，側足以入。前崖挺出，下臨萬仞之壑，凛凛不敢久駐。再上絶頂，風勁甚，望見遠岫次第呈露，比昨觀殊快。寒威薄人，呼酒，舉數酌，猶不勝，擁氊坐乃可支。須臾雲氣出巖腹，騰涌如饋餾，過南嶺，爲風所飄，空濛杳靄，頃刻不復見。是夜風大作。

庚辰未曉，雷擊窗有聲，驚覺。將下山，寺僧亦謂石磴冰結，即不可步，遂亟由前嶺以下，路已滑甚，有跌者。下視白雲滃浡瀰漫，吞吐林谷，真有盪胸之勢。欲訪李鄴侯書堂，則林深路絶，不可往矣。行三十里許，抵嶽市，宿勝業寺勁節堂。

蓋自甲戌至庚辰凡七日，經行上下數百里，景物之美不可殫叙。間亦發於吟詠，更迭唱酬，倒囊得百四十有九篇。雖一時之作不能盡工，然亦可以見耳目所歷與夫興寄所託，異日或有玫焉，乃裒而録之。方己卯之夕，中夜凛然，撥殘火相對，念吾三人是數日間，亦荒於詩矣。大抵事無大小美惡，流而不返，皆足以喪志，於是始定要束，翼日當止。蓋是後事雖有可歌者，亦不復見於詩矣。嗟乎，覽是編者，其亦以吾三人者自儆乎哉！作南嶽唱酬序。廣漢郡張某敬夫云。

送張荆州序

客問於某曰：「張荆州之行，子將何以告之？」某應之曰：「吾將告之以講學。」客笑曰：「若是哉，吾子之迂也！荆州早歲發策大廷，天子親擢爲第一，盛名滿天下。入司帝制，出典藩翰，議論風采，文章政事，卓然絶人。上流重地，暫兹往牧，所以寄任之意甚重，而天下士亦莫不引領以當世功名屬於公也。夫以位達而名章，任重而望隆，吾子顧以講學告之，不亦迂乎？」

某曰：「子以吾所謂講學者果何也耶？蓋天下之患莫大於自足。自足則畫矣。信如子言，荆州若挾是數者以居，則僕尚何道〔七〕？惟荆州方且退然若諸生，曾無一毫見於顔面，此僕之所以嘆息慕向〔八〕，而講學之説是以敢發也。蓋天下之物衆矣，紛綸轇轕，日更於前，可喜可怒，可慕可愕，所以盪耳目而動心志者何可以數計。而吾以藐然之身當之，知誘於外，一失其所止，則遷於物。夫人者，統役萬物者也，而顧乃爲物役，其可乎哉〔九〕？是以貴於講學也。天下之事變亦不一矣。幾微之形，節奏之會，毫髮呼吸之間，得失利害有霄壤之勢，吾朝夕與之接，一有所滯塞，則昧幾而失節。其發也不審，則其應也必盩。一事之隳，萬事之所由隳也，豈不可懼乎？是以貴於講學也〔一〇〕。夫惟講學而明理，則執天下之物不固，而應天下之變不膠。吾於天下之物無所惡，而物無以累我，皆爲吾役者也。吾於天下之事無所厭，而事無以汩我，皆吾心之妙用也。豈不有餘裕乎？又豈有窮極乎？然所謂講學者，寧有他求哉？致其知而已。知者吾所固有也，本之六經以發其藴，泛觀千載以極其變，即事即物，身親格之，超然會夫大宗，則德進業廣，有其地矣。夫然，故富貴不能淫，貧賤不能移，威武不能屈。居天下之廣居，行天下之大道，致君澤民，真古所謂大臣者矣。然則學其可忽乎？詩云：『如切如磋，如琢如磨。』此之謂也。」

某既以此告客，於荆州之别也，遂書以爲獻。

送岳主管序

岳大用求予贈行之言。予惟大用先世有勳伐於王家，不幸中遭奇禍，海内所歎，而大用兄弟落寞之久〔一一〕，困厄流離，亦云極矣，險阻艱難亦嘗之備矣。天日照臨，舊誣昭白，大用於此時得以自伸〔一二〕，人皆爲大用喜，而予獨有説焉。孟子謂生於憂患而死於安樂。士之處憂患也，日兢兢焉，蹈難而履危，有所忍而不敢肆〔一三〕。生云者，言其良心苗裔之發，是固生道也。若夫由乎安樂之中而不知省察，狃於安則怠，流於樂則肆。怠且肆，則放僻邪侈所由起，其苗裔濯濯而本心淪喪矣。雖然，君子之處安樂也，亦豈得而溺之哉！素而行之，心豈有二乎〔一四〕？今大用比之曩時，庶幾日趨安樂之地矣，獨願無忘其初焉〔一五〕，念先世之忠勤，哀當時之禍變，則夫孝愛之根於心者油然生矣；感國家不貲之恩，思報稱之無所，則夫忠義之根於心者油然生矣。一飲食，一起居，皆不忘乎是，凛凛乎惟恐不得嗣其先也，則是心常存，怠與肆無自而滋長，雖處安樂，烏得而溺之哉？以大用之敏爽，試以是自勉，遠業其可既乎！乾道五年二月甲午朔。

送曾裘父序

予聞南豐曾裘父之名舊矣，所謂直諒多聞，古之益友歟！今年秋始見之於長沙，則非特如前聞，抑有過焉。蓋將潛心夫大學之原，其所至未易度量也。予念世衰，共學者鮮，天資秀美之士往往爲他岐所陷溺而不反，及見吾裘父立志之遠且大也，願交之心豈不慰哉！然會面未久，而裘父歸，於予心拳拳有不能已者〔一六〕，雖欲無言，得乎？嗟乎！道之不傳也久矣，維天之命，於穆不已，無一息之或間〔一七〕，無一氣之或停〔一八〕，太和保合，品彙流形〔一九〕，則道豈有隱而不傳者乎？其不傳也，人自隔之耳。人奈何而隔之？物欲誘引，偏倚滯吝，拘於形器而不能通也。將以極夫上達之事，豈可不深惟之乎！人受天地之中以生，有是心也。天命之謂性，精微深奥，非言所可窮極而妙其藴者心也。仁者心之所爲妙也。仁之意至親切，而親切不足以形之；仁之體至廣大，而廣大不足以名之。然求之之方，夫豈遠乎？即吾視聽言動之著不可揜也，有能於此達其端而會其源，超然得之於形器之表，則洋洋上下，體物不遺，入仁而道不窮矣，極其致則天也。由孟子以來蓋千有七百餘歲〔二〇〕，河南程子實聞而知之。某也學乎程子之門者也，豈能盡窺宮牆之美哉？以其所知而言之，未知合與否也。憂患不文，獨以致朋友切磋之義而因以求益云。異時重逢，相與察日新之得，則斯言亦或有取焉爾。

送方耕道序

莆陽方耕道爲尉善化，予瞯之熟矣。天資耿介，臨事不苟，問於其所部，則翕然稱其清，未嘗擾民也。間從予講論問辨，於其秩滿而歸，既惜與之别，且將有望焉，則從而告之曰：「人之性善，然自非上智生知之資，其氣稟不能無所偏〔二一〕。學也者，所以化其偏而若其善也。氣稟之偏，其始甚微，惟夫習而不察，日以滋長，非用力之深，末由返也。故傳稱强矯。强矯云者，揉而正之也。願耕道無恃夫天資之美，必深察其所偏，致知力行，勉自矯焉，異時相見，當觀氣質變化之淺深，而知學力之進否也。畊道勉之哉！」畊道起而請曰：「某亦頗知病之所在矣，其將何以藥之乎？」予又告之曰：「語所謂『一言而可終身行之者，其恕乎』，而其道乃在於『己所不欲，勿施於人』而已。要須從事於此，乃知聖人之言真爲切要也〔二二〕。升高自下，陟遐自邇，涵泳體察，久而勿舍，則氣之暴者可得而平，量之隘者可得而擴，患其近於薄者將日趨於忠厚，患其失於易者將積而爲敦篤，是則强矯之功也。氣質益化，則天理寖存，睟面盎背，端有不可揜者，學其有窮極哉！如某者方朝夕自矯其偏之不暇，異時亦望吾子有攷焉。」遂書爲贈行之序。

送劉圭父序

武夷劉圭父道長沙省其兄，予獲識之。於其行也，徵贈言之義至於再三。顧予者方自藥其病之不暇，而何足以問所宜〔二三〕？

嗟乎，道二，義與利而已矣。義者亘古今、通天下之正逵；而利者犯荆棘、入險阻之私逕也。人之秉彝固有坦然正逵之可遵，而乃不由之，而反犯荆棘，冒險阻，顛冥終身而不悔，抑獨何歟？血氣之動於欲也。動於聲色，動於貨利〔二四〕，以至於知爵禄之可慕則進以求達，知名之可利則鋭於求名。不寧惟是，凡一日夕之間，起居飲食，遇事接物，苟私己自便之事，意之所向，無不趨之，則天理滅而人道或幾乎息矣。其胸次營營，豈得須臾寧處於斯世？亦僥倖以苟免耳。徒知有六尺血氣之軀，而不知其體元與天地相周流也，豈不可惜乎！雖然，義内也，本其良心之不可以自已者，反而求之，夫豈遠哉！以圭父之才，又盛年〔二五〕，其仕於時也，人固曰宜，而以親疾之故求祠官，方將杜門專意，惟所以承顔節適者是念是圖，而弗暇他顧也，則圭父之心豈與世之長騖於利者比乎！願圭父以是焉觀之，念慮之起，必察其爲義乎？爲利乎？詭遇獲禽，雖若丘陵，吾弗屑也，則所謂良心之不可以已者，將日引月長，既久且熟，幾微毫髮，了然坐判於胸中。私逕永絶，正逵大通，驅馬駕安車，而王良、造父爲之先後，夫孰禦焉！如僕不敏，當策蹇以相與彷彿也。

送嚴主簿序〔二六〕

吾友陳擇之爲予言，其鄉人章君嘗謁端明汪公，請所以教，汪公告以當以正大爲本。章君他日以語東萊吕伯恭〔二七〕，伯恭謂當守斯言。某以爲斯言信美矣，然道之浩浩，要有下手處，在學者於正大若何而存之？盍試思夫人之所以不正大者果何由哉？抑嘗爲之説曰：有所偏黨則不正矣，有所係吝則不大矣。是二者皆私也，纖毫之萌，則正大之體亡矣，是當涵泳乎義理之中，恭敬乎動静之際〔二八〕，察夫偏黨、係吝而克去之，則所謂正大者，蓋可存其體而得其用矣。不然，則於此雖歎美想像之不暇，終亦莫由進也。會吾友嚴慶冑當赴官清湘，於其行也，書以爲贈言。淳熙二年南至前十日〔二九〕。

送鍾尉序

善化尉鄱陽鍾彦昭官滿告歸，求予言。

予頃爲彦昭賦淇澳之首章，請更推其義。昔者洙泗之上，蓋嘗舉是詩矣。子貢問貧而無諂、富而無驕何如？夫子以爲未若貧而樂，富而好禮，子貢則舉「如切如磋、如琢如磨」以對，而夫子以爲可與言詩。嗟乎！子貢誠深於詩者也。然氣質雖美而有限，天理至微而難明，伊欲化其有限而著夫難明，其惟學而已矣。學也者，所以成身也。無以成其身，則拘於氣質而不能以自通，雖曰有是善，而其不善者固多矣。抑其所謂善者，亦未免日淪於私意而不自知也。就其中雖間有所稟特異於衆者，其事業終有盡重爲可惜。何者？天理不明，本不立故耳。嗟乎！恃美質而不惟進學之務，是亦自棄者也。夫貧而無諂，富而無驕，質美者可能；至於貧而樂，富而好禮，非有見乎天理者不能然也。蓋所謂樂者果何樂也耶？而其好禮何以謂之禮也？以樂與好禮，視無諂無驕，其氣象不翅美玉之於碔砆也。夫子開之以大道，而進之以天理；賜所以自省者深矣，故引切磋琢磨以對。賜知夫樂與好禮非學則不能也，若賜亦可謂達也已矣！故大學傳曰：「如切如磋者，道學也；如琢如磨者，自修也。」大學之云道學〔三〇〕，猶言致知也；而云自修，則力行也。致知力行，互相發也。蓋致知以達其行，而力行以精其知，功深力久，天理可得而明，氣質可得而化也。

彦昭慤而静，質可謂美矣，然某謂無以美質爲可恃，誦歌淇澳之詩，而玩味子貢之所聞，而力進乎大學之道，一朝喟然而嘆曰：「淵哉天理乎！大哉學乎！聖人不吾欺也！」則其趣將無窮而不可以已矣。某之不敏，相觀而善，政有望焉。

送猶子焕炳序

姪子焕、炳扶持母喪西還，求予言以自警。焕、炳之祖四十一伯父，雍公第三子也。先公嘗言伯父天資俊邁勁特，十三四操筆爲文章即有聲，入上庠，諸老生争見之。識度不凡，方先公兒時，每期以公輔，且貽之詩，有曰「文武兼資真丈夫」，又曰「許身莫讓稷與契」，其意蓋可見也。見京師繁盛，竊有翁仲銅駞之嘆，指當時貴人京、黼輩謂朋友曰：「此輩行亂天下矣！」所志甚遠，不幸才踰三十，奉廷對，未及唱第而没。先公撫予兄仲隨如子，仲隨亦僅及中歲〔三一〕。嫂氏守節，復不登壽。予兄弟惟不敢忘先志〔三二〕，愛存給育，惟力是盡，在此行也，然亦豈無望於二姪哉？予家起寒素，豫公、雍公以儒學顯。至於我魏公逢時之艱〔三三〕，身任天下之重，德業光顯。予兄弟藐然，惟懼荒墜不克承，抑望於我宗共勉勵，以羽以翼，以無替我家二百年之軌範。上焉親師求仁，發明天地之全，古人之大體，居則講業傳道，出則繼我魏公之業；次焉尤當服孝弟忠信之訓，飭身謹行，無爲門户羞。吾姪之歸於鄉也，治喪事〔三四〕，奉祭饗，事長撫幼，予將有觀焉。念祖先積累之艱勤，而朝夕怵惕，毋放於欲，毋狃於逸，毋交匪朋，毋從事於奢靡，則予有望，子又將察焉。其能久守是也，則復有進焉。嗚呼，尚深念哉。

諭俗文

權發遣静江軍府事：當職到任，訪聞管下舊來風俗不美事件，理合先行告諭下項：

一、訪聞愚民無知，遇有灾病等事，妄聽師巫等人邪説，輒歸罪祖父墳墓不吉，發掘取棺，棲寄他處，謂之出祖，動經年歲，不得歸土。契勘在法〔三五〕，犯他人墳墓〔三六〕，刑禁甚重，豈有自己祖先既已歸土，妄謂於己不利，自行發掘，於天理人情，豈不傷害？牓到日，如有出祖未歸土者，仰限一月，各復收葬，過限不葬，及今後有犯上項事節，並許人陳告，依條施行。

一、訪聞愚民無知，喪葬之禮不遵法度，裝迎之際務爲華飾，墟墓之間，過爲屋宇，及聽僧人等誑誘，多作緣事，廣辦齋筵，竭産假貸，以侈靡相誇，不能辦者往往停喪，不以時葬。曾不知喪葬之禮務在主於哀敬，隨家力量，使亡者以時歸土，便是孝順，豈在侈靡？無益亡者，有害風俗。

一〔三七〕、訪聞婚姻之際，亦復僭度，以財相徇，以氣相高，帷帳酒食，過爲華侈〔三八〕，以致男女失時，淫僻之訟多往往由此。曾不知爲父母之道，要使男女及時各有所歸，婚姻結好，豈爲財物？其侈靡等事，一時之間徒足以欺眩鄉閭無知之人〔三九〕，而在身在家，所損不細。若有不悛，當治其尤甚者，以正風俗。

一、訪聞愚民無知，生子多不舉，在於刑禁至重，前後官司，舉行戒諭非不丁寧，往往習俗未能悛改。人各有生，莫親於父母兒女之愛，何忍至此！男女雖多，他日豈不能相助營緝生計，寧有反患不給之理？以利滅親，悖逆天道。如有不悛，許人告捉，給賞依條施行〔四〇〕。

一、訪聞愚民無知，病不服藥，妄聽師巫淫祀諂禱，因循至死，反謂祈禱未至，曾不之悔。甚至卧病在床，至親不視，極害義理。契勘疾病生於寒暑衝冒，飲食失時，自合問醫用藥治療。親戚之間，當興孝慈之心，相與照管，其隣里人等亦合時來存問。至於師巫之説，皆無是理，只是撰造恐動，使人離析親黨，破損錢物，枉壞性命。上件誑惑百姓之人，本府已出榜禁止捉押，决定依諭條重作施行。

一、訪聞鄉落愚民誘引他人妻室，販賣他處，謂之捲伴。詞訟到官，追治監錮，押往尋覓，緣此破蕩者前後非一，不知懲戒。其捲伴之人，官司自合嚴行懲治外，亦緣細民往往不務安業，葺理農事，多往南州興販，逐錐刀之利，動經年歲不返鄉閭，妻室無依，以至爲他人捲伴前去。自今各仰依分安常，營生自守，保其家室，無致招悔。

右上件事理，並仰鄉民反復思念，遞相告諭。父老長上教飭子弟，共行遵依，以善風俗。或致犯法，後悔難追。各仰知悉。淳熙二年三月日榜〔四一〕。

校勘記

〔一〕新安朱熹元晦來訪予湘水之上　「訪」，原作「詢」，據宋本改。

〔二〕抵嶽後　宋本無「後」字。

〔三〕住山了信有詩聲　「詩」，原作「書」，據宋本、劉本、四庫本改。

〔四〕遇險輒有石磴可步陟　「陟」，原作「涉」，據劉本、四庫本改。

〔五〕然群峰峭立　「然」字原無，據宋本、劉本、四庫本補。「峭」，宋本作「錯」。

〔六〕其外四望渺然　「其」上原有「然」字，據宋本、劉本、四庫本删。

〔七〕則僕尚何道　「何」下原有「足」字，據宋本、劉本、四庫本删。
〔八〕此僕之所以嘆息慕向　「之」字原無，據宋本、劉本、四庫本補。
〔九〕其可乎哉　「其」字原無，據宋本、劉本、四庫本補。
〔一〇〕是以貴於講學也　「於」，宋本、劉本、四庫本作「夫」。
〔一一〕而大用兄弟落寞之久　「寞」，劉本、宋本、四庫本作「南」。
〔一二〕大用於此時得以自伸　「伸」，劉本、宋本、四庫本作「申」。
〔一三〕有所忍而不敢肆　「肆」，宋本作「忽」。
〔一四〕心豈有二乎　「二」，宋本作「異」。
〔一五〕獨願無忘其初焉　「無」，四庫本作「勿」。
〔一六〕於予心拳拳有不能已者　「拳拳有」，宋本作「眷眷而」。
〔一七〕無一息之或間　「息」，宋本作「氣」。
〔一八〕無一氣之或停　「氣」，宋本作「息」。
〔一九〕品彙流形　「形」，原作「行」，據宋本、劉本、四庫本改。
〔二〇〕由孟子以來蓋千有七百餘歲　「歲」，宋本作「載」。
〔二一〕其氣禀不能無所偏　「能」，宋本、劉本、四庫本作「容」。
〔二二〕乃知聖人之言真爲切要也　「切要」，宋本、劉本、四庫本作「要切」。

〔二三〕而何足以問所宜 「足」字原無，據宋本、劉本、四庫本補。
〔二四〕動於貨利 「利」，宋本、劉本、四庫本作「財」。
〔二五〕又盛年 「又」，宋本作「方」。
〔二六〕送嚴主簿序 宋本無「主」字。
〔二七〕章君他日以語東萊呂伯恭 「東萊」二字原無，據宋本補。
〔二八〕恭敬乎動静之際 「恭敬」，宋本、劉本、四庫本作「敬恭」。
〔二九〕淳熙二年南至前十日 「南」字原無，據宋本補。
〔三〇〕大學之云道學 「云」，宋本作「言」。
〔三一〕仲隨亦僅及中歲 「及」字原無，據宋本、劉本、四庫本補。
〔三二〕予兄弟惟不敢忘先志 「惟」，原作「雖」，據宋本改。
〔三三〕至於我魏公逢時之艱 「艱」，原作「難」，據宋本改。
〔三四〕治喪事 「喪」，原作「襄」，據四庫本改。
〔三五〕契勘在法 「法」，原作「犯」，據宋本、劉本、四庫本改。
〔三六〕犯他人墳墓 「犯」，原作「法」，據宋本、劉本、四庫本改。
〔三七〕一 宋本作「又」，連上爲一條。
〔三八〕過爲華侈 「侈」，宋本、劉本、四庫本作「靡」。

〔三九〕一時之間徒足以欺眩鄉閭無知之人 「眩」，原作「炫」，據宋本、劉本、四庫本改。

〔四〇〕給賞依條施行 「給」，宋本、劉本、四庫本作「支」。

〔四一〕淳熙二年三月日榜 此八字原無，據宋本補。

南軒先生文集卷第十六

史論

漢楚争戰

惟仁義足以得天下之心，三王是也。高帝之興，亦有合乎此，是以能剪暴秦，滅强項，而卒基漢業。方懷王遣將入關，諸老將固以爲沛公素寬大長者，而心歸之，至於三章之約，其所以得乎民者深矣，此非其所謂仁者歟？予每愛三老董公之説，以爲「順德者昌，逆德者亡。兵出無名，事故不成。名其爲賊，敵乃可服〔一〕。」三軍之衆爲義帝縞素，聲項羽之罪而討之，於是五十六萬之師不謀而來，從義之所感也。使斯時高帝不入彭城置酒高會，率諸侯窮羽所至而誅之，天下即定矣。惜其誠意不篤，不能遂收湯武之功。然漢卒勝，楚卒亡者，良由於此名正義立故也。董公蓋深知其理，故其言又曰：「仁不以勇，義不以力。」自留侯而下，陳謀雖多，而皆未之及。嗚呼！董公其一時之逸民歟！

蕭曹相業

蕭何佐高帝，定一代規模，信宏遠矣〔一〕。高帝征伐多在外，何守關中，營緝根本。漢所以得天下者，以關中根本先壯故也，此何相業之大者。又何爲相之初，首薦韓信爲大將，而三秦之計遂定，此亦得爲相用人之體。曹參雖不逮何，然以摧鋒陷陣，勇敢果鋭之氣，而使之治民，乃能盡歛芒角，以清浄爲道，遵何約束，不務變更，其人亦寬裕有識矣，此參相業也。然二子惜皆未之學。以高帝之資質，何不能贊助遠追三代之法，創業垂統，貽之後嗣？一時所定，未免多襲秦故，如井田、封建等事皆不能復古。在高帝之世，反者固已數起，此在何爲可憾也。至參但知以清浄不擾爲善，而不知吕氏之禍已復著見，當逆爲之處，以折其謀；惠帝憂不知所出，但爲淫樂，不聽政，而曾不能引義以强其君心，爲可罪也矣。

張子房平生出處

子房蓋有儒者氣象，三代之後未易得也。五世相韓，篤春秋復讐之義，始終以之。其狙擊秦政〔二〕，非輕舉也。其復讐之心，苟得以一擊而遂焉，則亦慊矣。此其大義根心，建諸天地而不可泯者也。子房之心，非以功利也，始終爲韓，而漢之爵禄不足以覊縻之，黿山楊先生論之詳矣。故予以爲有儒者之氣象，三代而後，未易多得，此其出處大致也。至於從容高帝之旁，其計策不汲汲於售，而所發動中節會，使高帝從之，有不容釋者。蓋子房非有求於高帝，故能屈伸在己，而動無不得，此豈獨可以知計名哉！夫以高帝之英武，慢侮士大夫，其視隨何、酈食其、陸賈輩皆侮而忽之，至於如蕭相國之功，一旦下之廷尉，亦不顧也，獨於子房蓋敬而不敢慢，順而不可强，則以子房所守在義而不以利故爾。嗟乎！秦漢以來，士賤君肆，正以在下者急於爵禄，而上之人持此以爲真足以驕天下之士故也。若子房者其可得而驕之哉？雖然，以高帝之英武，而能虛己以聽信子房，蓋亦可謂明也已矣！可謂遠也已矣〔四〕！

王陵陳平周勃處吕后之事如何〔五〕

人臣之義，當以王陵爲正。夫以吕后之凶暴，欲王諸吕，其誰扼之！獨問此三人者，蓋亦有所憚也。非特憚此三人，蓋實憚高帝之餘威流澤之在天下也。陵引高帝白馬之盟以對，其言明切，固足以折其姦心，如砥柱之遏横流也。使二子者對復如陵，吾知吕氏將悚焉若高帝臨之在上，且懼天下之變，或縮而不敢，未可知也。彼二子者乃唯然從之，反有以安其邪志而遂其凶謀，既分王諸吕，而吕氏羽翼成就，氣燄增長。然則吕氏之欲篡漢，二子實助之也〔六〕。予謂二子方對吕氏時，其心特畏死耳，未有安漢之謀也。退而聞王陵之責，顧高帝之眷，思天下後世之議，於是而不遑，則有卒安社稷之言耳。雖然，使二子未及施計，先吕氏而死，則是乃畔漢輔吕不忠之臣，尚何道哉！抑二子安劉氏之計亦疎矣。不過之於爪牙未就之初，而救之於搏擊磔裂之後，觀其閒居，深念與劫酈寄入北軍等事，亦可謂窘迫僥倖之甚，夫豈全謀哉！酈寄不可劫，北軍不可入，吕嬃之謀行〔七〕，則亦殆矣！忠於人國者顧如是哉？人臣之立朝〔八〕，徇義而已，利害所不當顧也。功業之成，不必蘄出於吾身也，義理苟存，則國家可存矣。借使王陵以正對，平、勃又以正對，吕氏一日而尸三子於朝，三子雖死，而大義固已立，皎然如白日，轟然如震霆，天下之義士將不旋踵四面並起，而亡吕氏矣，安劉氏者豈獨二子爲能哉！使人臣當變故之際，畏死貪生，不知徇義，而曰吾欲用權以濟事於後，此則國家何所賴焉？亂臣賊子所以接踵於後世也。其弊至於如荀彧、馮道之徒，而論者猶或賢之，豈不哀哉！夫所貴乎權者，謂其委曲以行其正也。若狄仁傑是已。其始終之論，皆以母子天性爲言，拳拳然日以復廬陵王爲事。然其所以紆徐曲折而卒成其志者，則用功深矣。潛授五龍，夾日以飛，仁傑豈必功業於其身者哉！人臣之義，當以王陵爲正；濟大事者，當以狄仁傑爲法。

文帝爲治本末

文帝初政，良有可觀。蓋制事周密，爲慮深遠，懇惻之意有以得人之心，三代而下亦未易多見也。文帝以庶子居藩國，入踐大統，知己之立爲漢社稷，非爲己也，故不敢以爲己私。有司請建太子，則先示博求賢聖之義，而又推之於吴王、淮南王；有司請王諸子，則先推諸兄之無後者而立之。其辭氣温潤不迫，其義誠足以感人也。凡所以施惠於民者，類非虚文，皆有誠意存乎其間，千載而下，即事而察之，不可掩也。史於其編年曰：「帝既施惠天下，諸侯、四夷遠近懽洽，乃修代來功。」觀諸此，又可見其明先後之宜，而不敢私己，記史者亦可謂善發明矣〔九〕。其待夷狄蓋亦有道。以南越尉佗之强恣，自高帝猶難於服之，而帝特施恩惠，遺使遺以一書，而佗即自去帝制，下令國中稱漢皇帝賢天子，惶恐報書，不敢慢。予嘗詳味帝所與書，則知忠信之可行於蠻貊如此。書之首辭曰：「朕高皇帝側室子也，棄外奉北藩於代。」蓋後世之待夷狄，往往好爲夸辭，於是等皆在所蓋覆矯飾以示之者也，而帝一以其實告語之。彼亦豪傑也，見吾推誠如此，則又安得不服！故其報書首曰〔一〇〕：「老夫，故越吏也。」文帝不以高帝側室之子爲諱，則佗敢以越吏爲歉哉？若吾以驕辭蓋之，則彼亦且慢以應我，必然矣。推此一端，忠信可行於蠻貊，豈不信哉〔一一〕！以文帝天資之美，初政小心畏忌之時，得學道之臣佐之，治功之起豈不可追三代之餘風？惜其大臣不過絳、灌、申屠嘉之徒，獨有一賈誼爲當時英俊，而誼之身蓋自多所可恨，而卒亦不見庸也。故以帝之賢，僅能爲一時之小康，無以垂法於後世。如淮南、薄昭之事，未免陷於刑名之家，衰世之事。至於即位歲久，怠肆亦萌，新垣平之邪説故得以入之。然終以其天資之高，旋即悟也。其終詔有曰「惟年之久長，懼於不終」，蓋可見帝之能察乎此矣。嗚呼，亦賢矣哉！故予猶重惜其諸臣之無以佐下風也。

賈董奏篇其間議論孰得孰失

賈生英俊之才，若董相則知學者也。治安之策，可謂通達當世之務，然未免乎有激發暴露之氣，其才則然也。「天人」之對，雖若緩而不切，然反復誦味，淵源純粹，蓋有餘意，以其自學問涵養中來也。讀其奏篇，則二子氣象如在目中，而其平生出處語默，亦可驗於是矣。以武帝好大喜功多欲之心，使其聽仲舒之言，則天下蒙其福矣，孰謂緩而不切耶？

武帝奢費無度窮兵黷武而不至亂亡前輩雖云嘗論之尚有可紬繹者

武帝奢侈窮黷之事，與秦皇相去何能尺寸？然不至於亂亡者，有四事焉。高帝寬大，文、景惠養，其得民也深，流澤滲漉，未能遽泯。非若秦自商鞅以來，根本已蹶，民獨迫於威而强服耳。此一也。武帝所爲，每與六經戾，夫豈真能尚儒者〔一二〕？然猶表章六經，聘召儒生，爲稽古禮文之事，未至蕩然盡棄名教，如秦之爲。此二也。輪臺之詔，雖云已晚，然詳味其詞，蓋真知悔者，誠意所動，固足以回天人之心。自詔下之後，不復萌前日之爲，思與民休息矣，與卒死於行而不知悟者蓋甚有間。秦穆之誓，聖人取其悔過，列之於書。予於輪臺之詔，每三復焉。蓋以爲存亡之幾所係耳。此三也。惟其能悔過也，故自是之後，侈欲之機息而清明之慮生，是以能審於付託。昭帝之初，霍光當政，述文、景之事，以培植本根，於是興利之源窒，而惠澤復流，有以祈天永命矣。此四也。以四者相須而維持，是以能保其祚。然向使武帝老不知悔，死於熾然私欲之中，則決不能善處其後〔一三〕，雖使賴高、文、景之澤以免其身，旋即殆矣。故予深有取於輪臺之詔，以爲存亡之幾所係也。然其能卒知悔者，則以其平日猶知誦習六經之言，聽儒生之論，至於力衰而意怠，則善端有時而萌故耳。然則其所以不至亂亡者，亦豈偶然也哉！

漢家雜伯

學者要須先明王伯之辨，而後可論治體。王伯之辨，莫明於孟子。大抵王者之政，皆無所爲而爲之，伯者則莫非有所爲而然也。無所爲者天理，義之公也；有所爲者人欲，利之私也。考左氏所載齊威、晉文之事，其間豈無可喜者〔一四〕？要莫非有所爲而然，考其迹而其心術之所存固不可掩也。宣帝謂漢家雜伯，故其所趨若此〔一五〕，然在漢家論之，則蓋亦不易之論也〔一六〕。自高祖取天下，固以天下爲己利，而非若湯武弔民伐罪之心。故其即位之後，反者數起而莫之禁，利之所在，固其所趨也。至其立國規模，大抵皆因秦舊，而無復三代封建、井田公共天下之心矣。其合於王道者，如約法三章，爲義帝發喪，要亦未免有假之之意，其誠不孚也，則其雜伯固有自來。夫王道如精金美玉，豈容雜也？雜之則是亦伯而已矣。惟文帝天資爲近之。然其薰習操術亦雜於黄老刑名。考其施設，動皆有術，但其資美而術高耳，深玫自可見。至於宣帝，則又伯之下者〔一七〕，威、文之罪人也。西京之亡，自宣帝始〔一八〕。蓋文、景養民之意，至是而盡消靡矣。且宣帝豈真知所謂德教者哉？而以爲不可用也。如元帝之好儒生，蓋竊其近似之名，委靡柔懦，敗壞天下者，其何德教之足云〔一九〕！夫惟王者之政，其心本乎天理，建立人紀，施於萬事，仁立義行，而無偏弊不舉之處，此古人之所以制治保邦，而垂裕乎無疆者。後世未嘗真知王道，顧曰儒生之説迂闊而難行，蓋亦未之思矣。

丙魏得失

魏相所存不得爲正，觀其有許、史之累則可見矣。夫欲其説之行而假許、史以爲重，此詭遇獲禽之心，君子不道也。然其爲相，亦有可取者。四方有異聞，或有逆賊、災變輒奏言之，此誠宰相事也。其諫伐匈奴書，有曰：「今郡國守相多不實選，風俗尤薄，水旱不時。按今年子弟殺父兄者〔二〇〕、妻殺夫者凡二百二十二人，臣愚以此非小變也〔二一〕。」凡此在他人不知爲憂者，而相獨知憂之，亦槩乎有聞矣。故予甚惜其進之不能以正也。進不以正則牽制狥從之事必多，而感格正救之風或鮮矣。丙吉深厚不伐，在他人亦所難者，其德厚可稱也。其爲相若寬緩者，雖天資則然，意亦以宣帝之政尚猛，而有矯之之意歟〔二二〕？然抑亦太甚矣。至於韓延壽、楊惲之死，則亦莫能救也。吉見謂不親小事、知大體，二卿之死，夫豈事之小者耶？濫刑若是，其於大體何有？若語其才識，蓋不逮相遠矣。

霍光得失班固所論之外尚有可議否

霍光天資厚重〔二三〕，故可以當大事，而其所以失，則由於不學之故也。人臣之功，至於周公無以加矣，而詩人形容其盛德，則曰「公孫碩膚，赤舃几几」，夫何其温恭謙厚也！是則雖以天子叔父之尊，處人臣之極位，有蓋世之功業，而玩其氣象，豈有一毫權勢之居？而人之視之也，但見其道德之可尊，而亦豈覺權勢之可憚哉？孟子曰「事親若曾子可也」，而後之君子亦曰「事君若周公可也」。如曾子之事親，適爲人子之能盡其分者耳，非有加也；如周公之事君亦然。蓋在其身所當爲者，而何一毫有於己也？周公惟無一毫有於己也，是故德盛而愈恭，事業爲無窮也。光之所建立者〔二四〕，負於其身，横於其心，而不能以弭忘。惟其不能以弭忘，故其氣燄不可掩，威勢日以盛。權利之途，人争趨之，非惟家人子弟、門生故吏馴習驕縱而不可戢，光之身亦不自知其安且肆矣。此凶於乃國、敗於乃家之原也，可不畏哉！故其一時用舍進退，例出於私意。以蘇武之忠節，進不由己，僅得典屬國，而大司馬長史雖如楊敞之庸謬，亦得爲宰相。至於如魏相、蕭望之之才，皆擯不用，田千秋小不當意，則其壻即論死。作威作福蓋如此。陰妻之邪謀未論，其不能白發於後，使其妻邪謀至此，而人敢爲之助，而無復言其姦，則履霜堅冰，馴致其道，夫豈一日之故哉！光至此亦無全理矣。原其始，皆由於其心以寵利居成功，不知爲人臣之分，故曰不學之過也。雖然，後之儒生如班固輩蓋知以不學病光矣〔二五〕，然使其當小利害僅如毫髮，鮮不喪其所守，望其如光凛然當大事，屹如山嶽，其可得哉！然則光雖有不學之病，而其自得於天資者蓋亦有不可及。後之儒生雖自號爲學者，譏議前人，而反無以自立，則亦何貴乎學哉？予謂人才如光輩，學者要當觀其大節，先取其所長而後議其所蔽，反身而察焉，則庶幾爲蓄德之要。不然，所論雖似高，亦爲虚言而已矣。

蕭望之劉向所處得失

望之、更生輔元帝初政，以元帝天資之弱，而外有史、高總朝廷之事，内有恭、顯制樞機之權，二子居其間，可謂孤弱之勢，危疑之時矣。所以處之之道，要當艱深其慮，正固其守，誠意懇惻以廣上心，人才兼收以强國勢，謹其爲勿使有差，密其機勿使或露。積之以久，上心開明，人才衆多，羣心歸而理勢順，庶幾有可爲者。此在易屯膏小貞之義也。而二子處之蓋甚疎矣。其綢繆經理，未嘗有一日之功也，遽白罷中書宦官，其機蓋已盡露而無餘策；既不蒙信用，而中外小人並起而乘之，身之死逐不足道，而當時之事遂不可復救。甚矣，二子之疎也！况其所爲自多不正。用人要當公天下之選，而二子者不惟其賢，惟其附己，不知小人迎合於外者詎可保耶？故以鄭朋之傾邪而使之待詔，至於華龍之汙穢亦欲入其黨，彼蓋有以召之也。在易有之：「君子以遠小人，不惡而嚴。」所謂嚴者，嚴其在我者也。二子處羣小人間〔二六〕，而不嚴如是，其可得乎？袁安、任隗，當梁冀强横之時，非惟不能加害，而卒能去之，以安、隗所處之嚴故也。故史稱安、隗素行高，冀未有以害之，斯言誠有味也，二子曾不知此耶！至於使外親上變事，與子上書，則又其甚矣。予觀二子所執雖正，然懇誠之心不篤，勢利之念相交，以天下之公義而行之以一己之私，蓋不知學之蔽也〔二七〕。吁，可惜哉！然昔人未可以一失斷其生平〔二八〕。若更生經歷憂患，晚歲氣象殊勝於前，處王氏之際，庶幾爲憂國敦篤者矣。

校勘記

〔一〕敵乃可服　「服」，原作「復」，據宋本、劉本、四庫本改。

〔二〕信宏遠矣　「信」，宋本作「亦」。

〔三〕其狙擊秦政　「狙」，原作「徂」，據宋本、劉本、四庫本改。「秦」，宋本作「嬴」。

〔四〕可謂遠也已矣　「遠」，劉本、四庫本作「明」。

〔五〕王陵陳平周勃處吕后之事如何　「如何」，原作「何如」，據宋本、劉本、四庫本及底本目録改。

〔六〕二子實助之也　「也」字原無，據宋本補。

〔七〕呂嬃之謀行 「行」字原無，據宋本、劉本、四庫本補。

〔八〕人臣之立朝 「之」，原作「知」，據宋本、劉本、四庫本改。

〔九〕記史者亦可謂善發明矣 「記」，四庫本作「作」。

〔一〇〕故其報書首曰 「首」字原無，據宋本、劉本、四庫本補。

〔一一〕豈不信哉 「豈」，劉本、宋本、四庫本作「可」。

〔一二〕夫豈真能尚儒者 「尚」，原作「向」，據宋本、劉本、四庫本改。

〔一三〕則決不能善處其後 「善處其」，原作「盡善於」，據宋本、劉本、四庫本改。

〔一四〕其間豈無可喜者 「喜」，原作「善」，據宋本、劉本、四庫本改。

〔一五〕故其所趨若此 「故」，宋本、劉本、四庫本作「固」。

〔一六〕則蓋亦不易之論也 「則」字原無，據宋本、劉本、四庫本補。

〔一七〕則又伯之下者 「又」，宋本作「五」。

〔一八〕自宣帝始 「帝」，原作「章」，據宋本、劉本、四庫本改。

〔一九〕其何德教之足云 宋本、劉本、四庫本無「足」字。

〔二〇〕按今年子弟殺父兄者 宋本、劉本、四庫本無「者」字。

〔二一〕臣愚以此非小變也 「愚」字原無，據宋本、劉本、四庫本補。

〔二二〕而有矯之之意歟 「而」，宋本作「其」。

〔二三〕霍光天資厚重　「厚重」，宋本、劉本、四庫本作「重厚」。
〔二四〕光之所建立者　「者」，宋本、劉本、四庫本作「想」，屬下讀，亦通。
〔二五〕後之儒生如班固輩蓋知以不學病光矣　「知」，劉本、四庫本作「嘗」。
〔二六〕二子處羣小人間　「人」，宋本、劉本、四庫本作「之」。
〔二七〕蓋不知學之蔽也　「蔽」，宋本、劉本、四庫本作「弊」。
〔二八〕然昔人未可以一失斷其生平　「生平」，宋本、劉本、四庫本作「平生」。

南軒先生文集卷第十七

史論

西漢儒者名節何以不競

名節之稱，起於衰世。昔之儒者學問素充，其施於用，隨事著見，不蘄於立節而其節不可奪，不蘄乎狥名而其名隨之，在己初無一毫加意也。至於世衰道微，於陵遲委靡之中而有能拔然自立者，則世以名節歸之；而士君子學道未至，則亦以此自負。吁〔一〕，亦小矣！然而名節之稱雖起於衰世，而於衰世之中實亦有賴乎此，使併與是焉而俱亡，則亦無以爲國矣。西漢之儒者，予甚病之。蓋自董相、申公數人之外〔二〕，自餘往往以佔畢詁訓爲儒，無復氣象，上焉既不能推尋問學之源流，而其次又不能以名節立於衰世，其亦何所貴於儒也？考其所自，亦由上之人有以致之。自高帝鄙薄儒生，文、景則尚黄老，武雖號爲表章，然狥其文而不究其實，適足以爲害。至宣帝則又明示所以不崇尚之意矣，則其挫抑摧沮之餘，不復自振固宜。然儒者之學，豈必爲一時貴尚而後勉耶？待文王而後興者，凡民也。漢之儒者自叔孫通師弟子固皆以利禄爲事，至於公孫丞相取相印封侯，學士皆歆慕之，其流如夏侯勝之剛果，猶有明經取青紫之言，况他人乎？蓋其習俗胥靡之陋，一至於此，宜乎王莽篡竊之日，貢符獻瑞，一朝成羣，而能自潔者，班班僅有見於史也。故光武中興，力矯斯弊，尊德義，貴隱逸，以變其風。而中世以後，人才輩出，雖視昔之儒者有愧，然在衰世之中，守義不變，蓋有足尚者矣。至於桓、靈之後，國勢奄奄，羣奸並起，睥睨神器，未敢即取者，亦一時君子維持之力也。然則名節之稱，在君子則爲未盡，而於國家亦何負哉？蓋不可不思也。

自元成以後居位大臣有可取者否

西漢末世，風節不競，居位大臣號爲有正論者不過王嘉、何武、師丹耳，在波蕩風靡之中，誠亦可取，比之光、禹則甚有間矣。然西漢末年，正如病者元氣先敗，凡疾皆得以入之，而皆得以亡之。爲當時大臣者，要當力陳國勢根本之已蹶，勸人主以自强於德，多求賢才以自輔，庶可以扶助元氣，消靡沉痼。若不循其本，而姑因一事之謬、一人之進而指陳之，縱使一事之正、一人之去，亦將有繼其後者，終無益也。故哀帝之末，董賢雖去而王氏即起，遂以亡漢矣。自成帝以來，受病之痼且大者乃在王氏，如丁、傅、董賢之徒，又特一時乘間之疾耳。在位者當深以王氏爲慮。以王氏爲慮，當如予所言，先勸人主以自强於德。自强於德則不宜少有差失，顧反尊傅氏、寵董賢，以重失天下之心，是益自削而增助王氏之勢耳。故莽得以拱手而乘其後。惜當時論者皆不知及此也，可勝嘆哉！

自高帝諸將之外其餘漢將孰賢

漢將誠當以趙充國爲最。凡將之病，患於勇而不詳也。充國蓋更軍事多矣，及聞西羌之事，則不敢以遽，而曰兵難遥度，願馳至金城，圖上方畧。其不敢忽如此。蓋思慮之深，經歷之多，孔子所謂臨事而懼，好謀而成者也。將之病在於急近功也，充國則圖其萬全，陳屯田十二利，持久而爲不可動之計，其規模與孔明渭上之師何以異哉！將之病在於果於殺而不卹百姓也，充國任閫外之寄，而爲國家根本之慮，要使百姓安，邊圉强，而西戎坐消焉。此殆三代之將，非戰國以來摧鋒折敵者所可班也。反覆究其規模，味其風旨，遠大周密，拔出倫輩。予謂充國在宣帝時，且不獨爲賢將，殆可相也。使其爲相，必能爲國家圖定制度，爲後世思安養百姓，爲邦本計，如魏相輩皆當在其下風耳。

光武比高祖

高祖洪模大畧，非光武所及也。高祖起匹夫，提三尺取天下，光武則以帝室之胄，因人心之思漢而復舊業，其難易固有間矣。而高祖之對乃項籍，亦蓋世之豪也；光武所與周旋者，獨張步、隗囂、公孫述輩，其去籍蓋萬萬相遠也〔三〕。至於韓信、彭越之徒，皆如泛駕之馬，實難駕馭，而盡在高祖掌握之中，指麾使令，無不如意；使光武有臣如此，未必能用也。然而創業之難，光武固不及高祖，而至於光武之善守，則復非高祖所及也。大抵高祖天資極高，所不足者學爾。即位之後，所以維持經理者類皆疎畧，雄傑之氣不能自斂，卒至平城之辱；一時功臣處之不得其道，類皆赤族。此則由其學不足之故也。光武天資雖不逮高祖，而自其少時從諸生講儒學，謹行義，故天下既定，則知兵之不可不戢，審黄石，存苞桑，閉玉關，以謝西域之質；安南定北，以爲單于久遠之計；處置功臣，假以爵寵，而不使之任事，卒保全其始終。凡此皆思慮縝密，要自儒學中來。至於尊禮隱逸，褒崇風節，以振起士氣，後之人君尤未易及此，非特高祖也。嗟乎！以高祖之天資，使之知學爲當務，則湯武之聖，亦豈不可至哉！是尤可歎息也。

光武不任功臣以事

光武之不任功臣爲三公，蓋鑒高帝之弊，而欲保全之，前史莫不以爲美談。以予觀之，光武之保全功臣，使皆得以福禄終身，是固美矣，然於用人之道則有未盡也。蓋用人之道，先以一説横於胸中，則爲私意，非立賢無方之義矣。高祖之待功臣誠非也，如韓、彭、黥布之徒，雖有大功，要皆天資小人，在易之師：「開國承家，小人勿用。」蓋於用師既終，成功之後，但當寵之以富貴，而不可使之有國家而爲政也。高帝正犯此義，是以不能保功臣之終。爲光武者，要當察吾大臣有如韓、彭之徒者乎？則當以是待之。若光武之功臣則異於是。至寇、鄧、賈復則又識明而行修，量洪而器遠，以光武時所用之大臣論之，若三子者類過之遠甚，與共圖政，豈不可乎？顧乃執一槩之嫌，廢大公之義，是反爲私意而已矣。抑光武之所責於大臣者，特爲吏事，大臣之職顧如是乎？惟其不知大臣所當任之職，故不知用大臣之道，而獨以吏事之督責爲憂，抑亦末矣。方當亂定之後，正宜登用賢才，與共圖紀綱，以爲垂世長久之計，而但知吏事責三公，其貽謀之不兢亦宜矣！

光武崇隱逸

光武鑒西都末世之弊，故汲汲然崇尚風節，而不忘遺逸之舉，亦可謂知所當務矣。蓋自三代而降，在上者以爵禄而驕士，在下者慕爵禄而求君，故上日以亢而下日以委靡。人君而能降心以求遺逸，則是不敢以爵禄而驕其士，反有求乎士之意，則於克己養德，所助固不細矣。况風俗委靡之中，而見時君所尊禮延納者乃在於恬退隱約之士，豈不足以遏其奔競之風而息其僥倖之意，於風俗所助又不輕矣。在光武時，雖曰舉遺逸，然固有召而不能致，致而不能用者，而其流風餘韻，猶足以革西京之陋，而起名節之俗，則其爲益固豈淺淺哉！語曰：「舉逸民，天下之人歸心焉。」蓋不遺賢於隱逸，則天下之賢才孰不歸心？賢才歸之，是天下之人舉歸之也，豈非爲治之摠要乎？然嘗怪嚴子陵竟不爲帝少屈，何邪？攷子陵之言論風旨，亦非素隱行怪，必欲長往而不反者。彼與光武少而相從，知其心度爲最詳也。意謂光武欲爲當時之治，則當時之人才固足辦之，而無待乎己；若欲進乎兩漢之事，則又懼有未能信從者。不然，徒受其高位，饗其尊禮之虚名，則非子陵之本心也，故寧不就之〔四〕。然而以子陵爲光武之故人，名高一世，而竟高卧不屈，光武亦不敢以屈之，其所以激頑起懦，扶植風化，助成東京風俗之美，人才之盛，其爲力固亦多矣，豈不美哉！

李固杜喬所處如何

李、杜二公精忠勁節，不憚殺身，百世之下凜乎猶有生氣，其視胡廣、趙戒輩真不翅如糞土也。但恨於幾會節目之間，處之未盡要，是於春秋提綱之法講之不素耳。李固方舉於朝，即就梁商之辟。商雖未有顯過，然如固之志業，其進也將以正邦，殆不可以苟也；一爲之屬，即涉梁氏賓客，事必有牽制者矣，此其失之於前也。方質帝之弒也，固爲首相，又質帝忍死有語之以被毒之事，則任是責者非固而誰？質帝既不幸，固便當召尚書發冀姦，正大義，顯言於朝，則忠臣義士孰不應固？冀雖勢盛，然名其爲賊，逆順理殊，蓋可誅也。此間不容髮之時，而固昧夫大幾，獨推究侍醫等，舉動迂緩，使冀得以措手，大義不白，人心日以解弛。其幾既失，故身據大位，當大權，持大義，而返聽命受制於賊，豈不惜哉！此其失之於後也。夫以冀之悖逆，而固且奏記與議所立〔五〕，固豈不知冀心之所存哉？失太阿之柄，而陵遲至此耳。度固之不白發冀罪，非黨梁氏也，恐事之不成無益，故欲隱忍以待清河王之立，庶幾可扶社稷。而不知天下大變，已爲冢宰，理當明義以正之，事之成與不成，蓋非所問。況如前所論逆順之理，冀決無以逭死邪？固之隱忍乃所以成冀姦謀，殺身不足道，而社稷受害矣。若固者，盡其忠國之心，而無克亂之才，可勝惜哉！杜喬在九卿中，若懷是見，必贊固爲之矣。及繼固爲相，已制命於冀矣。相與就死，嗚呼悲夫！

黨錮諸賢得失如何

東京黨錮諸君子，蓋嘉其志氣之美而惜其所處之未盡，重其天資之高而歎其於學有所未足也。方是時，乾綱解紐，陰邪得路，天下之勢日入於頹敗矣。而諸君子曾不少貶以狥於世，慷慨所激，視死如歸，至於患難得喪，寧復肯顧？其志氣可謂美矣。雖然，昔之君子，其出處屈伸之際，蓋各有義。故當困之時，則有居困之道，當屯之時，則有亨屯之法。時不我用，則晦處自修，危行而言遜，其進不可苟也。若乃居位則思其艱而慮其周，扶持根本，漸其圖濟，其爲不可驟也。黨錮諸君子在下則噓枯吹生，自爲題榜，至圭角炫露〔六〕，昧夫處困之道矣。及其有位於朝，不過奮袂正色，擊搏豪强數輩，以爲事業在是矣。又進而居高位，則果於有爲，直欲一施之而不復顧，身死非所問，而國勢愈傾，是又失亨屯之法矣。是豈非有所未盡爲可恨歟？若諸君子之不爲死生禍福易操，其間如李膺、杜密、陳蕃輩，卓然一時，其天資可謂剛特不羣矣。然惟其未知從事於聖門也，故所行雖正，立節雖嚴，未免發於意氣之所動，而非循乎義理之安，出於惡其聲之所感，而未盡夫惻隱之實。處之有未盡，固其宜也，豈非於學有不足歟？使其在聖門，則當入於仲由之科，聖人抑揚矯揉之，其必有道矣。或以爲陳太丘之事爲得其中。以予觀之，太丘在諸君子之中，持心最平，蓋天資又加美焉耳。而其所處張讓之事，亦非中節。在當時隱迹自晦，豈無其方？何至送宦者之葬？此又爲矯失之過，以此免禍，君子亦不貴也。不然，則郭有道乎？識高而量洪，才優而慮遠，足爲當時人物之領袖。然收斂之功，猶未之盡，要亦於學有欠也。不然，則黄叔度乎？言論風旨，雖不盡見，然其氣象温厚，圭角渾然，見之者有所感於心，其爲最高乎？使在聖門作成之，當居顔氏之科矣。

竇武陳蕃得失

竇武、陳蕃雖據權處位，而事當至難：主弱，一也；政在房闥，二也；宦者盤錯，其勢已成，三也。武等雖漸引類於朝，而植根未固，上則太后之心未明禍亂之原，下則中外之情未識朝廷之尊，而武等之謀，但欲速決爲誅小人之計。夫當時宦者雖有罪，然豈無輕重先後之倫？乃一槩欲施之，舉動草草，今日誅數輩，明日誅數輩，輕重失其權，先後失其序，非天討矣。且使之人人自疑，因反締其黨與〔七〕，而速其姦謀，善處大事者顧如是邪？觀朱瑀所謂中官放縱者自可誅耳，我曹何罪，而當盡族滅？使蕃、武施之有道，行之有序，則雖此曹蓋亦有心服者矣。殲厥渠魁，脅從罔治，此待盜與小人之法，而亦天心也。況其所自處者又自有失。方是時，非衆志允從，其何以濟事〔八〕，宦者竊柄已久，人知有此曹而已。爲大臣者要當深自刻苦，至誠惻怛，舉動無失，而後人有以孚信而趨向於我。人心向信，則勢立而形成，然後可以消弭禍亂。而武於靈帝踐位之初，一門三侯，妄自封殖如此，其誰心服乎？故王甫後來亦得以藉口，則可見此曹平日之所竊議，而衆志之所不平者矣。及難之作，雖曰忠義，而無或應之。以張奐之賢，猶且被紿而莫知逆順之所在，則以武平日所爲，未有以慰士大夫故也。蕃雖辭爵，而不能力止武之封，是亦潔身之爲耳，任天下之重顧止如是哉！然予每讀蕃辭爵之疏，未嘗不三復歎息。其辭達，其義正，東京之文若此者蓋鮮，亦足以見其忠義之氣也，可勝惜哉！

兩漢選舉之法

所考兩漢選舉雖已詳，但陽嘉中左雄一事未曾拈出。兩漢選舉猶有古意，左雄之奏尤爲責實。當時雖以限年爲嗤，然是舉所得，乃陳蕃、李膺、陳球輩，卒爲一代名臣。然則雄之所行，豈得爲迂哉？至如嚴謬舉之罰，而自後察選以之清平，則所得固不止於一時也〔九〕。後世取士之法無復先王遺風，有欲行古道如楊綰輩之所建明，則類指爲不可行，胡不以雄之事觀之，其効驗亦可見矣。

晉元帝中興得失

爲國有大幾，大幾一失，則其弊隨起而不可禁。所謂大幾，三綱之所存是也。晉元帝初以懷帝之命來臨江左，當時之意，固以時事艱難，分建賢王以爲屏翰，庶幾增國家之勢，折姦宄之心，緩急之際，實賴其糾率義旅，入衛王室，其責任蓋不輕矣。而琅琊之入建業，考觀其規摹，以原其心度之所安，蓋有自爲封殖之意，而無慷慨謀國之誠，懷帝卒以蒙塵，迄不聞勤王之舉。愍帝之立，增重寄委，制詔深切，而亦自若也。祖逖擊楫渡江，聊復以兵應其請，反從而制之，使不得有爲，則其意不在中原也審矣。坐視神州板蕩，戎馬縱横，不以動其心，不過欲因時自利云耳。愍再蒙塵，懼天下之議己，則陽爲出師之勢，遷延顧望，終歸罪於運餉稽緩〔一〇〕，斬一無辜令史以塞責。赤青之異亦深切矣，吾誰欺，欺天乎？夫受君父之委託而坐視其禍變，因時事之艱難而覬幸以自利，三綱淪矣。惟其大幾既失，故其所以建國規摹亦復不競，亂臣賊子如王敦輩不旋踵而起，蓋其弊有以致之也。使元帝痛懷、愍之難，篤君臣之義，念家國之讐，卒江東英俊，鼓忠義之氣，北向討賊，義正理順，安知中原無響應者？以區區一祖逖，倔强自立於羣豪之間，猶幾以自振，况肺腑之親，總督之任，數路之勢，何所不濟哉？惟其不以大公爲心〔一一〕，而私意蔽之，甚可歎息也。其餘得失予不暇論，獨推其本而言之。

謝安淝水之功

苻堅掃境入寇，方是時，晉室之勢亦甚殆矣。梁、益既非吾有，而襄、沔復爲所破，在他人宜恐懼失措之不暇，而謝安方且從容應敵，不過以江北軍事付之謝玄及劉牢之輩，卒以成功。蓋其方略素定，非僥倖苟然也。安明於用人，考察既精，不以親疎而廢。玄有謀慮，善使人，而牢之勇鋭出衆，安所施置，各得其宜。蓋用兵之道，當以奇正相須。使玄將重兵于後，此正也；使牢之將精兵迎擊于前，此奇也。秦兵既近洛澗，牢之攖其鋒，直搏而勝之，固已奪其心矣。淝水之戰，其勝筭已在目中，故秦兵一退，風聲鶴唳，以至山川草木皆足以懼之，惟牢之先奪其心故也。安之方畧可謂素定矣。惟其素定，故安静而不撓，其矯情鎮物，豈固爲是哉？夫有所恃故耳。至於却上流之兵，又其一奇也。得上流之兵不足以助益，而適足以銷薄聲勢，摇動人心，桓冲是舉亦無謀矣。吾慮既定，一却其兵，而戰士之心益固，國内之情舉安，安見之明且審矣。嗟乎！國之所恃者人才耳。以當時晉室之勢，獨任一謝安，足以當苻秦百萬之師。以予觀之，非特安方畧之妙，抑其所存忠義純固，負荷國事，直欲與晉室同存亡，故能運用英豪，克成勳業，誠與才合故也。大抵立大事者非誠與才合，不足以濟，若安者，其在東晉人物中，傑出者哉！

温嶠得失

温太真忠義慷慨，風節表著，足以爲晉室名臣，古今所共推，不待詳言。然吾獨有所恨者，絶裾之事也。昔之人不以窮達得失累其心，聽天所命而行其性命之情，故或仕或不仕，皆非有所爲也。於其身所處之義當然也。自後功名之俗興，而遷就趨避之説起，三綱始隳而不得其正，雖豪傑之士，一爲功名富貴所誘，失其性者多矣，可勝歎哉！太真少時嘗以孝友篤至稱，一旦奉劉琨之檄，將命江左，母崔固止之，不可，至於絶裾而行。噫！太真有母若此，身固不得以許琨矣。獨不見徐元直之事乎？元直所謂方寸亂矣，蓋其人性不可已者也。而太真獨忍於此乎？若既以委質爲人之臣，當危難而無避可也，將命之舉，豈無他人？太真念母，獨不得辭乎？度其意不過以江左將興，奉檄勸進，徼倖投富貴之機，赴功名之會耳，而其所喪不過甚乎？或曰，使太真不來江左，則寧復有後世之事業？太真固不得以兩全矣。此殆不然。昔人之事業，皆非有所爲而爲之，事理至前，因而有成之耳。若懷希慕求必之心，則其私欲而已，苟可以就異日之事，則凡背君親、賊性命皆可以屑爲，此三綱之所由壞，而弊之所由生也。故伯夷、叔齊固不受其國，夫子以爲求仁而得仁。商之三臣，微子不得不去，箕子不得不爲奴，而比干不得不死，皆素其位而行也。豈直太真之事業爲不足道，就使太真能佐晉室克復神州，一正天下，勳烈如此，浮雲之過太虚耳，豈足以塞其天性之傷也?· 夫太真順母之心而終其身〔一二〕，雖泯滅無聞於後，顧其所全者大，於身無愧，烏能以此易彼哉?· 故予謂太真稱爲功名之士則可，尚論古人則可憾矣。

校勘記

〔一〕吁　此字原作墨丁，據宋本、四庫本補。

〔二〕蓋自董相申公數人之外　「數」，原作「教」，據宋本、四庫本改。

〔三〕其去籍蓋萬萬相遠也　「也」，宋本、劉本、四庫本作「矣」。

〔四〕故寧不就之　「寧」下原有「屑」字，據宋本删。

〔五〕而固且奏記與議所立　「與」，原作「興」，據宋本、劉本、四庫本改。

〔六〕至圭角炫露　「炫」，原作「眩」，據四庫本改。

〔七〕因反締其黨與　「因」，原作「於」，據四庫本改。宋本無「因」字。

〔八〕其何以濟事　「以」字原無，據宋本補。

〔九〕之罰至一時　此二十字原脱，據宋本補。宋本「以之」作「以亡」，據文意改。

〔一〇〕終歸罪於運餉稽緩　「於」，劉本、四庫本作「在」。

〔一一〕惟其不以大公爲心　「大」，劉本、四庫本作「至」。

〔一二〕夫太真順母之心而終其身　「夫」字原無，據宋本補。

南軒先生文集卷第十八

説

仁説

人之性，仁、義、禮、智四德具焉。其愛之理則仁也，宜之理則義也，讓之理則禮也，知之理則智也。是四者雖未形見，而其理固根於此，則體實具於此矣。性之中只有是四者，萬善皆管乎是焉。而所謂愛之理者，是乃天地生物之心，而其所由生者也。故仁爲四德之長，而又可以兼包焉〔一〕。惟性之中有是四者，故其發見於情，則爲惻隱、羞惡、是非、辭讓之端，而所謂惻隱者亦未嘗不貫通焉，此性情之所以爲體用，而心之道則主乎性情者也。人惟己私蔽之，以失其性之理而爲不仁，甚至於爲忮爲忍，豈人之情也哉？其陷溺者深矣。是以爲仁莫要乎克己，己私既克，則廓然大公，而其愛之理素具於性者無所蔽矣。愛之理無所蔽，則與天地萬物血脉貫通，而其用亦無不周矣。故指愛以名仁則迷其體，程子所謂愛是情，仁是性，謂此。而愛之理則仁也；指公以爲仁則失其真，程子所謂仁道難名，惟公近之，不可便指公爲仁，謂此。而公者人之所以能仁也。夫静而仁、義、禮、智之體具，動而惻隱、羞惡、辭讓、是非之端達，其名義位置固不容相奪倫，然而惟仁者爲能推之而得其宜，是義之所存者也；惟仁者爲能恭讓而有節，是禮之所存者也；惟仁者爲能知覺而不昧，是智之所存者也。此可見其兼能而貫通者矣。是以孟子於仁，統言之曰「仁，人心也」，亦猶在易乾坤四德而統言乾元、坤元也。然則學者其可不以求仁爲要，而爲仁其可不以克己爲道乎！

記甘露李文饒事

予過京口，登北固山甘露寺，訪求舊迹，及觀曾畋所編丹陽類集，載熙寧中寺僧應夫因治故殿基，獲舍利并李文饒手記云：「寶曆間，創甘露剎以資穆皇之冥福。」文饒有祭言禪師文云：「因甘露之降瑞，立仁祠於高標。」與此記合。予嘗怪文饒不樂釋氏，毁其室廬貌像，沙汰其徒，若真疾惡之者，至其諭張仲武之辭，則又疑其太甚；而觀其奉道士法甚至，則文饒豈真知惡異教者哉？今考甘露刻，所謂建剎以資冥福，此在釋氏説爲最陋者，文饒方且惑之，以此崇奉其君，則文饒之欲絶棄釋氏又豈其本心也哉？以予觀之，文饒雖有才氣，然富貴中人耳。武宗素重道士，故其勢必排釋氏；文饒極力爲此，不過逢迎其君之意云耳。不然，與建刹藏舍利之事何大不類耶？孰知數百載之後，斵刻出於土中，其不可揜有如此者！或曰：文饒謂建刹可以資福，而寧不畏毀刹之招禍乎？殊不知富貴移人之意，豈獨此哉。嗟乎！異端之爲害烈矣，文饒乃以此心蘄勝之，不亦難乎？宜其復之之速且益熾也，予重爲之歎息云。

勿齋説

胡先生之季子大時求予名其讀書之室，予因誦「非禮勿視，非禮勿聽，非禮勿言，非禮勿動」之言，而名之曰「勿齋」。嗟乎！天理、人欲不並立也，操舍存亡之幾，其間不能以毫髮。所謂非禮者，非天之理故也；苟非天理，即人欲已。「勿」者，禁止之辭，收放心之要也。學者所當於視聽言動之間，隨吾所見，覺其爲非禮，則克之無愛焉，慮思力行，由粗以及精，由著以及微，則所謂非禮，蓋將有不可勝克者。克之之至，則天理純全，而視聽言動一循其則矣。「爲仁由己，而由人乎哉」？貴夫勉之勿舍而已。

勿欺室説

山西郭侯子明以書抵予曰：「所居一室，扁以『勿欺』，願得數語，以發其義，庶幾朝夕觀省。」予惟天下之事常壞於誕謾而成於敦篤。古之爲將者質勝其文，實踰於名〔二〕，矜不形而確有餘，雖一介之士且不敢欺也，而况於事君乎？雖念慮之微且不敢萌欺也，而况於見之事爲乎？是以能成功而保其令名。今子明忠勳之胄，以識畧被簡知，方當總統之任，存心如是，予知其異日有以報明主矣。予於漢西京諸將中，最愛營平侯純實重厚，授任于外，爲國家計，不忍便文自營。其所條上，確然無一語虛，無一毫隱；及成功而歸，論兵事得失，復不敢避小嫌以罔主聽。其自守勿欺，終始不渝如此。嗟乎，此誠萬世爲將之良法也，子明勉之哉！

書示吴益恭

子曰：「吾未見剛者。」或對曰申棖，子曰：「棖也慾，焉得剛？」子路問强，子曰：「南方之强與？北方之强與？抑而强與？寬柔以教，不報無道，南方之强也，君子居之。衽金革，死而不厭，北方之强也，而强者居之。故君子和而不流，强哉矯！中立而不倚，强哉矯！國有道不變塞焉，强哉矯！國無道，至死不變，强哉矯！」昔者曾子謂子襄曰：「子好勇乎？吾嘗聞大勇於夫子矣。自反而不縮，雖褐寬博，吾不惴焉；自反而縮，雖千萬人吾往矣。」新安吴益恭來邕州通判，剛決而有慮，臨事不避難，忠義自許，疾惡如讐。予始一見奇之，兩年間督之，云熟矣，而益加敬焉。秩滿親老，不復可留。於其行，會予有期服，不得爲之賦詩以致贈言之意，而中有不能已者，敬書魯論及中庸、孟氏書中三義以諗之。夫聖門所謂剛、所謂强、所謂勇者蓋如此。益恭深思其義而體之於身，于以揉偏而進德。嗟乎，其又可量也哉！淳熙四年八月甲午。

名周集説

玉山周畏知請予名其子，予名之曰集，以義甫字之，蓋取諸孟子養氣之論「是集義所生」者。「集義」云者，積衆義也。積集之久〔三〕，則所謂浩然者生而不窮矣〔四〕。義内也，非外也，所謂「必有事焉」者蓋在此，學者所當講論問辨也。乾道壬辰十一月甲申書于葵軒。

黄鶴樓説

予過武昌，登郡城南樓，步黄鶴故址，覽觀山川，慨然有感。蓋黄鶴名樓，以山得名也。黄鶴之山逶迤起伏，横亘郡城，屬于江滸，見于前人文字間。若浦若磯，亦皆以山名也。而唐圖經何自而爲怪説，謂費文偉僊去，駕鶴來憩于此，閻伯諲記中乃實其事。而或者又引梁任昉所記，謂駕鶴之賓乃荀叔偉所遇，非文偉也。此皆因黄鶴之名〔五〕，而世之喜事者妄爲之説，後來者既不之察，又從而並緣增飾之。樓旁有石照亭，不知何妄男子題詩窗間，遽相傳曰：此唐仙人呂洞賓所書也。文人才士又爲之夸大其事，而蘇子瞻亦載馮當世之説，有羽衣著屐之詩。嗟乎，寧有是理哉！甚矣，世俗之好怪也，雖搢紳大夫之賢者有不免焉，此無它，不明理之故也。使其知始終消息之故，有無虛實皆究其所以然，則豈得而惑之哉！而世之惑者往往曰，天地之間其何所不有。是或有之，未可知也。爲是説者，其病不可復藥。蓋既置之茫昧恍惚、或有或無之域，則不復致思以窮其有無之實，其惑終身而已矣。予嘗愛漢儒之言曰：「明於天地之性者不可惑以神怪，知萬物之情者不可罔以非類。」斯言必有所授，非漢之儒者所能自言也。嗟乎！異端之惑人，蓋有甚烈於斯類者，斯固不足深辨。予獨有感，以警吾黨之士，庶幾知窮理之爲要。而窮理則有道，蓋不可以不講也。

江漢亭説

鄂之城因山，而其樓觀臺榭皆因城。别駕所治之南，憑城而望之，適當江漢之匯。昭武葉才翁與予裴徊觀覽，欲建亭於上，予因以「江漢」名之，才翁請志其始。嗟乎，江漢之水，其源可以濫觴，而其無窮若此之盛。後之登斯亭者，念夫有本者，其不息之積然也，亦庶幾有感乎！才翁名椅。乾道辛卯十有二月朔張某書。

贈熊辯筆説

頃年得溧陽顧綱散卓棗心，制度殊不類近世筆。邇來試使熊辯爲之，蓋不減綱。寒窗作字，十數紙不厭，良覺慰意也。然此筆殆不入時人手，辯不可以難售而詭遇，會有賞音者。

校勘記

〔一〕而又可以兼包焉　「包」，宋本作「能」。

〔二〕實踰於名　「踰」，宋本作「浮」。

〔三〕積集之久　「集」，宋本作「習」。

〔四〕則所謂浩然者生而不窮矣　「矣」字，宋本作「夫」，屬下讀，亦通。

〔五〕此皆因黄鶴之名　「皆」字原無，據宋本補。

南軒先生文集卷第十九

書

寄劉共甫樞密

某幸安湘濱〔一〕，不敢廢學，無足廑記念。自惟不敏，竊守樸學，顧世衰道微，邪說並作，肯信此者少。獨樞密發慨然之志，而下取及一得之愚，久而益眷眷焉。每念無以裨補萬分，退用愧悚。來教自以爲報人主之心有加無已，而向者之爲有所未慊於中，方將沛然用力於古道。區區聞之，喜且不寐。嗟乎，靖康之變，亘古所無。夷狄腥膻中原四十餘年矣，三綱不明，九法盡廢，今爲何時耶？士大夫宴安江左，而恬莫知其爲大變也。此無他，由不講學之故耳。今樞密以明天子大臣而志乎此道，則某之喜爲如何！雖然，學之難明也久矣，毫釐之差，而千里之謬，其用極天地，而其端不遠乎視聽食息之間，識其端則大體可求，明其體則妙用可充。願樞密勉之。

又

程先生易，得樞密録本傳遠〔二〕，實學者之厚幸。夫所謂易者何哉？聖人之言曰：「生生之謂易。」又曰：「天地定位，而易行乎其中矣。」〔三〕「乾坤成列，而易立乎其中矣。」此豈獨謂此數卷書乎？其必有所謂矣。而此數卷之書〔四〕，所以述其藴也。言有盡，藴無窮。故學者必於言意之表識易，而後易可讀也。胡文定春秋，此路有邵陽本，字差小。栻所看舊日嚴州本謹納去。春秋即事而明天理，窮理之要也。樞密觀此書，取其大義數十斷爲定論，而詳味其抑揚予奪輕重之宜，則有以權萬變矣。

又

湘民望樞密之至，不減赤子之於慈父，使人咨嗟歎仰。然某之愚有敢爲先事之獻者，輒以布之。某觀近世再臨舊鎮者，聲望率減於前。或曰上下玩習之故，某以爲無是理，殆由在我者有忽之之心耳。前者既已得譽，及其復來，將曰此易治耳，是心一萌，則敬肆分，宜乎美惡之不同也。而況樞密今兹之來，勢位益尊，聲名益重，則下民之情將有不敢以自盡者，隔絶壅塞之患，此亦不可以不慮也。易曰：「德言盛，禮言恭。」此言德貴於盛，而禮貴於恭也。伏惟樞密警懼存心，益敬其事，謙虚自處，不負其有，降其辭色，惟恐不及。使匹夫匹婦之情皆得以通，而士大夫有懷皆得以吐露，至于箴規指摘，畢聞於前，而無所謂不敢者，則善政日新而無斁矣。豈惟一路之幸，實經綸之業益以光大，將邦家是賴，而天下之福也。昔人自逆于境、逆于郊，即觀聽其辭色而議之。蓋人心之向背，首謹於兹時，用敢陳于未及境之前，側承風聲，以慰願望。

又

某效職于此〔五〕，亦已十閱弦晦，佩心誠求之之訓，味哀矜勿喜之言，怵惕黽勉，幸而未得罪於斯民。又幸而適遇稔歲，盗賊屏戢，人情頗相安。惟是區區不敢但爲目前計，考究緝理，庶幾萬有一久遠之云補。今最急者，諸州窘匱，無以支梧。一路財計，本可以均濟，其如計臺之壅利何！秋中有請，願與憲漕共究一路財賦底裏，通融均撥，幸蒙賜可，詳細紬繹〔六〕，頗見涯緒。若此論遂定，庶幾諸州官吏有俸，軍兵有糧，而民力因得少寬也。邕、宜諸邊雖幸悉安静，然野心豈可保？惟當充吾備禦之實，使有隱然之勢，以折其萌，選練親兵，立伍結隊，明其訓習，教以親睦，激以忠義，至於旂皷器械，皆從一新，收拾强壯，不敢惜費。今所增已近三百，率皆選士，江淮健者視亦無以相遠也。邕、宜將兵亦與選練按試矣，獨患難得好將官，只得短中取長耳。諸蠻一以信義待之，如買馬一事，舊弊革去凡數十事。最害是鹽銀輙虧其輕重，彼顧豈不曉？吾所得幾何，而所喪者丘山。帥司先利夫出剩銀之得〔七〕，受此利啗，而其下官吏悉從而尅減乾没。今先罷出剩銀，正名以率之，而嚴法以核之，必使輕重悉以實，毋得少罔之。招馬官先以此意出塞喻蠻落，舊來馬至，二月末方有來者，而羅殿又四年不來市，正以吏侵牟之之故。今方中冬，數日前邕州已申羅殿將馬千七百疋近塞矣。益知忠信之可行，而在我者誠當自檢也。素荷教誨愛念，輙以及之。自惟孤迹，蒙上使令於此，一日不敢不盡一日之心力，其它非所能計。獨恐淺短綿薄，有所不能勝，又所部闊遠，防虞非一，每懷淵冰之念。鈞慈不忘，誨旨時及，不勝幸願。

又

某承乏遠藩〔八〕，未速罪戾，實惟芘蔭之及。近日鄭憲既行，趙漕物故，兩臺俱闕官，不免兼攝，事緒叢委。然向來兩臺於諸州多興獄事，紛紜淹久，一切觀望，不敢與決，困於囹圄，疲於道路〔九〕，深可憐惻。今得以決遣解釋，頗有次第。又向來會議財賦事，正緣所見異趣者不肯商量，計司虛實，終未知其底裏。今得以考究無遺，始知異趣者前日誠有掊聚爲羨獻意，坐視諸州困極，恬莫之恤，深可歎息。兩日來子細區處，爲一定久遠之計，頗有條理，旦夕徑奏于上。自餘赦條合放而不放、道理不當取而妄取者，悉施行以次蠲卹矣。自惟愚戇，苟一日在職，不敢不究心，此外身之利害，非所遑卹。

又

某少意冒稟鈞聽〔一〇〕：前知光州滕瑞編管在此，其人乃是滕樞族人，比歲自山東來歸正，粗勇習兵事，可以在軍中任使，而虞丞相用之過當，畀以郡符，此豈其才哉！其所以速今日顛隮者，實虞使之然也。然東北人流落，爲可憐憫。其孥尚留江上，在此極栖栖然。今爲差兵校前往般取，欲望鈞慈頤旨，應副一客舟津致其來，俾其骨肉得以團聚謀生，恩賜甚大。其人雖愚，異日可備顏得荷戟之用。伏乞鈞察〔一一〕。

又

某近因到一巖穴中〔一二〕，得石刻載昭陵盛德一事，可以補史之遺，已移置府治廳事，敬以一軸上呈。此吾祖宗家法也，伏想鈞慈三復焉。此邦山巖之勝，誠它處所未見。環城奇觀，柳柳州所謂「拔地峭堅，林立四野」。可盡大槩。然拙守但一涉歷，不欲數出游，時獨憑樓覽觀耳。

又

某輒有愚見，仰裨海嶽。前領鈞翰，其間有云：「自到江上，未見人才。」某竊以爲人才在今日誠難得其備，然而舍短取長，隨才而用，則恐所至亦不容無，而況通都大府乎！甘苦燥冷，惟良醫所擇，叉負偃植，惟大匠所施。伏惟鈞慈洪取人之方，酌采葑之義，庶幾片善寸長，盡歸掄選。又惟樞密高明傑出之資，人之有長，固未易進于前，儻非虚心降己，不忽隱微，懇惻敦篤以招來之，則非惟抱實能者有所不能盡察，而懷高見者彼亦烏肯自售哉！某之區區，以爲天下事要須衆力共濟，乃可有成。伏惟樞密負天下之望者也，故依鄉祈望之切，而不自知其僭越，伏紙皇恐之至。

寄周子充尚書

垂諭或謂人患不知道，知則無不能行。此語誠未完。知有精粗，行有淺深。然知常在先，固有知之而不能行者矣，未有不知而能行者也。語所謂「知及之，仁不能守之」，是知而不能行者也。所謂「知之者不如好之者，好之者不如樂之者」，是不知則無由能好而樂也。且以孝於親一事論之，自其粗者知有冬温夏凊、昏定晨省，則當行温凊定省。行之而又知其有進於此者，則又從而行之。知之進，則行愈有所施；行之力，則知愈有所進，以至於聖人。人倫之至，其等級固遠，其曲折固多，然亦必由是而循循可至焉耳。蓋致知力行，此兩者工夫互相發也。尋常與朋友講論，愚意欲其據所知者而行之，行而思之，庶幾所踐之實而思慮之開明。不然，貪高慕遠，莫能有之，果何爲哉？然有所謂知之至者，則其行自不能已，然須致知力行工夫至到，而後及此，如顏子是也。彼所謂欲罷不能者，知之至而自不能以已也。若學者以想象臆度，或一知半解爲知道，而曰知之則無不能行，是妄而已。曾皙詠歸之語，亦可謂見道體矣，而孟子猶以其行不掩爲狂，而況下此者哉！不識高明以爲如何？問及此間相從者，某邇來退縮，豈敢受徒？但有舊日士子數輩時來講問，亦不過以行遠自邇、登高自卑之方語之耳。所謂晚輩竊假先儒之論以濟其私者〔一三〕，誠如所憂。胡文定蓋嘗論此，然在近日此憂爲甚。是以使人言學之難，非是不告語之，正恐竊聞一言半句，反害事耳。要亦如玉石之易辨，即其行實，夫豈恫疑虛喝可掩哉！文定所論甚詳，備在文集中，曾見之否？

又

垂諭近世學者徇名忘實之病〔一四〕，此實區區所憂者。但因學者徇名忘實，而遂謂學之不必講，大似因噎廢食耳。後世盗儒爲害者多矣，因夫盗儒之多，而遂謂儒之不可爲，可乎？熙寧以來，人才頓衰於前，正以王介甫作壞之故。介甫之學，乃是祖虚無而害實用者，伊洛諸君子蓋欲深救兹弊也。所謂聖人誨人有先後，學者進德有次第，此言誠是也。然所謂先後次第，要須講明，譬如適遠，豈可不知路之所從？不然，只是冥行而已。至如所謂不可以聖賢自期者，則非所聞。大抵學者當以聖賢爲準，而所進則當循其序，亦如致遠者以漸而至也，若志不先立，即爲自棄，尚何所進哉？所欲言者，要須面盡。

又

垂諭子澄所疑，且云禪初不知其得失，不欲隨衆詆之。伊川未窺其閫奥，不敢以言語稱道，足見君子所存之忠信也。第以某愚見，所謂不知其得失者，要當窮究其得失果何如；未窺其閫奥者，當窮究其閫奥果何如。講論問辨，深思熟慮〔一五〕，必使其是非淺深了然於胸次，此乃致知之要，入德之方，豈可含胡閃避而已也。每竊敬歎下風，故所懷亦不復敢隱，有以見教，是所望也。

答湖守薛士龍寺正

講聞高誼之日久矣，近歲見呂伯恭、陳君舉稱説尤詳，每念瞻際，以慰此心。在省中時，亦見辭免審察文字，竊爲諸公言，致賢者之道恐不當如是。已而某亦出關，尚念取道義興，儻可一見，而又差池，徒往來于懷而已。茲辱手字，辭氣温厚，如接眉宇，重篤先契，尤所感歎。即日歲晚雨寒，伏惟撫循有相，台候萬福。某向者備數朝列，雖粗知自竭，而誠意不充，迄無以仰答明主之遇。寬恩保全，獲返先廬，惟知深自省厲，它無足軫念。聞去冬嘗以使指往淮上，想事情之實，悉得徹旒冕之前。所謂「荒田蕪於包占，經理害於無謀」，二語誠切要也。吴興下車寖久，學道愛人之志亦可少施否？某每念時事若此，良由士大夫鮮克務學之故。蓋天理之微爲難存，氣習之偏爲難矯，譬諸射者在此，有秋毫之未盡，則於彼有尺尋之差矣。自惟不敏，惕然夙夜不敢遑暇，思得良友相切磨，以庶幾乎萬一。其願見之心，誠非可以言喻也。報問之始，亦不欲只以寒暄語，惟窮理戒我心之萌〔一六〕，臨事防己意之加，充茂德業，以慰士望。伏紙拳拳。

又

諭及學校之事，此爲政之所當先也。湖學安定先生經始，當時作成人才，亦可謂盛矣。聞欲招陳君舉來學中，此固善，但欲因程文而誘之讀書，則義未正。今日一種士子，將先覺言語耳剽口誦，用爲進取之資，轉趨於薄，此極害事。若曰於程文之外，明義利之分，教導涵養，使漸知趨嚮，則善也。

又

某前年過霅上，時嘗往拜安定先生之墓，荊棘幾不通路，又墻垣頽圮，爲何人所侵，勢有可慮。某意謂宜專責教官掌管，令一家守之，正其封域，勿使侵犯。是時無可告語，今想自賢使君下車之後，已留意矣，謾及之。

答潘端叔

大抵讀經書須平心易氣，涵泳其間，若意思稍過，嘗亦自失却正理。要切處乃在持敬，若專一，工夫積累多，自然體察有力，只靠言語上苦思，未是也。事親之心，至親至切，古人謂起敬起孝，「起」字更須深體而用力焉〔一七〕。

答潘叔度

所諭讀書平易則簡畧放過，稍思則似做時文，固當如此省察。但所貴於平易者，謂平心易氣，優游玩味其旨，正非簡畧放過也。若夫家庭間事，於已見有阻礙，其間曲折萬端，乃是進修深切處，大要返求吾身而已矣。

與顔主簿

竊觀左右論程氏、王氏之學，有兼與而混爲一之意。此則非所敢聞也。學者審其是而已。王氏之説皆出於私意之鑿，而其高談性命，特竊取釋氏之近似者而已。夫竊取釋老之似，而濟之以私意之鑿，故其横流，蠹壞士心，以亂國事，學者當講論明辨而不屑焉可也。今其於二程子所學不翅霄壤之異，白黑之分，乃欲比而同之，不亦異乎？願深明義利之判，反求諸心，當有不待愚言之辯者，惟深察焉。

答吴晦叔

垂諭太極之説。某妄意以爲太極所以形性之妙也，性不能不動，太極所以明動静之藴也。極乃樞極之義，聖人於易特名「太極」二字，蓋示人以根柢，其義微矣。若只曰性而不曰太極，則只去未發上認之，不見功用，曰太極則性之妙都見矣。體用一源，顯微無間，其太極之藴歟！所謂「太極天地之性」，語意亦未圓，不若云天地亦形而下者，一本於太極。又曰「惟其有太極，故生生而不窮」，夫生生不窮，固太極之道然也。所云「一陰一陽之謂道，繼之者善也」，不若云有太極則有兩儀，生生而不窮焉。言其如此則曰性，言其如此則曰太極，似亦不必如此説。又曰「惟天地及人具此大本」，亦有病。人仁則太極立，而天地之大，萬物之多，皆吾分内耳。詩曰：「予懷明德，不大聲以色。」明德固是心之德，然不可只斷了便休，須要教分明。明之云者〔一八〕，自明也。更默體之，當見有味。

又

近玩味已發未發於日用間，甚覺顯焕，周子誠通誠復之説極有理也。伯逢書來，亦説及善不足以名之之説，某所答曾見否？大抵當時知言中如此説，要形容人生而静以上事却似有病。故程子云：「天命之謂性，人生而静以上更不容説，才説性時便已不是性。凡人説性，只是説得繼之者善也。」此猶云天下之言性者〔一九〕。斯言最爲盡之。蓋性之淵源，惟善可得而名之耳。晦叔意如何？數日來看龜山集，乃知前輩所造如龜山輩，未易輕議也。

又

仁右道左之説，伊川所以有取者，亦嘗思之。仁字對道字而言，乃是周流運用處。右爲陽，而用之所行也；左爲陰，而體之所存也。仁者天下之正理，此言仁乃天下之正理也。天下之正理而體之於人，所謂仁也。若一毫之偏，則失其正理〔二〇〕，則爲不仁矣。道也者，不可須臾離也，可離非道也。道無往而不存。遺書中所謂道外無物，物外無道，即父子而父子在所親，即君臣而君臣在所敬是也，如何離得？人之所以不能體道者，以人爲之私蔽之也。人雖蔽於私，不能與道爲一，然道實未嘗離也。明道與韓持國論克己一段，反復此意甚詳，所宜深味耳。辱垂問，據鄙意言之，要非尺紙可盡，未知是否，却幸見諭。

又

前蒙録寄所答元晦書，得詳讀，甚幸。所謂知之在先，此固不可易之論。但只一箇

「知」字，用處不同，蓋有輕重也。如云「知有是事」則用得輕，「匹夫匹婦可以與知」之類是也；如說「知底事」則用得重，「知至至之」之知是也。在未識大體者且當據所與知者爲之，則漸有進步處。工夫若到，則知至〔一一〕，知至矣。當至之，知終矣，當終之，則工夫愈有所施而無窮矣。所示有云「譬如行路，須識路頭」，誠是也；然要識路頭，親去路口尋求方得，若只端坐於室，想像跂而曰「吾識之矣」，則無是理也。元晦所論知字，乃是謂知至之知。要之，此非躬行實踐則莫由至。但所謂躬行實踐者，先須隨所見端確爲之，此謂之知常在先則可也。撥冗，殊不逮意，更幸悉察。

又

在中之說，鄙意正爾，幸於此涵養焉。元晦太極之論，太極固是性，然情亦由此出，曰性情之妙，似亦不妨。如知言「粹然天地之心」，心字有精神。觀其下文云「道義完具，無過無不及」，固是指性，然心之體具於此矣。伊川謂心一也，有指體而言，有指用而言，而又以喜怒哀樂未發爲寂然不動者也〔一二〕，幸更於此深思焉。太極之說，某欲下語云：易也者，生生之妙也；太極者，所以先生者也。曰易有太極，而體用一源可見矣，不識如何？某向來答元晦中庸之說，後見所示疑處往往有同者，今録呈。渠又有分中庸章句一紙，欲寄呈，偶尋未見。大畧某書中所答者可見矣。明道先生爲條例司屬官，乃是介甫初爲參政時，正欲就其中調護變化之也；後來見他執拗不可回，爲天下害，故在臺中力論之，無非中節也。介甫與人雖是如此不同，畢竟稱其忠信，此可見當時所以調護變化之者，亦無所不盡其誠矣。

又

反復其道，正言消長往來乃是道也。程子所謂聖人未嘗復，故未嘗見其心。蓋有往則有復。以天地言之，陽氣之生，所謂復也，固不可指此爲天地心。然於其復也，可見天地心焉。蓋所以復者是也，其在人，有失則有復。復，賢者之事也，於其復也，亦可見其心焉。若夫聖人生知純全，無俟乎復，則何所見其心焉？妄意，未知是否。

又

近季隨寄「勿齋」隸字并諸詩來，某報之以題榜既設，所冀顧名思義，惟日孜孜焉而後可，因見時警策之幸也〔一三〕。再玩所爲詩，語意固佳，但如「雲潰窗涵月，春回木放花」，只說得克後意味，却於「勿」處少力。觀顏子「請問其目」，而孔子所以告之者正是告克己之目。顔子請事乎此，乃萬世標準，學者但當深告以「勿」字工夫，工夫到後，自會見得。若遽只説克後意味，又恐使之只貪想象之見，工夫滅裂耳。此亦不敢不告，非惟告人，在我所當謹也。

又

樂記「人生而静」一章曰「静」，曰「性之欲」，又曰「人欲」。静者，性之本然也。然性不能不動，感於物則動矣，此亦未見其不善，故曰「性之欲」，是性之不能不動者然也。然因其動也，於是而始有流爲不善者。蓋物之感人無窮，而人之好惡無節，則流爲不善矣，至此則豈其性之理哉，一己之私而已。於是而有人欲之稱，對天理而言，則可見公私之分矣。譬諸水，泓然而澄者，其本然也，其水不能不流也，流亦其性也；至於因其流激，汨於泥沙，則其濁也，豈其性哉！

又

某已作書，偶復檢得舊書一紙，今併報去。夫子答子路、子貢管仲之問，愚意以爲子糾之立非正，管仲可以不死；然其初之從糾，知其不正而從之，蓋亦非矣。其不死於糾而夫子但稱其從桓，僅比於背君從讐者爲免耳，非無歉於義也。二子於此，其必講之明矣。然使其果爲背君而從讐也，則雖救世之功，問其仁而獨稱其事功，則其於仁也亦可知矣。然使其果爲背君而從讐也，則雖事功亦不足稱矣。抑揚與奪固備於此，更幸詳之。以朱温系統，通鑑亦然，蓋於紀事有不得已焉耳。方其時，正統無所屬，而彼實承唐之後以有中原，則紀史事者烏得而不系之？亦非爲其所成者大也。茗貨之事，亦嘗思之，未得完策，幸更爲精博詢訪評論見告，必有至當之説也。

又

累書皆有所講評，冗迫久未及報。然亦嘗思之，今謾布一二。黄老之學流入於刑名，蓋其翕張取與之意，竊弄造化之機，故其流爲刑名。若陰符經之説，已可見刻薄之意露矣。「天生德於予」，不言命而言德，亦猶「天之將喪斯文」，稱斯文也。蓋其理是如此，聖人之言自爾渾全。若着「自任」兩字，恐却於夫子氣象有所未合耳。井有仁之説，近來思之，當從明道先生説。舊解論語，比更定已六七篇矣。「中虚信之本」，謂信之所以有也；「中實信之質」，謂信之體質也。忠信可以蹈水火，只是言有此理耳，如必欲摭事而言，則宋共姬逮乎火，是固忠信之所行也。「知我者其天乎」，蓋理之不二也，謂常人一念之形，天地知之，似亦無害。蓋自不可掩，非謂天地有尸之者而能知也。忽忽畧及大槩，更幸詳之，却以見教。

校勘記

〔一〕某幸安湘濱　「某」，宋本作「栻」。

〔二〕得樞密録本傳遠　「録」，原作「録」，據宋本改。

〔三〕生生之謂易至行乎其中矣　以上十八字原無，據宋本補。

〔四〕而此數卷之書　「之」，原作「中」，據宋本改。

〔五〕某效職于此　「某」，宋本作「栻」。

〔六〕詳細紬繹　「紬」字原無，據宋本、四庫本補。

〔七〕帥司先利夫出剩銀之得　「帥」，原作「師」，據宋本、四庫本改。

〔八〕某承乏遠藩　「某」，宋本作「栻」。

〔九〕疲於道路　「疲」，原作「瘦」，據宋本改。

〔一〇〕某少意冒稟鈞聽　「某」，宋本作「栻」。

〔一一〕伏乞鈞察　「乞」字原無，據宋本補。

〔一二〕某近因到一巖穴中　「某」，宋本作「栻」。「穴」，原作「空」，據宋本改。
〔一三〕所謂晚輩竊假先儒之論以濟其私者　「竊」字原無，據宋本補。
〔一四〕垂論近世學者徇名忘實之病　「垂」，原作「重」，據宋本改。
〔一五〕深思熟慮　「慮」，宋本作「復」。
〔一六〕惟窮理戒我心之萌　「我」，宋本作「成」。
〔一七〕起字更須深體而用力焉　「起字」二字原無，據宋本補。
〔一八〕明之云者　「明」字原無，據宋本補。
〔一九〕此猶云天下之言性者　「云」，宋本、四庫本作「是」。
〔二〇〕則失其正理　「正」字原無，據宋本補。
〔二一〕則知至　「知至」二字原無，據宋本補。
〔二二〕而又以喜怒哀樂未發爲寂然不動者也　「而」字原無，據宋本補。
〔二三〕因見時警策之幸也　「因見」，原作「見因」，據宋本、劉本、四庫本乙。

南軒先生文集卷第二十

書

答朱元晦秘書

示及諸君操舍出入之説，呂子約所論病痛頗多，後一説亦頗得之〔一〕，然其間似未子細。按孟子此章首以牛山之木爲喻，又以夜氣爲説，而引孔子之言爲證，以明人之不可不操而存也。心本無出入，然操之則在此，舍之則不在焉。方其操而存也，謂之入可也，本在内也。及其舍而亡也，謂之出可也。非心出在外，蓋不見乎此也。無時者，言其乍入乍出，非入則出也，莫知其所止也。此大概言人之心是如此，然其操之則存者，是亦可見心初未嘗有出入也。然則學者其可不以主一爲務乎？呂子約之説既誤以乍存乍亡爲感之用，而後説如謂心之本體不可以存亡言，此語亦未盡。存亡相對，雖因操舍而云，然方其存時，則心之本體固在此，非又於此外别尋本體也。子約又謂當其存時，未能察識而已遷動，是則存是一心，察識又是一心，以此一心察彼一心，不亦膠擾支離乎？但操之則存，操之之久且熟，則天理寖明，而心可得而盡矣。

又

某向來有疑於兄辭受之間者，非它也，意謂若其初如伯恭之説，承當朝廷美意，受之可也；後來既至于再，至于三，守之亦云固矣，非尋常辭官者比也。若只是朝劄檢舉不許辭免指揮行下，則是所以辭之之義竟未得達于君前而被君命也。若君命不許辭而使之受，則或可耳。今初未嘗迫於君命也，忽復受之，恐於義却未盡。不知劉樞曾如此報去否？

又

示以所定祭禮。私心亦久欲爲之，但以文字不備，及少人商量。今得來示，考究精詳，甚慰。論議既定，須自今歲冬至行之乃安。但其間未免有疑，更共酌之。古者不墓祭，非有所畧也，蓋知鬼神之情狀不可以墓祭也。神主在廟，而墓以藏體魄。體魄之藏而祭也，於義何居，而烏乎饗乎？若知其理之不可行，而徇私情以强爲之，是以僞事其先也。若不知其不可行，則不知也。人主饗陵之禮始於漢明帝，蔡邕蓋稱之，以爲盛事，某則以爲與原廟何異？情非不篤也，而不知禮。不知禮而徒徇乎情，則隳廢天則，非孝子所以事其先者也。某謂時節展省，當俯伏拜跪，號哭掃灑省視，而設席陳饌，以祭后土於墓左可也。此所疑一也。祭不可疏也，而亦不可數也。古之人豈或忘其親哉？以爲神之之義或瀆焉則失其理故也。良心之發，而天理之安也。時祭之外，冬至祭始祖，立春祭先祖，季秋祭禰，義則精矣。元日履端之祭亦當然也。而所謂歲祭節祠者，亦有可議者乎。若夫其間如中元，則甚無謂也。此端出於釋氏之説，何爲徇俗至此乎？此所疑二也。大抵今日之定祭儀，蓋將祭之以禮者。苟無其理，而或牽於私情，或狃於習俗，則庸何益乎？鄙見不敢隱，更幸精思，却以見教，庶往復卒歸於是而已。至於設席升降節文，皆甚縝密穩當，它日論定，當共行之，且可貽之同志，非細事也。

又

近伯逢方送所論「觀過」之説來。某前日洙泗言仁中亦有此説〔二〕，不知如何？大抵以此自觀，則可以察天理人欲之淺深；以此觀人，亦知人之要也。岳下諸公尚執前説，所謂簾窺壁聽者，甚中其病耳。伯恭昨日得書，猶疑太極説中體用先後之論，要之須是辨析分明，方真見所謂一源者。不然，其所謂一源，只是臆度想象耳。但某意却疑仁義中正分動静之説，蓋是四者皆有動静之可言，而静者常爲之主，必欲於其中指二者爲静，終有弊病。

兼恐非周子之意。周子於主静字下注云「無欲故静」，可見矣。如云仁所以生，殊覺未安。生生之體即仁也，而曰仁所以生，如何？周子此圖固是毫分縷析，首尾洞貫，但此句似不必如此分。仁義中正，自各有義，初非混然無别也。更幸見教。

又

「中」字之説甚密，但在中之義，作中外之中未安，詳蘇季明再問伊川答之之語自可見。蓋喜怒哀樂未發，此時蓋在乎中也。只如是涵養，才於此要尋中，便不是了。若只説作在裏面底道理，然則已發之後，中何嘗不在裏面乎？幸更詳之。又中庸之云中，是以中形道也；喜怒哀樂未發之謂中，是以中狀性之體段也。然而性之體段不偏不倚，亭亭當當者，是固道之所存也。道之流行，即事即物，無不有恰好底道理，是性之體段亦無適而不具焉。如此看，尤見體用分明，不識何如？忠恕之説，如來諭，精義序引亦已亡疑。言仁已載往返議論于後，今録呈。所論一字，若如老子以形而下者言，則可與二三通數；若如知言指道而言，則難於復與器通數二三也。心譬之水一節，某意謂孟子只將水無有不下比人無有不善，意味極完，性情之理具矣。今將心譬之水，去水上用意，差錯許多字〔三〕，固不爲無義，但恐終費力耳。所論知言中餘説再三詳之，未有疑可復也。

又

「天命之謂性」，所解立言極明快；但「率性之謂道」，竊疑仁義禮智是乃道也。今云循性之仁，則有所謂父子之道，却恐費力，更幸瑩之。又如審其是非而修之，則知之教無不充之類，亦未穩當。兼此首章三語，以某所見，更須詳味伊川先生遺書中語。某亦方欲下一轉語，俟却録去求教也。在中之説，前書嘗及之，未知如何。中者性之體，和者性之用，恐未安。中也者，所以狀性之體段，而不可便曰中者性之體；若曰性之體中，而其用則和，斯可矣。

又

示及中庸首章解義，多所開發，然亦未免有少疑，具之别紙，望賜諭也。所分章句極有功，如後所分十四節尤爲分明，有益玩味。但家語之證終未安。家語其間駁雜處非一，兼與中庸對，其間數字不同，便覺害事。以此觀之，豈是反取家語爲中庸耶？又如所引證「及其成功一也」之下，有哀公之言，故下文又有「子曰」字。觀家語中一段，其間哀公語有數處，何獨於此以「子曰」起之耶？某謂傳世既遠，編簡中如「子曰」之類，亦未免有脱畧。今但當玩其辭氣，如明道先生所謂致與位字非聖人不能言，子思蓋傳之耳。此乃是讀經之法。若必求之它書以證，恐却泛濫也，不知如何？又如云此一節明道之隱處，此一節明道之費處，亦恐未安。君子之道費而隱，此兩字減一箇不得。聖人固有説費處、説隱處，然亦未嘗不兩具而兼明之也。未知如何？

又

按固陵録，游公元符三年十月庚戌除監察御史，今已改定。「攷其言行而泝師友之淵源，體之吾身而明義理之正當」，下句中字固有未安。元晦欲作「即其所至而益求其所未至」，恐亦未安。蓋方建祠作記，使學者知所景慕，而遽云求其所至，則語意似迫露，學者將未能識其所至，而遽指其所未至，在薄俗不得不防其然也。今更定云「即其所至而益究夫問學之無窮」，則可見向上更儘有事，意味似長也，不知如何？

又

仁之説，前日之意蓋以爲推原其本，人與天地萬物一體也，是以其愛無所不至，猶人之身無尺寸之膚而不貫通〔四〕，則無尺寸之膚不愛也。故以「惟公近之」之語形容仁體，最爲親切。欲人體夫所以愛者，言仁中蓋言之矣，而以所言愛字只是明得其用耳。後來詳所謂愛之理之語，方見其親切。夫其所以與天地一體者，以夫天地之心之所存，是乃生生之藴，人與物所公共，所謂愛之理者也。故探其本則未發之前，愛之理存乎性，是乃仁之體者也；察其動則已發之際，愛之施被乎物，是乃仁之用者也。體用一源，内外一致，此仁之所以爲妙也。前日所謂對義禮智而言，其發見則爲不忍之心者，非謂義禮智與不忍之心均爲發見，正謂不忍之心合對義禮智之發見者言，羞惡辭遜是非之心是也。今再詳不忍之心，雖可以包四者，然據文勢對乾元坤元而言，恐只須曰：統言之，則曰仁而已可也。或云天地之心，其德有四云云，而統言之，則元爲善之長。人之心，其德亦有四云云，而統言之，則仁爲人之心，如何？前日所謂元之義，不專主於生物者，疑只云生物，説生生之意不盡，今詳所謂生物者，亦無不盡者矣。在中之義，程子曰：喜怒哀樂未發，只是中也。蓋未發之時，此理亭亭當當，渾然在中，發而中節，即其在中之理，形乎事事物物之間而無不完也，非是方其發時，别爲一物以主張之於内也。情即性之發見也，雖有發與未發之殊，而性則無内外耳。若夫發而不中節，則是失其情之正而淪其情之理。然能反之則亦無不在此者，以性未嘗離得故也。不識如何？

又

觀所與廣仲書，析理固是精明，亦可謂極力救拔之矣，然言語未免有少和平處。謂當循前人樣轍，言約而意該，於緊要處下鍼。若聽者肯思量，當自有入處；不然，我雖愈極力，彼恐愈不近也，如何如何！比見報，承有改秩崇道之命，竊計自有以處之矣。兩日從共甫詳問日用間事，使人歎服者固多，但以鄙意觀之，其間有於氣禀偏處，似未能盡變於舊。蓋自它人謂爲豪氣底事，自學者論之，只是氣禀病痛。元晦所講要學顔子，却不於此等偏處下自克之功〔五〕，豈不害事！願以平時以爲細故者作大病醫療，異時相見，當觀變化氣質之功。重以世衰道微，吾曹幸聞此理，不可不力勉也。有如孤陋，正望切磋之益焉。此外尚有一二事可疑，此便頗速，俟後訊詳列。

又

某近年以來〔六〕，竊見尊兄往來書問之間，講論知見甚異疇昔，每用敬歎，且因得以開益其愚陋者固非一端，獨恨相去之遠，顧以未得詳日用間事爲念。蓋子路有聞，未之能行，惟恐有聞，古之人於其知見之進，則又顧其躬之所履，每患其不及，而惟懼其有所偏焉，故能日新而不疚。此某所以亟欲詳聞用工進德之實，以爲相觀而善之益也。幸共甫之來，可以詢問，則首訪而盡請焉，得之共甫者亦多矣，其所以慰鄙心而增歎仰者固不用言。獨其間有使人不能無疑者，切切偲偲之義，則在所不敢默也。聞兄在鄉里，因歲之歉，請於官得米而儲之，春散秋償，所取之息不過以備耗失而已，一鄉之人賴焉，此固未害也。然或者妄有散青苗之譏，兄聞之，作而曰：「王介甫所行，獨有散青苗一事是耳！」奮然欲作社倉記以述此意。某以爲此則過矣。夫介甫竊周官泉府之説，强貸而規取其利，逆天下之公理，而必欲其説之行，用奉行之小人，而必欲其事之濟，前輩辯之亦甚悉矣，在高明固所攷悉，不待某一二條陳，而其與元晦今日社倉之意，義利相異者固亦曉然。度元晦初亦豈有所取乎彼哉，特因或者之言有所激作，遂欲增加而力主其事，故併以介甫之爲亦從而是之。是乃意之所加，不自知其偏者也。譬之有人焉於此，執權以稱物之輕重，初未至於偏也，或指而告之曰「此爲重矣」，執權者主其説曰：「吾猶覺此之輕也！」於是復就其所指之處增之使重，而其偏始甚矣。且元晦謂介甫青苗爲可取者，以其實之可取乎，抑以其名之可取乎？以其實則流毒天下，固有顯効；以其名則不獨青苗，凡介甫所行，其名大畧皆竊取先王之近似者，非特此一事也。竊取之名而何取乎？且介甫自以其爲鄞縣嘗貸穀而便於民，故以謂可行於天下。執一而不通天下之務，立法無其本，用法無其人，必欲其説之行，故舉天下之異己者盡歸之流俗，於是來合其説者無非趨附之小人。既欲其事之濟，則用其説之合者，小人四出，以亂天下，其勢則然也。介甫初亦用程明道及吕晦叔輩，其意豈不用賢，而以其天資視吕惠卿之徒爲何等哉？惟其欲其説之濟，故擯異而用同，卒至棄仁賢而任羣小也。今元晦見吾行社倉於一鄉爲目前之便，而遂以介甫之事爲有可取，無乃與介甫執鄞縣所爲而遽欲施之於天下者相類乎？似不可不周觀而深察也。比雖爲一事，然明者胸中因人激作而爲之增加斤兩，以至於偏，則懼其有害耳〔七〕。又來者多云會聚之間，酒酣氣張，悲歌慷慨，如此等類，恐皆平時血氣之習未能消磨者，不可作小病看，前書亦嘗畧及之矣。某每念人心易偏，氣習難化，君子多因好事上不覺乘快偏了，若曰偏則均爲偏耳。又慮元晦學行爲人所尊敬，眼前多出己下，平時只是箴規它人，見它人不是，覺己是處多，它人亦憚元晦辨論之勁，排闢之嚴，縱有所疑不敢以請，深恐諛言多而拂論少，萬有一於所偏處不加省察，則異日流弊恐不可免。念世間相知孰踰於元晦，切磋之義，其敢後於它人！况某之不肖〔八〕，朝夕救過不暇，正有望於藥石之言，是亦求教之一端也〔九〕，惟深察焉！

又

某幸粗安〔一〇〕，日往城南水竹間翻閱簡編〔一一〕，或遂與一二士留宿〔一二〕，頗多野趣，不覺伏暑之度。惟是歲月易徂，每懷學不足之憂耳。共甫甚得此方人情，然所以望之者，固不宜少不滿也。開府之初，舉動多慰人意，其樂義之風亦不易得耳。前書所講及與岳前諸友書，於鄙意大抵無可疑。仁說，岳前之論甚多，要是不肯虛懷看義理。某近爲說以明之，亦只是所論之意却似稍分明，今録呈。其間有未安處，某昨得晦叔書，却肯相信，更俟相見與面剖也。

又

來書披玩再四，所以開益甚多。所謂愛之理發明甚有力，前書亦畧及之矣。區區並見別紙，嗣有以見告是幸。中庸所引家語之證，非是謂家語中都無可取，但見得此章證得亦無甚意思，俟更詳之。所改定本，亦幸早示，得以致究求教。克齋銘讀之無可疑者，但以欠數句說克己下工處如何。敬齋箴皆當書之坐右也。洙泗言仁中「當仁不讓於師」之義，舊已改，「孝悌爲仁之本」、「巧言令色鮮仁」之義，今亦已正，并序中後來亦多換，却納一册去上呈。所謂「觀書當虛心平氣，以徐觀義理之所在，如其可取，雖世俗庸人之言有所不廢，如有可疑，雖或傳以爲聖賢之言，亦須更加審擇」，斯言誠是也。然所謂虛心平氣者，豈獨觀書當然？某既已承命〔一三〕，而因敢復以爲獻也。某近作一拙齋記，并録往，幸爲删之。

安國所寄書册今附去，數見別紙。石屏一枚似勝前，如何？共父之勢，想必此來，異時却易得便，第未知再見之日，懷向殊不勝情耳。中庸集解侯更整頓小字，欲盡移作大字，又恐其間逐句下有解釋，難移向後。侯師聖之説多可疑，然亦有好處也。魏元履，栻兩次作書託虞丞附去，不知何故不達，來諭皇恐，豈有此哉。今復有數字往問其疾，且謝之也。子飛家事聞之傷心，其子之喪，恐亦宜早歸土也。

校勘記

〔一〕後一説亦頗得之　「一」，宋本、劉本、四庫本作「二」。

〔二〕某前日洙泗言仁中亦有此説　「説」，宋本作「語」。

〔三〕差錯許多字　「錯」，宋本作「排」。

〔四〕猶人之身無尺寸之膚而不貫通　「尺」，宋本、劉本作「分」，下同。

〔五〕却不於此等偏處下自克之功　「於」，原作「與」，據宋本、劉本、四庫本改。

〔六〕某近年以來　「年」，宋本作「日」。

〔七〕則懼其有害耳　「其」，宋本作「甚」。

〔八〕況某之不肖　「肖」，宋本作「敏」。

〔九〕是亦求教之一端也　「也」字原無，據宋本補。

〔一〇〕某幸粗安　「某」字原闕，據宋本、劉本、四庫本補。

〔一一〕日往城南水竹間翻閱簡編　「日」字原闕，據宋本、劉本、四庫本補。

〔一二〕或遂與一二士留宿　「士留」二字原闕，據宋本、劉本、四庫本補。

〔一三〕某既已承命　「某」，宋本作「栻」。下同。

南軒先生文集卷第二十一

書

答朱元晦秘書

共父相處二年，心事儘可説，見識但覺日勝一日，亦不易得，作别殊使人關情也。君臣之義，要須自盡，積其誠意，庶幾感通。其間若有一絲毫未盡〔一〕，則誠意已分，烏能有動乎？孟氏敬王之義，所當深體也。所寄諸説亦畧觀大槩，林擇之思慮甚親，可重可重！鄙意有欲言者不敢隱，容後便一一寫去，共講論也。近來此間相識，却是廣仲、晦叔甚進，德美，已入書院。生徒十五六人，但肯專意此事者極難得耳。

又

辱示書，并見所與共甫書論校正二先生集事備悉，然有説焉。前次所校已即爲改正七八，後來者雖嘗見，共甫云老兄又送所校來，偶應之曰：「若無甚利害，則姑存。此本乃胡氏所傳者。」既而欲取一觀，則亦因循，而共甫亦忘送來，此則不敏之過也。然豈謂胡氏本便更不可改耶？前日答兄書，猶云後來者未曾見也。答書之次日，折簡徵於共甫，而得詳觀，其間當改處甚多。方此參定，又二日，而領來教。若以爲一時答共甫之言忽而不敬，與夫因循不敏之過則可，若謂有私意逆拒人，則内省無是也。今以所校者改正近二百處矣。當時胡家本極錯，已是與諸公校過，常恨此間無别本，得兄校正，甚幸。如定性書前後語豈可無？又如辭崇政殿説書表，當在上殿劄子之後，此極精當，能發明先王正大之體，有益於後學。然其間有鄙意所未安，以爲不當改者，亦不敢曲從，如必欲以泝流爲沿流，猶子爲姪是也。沿乃是循流而下，更無别説，泝流窮源，則可見用力底氣象也，試嘗思之。稱兄弟之子爲姪，無他義，只是相沿稱耳；稱猶子，猶或庶幾焉。當時先生此兩處稱猶子，亦復何害？若謂是文定改此兩處，則胡爲他處不改也？若此等却望兄平心易氣以審其是非焉。已作簡共甫，并亦時有數字注在所校卷子中，想共甫須送往。尚有欲改及可見告者，毋惜，却簽此卷見示，庶成完書耳。栻每念斯道知之爲難；知之矣，請事之功爲難。氣習之不易消化也，而可長乎？人告之以有過則喜，此爲進步於仁，仲由所以爲百世師也，況如淺陋？得來書警策之，甚幸。嗣此無替斯義爲望，栻亦不敢有隱於左右也。讀所與共甫書，辭似逆詐億不信〔二〕，而少含弘感悟之意，殆有怒髮衝冠之象。理之所在，平氣而出之可也，如何如何？相察相正，朋友之道，吾曹當共敦之。

程先生集既有舊本可據，當不憚改，但心疑數處，亦當注「一作」於其下，所以存謙退敬讓之心。下諭敢不深領。

又

共甫之召，蓋是此間著績有不可掩，然善類屬望，在此行也。數日來，聞二竪補外，第未知所以如何。若上心中非是見得近習決不可邇，道理分明，則恐病根猶在，二竪去，復二竪生。不然，又恐其覆出爲惡。若得有見識者乘此時進沃心妙論，白發其姦，批根塞源，洗黨與一空之，然後善類朋來，庶有瘳乎！

又

復和仇虜，使命交馳，痛心痛心！陳應救時通書極知憂國，但未見所以濟之之策。□□□已去復召〔三〕，却又供職，所不能曉，□□□想數得相見〔四〕。但今日所謂正人端士固有之，惟是不知學，不敢期望以向上事業耳。湖南緣向來有位者惠姦長惡，養成郴賊，共父到，頗能明信賞罰，上下悦之。今鄂兵集者五千人，若措置得宜，當數月而定。但今時一種議論，待盜賊只知有招安，正如待仇虜只説和一般。此賊蹂踐三路，殺掠無數，渠魁豈可不殲焉？特散其黨與可耳。

郴、桂盜賊幸有平定次第，但安輯反側，撫存凋瘵，正惟匪易。如病癰疽，須消盡毒氣，使血脉貫通，方爲無事。共父甚留意。偶來告有便介，草草復附此。

又

近世議論，真所謂「謀其身則以枉尋直尺爲可以濟事，謀人國則以忘親苟免爲合於時變」。世間號爲賢者，正墮在此中，况其他哉！此風方熾，正道湮微，率獸食人，甚可懼也。吾曹但當相與講明聖學，學明於下，庶幾有正人心，承三聖事業耳。

又

諭及「易與天地準」以下一章，細看惟文義聯屬處猶有所未達，方更詳之，恐有定論，幸見教。近看「和順於道德而理於義」，恐正是謂易書之義，蓋與上四句立語同，後一句乃是總括聖人作易，所謂生蓍倚數、立卦生爻，理義皆窮理盡性至命之事也，不識如何？

又

某今夏止酒〔五〕，又戒生冷，意思頗覺勝常年，一味善噉飯耳。昨見所與劉樞書，聞郡中既以再辭之狀申省，今且當謹俟之也。伯恭聞居深山間，想甚勝。向來聚生徒之多，聞亦有議之者，曾得其詳否？伯逢止酒甚勇，在渠誠爲不易也。所諭釋氏存心之説，非特甚中釋氏之病，亦甚有益於學者也，但「何有於我哉」，文義細詳之，只是謂此數者非獨有於我，正欲學者進於此也，故程子謂勉人學當如是也〔六〕。吕氏之説，誠是添字較多。若尹氏謂「人孰能若孔子者哉」，又恐以「若」字易「有」字，亦恐未安也。大意固是聖人示人以近，故以此數者自居。若曰「孰能若我」，則又恐非聖人辭氣耳。「吾有知乎哉？」尋常只承程子之説，若文勢則上一句疑辭也，下一句斷辭也，猶曰「君子多乎哉？不多也」，不識如何？

又

某幸粗安〔七〕，不敢廢學，惟相望之遠，每思講益，殊不勝情耳。近兩書中所講，再三詳之，如中庸章句中所指費隱，雖是聖人尋常亦有説費處、説隱處，然如所指，却有未免乎牽强者，恐此數段不必如此指殺。某方亦草具所見，更定異同處，俟更研究後便寫寄也。仁說如「天地以生物爲心」之語，平看雖不妨，然恐不若只云「天地生物之心，人得之爲人之心」似完全，如何？仁道難名，惟公近之，然不可便以公爲仁。又曰「公而以人體之故爲仁」，此意指仁之體極爲深切，愛終恐只是情。蓋公天下而無物我之私焉，則其愛無不溥矣。如此看乃可。由漢以來，言仁者蓋未嘗不以愛爲言也，固與元晦推本其理者異。然元晦之言，傳之亦恐未免有流弊耳，幸更深思，却以見教。

中庸集義前日人行速附去，不曾校得，後見謄本錯誤處多，想自改正也。序文更幸爲隱括。其間有云「若横渠張先生則相與上下講論者也」，本作「合志同方者也」，不知如何？如此未穩，亦幸爲易之。劉樞再帥，此間人情頗樂之，今次奏事，所以啟告與夫進退之宜，想論之詳矣。因其迓兵行，附此一紙，它俟後訊。

又

吴晦叔八月間遂不起，極可傷惜。湘中遂失此講學之友，豈復可得！近聞已葬矣。有子方數歲也，想亦爲動懷。伯恭見報已轉對，未知所言竟云何。英州固爲病痛不小，但其去也，殊有所係，近事想悉聞之，使人憂心，不遑假寐。又伏思之，吾君勤儉之德，天必將相之，有所開悟，所恨臣下不能信以發志耳。建康屢得書，亦念歸也。其它遠書莫盡。

又

某已拜書〔八〕，偶有少事，數日來方見李壽翁侍郎申明，乞依舊法〔九〕，義米各椿穀在逐鄉都分中，曾見此文字否？此説殊當，但朝廷下諸路常平司與州郡相度，目前諸人例以爲不可行，可歎！然壽翁所條似未盡，而户部鋪法固已沮之矣。區區之意以爲可行，但須條畫詳密乃可。望兄試爲思而處之，畫項見教〔一〇〕，附此人回，幸甚！聞向來兄在鄉所措置歛散米事，今極有倫理。其間利病甚切，想究復之熟矣，顒俟顒俟。

如湘中辛卯之旱，浮徙者無數。徙者後來得歸十無二三。此説得行，當無此患。文字恐未見，録一本去。

胡明仲論語詳説雖未能的當，然其間辯説，似亦有益於學者也。有欲板行者，於兄意如何？章句或問書中所引周氏説爲誰，某未見此書也。再三思或問所條析，誠恐前輩説中偏處有誤後學，不可以不辯。但一一辯析，恐未能盡，又似太費力，只舉其大者與其條目使人推尋之，如何？然前所寄數紙詳讀，又於愚慮所益固已不少，恨未得盡見之也。蓋其間非獨可正一事一義，於其立言病痛來歷處究極之甚精也。

又

畫僧只是一到城南經營，即爲劉樞閉在湘。春作圖帳，到今未出兩紙，只是想像摹寫，得其大都，其間有欠闕及未似處，今且送往，他時別作得重寄也。書樓山齋方治材未立，南阜未有屋，須他年屋成，即謂之蒼然觀耳。書樓欲藏數百卷書，及列諸先生像，此二字亦求兄寫〔一一〕，當不惜也。

又

向來略有疑於辭受之際者，無他，只爲既已堅辭，後來只是堂中檢坐不許辭免指揮，未曾再被君命，疑以爲未可也。今承來諭，蓋已備曉。但某尋常或慮兄剛厲之過〔一二〕，今寬裕乃爾，足見矯揉之功也。夷、齊事舊承用五峰之説，謂夷、齊讓國，故見伐國事不是，不食周粟，在夷、齊身分上當然，是能全其清者也。因論及，細思之，非謂前日已曾如此，今日更不得如彼，只是清者之見自如此耳，如何？中庸章句如「道不遠人」章，文義亦自有疑，此便即行，容續條去。所謂欲作一略解，甚善。某近來看論語諸書，文義間時亦覺平易中有味處。病後醫者戒以少作文字，未欲下筆。冬間有可求教者，旋寫去。盍簪之樂，時見夢寐，未知何日果遂耶？馳想馳想！

又

胡廣仲一病遂不起，極可傷惜。渠氣本弱，忽苦腿髀之疾，醫者謂腎氣有餘以甘，遂瀉之，自此泄利不止，百藥無効，經月竟至此。弟弱子稚，尤可念。渠邇來雖肯講論，終是不肯放下。病中過此，猶爲及此意。然胡氏失之，亦甚害事也。元履家事如何？某寄賻儀等去已久〔一三〕，都未得其子回信，不知已達否？晦叔在岳下無過，從欲决意來城中，要是渠自當離却婦翁家乃是。伯逢月初已赴江東任。諸公近來無甚講論，德美却來數日，終未能近思也。士子輩間有好資質肯向學者，更看長遠如何，此亦告之以循序務本而已。近來讀繫辭，益覺向者用意過當，失却聖人意脉。如横渠亦時未免有此耳。詩解諸先生之説盡編入，雖是覺泛，又恐學者須是先教如此考究，却可見平淡處耳，如何？

又

某幸如昨〔一四〕，但自家弟赴官，極覺離索之思耳。日夕不敢廢學，第覺向來語言多且易，只欲且做工夫。讀所寄來伊川先生簡語，尤用悚然，不知尊兄意如何？每玩來書，未嘗無警益，愈恨相去遠，未得聚首耳。中庸義邇來細讀，自「誠者天之道」以下尤覺所解有功，前面於鄙意尚多疑處，今復旋具呈。子重編集解，必經商量刊成，願早得之，此書極有益也。傳心閣銘序語誠贅，刪之甚佳。尤溪學記此本勝前，前本大抵意不甚達耳。某近爲邵州作復舊學記，其間論小學、大學意，偶亦相類，録呈。今猶未刻〔一五〕，有可見教，尚冀速示也。岳麓書院邇來却漸成次第。向來邵懷英作事不着實，大抵皆向傾壞，幸得共父再來，今下手葺也。書院相對案山〔一六〕，頗有形勢，屢爲有力者睥睨作陰宅。昨披棘往看，四山環繞，大江横前，景趣在道鄉碧虚之間，方建亭其上，以「風雩」名之，安得杖屨來共登臨也？它幾以道義自重。

又

知言疑義，反復甚詳，大抵於鄙意無甚疑，而所以開發則多矣。其間數段謹録呈。今自寫出再看，又覺此内亦有不必寫去者，亦且附往〔一七〕。論語仁説，區區之意，見學者多將仁字做活絡揣度，了無干涉，如未嘗下博學、篤志、切問、近思工夫，便做「仁在其中矣」想像，此等極害事，故編程子之説，與同志者講之，庶幾不錯路頭。然下語極難，隨改未定。方今録呈，亦俟諸老行寄去。讀史管見當併往，近看此書，病敗不可言。其中間有好處，亦無完篇耳。看元來意思，多是爲檜設。言天下之理，而往往特爲譏刺一夫，不亦隘且陋乎？編通鑑綱目極善。以鄙見，每事更采舊史尤佳，恐通鑑亦有所闕遺耳。它懷併須後訊。

又

比聞刊小書版以自助，得來諭乃敢信。想是用度大段逼迫，某初聞之〔一八〕，覺亦不妨，已而思之，則恐有未安者，來問之及，不敢以隱。今日此道孤立，信向者鮮，若刊此等文字，取其贏以自助，切恐見聞者别作思惟，愈無靈驗矣。雖是自家心安，不恤它説，要是於事理終有未順耳。爲貧之故，寧别作小生事不妨。此事某心殊未穩，不識如何。見子飛，説宅上應接費用亦多，更深加撙節爲佳耳，又未知然否？

又

晦叔留此旬餘，備詳動止，繼而游揆來，亦能道近況，欣釋爲多。見前後與諸人論操舍出入之説，剖析極子細，最後答游揆之語尤完。吕子約雖知聖人此四句正是論心，然未能明别其間始終真妄邪正之所歸，故遂指其乍存乍亡爲感用，此其差亦不小，來示似未以此告之耳。近因游掾來，理會出入字，有答之之語，録呈，未知尊意何如。「易與天地準」章，後來愚意亦近是，然不如來説之詳明，更不寫去。

近來士人雖亦有漸向裏者，然往往爲邪説引取，大抵是不肯於鈍遲處下工，要求快便，故差錯耳。此尤可慮者。蘄州之説淺陋，不足動人，自是伯諫天資低所致。若臨川□□〔一九〕，其説方熾，吾曹惟當務勉其在己者，若立得無一毫滲漏，則自是孚信，有非口舌所能遽挽回也。伯恭已造朝，兩得書，聞上聰明，肯容直言，但陰盛陽微，未見復亨之象耳，奈何奈何？

又

某食飲起居皆幸已復舊〔二〇〕，向來且欲完養，此數日方出報客。城南亦五十餘日不到，昨一往焉，緑陰已滿，湖水平漫，亦復不惡。方於竹間結小茅齋，爲夏日計，雨潦稍定，即挾策其間也。嘗令畫圖，俗工竟未能可人意，俟勝日自往平章之，方得寄往耳。伯恭近專人來講論詳細，如此朋友，真不易得。但論兄出處，引周之可受之義，却似未然。又向來聚徒頗衆，今歲已謝遣，然渠猶謂前日欲因而引之以善道。某謂來者既爲舉業之故，先懷利心，恐難納之於義。大抵渠凡事似於果斷有所未足耳。游誠之資質確實〔二一〕，有志世故，心實愛之，但正宜爲學，不然，恐未免爲才使。今歸，必首去求見，某以乍出，人事頗多，姑遣此紙，早晚樞帥又自有人行也。孟子解渠却録未畢，樞帥處却將寫了，當祝封呈。餘幾爲道自重。

校勘記

〔一〕其間若有一絲毫未盡　「其」，宋本、劉本、四庫本作「是」。
〔二〕辭似逆詐億不信　「似」，宋本作「以」。
〔三〕□□□已去復召　「已」上，宋本闕三字，今以方空代之。
〔四〕□□□想數得相見　「想」上，宋本闕三字，今以方空代之。
〔五〕某今夏止酒　「某」，宋本作「栻」。
〔六〕故程子謂勉人學當如是也　「故」，原作「政」，據宋本、劉本、四庫本改。
〔七〕某幸粗安　「某」，宋本作「栻」。下同。
〔八〕某已拜書　「某」，宋本作「栻」。
〔九〕乞依舊法　「乞」，四庫本作「祈」。
〔一〇〕畫項見教　「項」，原作「頊」，據宋本改。

〔一一〕此二字亦求兄寫　「二」，原作「一」，據宋本、劉本、四庫本改。

〔一二〕但某尋常或慮兄剛厲之過　「某」，宋本作「栻」。下同。

〔一三〕某寄賻儀等去已久　「某」，宋本作「栻」。

〔一四〕某幸如昨　「某」，宋本作「栻」。下同。

〔一五〕今猶未刻　「猶」，原作「又」，據宋本、劉本、四庫本改。

〔一六〕書院相對案山　「案」，宋本、劉本、四庫本作「按」。

〔一七〕亦且附往　「且」，原作「宜」，據宋本改。

〔一八〕某初聞之　「某」，宋本作「栻」。下同。

〔一九〕若臨川□□　「川」下，宋本闕二字，今以方空代之。

〔二〇〕某食飲起居皆幸已復舊　「某」，宋本作「栻」。

〔二一〕游誠之資質確實　「游」字原無，據宋本補。

南軒先生文集卷第二十二

書

答朱元晦

通鑑綱目，想見次第甚有益於學者也。垂諭胡致堂所論五王不誅武后事，偶無别本在此檢得，然亦大綱記得。其説武氏誠當誅，畢竟既立其子，難誅其母，如來教所云。至於予奪輕重之間，不過告於唐家宗廟，廢置幽處之耳。然以中宗之昏庸，其復之如反手耳，亦豈是長策？以某愚見〔一〕，五王若有伊周之見，則當時復唐家社稷，何必須立中宗？中宗雖是嘗爲武后所廢，然嘗欲傳位與后父，是其得罪宗廟，不可負荷，已自著見。五王若正大義，於唐家見存子孫中公選一人，以承天序，告於宗廟，誅此老媪，則義正理順，唐祚有太山之安矣，試思之如何？「不復夢見周公」章，恐只當從程子之説，夢寐之間，亦思念周公之事，如見其人，然猶云見堯羹墻之類也。若謂真見周公於夢，周公不可見而見之，夢而有妄，恐非聖人之心也。若傳説，却是世上真有箇傳説，非妄也。「何有於我哉」，某後來只改作「何獨我有之」之意，程子所謂使學者勉進乎此者也。若如向來所謂尹子之説「孰能若孔子者哉」，終恐非聖人辭氣耳。近晦叔理會「久假而不歸，烏知其非有」，謂雖使其久假不歸，亦懵不知非己物。某恐孟子之意，爲此言却是開其自新之路，曰烏知其非己有也，謂至其能久假而不歸，雖未敢便謂其能有之，亦安知其非己有乎？辭氣蓋完全也，如何？九月間，曾拜書送城南圖，并録小詩去，且求書樓大字，不知曾達否？都不見來書説及耳。書樓已成，只是三間，字稍大於月榭可也，願早得之。牛、李所争維州事，當如何處置？温公之説然否？

又

某黽勉爲州〔二〕，不敢不敬，深惟聖人心誠求之，與「以人治人」之義庶幾萬一，而未之能也。幸人情粗相安，蠶麥差熟，丁税，朝廷蠲末等無常産之輸七萬餘緡，稍寬目前，但弊根不除，少須更力論之。惟是興利之臣日進，將恐多所紛更，孤迹其可久於此耶？

又

某出入省户〔三〕，日負素飱，反復古義，不遑寧處。晦叔行時，已畧言所處大槩，有以告之是望。區區在此，不敢不盡誠，政恐學力不到，無以感動，惟悚懼耳。正論極微，假借爲此論者，未嘗了然於義理之所在，而徒邅回於利害之末途。自顧藐然之身，其將何以障此波瀾？然苟留一日，不敢不勉，用是瞻仰，有不勝言。伯恭鄰墻，日得晤語，近來議論甚進，每以愚見告之，不復少隱也。

又

日自省中歸，即閉關温繹舊學，向來所見偏處，亦漸有覺，但絶少講論之益，無日不奉懷耳。西銘近日常讀，理一分殊之指，龜山後書終未之得。蓋斯銘之作，政爲學者私勝之流昧夫天理之本然，故推明理一以極其用，而其分之殊自不可亂。蓋如以民爲同胞，謂尊高年爲老其老，慈孤弱爲幼其幼，是推其理一，而其分固自在也，故曰分立而推理一，以止私欲之流，仁之方也。龜山以無事乎推爲理一，引聖人「老者安之，少者懷之」爲說，恐未知西銘推理一之指也。閫範之説極佳，即以語伯恭矣，只如此讀過，誠可戒也。伯恭近來儘好説話，於蘇氏父子亦甚知其非。向來見渠亦非助蘇氏，但習熟元祐間一等長厚之論，未肯誦言排之耳，今亦頗知此爲病痛矣。孟子答公都子一章，要須如此方爲聖賢作用。此意某見得，但力量培植未到，要不敢不勉耳。此話到此，尤覺難説。邪論甚熾，人心消蕩，一至於此！每思之，不遑寢食也。奈何奈何？

又

祈請竟出疆，顛倒紕悖，極有可憂。某月初即求去〔四〕，蓋會慶在近，不忍見大使之至也。自惟誠意不充，無以感動，且當歸去，勉求其在己者。今日大患是不悦儒學，争馳乎功利之末，而以先王嚴恭寅畏、事天保民之心爲迂闊遲鈍之説。向來對時亦嘗論及此，上聰明，所恨無人朝夕講道至理，以開廣聖心，此實今日興衰之本也。吾曹拙見，誠不過此。來書以爲未有孟子手段，且循此途轍爲少悔吝是也。但孟子亦何嘗外此意，特其發用變化别耳。知言自去年來看，多有所疑，來示亦多所同者，而其間開益鄙見處甚多，亦有來示未及者，見一一寫行〔五〕，俟後便方得上呈，更煩一往復，庶幾粗定。甚恨當時刊得太早耳。

又

某出入省户，日愧亡補。所以見告者，所謂實獲我心，但請對之説，容更思之。區區本欲俟轉對，對却在正初，又恐遲耳。自念學力未到，誠意不能動人，只合退歸，勉其在我者。然竊念吾君聰明勤勞，不忍只如此舍去，當更竭盡反復剖判，庶幾萬一，拳拳之心不敢不自勉，惟吾兄實照知之。寫至此，不覺酸鼻也。

又

西銘之論甚精。乾稱父、坤稱母之説，某亦如此看〔六〕。蓋一篇渾是此意也。但所論其間有一二語，鄙意未安，俟更爲精讀深思方報去。所貴乎道者三，上蔡之説誠欠却本來一段工夫，二程先生之言真格言也。某近只讀易傳及遺書，益知學者病痛多，立言蓋未易也。知言之説，每段輒書鄙見於後，有未是處，却索就此簿子上批來，庶往復有益也。近來又看得幾段，及昨日讀寄來者皆未及添入，俟更詳之，得便寄去〔七〕。

又

某邇來思慮〔八〕，只覺向來所講之偏，惕然内懼，而不敢不勉〔九〕。每得來書，益我厚矣。蓋諸君子往往因有所見，便自處高執之固，後來精義更不可入，故未免有病。若二先生其猶一氣之周流乎？何其理之該而不偏，辭之平而有味也！讀遺書、易傳，它書真難讀也。西銘所謂理一而分殊，無一句不具此意。鄙意亦謂然〔一〇〕，來示亦盡之矣。但其間論分立而推理一，與推理以存義之説，頗未相同。某意以爲分立者，天地位而萬物散殊，其親疏皆有一定之勢；然不知理一，則私意將勝，而其流弊將至於不相管攝而害夫仁。故西銘因其分之立而明其理之本一，所謂以止私勝之流，仁之方也。雖推其理之一，而其分森然者，自不可亂，義蓋所以存也。大抵儒者之道，爲仁之至、義之盡者，仁立則義存，義精而後仁之體爲無蔽也，似不必於事親、事天上分理與義，亦未知是否？曾子之言，二先生互相發明，可謂至當。知言疑義，前已納呈，今所寄尤密，方更參詳之。伯恭近日儘好講論。喬拱在此，如此等士人甚難得。潘友端年方十七，而立志殊不凡，皆肯用力。潘今暫歸省，俟其來，皆令拜書去求教。李伯諫、林擇之兄弟各有報書，陳、韓在此時相見，亦肯回頭，但頗草草耳。某近因與喬、潘考究論語論仁處，亦有少説，續便録呈。晦叔猶未得到長沙書。共父想已過九江，探伺渠到家，專人唁之。是時亦得拜書，憂患中正宜進德，此有賴於兄也。今日達官似皆不逮之，故愛之尤深而責之尤重耳。元履所謂但證候小變者，鄙意亦云爾。遺書當更令修治，近與伯恭議，欲取此版來國子監中，儘可修治耳。

又

某備數於此〔一〕，自仲冬以後凡三得對，區區之誠，不敢不自竭。上聰明，反復開陳，每荷領納，私心猶有庶幾乎萬一之望，正幸教誨之及，引領以冀也。講筵開在後月，自此或更得從容，以盡底藴。惟是迹孤愈甚，側目如林，此則非所計也。劉樞歸，想得款曲，憂患中益得進業〔一二〕，異時當大慰人望。晦叔已行未耶？聞其歸計費力，極念之。亦有一書，不知尚可及否？太極圖解析理精詳，開發多矣，垂誨甚荷。向來偶因説話間妄爲它人傳寫，想失本意甚多。要之言學之難，誠不可容易耳。圖解須仔細看，方求教，但覺得後面亦不必如此辨論之多，只於綱領處拈出可也。不然，却只是騁辯求勝，轉將精當處混汩耳。如何？

又

某十三日被命出守〔一三〕，次日早出北關，來吴興省廣德家兄，翼早可去此。自此前途小憇，殘暑即由大江歸長沙故居。偶見陳明仲，知有的便，具此紙奉報。自惟備數朝列，荷吾君知遇，迄無所補報。學力不充，無以信於上下，歸當温繹舊學，益思勉勵，它皆無足言。惟是吾君聰明，使人眷眷，不忍置耳。

又

某黽勉南來〔一四〕，視事踰旬矣。廣右比之它路最爲廣莫，而彫瘵則最甚。蠻落睢盱，邊備寡弱，日夜關慮，固當以安靜爲本，然要須在我有隱然之勢，則安靜之實乃可保。方考究料理，不敢苟目前也。遠方法度廢弛，惟以身率之，立信明義，庶幾萬一。諸路土丁，祖宗良法，今虚籍雖存，而其實都亡。方尋繹舊規，若此事有緒，庶幾邊防差壯。誠之已來，未到也。南來朋舊闊遠，殊重離索之歎。偶府中遣人買茶，略附此紙，少定，專人去相看。共父想已到建康，責任甚重，臨行，亦略獻區區也〔一五〕。

又

某守藩倏八閲朔矣〔一六〕，佩聖人「心誠求之」之訓〔一七〕，味「哀矜勿喜」之言，日夜黽勉悚惕之不暇。所幸綱紀粗定，人情頗相信，向又歲事極稔，盜賊屏戢，目前僥倖無它。而環視一路，可寒心事極多。邊備兵政，亦隨力葺理。保甲一事，亦頗有條理〔一八〕。惟是自静江之外，諸郡歲計闕匱異常，甚至官吏乏俸，軍兵乏糧，此亦何以爲郡，坐視民愈困。比有請願與憲漕共考究一路財賦底裏，通融均濟之計，幸蒙賜可，才此詳講熟慮，庶幾有以少寛。然其間曲折亦多，又不敢欲速也。學校略與整修，士子中亦有好資質，時呼一二來郡齋，與之講論，庶知向方。三先生祠甚設，有小記納去。凡此不敢不盡區區耳。官寮其初頗有拘束之歎，蓋習於放縱已久，今却極相安，有樂趨事之意。其間亦有數人慤實可委，其餘隨力使得自展。有不率者，先之以訓督，不悛而後加以法，邇來覺得斂縮者多也。此路向來盜賊之多，正緣配隸之人萃焉，例皆逃逸爲害，比嚴首捕之科，明其賞罰，接踵而至，幾無日無之，收其强壯以爲効用，故少戢也。然廣中之人亦自多犯法徒流，真有刑不足以勝姦宄〔一九〕，使人愧懼。恐兄見念，欲知其詳，故縷縷及之。静江氣象開廓，風氣疎通。覺得無瘴癘寒暄之候，殊不異湘中。環城諸山奇變，柳子厚所謂「拔地峭堅，林立四野」，此語足以盡其大槩。近觀水東諸巖，空明寬敞，惟龍隱最爲勝絶。蓋在小溪之濱，水貫其中，深窈停泓，以舟入焉，石色特青潤，嶙峻變怪，殊可喜也。某日間亦得暇讀書，但覺向來語言多所未安，尤不敢輕易立辭。中庸末章自「衣錦尚絅」而下，反復引詩，明慎獨始終之道，區區朝夕惟從事於此，而未之有進也。誠之在此，極得其助，近亦得暇讀中庸章句。晦叔許一來，已遣人取之，旦夕可到，相與講磨，庶少慰離索也。共父處人回得書，請祠之意甚濃，聞所施爲大抵類長沙。長沙之人，今歲緣茶賊之擾害，人甚思之。但某前書勸渠謙虚，使人得以自盡，人才大小皆有用處，而報書謂「到江上尤不見有人才」，某實懼此語。天下事豈獨智力能辦？通都會邑，豈無可器使者？恐吾恃聰明以忽之，彼無以自見耳，若當大任，恐有所妨。方欲作書述此意，亦望兄自以己意開廣之。今日達官如是公，誠亦不易得，望之深耳。伯恭今次講論如何？得渠書，云兄猶有傷急不容耐處，某又恐伯恭却有太容耐處。

然吾曹氣習之偏，乘間發見，誠難消化，想兄存養有道，如某病痛，多兢兢之不遑，正有望時加砭劑也。陸子壽兄弟如何？肯相聽否？子澄長進否？擇之亦久不聞問矣。無咎昨寄所編祭儀及吕氏鄉約來，甚有益於風教。但鄉約細思之，若在鄉里，願入約者只得納之，難於揀擇。若不擇，而或有甚敗度者，則又害事；擇之，則便生議論，難於持久。兼所謂罰者可行否〔二〇〕？更須詳論。精處若閑居行得，誠善俗之方也。賀州有林君勳本政書，想亦須見，謾附一本，其間固多未盡，然其人一生用工於此，其説亦着本可貴。此外又於其家求得數書，有論屯田項目，亦甚有工。才抄録，續當奉寄。此公所至有惠政，乃是廣中人才之卓然者，殊惜其不得施用也。所欲言甚多，未易殫究，餘見别紙。

校勘記

〔一〕以某愚見　「某」，宋本作「栻」。下同。

〔二〕某黽勉爲州　「某」，宋本作「栻」。

〔三〕某出入省户　「某」，宋本作「栻」。

〔四〕某月初即求去　「某」，宋本作「栻」。

〔五〕見一一寫行　「行」字原無，據宋本補。
〔六〕某亦如此看　「某」，宋本作「栻」。
〔七〕得便寄去　「得」字原闕，據宋本補。
〔八〕某邇來思慮　「某」，宋本作「栻」。下同。
〔九〕而不敢不勉　「而」字原無，據宋本補。
〔一〇〕鄙意亦謂然　原作「亦謂鄙意然」，據宋本乙。
〔一一〕某備數於此　「某」，宋本作「栻」。
〔一二〕憂患中益得進業　「得進」，宋本作「進德」。
〔一三〕某十三日被命出守　「某」，宋本作「栻」。
〔一四〕某黽勉南來　「某」，宋本作「栻」。
〔一五〕臨行亦略獻區區也　「亦」，原作「示」，據宋本改。
〔一六〕某守藩倏八閱朔矣　「某」，宋本作「栻」。下同。
〔一七〕佩聖人心誠求之之訓　「聖人」二字原無，據宋本補。
〔一八〕亦頗有條理　「理」，宋本作「流」。
〔一九〕真有刑不足以勝姦宄　「真」，宋本作「常」。
〔二〇〕兼所謂罰者可行否　「否」，宋本作「久久」。

南軒先生文集卷第二十三

書

答朱元晦

某黽勉於此〔一〕，亦復一載，幸人情粗相安。惟是思爲久遠之計，早夜不敢遑寧耳。本路鹽法，正緣諸州荒寂〔二〕，都無甚所入，全仰漕司撥鹽息以爲歲計。往年行客鈔，賣數極不多，却有折米錢甚重，民深病之，因此致盗賊。後來故改爲官般，而罷折米。中間廣東以爲不便而争之，再行客鈔。然所賣數多，蓋要足漕司歲計與諸郡之用，只一二年，鈔大積壓，諸州例窘急，而漕計亦不足，於是復行官般。只以静江言之，若無此，便無以支梧。今静江措置頗有倫緒，不抑賣，不增價，公私皆便之，鹽價反賤於客鈔之時。若諸州俱能如此，則當不至爲害。但諸州漕司撥得息少，彼無以自足，則增抑之事從此而生，故某有前日論奏。後來漕司蔽護，不肯增給。近頗得要領，已再言之，恐可遂也。大抵此路窮薄，祖宗時全仰外路應副，今每歲反應副外路。鄂渚大軍錢、靖州歲計錢及買馬錢合二十一萬緡，則安得不費力？極本窮源而論之，須於此減得，然後鈔法可行；不然，則立致敗闕也。恐欲知曲折，畧此布之。虞帝廟碑已求得季克字，甚古，磨崖比舊刻處乃大勝。蓋舊刻多鑄縫填補，今缺文皆是填補處脱落。今所磨却甚平完，見議下手刊刻也。所寄孟子數義無不精當。某近頗得暇，再删改舊説，方得十數段，候旋寫去求教。可欲之謂善，誠當指人而言，如横渠之説，蓋凡可欲者善而不可欲者惡也。人之所爲有可欲而無不可欲者，則之人也謂之善人。信字亦如來喻，皆是指人而言。如此下語，如何？金聲玉振之説，條理云者，只是有倫緒而不紊之謂。始條理者析衆理於毫釐也，終條理者備衆理於一貫也。若指條理爲脉絡，却恐未順。中庸、大學章句亦已詳讀，有少商量處，須更子細反復也。易説未免有疑。蓋易有聖人之道四，恐非爲卜筮專爲此書。當此爻象，如此處之則吉，如此處之則凶，聖人所以示後世，若筮得之者固當如此處。蓋其理不可違，而卜筮固在其中矣。如蜀莊則專用之於卜筮者也，然亦不敢輕論，俟更深考。山中諸詩紆餘淡泊，諷之不能已，但覺其間猶時有未和平之語，此非是語病，正恐發處氣稟所偏，尚微有存也，更幸深察之。游誠之官期到，行已旬日。其人明決有力，向來良得其助，但義理儘少涵泳，辭色間多與人忤，正須深下工夫乃佳耳。陳擇之今却留此，通曉民事，好商量，但講論多有成説爲礙耳。近見季克寄得蘄州李士人周翰一文來，殊無統紀。其人所安本在釋氏，聞李伯諫爲其所轉，可慮可慮！方耕道聞氣象差勝，舊書辭亦然，可喜。但適遭府公新政，科配諸州錢物不少，渠雖力與之辯，不肯承當，恐蹤迹或不能久安耳。

又

某黽勉所職〔三〕，無補是懼。目前幸歲稔盜息，人情相安，但環視一路，可爲寒心者多，亦切考究，以其大者控陳矣。伯恭相聚計講論，彼此之益甚多，恨不得從容於中也。寄示學者講論一紙。所論萬物皆備一段，意亦近裏。大抵不能反身則自不與己相干，它人飽食，何與己事？反身而至於誠，則樂莫大矣。誠則實能有之也。又論未感時四端混爲一理，却有未安。未感時雖是渾然，而所謂四端之理固已具於中，及其感則形見也。聖智巧力，某後來改舊説頗詳，續録呈。武氏事誠有難處，維州之説，正是鄙心，尚有少曲折，後便併盡。久假不歸，當從晦叔。韓、曾用財之説，甚善甚善。某此間應接賓客民事，通近兩時，又將兩時退而考究，紬繹訪問。此外尚得讀書餘暇，有可見教，不惜示及。

又

出處之計竟何如？須着一出否？孟子解等鋟版得遂，漫去〔四〕。非兄致力，豈能便爾，感幸感幸！向來固屢蒙諭及，是時已復不能收拾，要是因循皇恐耳。近年讀書頗覺平易中意味，向來多言，徒爾爲贅，欲下手痛加刪正，終以官守事奪，不敢草草耳。所部自增給鹺息之後，頗可支梧，横歛苛征得以嚴戢。比復有請，漕司輒增撥鹽數，諸州輒增鹽價，並以違制論；諸州將鹽息撥入公庫，充燕飲饋送等費，並坐贓論。已蒙如請行下。又請以見在二十萬緡專椿充漕司買幹鹽本，二十萬緡專備借諸州搬鹽本，此乃是一路根本，一毫不得妄動，每歲終申省。蓋無此，鹽法便倒了，一路便受害，向來幾爲妄吏羨獻，是絶一路命根也，可懼可懼！此請亦已行下〔五〕，同運司措置椿管應濟矣。趙若海若得疏通曉事，便自見此。今日正要漕臣得人，庶幾一定之論可以凝固也。諸邊悉寧，但未陰雨之計，不可不素整。今静江教兵頗成次第矣，邊頭所患少財亦已有請，庶幾規摹悉定，有可繼之實耳。偶有一項錢，爲三邊州請爲回易之本，若得此，三年之間招補將兵闕額，修堡塞，利器械〔六〕，可有永久隱然之勢，無南顧之慮矣。適會新憲到官，未一月而殂，拙者復通攝兩臺，事緒雖多，然凡事血脉究見，不敢不竭鄙心也。續俟聞出處定論，別專人修問次。

又

某丐祠〔七〕，乃不獲命，一味皇恐，已再具請，度必蒙矜允。黽勉於此且三年矣，此間氣燥而風烈，久處其間，豈得無所傷？加以災患悲悼之餘，尤覺費調護。又況事理自當閑退，此請若尚未遂，當更力言耳。然未去間，種種不敢少忽，遠近幸寧静，人情相安，頗覺省力，但義不得不求歸。顧惟主恩曾未有毫髮之報，區區何敢有懷安之念哉！兒子護亡室之喪已抵長沙，以此月葬事，卜地得之湘西山間，某頃嘗見之，頗爲穩密。惟是自失梱助，家事細大無不相關。今凡百悉從痛省，只覺恬静之爲安矣。論語日夕玩味，覺得消磨病痛，變移氣質，須是潛心此書，久久愈見其味。舊説多所改正，他日首以求教。向來下十章癸巳解，望便中疏其繆見示。兄閑中想得專精於文字間，殆亦天意也。中庸、大學章句極含蓄有味，他解想皆用此體。通鑑工夫今何如？有相從者否？近東廣一二士來相見，篤茂可喜，此間士人似未及之，良才美質，何處無也！

又

學中重刻責沈，納一軸并十本去。近思録方議刻，欲稍放字大耳。詹漕體仁孜孜講學，每相見，職事之外即商確義理，殊爲孤寂之慰，其趣向亦難得也。本路州縣間人才尋常不敢忽，有思慮、有才力者亦得數人。有邕州倅吴偁者，雖是粗疎，然忠義果斷，疾惡如讐，緩急可用，亦謾及之。

又

石子重、陳明仲、魏應仲三書煩爲自使轉達。林擇之久不聞問，今何如？近復有何人相從？長遠者誰？誠實肯作工夫耐久者，極難得也。鄭自明直言，亦不易容受，其直固是可喜事，但未見用其言，而自明兩遷矣，在言者亦更須審顧也。趙若海固爲才健，但近來出按諸郡，拘覈錢物，殊有過當處。凡郡之財悉拘入漕司寄椿庫，遂致有無錢支俸散衣處。昨日報却與廣東詹漕兩易，渠尚未歸也，詹却頗有氣味，舊熟識之。但渠素主張行鈔法，渠未見此路利害，得其來，同作一家事，共議其至當，尤幸耳。本路緣數劇盗皆就擒，遠近殊恬静〔八〕。邊上緣向來多是姑息不立，壞却綱紀，近頗修正一二三矣。大抵議論往往墮一偏，孟浪者即要功生事，委廢者一切放倒，爲害則均耳。

又

諭及大學中「人之其所親愛而辟焉」處，當讀作僻字，反復詳之甚顯然，且是上下文義貫穿，無可疑者。其理則於修身齊家極爲要切，易傳所謂妻孥之言雖失而多從，所憎之言雖善爲惡，亦是意也。想静中玩繹，多所發明，恨未得盡扣耳。某數年來務欲收斂〔九〕，於本原處下工，覺得應事接物時差帖帖地，但氣習露見處未免有之，一向鞭辟，不敢少放過，久久庶幾得力耳。冬夜殊得讀書之暇，温繹舊説，見得其間縱有説得是處，亦復少味，益恨向來言之容易〔一〇〕，甚思得閑，從頭整頓過。所欲面承者，蓋非一事也。自甲午病後，雖痛節飲，但向來有酒積在腹間，才飲一兩杯，便覺隱隱地，遂禁絶不復飲，蓋亦効賢者之決也，以此益覺精力勝前耳。於所講論皆無疑，獨易説未得其安，亦恐是從來許多意思未能放下，俟更平心易氣徐察之也。所謂若稍作意主張，便爲舊説所蔽，此豈獨讀易爲然，凡書皆爾；豈獨説書爲然，凡事皆爾。理道本平鋪放着，只被人起意自礙了。然此非是要它不思量，蓋只爲正有害於思耳。

又

某比者蒙誤恩因任〔一一〕，辭而不獲，極用悚皇。但再三思之，事理有不容久冒昧於此，想兄亦悉其詳，身之利害非所問，正恐或至貽害一路。蓋帥司事動涉邊防，而皆係屬密院耳。少俟開正後，當力控陳，其間曲折，遠書未易具布也，兄何以幸教之？本路諸事幸粗定，諸州例頗舒，若得計臺以根本爲念，不爲新奇，不迫以舊逋，庶乎可以望休息。但他人所見類多不與此意同，柰何！然在區區不敢不竭誠盡力也，苟一日未去此，則不敢少忽耳。

又

某新歲來〔一二〕，即欲申前請，適以買馬事方興，不免少待。近已畢事，即日走价控陳，執事者漠然不以爲意。今力具劄子至上前，度可必得請〔一三〕，想當在後月末也〔一四〕。如或尚未得，隨即更請，以得爲期。非惟己分時義所當退閑，兼久處炎方，某頑軀雖幸差健，然恐氣血未免爲所蒸薄。兒子素來氣弱，哀苦之後遂得肺疾，尤非熱地所宜，殊爲之憂慮耳。遠方之人似頗相信，凡百易於號令，比初到甚省力。但朝廷既無相知者，脱有意外，深懼不相應，此尤宜速去耳。詹體仁慤實肯講學，不易得，但未免弱，蓋膽薄而少決。今日善類多有此病，在此每力扶之，終似覺難。以此思剛明之資誠不易得，相與任重行遠，要須得若人輩耳。來諭□□之病〔一五〕，鄙意政謂然，亦屢告之，覺得似安於此，然力箴救之，不可已也。氣禀與家學之説誠然，不能矯正，只是剛明不足耳。□□□一種議論〔一六〕，後生輩淪入心府，已覺流弊，甚害觀□□意亦近之〔一七〕。渠一對之後，又復且隨衆而處，亦何能爲有無哉？此特爲尊兄言之可耳。近得劉子澄書云：□□正似范淳父避世金馬〔一八〕。此是何議論？金馬豈避世之地耶？范淳父當時同温公修書，事自不同，温公所稱，意自別耳。尊兄閑静中玩理甚精，每得來書，論學及政及評品人才，未嘗不犁然有當，而矍然有省，且慨然有歎也。吾曹豈私於所好哉？自覺理有不可易者，要當相與貞固勉厲而已。數年來，尤思一會見講論，未知何日得遂耶？中庸、大學中三義，復辱詳示，今皆無疑，但截取程子之意，似不若只載云「程子曰『此一節子思喫緊爲人處，讀者其致思焉』」，則已是拈出此眼目，使人不敢容易看過矣。如易傳中多有如此等意思，誠解經之法也，如云感通之理，知道者默而觀之可也。更幸詳之。學記得兩石甚堅潤且厚，見磨治刻字，當檢點子細，日俟額字之來耳。所要碑刻文字，寄去數具別紙。林擇之可念，當時似不必如此遠去耳。今亦分俸薄助之，附此便告，幸爲轉達。吴門蹤跡亦見別紙。陳、鄭兩書已付吴德夫，但鄭君已赴銓矣，吴晦叔已葬，子殊幼弱耳。湘中士人有周奭者，舊嘗相從，近來此相訪，頗覺長進，似是後來可望者，蓋天資元來剛介，今却肯作工夫耳，以母老不得久留，今歸矣。有新貴州守陳唐弼過此，頗有志於事爲，於邊防、兵法、屯田等事皆曾講究，乃一有用之才。其父規，紹興間與劉信叔同守順昌者也，亦恐欲知。游誠之時得書否？心極不能忘之，然要須更加鋤治之功耳，亦幸時因書告語，此等資質宜有以成就之。石子重之對如何？後來有何學子及人才中有可見語者？因書却幸筆及。英州兩遣人看之，數日前得書，頗似悔前非，有欲閑中讀書之意，未知如何？又恐爲釋氏乘此時引將去也。義利交戰，卒爲利所奪，君子小人相好，卒爲小人所汩，蓋亦理勢之必然。此渠前日之爲，亦不勝其責也，然誠是終可憐耳。建康數通問否？近日意思作爲復如何？此僻遠，終是疎得音書，且都不知事耳。

又

此間歸長沙，一水甚便，只數日陸行，到清湘登舟，春夏間不十日可泊城南書院堤下矣。學中見刻易傳，湖廣間難得此本耳。近思録中可惜不載得説舉業處，幸寫示，尚可添入。是兄一手所編書，此不欲自添也。舍弟數數拜書否？隱齋着語，願亟見之。

又

前時承書中論及狄梁公書法甚善，使梁公親聞之，亦當爲法受惡無所辭，此義烏可不立也？管寧之徒亦誠如所示。栻近因讀春秋胡氏傳，覺其間多有合商量處。程先生之説雖少，然總領畧具矣。本路新漕詹君儀之體仁，豈弟愛民，凡事可以商量，又趨向正，孜孜以講學爲事，時過細論，殊慰孤寂。舊在嚴陵相見，頗惑佛學，今却不然，亦得伯恭之力，其人恐有可望也。二廣亦有二三士人肯思慮能自立者，但向來無師承，方告以所當循之序耳。

又

尊嫂已遂葬事否？卜其宅兆，固當審處。然古人居是邦即葬是邦，蓋無處無可葬之地，似不必越它境，費時月，泛觀而廣求也。君子舉動，人所師仰。近世風俗深泥陰陽家之論，君子固不爾，但恐聞風失實，流弊或滋耳。更幸裁之。

又

游掾後來曾相見否？計今已還也。晦叔不知尚留彼中否？中庸後解想已付渠來，甚欲見也。如「道不遠人」章，鄙意以爲須將人字做人心説，亦是旋添入，不若更平易看，只是道初不遠於人之身，人之爲道而不近求之於其身，尚何所爲道？故有伐柯睨視之譬，知道之不遠人，則人與己本均有也，故以人治人。如此看似意味爲長，不識如何？

校勘記

〔一〕某黽勉於此　「某」，宋本作「栻」。下同。
〔二〕正緣諸州荒寂　「寂」，宋本作「寒」。
〔三〕某黽勉所職　「某」，宋本作「栻」。下同。
〔四〕漫去　「去」，原作「出」，據宋本、劉本、四庫本改。
〔五〕此請亦已行下　「請」，原作「情」，據宋本改。
〔六〕利器械　「利」，宋本作「厲」。
〔七〕某丐祠　「某」，宋本作「栻」。下同。
〔八〕遠近殊恬静　「恬」，宋本作「帖」。
〔九〕某數年來務欲收斂　「某」，宋本作「栻」。
〔一〇〕益恨向來言之容易　「益」，宋本作「憐」。
〔一一〕某比者蒙誤恩因任　「某」，宋本作「栻」。
〔一二〕某新歲來　「某」，宋本作「栻」。下同。
〔一三〕度可必得請　「請」，原作「得」，據宋本改。

〔一四〕想當在後月末也　「末」，原作「來」，據宋本改。
〔一五〕來諭□□之病　「諭」下原闕二字，諸本皆同。
〔一六〕□□□一種議論　「一」上原闕三字，諸本皆同。
〔一七〕甚害觀□□意亦近之　「觀」下原闕二字，諸本皆同。
〔一八〕□□正似范淳父避世金馬　「正」上原闕二字，諸本皆同。

南軒先生文集卷第二十四

書

答朱元晦

章句序文理暢達，誦繹再四，恨未見新書體製耳。近思録誠爲有益於學者之近思，前此伯恭尚未寄來也。某比改定〔一〕，得語解數篇，未及寫去。先進以後，後來過目，有可示教，一一條示，至幸至望！游誠之誠長進，但向來相聚，見其病多在「矜」之一字，亦嘗力告之，若不痛於此下工，則思慮雖親切，亦終必失之耳。今在彼，動心忍性處多，於渠當復有深益。某若祠請得遂，徑歸城南，温繹舊書，甚幸。但近年極思與君子一相見，何日得爾耶？儻居閑，當漸可圖也。是閒學校、廟宇已成，頗爲雄壯。書閣、講堂次第而立，齋廚亦然〔二〕。大抵類長沙學，而木植規範似過之，恐早晚去此，求記不及〔三〕，已令具始末及畫圖〔四〕，旦夕專人走前。它懷此未能具布。

又

某幸粗安常〔五〕，近緣憲漕兩臺俱闕官，不免時暫兼攝，雖事緒頗多，然一路滯獄苛征得以決遣蠲放，不敢不盡心也。向來廬所論，乞增撥諸州一分鹽息錢及增邊州米錢事，會適蒙恩旨施行，因得子細奉承。且爲一路思久遠根本之計，椿貯四十萬緡於諸州，以權衡鹽法，接借本脚，而又措置防異日漕司增鹽、諸州抑賣及妄費等弊頗詳，一一列上。若非今次攝漕事，則亦無由料理得也。此是一路性命所係，前日幾爲小人盡刮以獻。前後文字俟一一録去。此事一定，則拙者欲秋凉後丐歸長沙舊廬耳。虞帝廟磨崖已刻得有次第，前日打得數字謾附呈。兩日以霖雨，不曾打得也。磨崖之傍，近因取石，遂鑿開一巖頗佳，巖之後正臨皇澤之灣。今欲當户爲亭以瞰之，巖曰韶音，亭曰南風，亦恐欲知。中庸集解已成，只是覆尤溪版納一部去。見刻三家昏喪祭禮，温公、横渠、伊川。未畢也。孟子欲再改過，終緣公務斷續，蓋雖退食，其於庶事又有當考究思慮者，不敢放下耳。偶有少事，具見別紙。速遣此价，它未能及，俟碑成再遣人去，正惟爲道義重。

又

某近聞建寧書坊何人將癸巳孟子解刻版〔六〕，極皇恐。非惟見今删改不亭，恐誤學者，兼亦甚不便，日夜不遑。已移文漕司及府中日下毁版，且作書抵鄭、傅二公矣，更望兄力主張，移書苦言之，且諭書坊，不勝幸甚。此价回，欲知已毁之報，甚望之〔七〕。

又

奉教以禮書中不當去冠禮，事甚當。是時正欲革此間風俗，意中欲其便可奉行，故不覺疎略如此，見已改正。如冠禮乃區區久欲講者，當時欲留此一段，候將來商議定耳。比者長沙亦略考究爲之説，其間固多未安，今謾録呈，願兄裁定示誨。此事乃人道之始，所係甚重，所謂冠禮廢，天下無成人也，惟早留意，幸幸！虞廟樂章所以未刻者，緣有少疑。辭固高古有餘味，但如「神降集兮巫屢舞」之類，恐涉於不敬。又此邦之人尚鬼，詭怪百端，恐愚民不識用意之所在，傳訛爲怪異怳忽，故未敢刻，更幸詳之，見教乃得奉承耳。所謂天德剛明，非幹母之蠱者所能開廸，此論之至當。某之愚〔八〕，近思之亦謂然。如□□□輩難責〔九〕，蓋未免要它官職耳，不知寫與伯恭，渠謂如何？若只如□□所執〔一〇〕，恐終無益。

下梢了得个渾身無病痛，出來已是大噉，竟何益也？然此論切不可輕出，已是被人憚吾輩之深，未有益而空先重其疾耳。

又

孟子解板，不謂鄭少嘉全不解人意，早晚賀倅李宗甫歸，當令攜書往見趙守，專辦此事，須煩李君面看劈版。是時亦拜書，煩力一言也。

某已遣人行〔一一〕，偶復記有一事，再此具布。虞廟碑中「肹蠁」字，此間有舊日監本西漢書，檢得甘泉賦中「肹蠁豐融」，乃是從「向」。古字固多通用，遂不復改，幸照悉。

又

語説薦荷指諭，極爲開警。近又删改一過，續寫去求教。私心甚欲一相會，若得至長沙，當有可議耳。伯恭既已轉對，恐當爲去就計。近見臺臣論程學云云，如伯恭在彼，尤不應恝然也。石子重向來聞在三衢辭召命，甚善。今聞已到闕，未知所言何如耳。其它大抵非遠書可達也〔一二〕。學舍已成，方敢請諸邑有行義士人入其中爲表率。嶺外風俗尤弊，雖未易遽正，然不敢不開端示漸，如喪祭婚姻間亦頗有肯革者。理義存乎人心，但患啟廸薰陶之未至耳。

又

論語章句精確簡嚴，足以詔後學。或問之書，大抵固不可易之論，但某意謂此書却未須出〔一三〕。蓋極力與辯説，亦不能得盡，只使之誦味章句，節節有得，則去取之意與諸家之偏，當自能見之。不然，却恐使之輕易趨薄耳。

又

共父一病，遽至薨逝，聞問慟哭，傷痛奈何！積望至此，亦殊未易。時多艱虞，喪此柱石，深爲天下痛惜之。不但朋友相與之私情，想同此心也，奈何奈何！其家事今如何？嗣子頗能立否？凡事相悉倚賴，賢者當亦不惜力也。葬事在幾時？有定期否耶〔一四〕？某義當往哭〔一五〕，適此拘攣，今且專价去，俟到武昌，更再遣往。臨書涕零，不勝情也。

又

某自附陳明仲書後〔一六〕，一向乏便嗣音，惟是懷仰未嘗忘也。秋凉行大江，所至遊歷山川，復多濡滯，今方欲次鄂渚，更數日可解舟。舟中無事，却頗得讀論語、易傳、遺書，極覺向來偏處，取所解孟子觀之，段段不可，意義之難精，正當深培其本耳。修改得養氣説數段，舊説略無存者。得所寄助長之論，甚合鄙意，俟到長沙，録去求教。曾子之説，伊川法則之語深有味，於此看得道字極分明也。知言疑義開發尤多，亦有數處當更往復，及後來旋看出者，併俟後便。此論誠不可示它人，然吾曹却得此反復尋究，甚有益，不是指摘前輩也。上蔡語解偏處甚多，大有害事處，益知求道之難也。

又

某受任上流〔一七〕，到郡恰一月，顧此地在今日至重，豈譾陋所能勝？然亦不敢妄自菲薄，黽勉激昂，期爲遠計。第承積弊之餘，綱紀委地，無一事不當整頓，今頗有條緒，邦人似相信愛。邊備深可寒心，軍政極壞。今軍事在都統，財賦屬總司，所謂帥臣者，其所當爲，要是以固結民心爲本，使斯民皆有尊君親上、報國疾讐之心，則以守固，以戰克矣。此路民貧悴尤甚，它處田多未墾，茅葦彌望，坐失上策，於今幾年。義勇民兵實多强壯，但久不核其籍，且數年不教，其勢因循。見行整頓此事，在於人情亦似樂之，然其間曲折之宜，正須精密乃可。帥司兵但有神勁馬步合千人，騎軍共父所制也。方一新隊伍，嚴紀律，明節制，兵雖不多，要是規模不可不立。荆鄂大軍屯營在此者亦萬五千餘人，非復岳侯向日規摹。近日曾喚來射，亦全不成次第。兵將輩見帥司治軍，似頗有愧色。前此其軍擾郡中，百姓不可言，某務以信義開懷待之，而號令則不可少犯，頗肅然，無敢干者。襄陽去此平原四百餘里耳，然向來虜不曾出此者，以糧運費力之故。顧此亦何足恃，但此間乃吴蜀腰領，自襄陽至此，要當以死守之。往年劉信叔號名將，張安國素豪俊，然爲帥時才聞邊上少警，便倉皇要爲移治江北之計，此乃大繆，不知縱虜使至此，更有甚世界！此皆不知義，亦不知勢也。某孤危之蹤，獨荷主上照見，使爲此來，然實不敢自保其久於此，惟是深懼一日必葺之義，思効萬分。而獨力更無人相助，欲辟一二官屬，未知得與否耳。范伯達夫田文字前日來時遍尋不見，輒更求一本，及兄有可損益於其間者，併願聞之，甚望！

又

懇辭再四，不獲，就國爲宜。一境之民，得蒙被詩書之澤，何其幸哉！某居官如常〔一八〕，但比之静江，應接頗多，殊覺少暇耳。所幸遠近頗寧肅，雨澤沾足，高下之田悉得就耕。京西界中有賊過北界，刼其縣，殺其令，歸途涉本路境，追捕得數輩，梟于境上。其中有虜中官員亡奴過來勾引京西賊刼本縣〔一九〕。天下之惡一也，亦縛送之〔二〇〕。邊頭之人初頗不安，賴此安静。但孤蹤殊不敢自保，然茍尚留此，每事不敢不黽勉。義勇近來振激之，頗覺它時可用，爲之立節制總紀，使各受縣宰節度，寓以階級，向來科擾迎送役使之類並罷，專一令防盗，暇時習武。若今冬未以罪去，當更聚閲整齊之。本路副都統兵寨在此，而身留襄陽，比來此相見，其人乃郭杲，亦明快可與語，問某此間得無爲守備乎？緩急有堡寨否？某應以此間出門即是平原，走襄陽僅六百里，所恃者襄漢立得定折衝捍蔽耳，太尉當力任此事，要兵要糧，此當往助，若放賊入肝脾裏，人心瓦碎，何守備爲？向來劉信叔、張安國皆有緩急移保江北之論，乃大謬也，使賊到此地，何以爲國？守臣但當握節而死耳。渠頗悚然。然某所恃者有此二萬來義勇，所當整頓，緩急有隱然之勢也。今專務固結其心，愛養其力，庶幾一旦可共生死，第一義也。到此半年，所見如此，謾恐欲知。劉寶學志銘，正月半間專遣价走送其家，至今無耗，殊不可曉，今録本去拜呈，恐未之見也。共父遂葬，聞之不覺淚落。渠此間置神勁馬軍及經理義勇兩事可書，但是時爲政，猶未及晚年在建康時耳。

又

仁風義氣，想已周浹四境，重税厚供，想已考究本末，備見求牧與芻，固當然也。某於此有所見〔二二〕，亦不敢以隱，但亦精審而後發耳。辰、沅等五郡刀弩手事，近歲爲誕謾觀望者所害。比列上爲久遠計，諸司皆恐未合，時論雖知其是，有不敢聯銜者，不免徑自以聞，便蒙開可，明主可爲忠言，士大夫往往負之耳。如茶引、會子、上供皆目前大利害，見考究以次陳也。惟是孤蹤不敢自保〔二二〕，然一日必葺之義，不敢少墮耳。義勇事屢承問及。共父向來在此入奏，謂義勇武藝勝大軍，緩急可調發，某實未見其然。然其人多强壯，倉卒足爲荆渚之衛，以壯上流，平時可以捕察盜賊，此則然耳。共父御此輩未免姑息，如免役一事極害事，後來至縣道無人可差役，中下以下户反受深害，今亦修正其事。又縣道不能節度，豈有是理！亦明示節制，使知縣而不任，則去之可耳。比有總首徑申本司保明，差一部將，不經縣道，不免懲治，使知循序，此最要務也。然義勇尋常多有所患，若如率斂等事，一切禁止，所以恤之者固不可不盡，而於節制則不可不明耳。若今冬聚教，某未以罪去，當更一一整頓之。但患武將極難得，亦是近年以來進退在近習之門，所取皆誕謾之輩，壞得人才狼狽，極可慮耳。所諭傳聞之説，甚皇恐，不知何以得此？連日循省，緣初到時承縱盜之後，不免重賞，連獲江湖間積年殺人之賊，以正典刑。又有一賀之美者，乃一路囊橐渠魁，六七年來激茶客爲盜，誤官軍使敗，且假盜以報冤，用此致家貲累鉅萬。一路之人怨毒之深，畏之甚如虎狼，不免逮捕按誅，徙其妻子，盡没其貲，歸之有司而不有之，併按治憲司大吏向來受賂故縱者。今年茶客盡循約束，無一夫敢持兵行於途者，此一事之力爲多，恐或者便以爲嗜殺耳。近數月以來，既幸無新盜，而舊盜已多得，亦無所用刑矣。但昔人哀矜勿喜之意，每切味之，要須使此氣味無間斷耳。尚氣之言，亦每防有主張過當處，亦不敢不聞而警之也。近按一郡守，素來凶險，事極狡猾，不得而已，異時恐亦不在祝大任之下。因思諸葛忠武李平、廖立之事固是公道，然亦由德盛感人之深，乃能致然，每使人愧昔賢耳。

又

幸安職守，今年雨暘以時，可望一稔，盜賊頗戢，刑罰亦省，獨兵戈間弊病非一，掇其尤者列聞，它不遑恤也。兄近來爲況何如？教令既孚，當益無事，且須爲少留否？相從今後有何人？須得暇議論。某此間但有長沙梁仁伯秀才在此〔一三〕，資質亦頗淳篤。近有澧州教授傅夢泉來相見，乃是陸子靜上足。其人亦剛介有立，但所談學多類揚眉瞬目之機。子靜此病曾磨切之否？亦殊可懼。

又

梁仁伯主簿偕來者，日夕得暇即講論，近頗長進，偶以其祖母病復歸，殊覺落莫。子澄有新功否？甚恨未識之。伯恭聞復喪偶，多難如此，可念可念！有澧州教授傅夢泉者，資禀剛介，亦殊有志，但久從陸子静，守其師説甚力。此人若肯聽人平章，它日恐有可望也。

又

濂溪先生祠記乃遂刻石，對之愧汗。卧龍想見勝槩，欲賦一詩，續當寄上。近作每得之輙有開益。别籍異財榜文甚佳，此間却不至有如此太甚者。大抵近北州民間似易道説，非湖嶺間比也。重九日出郊二十里間，遂登龍山，四顧雲水渺然，亦復壯觀。平原中獨有此山，亦不高，蜿蜒如龍蛇耳。堤岸係一方之命，尋常極草草，夏潦盛時，其不爲魚者，幸耳。近城一堤十數里，最所恃者，今爲之久遠之計，不敢草草也。

又

少愬。比對郡學開一城門，正直江湖。舊有門曰恩波，在近處，久塞，今移於此。緣舊學出門即墻面，今焉開闢，氣象甚佳。因爲樓於上，登覽遂爲一郡之冠，以曲江樓名之。蓋張曲江來爲長史時，有登江陵郡城南樓詩，故用以名，欲求尊兄爲記，幸不惜落筆，以爲此邦形勢之重。樓之下即是白水河，河之外即大湖濼，濼之外即荆江，如高沙湖之類皆在指顧，以至峽州諸山，亦隱隱見於雲水之外也。

又

伯恭近遣人送藥與之，未回。渠愛弊精神於閑文字中，徒自損，何益！如編文海，何補於治道？何補於後學？徒使精力困於翻閲，亦可憐耳。承當編此文字，亦非所以承君德。今病既退，當專意存養，此非特是養病之方也。

校勘記

〔一〕某比改定　「某」，宋本作「栻」。下同。

〔二〕齋廚亦然　「齋廚亦」三字原闕，據宋本補。

〔三〕求記不及　「及」字原闕，據宋本補。

〔四〕已令具始末及畫圖　「已」字原闕，據宋本補。

〔五〕某幸粗安常　「某」，宋本作「栻」。

〔六〕某近聞建寧書坊何人將癸巳孟子解刻版　「某」，宋本作「栻」。

〔七〕甚望之　「之」字原無，據宋本補。

〔八〕某之愚　「某」，宋本作「栻」。

〔九〕如□□□輩難責　「如」下三字，諸本皆闕。

〔一〇〕若只如□□所執　「如」下二字，諸本皆闕。

〔一一〕某已遣人行　「某」，宋本作「栻」。

〔一二〕其它大抵非遠書可達也　「達」，宋本作「述」。

〔一三〕但某意謂此書却未須出　「某」，宋本作「栻」。

〔一四〕有定期否耶　「期否」，宋本作「論未」。

〔一五〕某義當往哭　「某」，宋本作「栻」。

〔一六〕某自附陳明仲書後　「某」，宋本作「栻」。

〔一七〕某受任上流　「某」，宋本作「栻」。下同。

〔一八〕某居官如常　「某」，宋本作「栻」。下同。

〔一九〕其中有虜中官員亡奴過來勾引京西賊刼本縣　「本縣」二字原無，據宋本補。

〔二〇〕亦縛送之　「亦」上原衍「本縣」二字，據宋本刪。

〔二一〕某於此有所見　「某」，宋本作「栻」。下同。

〔二二〕惟是孤蹤不敢自保　「敢」，宋本作「獲」。

〔二三〕某此間但有長沙梁仁伯秀才在此　「某」，宋本作「栻」。

南軒先生文集卷第二十五

書

寄吕伯恭

某讀書先廬，粗安晨夕。顧存養省察之功固當並進，然存養是本，覺向來工夫不進，蓋爲存養處不深厚，存養處欠，故省察少力也。方於閒暇，不敢不勉。但良朋在遠，每誦一日不可無侯無可之言，未嘗不引領東望也。所示讀書次第皆着實。蓄德喪志之分，誠不可不察。易傳所謂考跡以觀其用，察言以求其心，此語極緊要。近來讀諸先生説話，惟覺二程先生完全精粹，愈看愈無窮，不可不詳味也。來教有云「平時徒恃資質，工夫悠悠，殊不精切」，此可見體察之功。某每思尊兄於尋常人病痛往往皆無之，此在資質固爲美，然在學問不可不防有病。它人所有病痛，却不干學問事，若只坐在此上，却恐頽墮少精神。惟析夫義理之微，而致察於物情之細，每存正大之體，尤防己意之偏，好事上一毫才過，便是私意，如要救正此人，盡吾誠意以告之，從與不從，固不可必也。若必欲救正得便有偏。推此類可見。擴而充之，則幸甚幸甚！相從諸人多長進者否？有書來者，各隨其説，以鄙見答之矣。薛士龍及陸、徐、薛叔似諸君比恨未及識。士龍正欲詳聞其爲人，但所舉兩説甚偏，恐如此執害事。事功固有所當爲，若曰喜事功，則喜事上瞮有病。元晦數通書講論，比舊尤好。語孟精義有益學者，序引中所疑曾與商確否？但仁義中正之論，終執舊説。濂溪自得處渾全，誠爲二先生發源所自。然元晦持其説，句句而論，字字而解，故未免返流於牽强，而亦非濂溪本意也。觀二先生遺書中，與學者講論多矣，若西銘則再四言之，至太極圖則未嘗拈出此意，恐更當研究也。此間士子資質好、有意於學者亦四五人，每教以着實，於主一上進步耳。晦叔已兩來相見，非久欲遷城居。岳下相識，如胡廣仲、伯逢亦留意，但向來多是想像懸度，殊少工夫，故病痛多不精進，亦數有書往來也。孟子解雖已寫出，其間毛病改綴不停，正如春草，旋剗旋有，且欲自家體當，遽敢傳諸人。見録一本，它時欲奉寄求益也。仁説所題數段極有開警，别紙奉報，并後來改正處亦録去。祭儀向來元晦寄本頗詳，亦有幾事疑，後再改來，往往已正，今録去，但墓祭一段鄙意終不安。尋常到山間，只是頓顙哭灑掃而已，時祭只用二分二至，有此不同耳。家間方謀建家廟，異時廟成定祭禮，庶幾正當伯恭所考，因來却幸見寄也。它懷非遠書所可盡，有便不惜寄音。

又

自歸抵此，亦既半歲，省過矯偏，但覺平日以爲細故粗迹者，乃是深失銷磨，雖庶幾兢兢焉，惟恐乘間之竊發耳。深味論語一書，聖人所以教人與學者所當用力者，蓋可以見着實務本乃爲至要，才不帖帖地，便使有外之心也。來書所自，察向來之病，其間有云以私爲公，以情爲性者，可見察之之精，更宜深勉於篤敬之功也。向來每見衣冠不整，舉止或草草，此恐亦不可作小病看。古人衣冠容止之間，不是要作意矜持，只是循它天則合如是，爲尋常因循怠弛，故須着勉强自持。外之不肅，而謂能敬於内，可乎？此恐高明所自知，但不可以爲小病耳。語學者躐等之病，鄙懷近來正謂如此，敢不深思而謹之也。今世學者慕高遠而忽卑近之病爲多。此間有肯來講論者，今殊不敢泛告，想渠輩聽某以前説話，覺得有滋味，今却鈍悶，若信得及，却可與講習也。「其言也訒」之説誠然。彼中諸人如何？今次寄來問目，却覺子約會思量，雖是泛然，且須令思量，要是須從此過耳，此亦是自已見得曾如此也。元晦仁説後來看得渠説愛之理之意却好，繼而再得渠書，只拈此三字，却有精神，但前來所寄言語間終多病。兼渠看得某意思亦潦草。後所答今録呈，但渠議論商確間，終是有意思過處，早晚亦欲更力言之。

又

學而篇數段甚有滋益，三段已改過，别録去。「巧言令色」章前已曾改。今送言仁一册去。「父没觀其行」，却恐文意只當於居喪説，若謂泛言行，則父在，固亦當觀其行，但有所不得行，要以觀志爲主耳。論子思摽使者之説甚有味。停蓄鎮重之戒，敢不深佩！以不當憂責爲幸。近世士君子墮在此病爲多，此意殊不厚，非惟先自隔絶，無由感通，存心既爾，若一旦臨事，豈復更有力乎？詳味考槃之詩與夫「志在君也」之辭，使人三歎也。元晦向來詩集解必已曾見。某意謂不當删去前輩之説，今重編過，如二程先生及横渠、吕、楊之説皆載之，其他則采其可者録之，如此備矣。而其間或尚有餘意，則以己見附之。觀魯論中教人以詩爲先，蓋興起情性，使人深篤於人倫之際，學者須是先教存忠厚之心也。

又

某前月半間積寒成疾，勢極危，諸事亦已處置，順聽之耳。一夕氣復，諸證盡退，蓋服熱劑灼艾之力，今幸已復常。病中念平日頗恃差壯，嗜欲少，故飲食起居多不戒生冷，不避風寒，此亦是自輕。觀鄉黨中聖人衛生之嚴，豈是自私？蓋理合如是耳。尋常忽略，亦是豪氣中病痛也。每得來書，未嘗無所開警，所謂威儀辭氣間，豈特兄所當勉，某日從事于此，而每恐其不逮也。曾子所以告孟敬子者最爲親切，每覺上蔡所解語録中所説。猶似未精穩，此要須自家子細下工夫耳。某自覺向來於沉潛處少工夫，故本領尚未完。一二年來，頗專於敬字上勉力，愈覺周子主静之意爲有味。程子謂於喜怒哀樂未發之前更怎生求，只平日涵養，便是此意，須深體之也。氣質居處之説甚善，當深察之，不敢虚來意。此間士子目今亦有向方者，但看長遠如何。文字小小開解，誠不濟事，着實肯做工夫者，乃有可望耳。去年聞從學者甚衆，某殊謂未然。若是爲舉業而來，先懷利心，豈有就利上誘得就義之理！今已謝遣，甚幸。但舊已嘗謝遣，後來何爲復集？今次須是執得定、斷得分明，不然，猶有絲毫牽滯，恐復因循於它日也。亦非特此事，大抵覺得老兄平日似於果斷有所未足，時有牽滯，流於姑息之弊，雖是過於厚、傷於慈，爲君子之過，然在它人視我，則觀過可以知仁，在我自檢點，則終是偏處。仁義之道常相須，要知義不足〔一〕，則所謂仁者亦失其正矣。又如論朱元晦出處，亦似未安。周之則可受，謂不使飢餓於土地，只是來相周，故可受。今乃是受加之官寵，豈有安坐于家而坐享之理？元晦辭不敢當爲合義。但當時託一二不同志者〔二〕，使之宛轉求遂己之請，却似不消得如此添加耳，更幸思之。某舊在臨安，已覺兄之病有此，今復因此二事詳及，推此可以槩見也，如何如何？

又

來書所謂辭氣務令平和，然實處不可回互，此語盡之矣。頃見相識間有好爲調護審細之論〔三〕，退而察之，其實畏怯。名曰憂國，恐只是爲身耳，故臨利害則氣懾志喪，而縈於寵利，則不已焉。知人之難，恐不可以不察也。蓋直前妄發，固爲不是，然於所當然而不然，又別爲之說，恐終不免爲姦而已矣。此論不須爲它人說。思慮所及，因來諭，有發于中，故及之耳。

答彪德美〔四〕

垂諭之詳，再三誦之，政所望於良友者，但鄙意不能無疑。如「自滅天命固爲己私」一段，恐錯斷文句，故失先生之意，已於季立書中言之矣，想必須見，幸更深思。平心易氣，無爲己私横截斷，庶乎其有取也。知言序可謂犯不韙，見教處極幸，但亦恐有未解區區之意處，故不得不白。如云夫子未嘗指言性，子思中庸首章獨一言之，此蓋是設或問之辭，故以「或曰」起之。然云指言，則謂如「天命之謂性」是指言也，其它説話固無非性命之奥，而非若此語指而言之也。故於答之之辭中引子貢之語，以爲夫子之言，無非天命之流行發見也，意則可見矣。更幸詳觀，却以見教。若夫辭氣不足以發，則誠陋之故也〔五〕。來書雖援引之多，愈覺泛濫。大抵是舍實理而駕虚説，忽下學而驟言上達，掃去形而下者而自以爲在形器之表。此病恐不細，正某所謂雖闢釋氏，而不知正墮在其中者也。故無復窮理之工，無復持敬之妙，皆由是耳。某近來反復思之，不可不爲盡言。惟天資慤茂，必能受朋友之實攻，若忽而置之，曰「吾所得自高妙矣」，則僕亦不敢進説于前也。然某之見亦豈敢以爲便是哉？願更講之耳。

答吕子約

來書猶未免欲速逼迫之病。任重道遠，要須弘毅爲先，循循有常，勿起求獲之意乃佳。理義固須玩索，然求之過當，反害於心。涵泳栽培，日以深厚，則玩索處自然有力也。勉之勉之！平時病痛，所貴求以銷磨矯揉之，却不可徒自悔恨，於胸中反添一病。遺書中所謂罪己責躬不可無，却不可留在胸中爲悔，是也。希顔録舊來所編，不甚精切。顔子氣象但當玩味於論語中，及考究二程先生所論，則庶幾得所循求矣。

又

諭及邇來工夫，足見不輟。但所謂二病，若曰荒怠因循〔六〕，則非游泳之趣；若曰蹙迫寡味，則非矯揉之方。此正當深思，於主一上進步也。要是常切省厲，使凝歛清肅時寖多，則當漸有向進，不可求近功也。别紙亦各答去。區區固未必能深益高明，加以所懷非書可究，惟幸深思，有以見復。

又

所謂近日之病却不在急迫，而懼失於因循，此亦可見省察之功。然此亦只是一病，不失之此則失之彼矣。以至於閨門之間〔七〕，不過於嚴毅則過於和易；交游之際，厚者不失於玩則失於過。紛紛擾擾，滅於東而生於西。要須本原上用工，其道固莫如敬。若如敬字有進步，則弊當漸可減矣。楊龜山所舉富公崇深之説，固爲有益於學者，然特拈出此二字，却似未穩。更幸思之。侍旁雜務，於職所當任，豈容少有厭煩忽細之意？惟主敬以立本，而事事必察焉，此學之要也〔八〕。

答胡伯逢

中庸解録未畢，今先寫三段去，大綱規摹如此也，未知如何？垂諭性善之説，詳程子之言，謂「人生而静」以上更不容説，才説性時便已不是性，繼之曰凡人説性只是説「繼之者善也」，孟子言人性善是也。但請詳味此語，意自可見。大抵性固難言，而惟善可得而名之，此孟子之言所以爲有根柢也。但所謂善者，要人能名之耳，若曰難言而遂不可言，曰不容説而遂不可説，却恐渺茫而無所止也。知言之説，究極精微，固是要發明向上事，第恐未免有弊，不若程子之言爲完全的確也。某所恨在先生門闌之日甚少，兹焉不得以所疑從容質扣於前，追恨何極！然吾曹往返論辯，不爲苟同，尚先生平日之志哉！熱甚，近郊已復覺旱，彼中何如？更幾以遠業自重。

答胡季立

垂諭，足見講學之勤，至所願幸。某愚，惟不敢不深潛其思，時有所見，亦未必是也，惟願與朋友共論焉。夫天命之全體流行無間，貫乎古今，通乎萬物者也。衆人自昧之，而是理也何嘗有間斷？聖人盡之，而亦非有所增益也。未應不是先，已應不是後，立則俱立，達則俱達，蓋公天下之理，非有我之得私。此仁之道所以爲大，而命之理所以爲微也。若釋氏之見，則以爲萬法皆吾心所造，皆自吾心生者，是昧夫太極本然之全體，而反爲自利自私，「天命不流通也，故其所謂心者是亦人心而已，而非識道心者也。知言所謂自滅天命，固爲己私，蓋謂是也，若何？所斷句則不成文義，失先生意矣，更幸思之，却以見教。

答胡季履

承諭觀史工夫，要當攷其治亂興壞之所以然，察其人之是非邪正，至於幾微節目，與夫疑似取舍之間，尤當三復也。若以慱聞見助，文辭抑末矣。此間士子輩觀通鑑，嘗令先將逐代大節目會聚始末而觀之，頗有意味。如高祖入關、滅項、誅功臣之類，皆作一門備其源流，此亦編得有次第，方欲取前輩議論之精者入於其間也。

又

所諭讀書欲自慱而趨約，此固前人規摹，其序固當爾。但旁觀慱取之時，須常存趨約之意，庶不至溺心。又慱與雜相似而不同，不可不察也。有所發明，毋惜示教。

答胡季隨〔九〕

辱惠書，審聞侍奉平達武林，履候勝福，極以爲慰。諭及日讀二程先生遺書，甚善。要當平心易氣，優游涵泳。所讀其間談性命處，讀之愈勤，探義愈晦，無恠其然。若只靠言語上求解，則未是。須玩味其旨，於吾動静之中體之，久久自別也。歸來所作洙泗言仁序、主一篋録去。所要詩亦寫在别紙。彼中過從爲誰？歲月易邁，人心易危，華盛之地，奪志者多，惟敬自勉，以承先世之業。更祝厚愛，所見所疑，便中不惜頻示。還轅當在何時耶？

又

録示序文，三復，足見所志。雖然，升高自下，陟遐自邇，善學者志必在乎聖人，而行無忽於卑近，不爲驚怪恍惚之見，而不舍乎深潛縝密之功。伊洛先覺謂學聖人當以顔子爲準的，誠明訓也。德門令質，惟益勉之。

又

元晦所編遺書，只是裒聚逐家所編全入之，都無所删也。其間傳録失指者固有之，正要學者玩味耳。若便删去，却殊無意味也。得此等文字，且當服膺沉浸其間，未宜以己意直斷輕議也。

又

所諭二先生遺書，其間固有傳寫失真者，向來龜山欲删正，而迄未下筆，要須究極精微，無所憾者，乃可任此，未容輕議也。今元晦所集皆存元本，在學者亦好玩味，其間真僞，在我玩味之久，自識別之耳。所謂未容輕議者，非是爲尊讓前輩，蓋理未易明，不應乘快便據目前斷殺，須是潛心，若果下工夫，方覺其未易也。只據前人所辨，亦須自家胸中自見得精神乃可，不然，亦只是隨人後贊歎而已。某頃年編希顔録，如莊子等諸書所載顔子事多削去，先生以書抵某云：「其它諸説亦須玩味，於未精當中求精當，不可便容易指以爲非而削之也。」此事是終身事，天地日月長久，今十有二年矣，愈覺斯言之有味，願吾友深體之。他希篤沉潛之功，以輕易爲戒，勉茂遠圖，厚自愛。

又

諭及日閲致堂史論，甚善。秦漢以來，學道不明，士之見於事業者固多可憾，然其間豈無嘉言善行與一事之得者乎？要當以致遠自期，而於人則一善之不廢，是乃擴弘恕之方，而爲聚德之要也，正惟勉之。名臣言行録未有别本可寄，得之即附往。但此書編得未精細，元晦正欲更改定耳。

又

承諭夸勝之爲害，可見省察之功，正當用力自克也。克之之道，要須深思夸勝之意何自而生，於根源上用工銷磨，乃善。若只待其發見而後遏止，將見滅於東而生於西也，正惟勉之。季隨邇來下工如何？聞時往見晦叔，甚有講論否？君子之所不可及者，其惟人之所不見乎。要須深惟尚絅之義，鞭辟儘覺有味也。

又

邇來玩繹，想自不廢，有可見告者否？若人浙因一見伯恭，甚善。近來士子肯向學者亦時有之，但實作工夫耐久者極難得也。且是要鞭辟向裏，如此下工，方自覺病痛多耳。垂諭浩然之氣，工夫正在集義，當於慊餒處驗之。集義以敬爲主，孟子此一段雖不説着敬字，勿忘、勿助長，是乃敬之道也。

答陳擇之

伏蒙賜書，陳義粲然。重惟茲世講學之緒不絕如帶，有如高致，感歎何勝！而某荒疎，不足以辱來問，姑以其所從事焉者試共論之。左右謂異端之惑人，未必非賢士大夫，信哉斯言也！然而今日異端之害烈於申、韓，蓋其説有若高且美，故明敏之士樂從之。惟其近似而非，逐影而迷真，憑虚而舍實，拔本披根，自謂直指人心，而初未嘗識心也。使其果識是心〔一〇〕，則君臣、父子、兄弟、夫婦，是乃人道之經，而本心之所存也，其忍斷棄之乎？嗟乎！天下之禍莫大於似是而非、似非而是〔一一〕，蓋霄壤之隔也。學者有志於學，必也於此一毫勿屑，而後可得其門而入也。然而欲遊聖門，以何爲先？其惟求仁乎！仁者聖學之樞，而人之所以爲道也。有見於言意之表，而後知吾儒真實妙義，配天無疆，非異端空言比也。孟子曰「思則得之」，又曰「求則得之」。左右試取魯論所載，精思而深求焉。某也不敏，尚庶幾切磋之益。

答謝夢得

凡人之病，必有受病之處，雖風雨、暑寒、燥濕之不同，而氣行無間隙不在焉〔一二〕。惟其日引月長，浸而不已，故良醫之治病，必先望其顔色，切其脉理，而究其腑臟之變，以會其微，而投之砭劑，如郢人之運斤，甘蠅、飛衛之射發，無不如意。不幸而秦、扁、和、緩之不遇，而至於病矣，則將何救？嗟乎！病之在身，猶將不遠秦楚之路而求以治之；病之在心，顧獨不思所以救之者乎？左右謂病散在一身而莫知其病之處，此惟弗察之故也。語曰：「觀過，斯知仁矣。」觀云者，用力之妙也。引繩而絶之，其絶必有處，左右試詳思而察焉。凡心之病固多端，大抵皆由其偏而作。自一勺而至於稽天，則若人雖生，無以異於死也。聖賢之經皆妙方也，察吾病之所由起而知其然，審處其方，專意致精而藥之，則病可去；病去則仁，仁則生矣。如某者蓋三折肱而未得爲良醫也，方汲汲然自治之不暇，而何以起人之廢哉？孟子曰：「子歸而求之，有餘師。」多言不足以答盛意。

答劉炳先昆仲

某求去未得，尚爾黽勉。春來，城南花柳每見夢寐中也。聞昆仲相處益雍怡，諸郎亦皆孝謹，知公家門户方昌未艾耳。此間士人伍氏兄弟本章貢人，亦以友睦爲鄉閭所稱重，每延接慰勞，用以風厲其俗也。

校勘記

〔一〕要知義不足　「要知」，宋本作「若於」。

〔二〕但當時託一二不同志者 「託」，原作「有」，據宋本改。

〔三〕頃見相識間有好爲調護審細之論 「頃」，原作「須」，據宋本改。

〔四〕答彪德美 宋本作「又」。

〔五〕則誠陋之故也 「誠」，宋本作「淺」。

〔六〕若曰荒怠因循 「怠」，原作墨丁，據宋本補。四庫本作「忽」。

〔七〕以至於閨門之間 「間」，原作「門」，據宋本、劉本、四庫本改。

〔八〕此學之要也 「此」字原無，據宋本抄配頁補。

〔九〕答胡季隨 宋本作「又」。

〔一〇〕使其果識是心 「是」，宋本作「其」。

〔一一〕似非而是 原作「似是而非」，據宋本改。

〔一二〕而氣行無間隙不在焉 「焉」，宋本作「大」，當在「間」下加逗。

南軒先生文集卷第二十六

書

答喻郎中

長者謂事最忌激觸。然所謂激觸者，要當平心易氣審處其理，期於中節而已。若欲遷就回互，於所當然而不然，枉尋以求直尺，而曰吾所畏者激觸也，無乃終墮於姦邪之域？人欲愈肆，而天理愈滅歟！觀伊川先生解「遇主于巷」一爻，意極明切，後人不知，乃以己私窺聖人之意，其失大矣。長者言重懼學者聽之而惑也，故敢獻其愚。

答李秘監

竊聞除書，復長道山，固爲吾道慶。然而進退去就之義，高明所素講，今日必有以處之，而亦士類之所屬望也。詩曰：「戰戰兢兢，如臨深淵，如履薄冰。」此古人所以周旋乎理義，動中節奏而不失也。辭章儻未報可，則繼此何如耶？辱在下風，所願聞也。

與施蘄州少路

久聞蘄春文物彬彬，有前輩遺澤漸濡未泯也，計士人中器質多美者。鐵錢事如何計？循其理而爲之，不若它人做工作事也。大抵今日人才之病，其號爲安静者則一切不爲，而其欲爲者則又先懷利心，往往貽害。要是儒者之政，一一務實，爲所當爲，以護養邦本爲先耳，此則可貴也。某冐居要藩，日夜悚仄，蓋日勉焉，而未之能有益也。臭味一家，偶及之耳。

答周允升

所諭約之説，前書正欲左右從約束、簡約中下工夫。所謂曾子之約，其始亦須由是以進焉。來書謂約束、簡約之云，某之趨此也有日矣，此乃見左右之未能趨約也。如是而遽云曾子之約，只是妄意度量耳。大抵觀書辭多暴露恍惚之語，少沉潛篤實之意，講學不如此也。且當熟讀論語，玩味聖人所以教人與孔門弟子學乎聖人者，則自可見。蓋聖門實學，循循有序，有始有卒者，其惟聖人乎！非若異端驚夸籠罩，自謂一超徑詣，而卒爲窮大，而無所據也〔一〕。近世一種學者之弊，渺茫臆度，更無講學之功，其意見則類異端一超徑詣之説，又出異端之下。非惟自誤，亦且誤人，不可不察也。五峰所謂此事是終身事，天地日月長久，斷之以勇猛精進，持之以漸漬薰陶，故能有常而日新，誠至言哉！撥冗姑此爲報，幸深思之。

又

所諭尚多駁雜，如云知無後先，此乃是釋氏之意，甚有病。知有淺深，致知在格物，格字煞有工夫。又云儻下學而不加上達之功，此尤有病〔二〕，上達不可言加功。聖人教人以下學之事，下學工夫浸密，則所爲上達者愈深，非下學之外又別爲上達之功也。致知力行皆是下學，此其意味深遠而無窮，非驚怪恍惚者比也。學者且當務守，守非拘迫之謂〔三〕，不走作也。守得定，則天理浸明，自然漸漸開拓。若强欲驟開拓，則將窮大而失其居〔四〕，無地以崇德矣。惟收拾豪氣，毋忽卑近，深厚縝密，以進窮理居敬之工，則所望也。喜左右之志，故屢言之，惟深念焉。

答陳平甫

某自幼侍親來南，周旋三十餘年間，又且伏守墳墓於衡山之下，是以雖爲蜀人，而不獲與蜀之士處，以親友其仁賢，每以是念。往歲得建安魏元履書，始知足下之名，且聞廷對所陳大略，念足下天資剛毅人也，恨未之識耳。雖然，世固有天資之美者，苟不知進乎學，則終身安於其故而已。蓋氣質雖美而有限，天理至微而難明，是以君子必貴乎學也。近得猶子然書，復聞足下超然拔出流俗，志於古道，孜孜不舍，則又歎足下於世衰道微之際，能獨見自立如此，其進也何可量！則願見之心益屢。今得足下書并所論著，連緘累牘，伏而讀之，無非以討論問學爲事，而果有以知足下之所存，甚幸甚惠！惟是不以僕爲不敏，意欲與之共講斯道，而勉爲君子之歸，固所願者。若夫推予期待之過，其實則非所敢當也。僕自惟念，妄意於斯道有年矣，始時聞五峯胡先生之名，見其話言而心服之，時時以書質疑求益。辛巳之歲，方獲拜之于文定公書堂。先生顧其愚而誨之，所以長善救失，蓋有在言語之外者。然僅得一再見耳，而先生没。自爾以來，僕亦困於憂患，幸存視息於先廬，紬繹舊聞，反之吾身，寖識義理之所存。湘中一二學者時過講論，又有同志之友自遠而至，有可樂者。如是有五載〔五〕，而上命爲州，不得辭，繼爲尚書郎，猥以戇言，誤被簡遇，遂得執經入侍，且須都省下士。誠欲自竭，庶幾以報，而學力不充，迄亡毫髮之補。歸來惟自省厲，蓋愈覺已偏之難矯，聖學之無窮，而存察之不可斯須忘也。誦伐木「神之聽之，終和且平」之章，思欲與海內賢士切磋琢磨，庶幾卒以無負初志。然則自治之不暇，又烏能有益於人哉！念辱足下萬里盛意，則亦不敢隱耳。蓋道之不明久矣，自河南二程先生始得其傳於千有餘載之下，今二先生之言雖行於世，然識其真者或寡矣。夫二先生之言，凡以明孔孟之道而已。孔孟之道，其博厚高明，雖曰配二儀之無疆，然其端豈遠於人心而欲它求哉？人病不能推而充之耳。世之聞二先生之言而驚疑竊怪者固不足道，而其間有慕高遠者，則又儻怳虚矜而不循其實，亦爲失其真而已。竊攷二先生所以教學者，不越於居敬、窮理二事，取其書反復觀之，則可以見。蓋居敬有力，則其所窮者益精；窮理寖明，則其所居者益有地。二者蓋互相發也。爲人之要〔六〕，孰尚於此！學而不知其要，則泛濫而無功。二者言之雖近，而意味工夫無窮，其間曲折精微，惟能用力者當漸知之耳。升高自下，陟遐自邇，務本循序而進，久自有所至，不可先起求成之心，起求成之心，則有害於天理。孔子之所謂獲，孟子之所謂正者，政此病也。區區誦其所聞，言不盡意，惟願足下毋忽於卑近以卒至於遠大，則幸甚幸甚！别紙所論，亦各以鄙意批呈，未知然否。自爾既定交於萬里之外，則不惜時惠音。有箴有誨、有得有疑，一一詳及，勿爲無益之書，所願望也。

答曾致虚

承聞侍旁無事，不廢講論。以致虚資稟之美，而有志斯道，其何可量，甚幸甚仰！惟是某不敏，何足以辱下問之意？來教所及，悚戢何勝。雖然，於左右不敢隱其愚也。所謂持敬，乃是切要工夫，然要將箇敬來治心則不可。蓋主一之謂敬，敬是敬此者也。只敬便在此。若謂敬爲一物，將一物治一物，非惟無益，而反有害，乃孟子所謂必有事焉而正之，卒爲助長之病。如左右所言，窘於應事，無舒緩意，無怪其然也。故欲從事於敬，惟當常存主一之意，此難以言語盡，實下工夫，涵泳勿舍，久久自覺深長而無窮也，不識以爲如何？某去歲作主一箴，謾納呈，有以往復開益，所願望也。

答項秀才

承來金華，從容師友間，當有進益。爲學之方，循循有序，要須着實趨約，自卑近始。度正字亦必常及此，在勉之而已。

答羅孟弼

數日欲答前書，檢未得，但記其間所引濂溪「無欲則静虚動直」之語，念不可不報。所謂無欲者，無私欲也。無私欲則可欲之善著，故静則虚，動則直。虚則天理之所存，直則其發見也。順理之謂直。若異端之談無欲，則是批根拔本，泯棄彝倫，淪實理於虚空之地，此何翅霄壤之異哉？不可不察也。

答蕭仲秉

聞喪事謹朝夕之奠，不用異教，甚善。此乃爲以禮事其親，若心知其非而徇於流俗之議，則爲欺僞，不敬莫大焉。惟致哀遵禮，小心畏忌以守之，鄉曲之論，久當自孚，勉爲在我者可也。

又

生死鬼神之説，須是胸中見得灑落，世間所説不得放過，有無是非一一教分明方得。若有絲毫疑未斷，將來被一兩件礙着，未必不被異端摇動引去。覺得諸友多於此處疑著，正好玩味横渠之説。昨見文集有數處極精切，蓋横渠皆是身經歷做工夫，剖決至到，故於學者疑滯處尤爲有力耳。工夫須去本源上下沉潛培植之功，不然，區區文義之間，一知半解，歲月只恁地空過也。

答戚如玉

垂諭忿怒之病，氣習偏私處，正當深致其力。損卦「懲忿窒慾」。懲之爲言，須思其所以然而懲艾之。先覺謂惟思爲能窒慾，某謂懲忿亦然。若謂正當發時，最好看吾本心，此却有病。本心須是平日涵泳，庶幾私意漸可消磨。若當其發時，如明道先生所謂遽忘其怒而觀理之是非則可，若直待此時看吾本心〔七〕，則天理人欲不相參，恐無力也，更幸思之。

答江文叔

垂諭大學格物之說，顧某淺陋，何足以發高明之思！抑嘗聞之，格，至也；格物者，至極其理也。此正學者下工夫處。吕舍人之説雖美，乃是物格知至以後事，學者未應躐等及此也。雖然，格物有道，其惟敬乎！是以古人之教，有小學，有大學。自灑掃應對而上，使之循循而進，而所謂格物致知者，可以由是而施焉。故格物者，乃大學之始也。因下問及之，併幸詳焉，有以見教。

答劉宰

垂諭識大本、除物欲之説。蓋義理精微處，毫釐易差，故以吕與叔游伊川、横渠之門，所得非不深，而至論中處，終未契先生之意，知未易至也。今學者未循其序，遽欲識大本，則是先起求獲之心，只是想象摸量，終非其實。要須居敬窮理工夫日積月累，則意味自覺無窮，於大本當漸瑩然。大抵聖人教人，具有先後始終。學者存任重道遠之思，切戒欲速也。物欲之防，先覺所謹。蓋人心甚危，氣習難化，誠當兢業乎此。然隨起隨遏，將滅於東而生於西，紛擾之不暇，惟端本澄源，養之有素，則可以致消弭之力。舊見謝上蔡謂透得名利關，便是小歇處，疑斯言太快。透得名利關亦易事耳，如何便謂之小歇處？年大更事，始知真透得誠未易。世有自謂能擺脱名利者，是亦未免被它礙着耳。前人之言不苟然類如此，要用力，乃知之耳。

答游誠之

「出入」二字，更須子細理會。程子曰「心本無出入」，以操舍而言。又曰：「心則無出入矣，逐物是欲。」蓋操之便在此，舍之則不見，因操舍故有出入之云耳。若論人之逐物，蓋因其舍亡，故誘於物而欲隨之。欲雖萌於心，然其逐物而出，則是欲耳，不可謂心也。欲可去而心未嘗無。至於是心之存物來順應，理在於此，又豈得謂之出乎？幸深思之。

又

大抵學者貴近思，若泛濫則有病。近字極有味，宜深體之。未發已發，體用自殊，不可溟涬無别，要須精析體用分明，方見貫通一源處。有生之後，豈無未發之時正要深體之若謂有生之後皆是已發，是昧夫性之所存也。伊川先生語録所論，幸精思之。

答吕季克

原説中弊病似不難見，不知李伯諫何故下喬木而入幽谷如此？如克己復禮之説，所謂禮者天之理也，以其有序而不可過，故謂之禮。凡非天理，皆己私也。己私克則天理存，仁其在是矣。然克己有道，要當深察其私，事事克之。今但指吾心之所愧者必其私，而其所無負者必夫禮，苟工夫未到，而但認己意爲，則且將以私爲非私，而謂非禮爲禮，不亦誤乎？又如格物之説，格之爲言至也，理不遁乎物，至極其理，所以致其知也。今乃云物格則純乎我，是欲格去夫物，而己獨立，此非異端之見而何？且物果可格乎？如其説，是反鏡而索照也。推此二端，其它可見。

答王居之

原説前日吕季克已寄來。觀其言殊無統紀，其所安乃是釋氏，而又文其説。説亦淺陋，本不足以惑人，不意伯諫乃爾。向來與元晦相從，不知講論甚事？其人亦可謂不善變矣。前日答季克書謾録去，今得所示伯諫之語，益知蘄州李君乃是類告子之不動心者，不知既不窮理，如何去得物蔽〔八〕？其所謂非蔽者，未必非蔽，而不自知也。釋氏之學，正緣不窮理之故耳，又將盡性至命，做一件高妙恍惚事，不知若物格、知至、意誠、心正，則盡性、至命亦在是耳。

答章茂獻

來問詳切，思慮講辨要當如此爾。向者見吴德夫説汪端明嘗以「正大」兩字奉告，某謂此意固美矣，然「正大」是指其體，要須有下手處。「弘毅」兩字，乃學者下手處也，與「正大」本相須〔九〕。就其體言之，天理渾然，正且大也；推其用言之，散在事物之間，精微曲折，正大之理無不存焉。學者當默存其體而深窮其用，則所謂弘毅之功不可以不進也。然就學者用工，常患於偏，欲其弘則懼夫肆，欲其毅則懼夫拘，是非弘毅之正也，氣習之所乘也。不在學者初用工，亦無怪其有此，然要知其爲病，而致吾存養窮索之力耳。凡足下之所問，不能一一具報，大意亦略具是矣，幸以此推之而復以告焉。區區每樂得同志相與共講，扶掖其愚，儻或有進，賢者不鄙而辱貺之，某誠知幸矣。

答彭子壽

別紙示以所疑，深慰孤寂，輒據所見奉呈，正望往復之益。第詳觀所論，不喜分析，窮理不應如此。理有會有通，會而爲一，通則有萬，釐分縷析，各有攸當，而後所謂一貫者，非溟涬臆度矣。此學所以貴乎窮理。而吾儒所以殊夫異端也，更幸深思焉。

答沙市孫監鎮

某辱諭伍員廟事，足見致思相助之意，甚幸甚幸。惟是時有古今，而君臣之義無古今也。楚乃伍員之宗國，君臣之義其來有素矣。父以無罪誅，子逃之而勿仕，終身蔬食布衣可也，豈有假手於讎，覆其宗國，快心於其君耶？狄梁公乃與大禹、吴泰伯一例存之，前輩蓋嘗有議論，梁公之賢，偶未之思耳〔一〇〕。今敕額在吴，以慰吴人之思可也，在楚地則不可以施。按祀典，有功德於民則祀之。員於此地，何止無功德而已哉！然復讎之義，又不可不詳講。如今日中原之人本吾宋之臣子，虜乃仇讎也，向來不幸而污於虜，若幸而脱歸，則當明復讎之義，覆虜之宗、鞭虜之尸，所當爲也。若員則家世爲楚之臣子，而以復讎之義自施於君，其可乎哉？使員而果有靈也，其敢饗於兹地乎？此義恐不可不正。來意雖深荷，然皇恐不敢從也，更惟思之。

答陸子壽

某聞昆仲之賢有年矣，近歲得之爲尤詳，每懷願見，以共講益，渺然相望而未克遂，向往可知。忽辱枉教，三復辭義，有感於中。第惟孤陋，不足以當盛意也，然而不敢以虛來貺。講學不可以不精也，毫釐之差，則其弊有不可勝言者。故夫專於攷索，則有遺本溺心之患；而騖於高遠，則有躐等憑虛之憂，二者皆其弊也。考聖人之教人，固不越乎致知力行之大端，患在人不知所用力耳，莫非致知也。日用之間，事之所遇，物之所觸，思之所起，以至於讀書攷古，苟知所用力，則莫非吾格物之妙也。其爲力行也，豈但見於孝悌忠信之所發，形於事而後爲行乎？自息養瞬存以至於三千三百之間，皆合内外之實也。行之力則知愈進，知之深則行愈達，區區誠有見乎此也。如箋注、詁訓，學者雖不可使之溺乎此，又不可使之忽乎此，要當昭示以用工之實，而無忽乎細微之間，使之免溺心之病，而無躐等之失，涵濡浸漬，知所用力，則莫非實事也。凡左右之言，皆道其用力之實也，故樂以復焉。聖上聰明不世出，真難逢之會，所恨臣下未有以仰稱明意。大抵後世致君澤民之事業不大見於天下者，皆吾儒講學不精之罪。故區區每願從世之賢者相與切磋究之，而盛意之辱，欣幸至于再三也。元晦卓然特立，真金石之友也，然作别十餘年矣，書問往來，終豈若會面之得盡其底裏哉！伯恭一病，終未全復，深可念，向來亦坐枉費心思處多耳。心之精微，書莫能究，布復草草，正惟亮之。

答魏元履

頃寄一書，度到時從者已南轅，不知獲徹否？便中領臨行教字，極荷。秋氣寖清，伏惟歸侍雍容，尊履萬福。兄抗論切直，悚動一時，此書亦庶幾不虚矣，但非惟善言之不用，而遽使直士引去，使人重憂歎耳。聞太學多士有欲閉何蕃之意，亦可見人心所同也。然兄今日袖手却思，當益知天理之難明，人心之難定，而講學之不可一日忘也，則君子之所進，其有極乎！元晦必已相見，請外想遂矣。共父近得旨行邊，今在襄陽也。某幸粗安〔一〕，日夕不敢自怠棄，但良朋在遠，每懷離索之懼，安得識面，少沃此懷也〔二〕。適有端便，略此問訊，更幾勉茂德業，厚自愛重。

戊午讜論有人可爲録本否？先得兄所作序及元晦者見寄爲望。

校勘記

〔一〕而卒爲窮大而無所據也　「窮」，宋本作「空」。

〔二〕此尤有病　「有病」，原作「甚□」，據宋本改。

〔三〕守非拘迫之謂　「守」下，宋本有「之」字。

〔四〕則將窮大而失其居　「窮」，宋本作「空」。

〔五〕如是有五載　「有」，宋本、劉本、四庫本作「又」。

〔六〕爲人之要　「人」，宋本作「仁」。

〔七〕若直待此時看吾本心　「時」，原作「事」，據宋本改。

〔八〕如何去得物蔽　「物」，宋本作「拘」。

〔九〕與正大本相須　「與」，宋本作「夫」。

〔一〇〕偶未之思耳　「之思」，原作「思之」，據宋本、劉本、四庫本改。

〔一一〕某幸粗安　「某」，宋本作「栻」。

〔一二〕少沃此懷也　「懷」，宋本作「悰」。

南軒先生文集卷第二十七

書

答李賢良仲信

比承奉對天陛，正學以言，歸拜親庭，榮則多矣。竊在游從，深用慰歎。未及具問，來教先貽，佩戢至意。即此春晚，伏惟侍旁從容，德履勝裕。國家稽古建科，得人爲盛，中雖廢於邪臣，卒莫掩於公議，逮兹舉首，乃得昌言，將必有聞風而起者，幸甚幸甚！雖然，盛名之下難居，而問學之方無窮，責人者易爲言，而克己者難其功，任重道遠，惟益勉之，以副蘄望。某歸來舊廬已三閲月，無事可以讀書，玩味存察，不敢惰弛，惟孤陋少友是懼，每馳情於公家父子兄弟間也。因來，尚警告之。西泝未有日否？臨紙更切依然，重幾良食自厚。

答李叔文

某自舟中草草具謝，爾後不克嗣音，辱近告從審，侍履萬福，慰甚。某歲前抵舊廬，應接殊不暇，數日來方得從事簡編中，但可與講論者極患其難得耳。幸教以少康而下中興說，敬已詳觀〔一〕。少康年次，邵康節皇極經世中以寒浞滅相係於壬寅，是歲或癸卯，少康生，而克復舊物乃在癸未，凡四十有一年。方少康在襁褓，而夏之臣靡固有滅浞而立之之心，經營許久，乃遂其志，若靡者可謂忠之盛者矣。方寒浞在上，澆豷縱横之時，少康獨有田一成，衆一旅，其勢可謂堙微，而卒用以興，其間圖回謀慮，必大有曲折，惜不復傳於後；猶幸有左氏傳所載耳。要之，靡與有鬲氏、有仍氏皆佐少康以有爲者也。若使少康之君臣此數十年中不忍而欲速，則身且不保，而况國乎？惟其潛也若深淵之靚，故其發也如春陽之振，動惟其時者也。恐當以是觀之。燈下布復，它冀已時厚愛。

答李季修

某别來無日不念，辱近問爲慰。垂示浩氣集傳，足見留意，亦一再觀矣。大抵論學之難，如此等要切處，須涵泳體認，持之以久，方能通達。若只以己意懸斷，則失之遠矣。如蘇與秦之説，辯則辯矣，然只是以聰明揣量，非講學之道也。且是未識心之所以爲心，既未識心，則所謂浩然之氣者安所本哉？本源既差，則其立言何適而非病？縱使時有一二語摸度近是，亦非是也。後生顧豈當議前輩？然講學不可不精於決擇，雖毫髮亦不容放過，況本源初未是者哉？今當本孟子之意，而參以程子之説。孟子以集義爲本，程子以居敬爲先，皆其深造自得者然也。學者於是二者朝夕勉焉，循循不已，則所謂浩然之氣者，淺深當自知之。若不於此下工，遽欲想象强氣體使之充，正是助長之甚者，其爲害反大矣。以直養之説，要將直來養氣，便是私意，有害於養，故孟子只説養而無害，不是將一物養一物也，與涵養以敬自大不同。敬便是養也，敬者心之道，所以生生也，與直字義異，須細味之。所問大學正心之道，克己所以治怒，明理所以治懼，程子固嘗言之。至於憂患好樂，所以治之者亦不越乎此。蓋克己所以治好樂，而明理所以治憂患也。大抵用工處，克己、明理二端而已。如前所云，居敬則克己在其中，集義則明理在其中，亦是二端也。汪玉山所謂二程語録，嘗因探討一事，即爲刊正數處，此論亦未然。蓋在己若見未到，看先生説話未出，却便據己見刊正，豈不爲害？要須平心易氣，深潛默體，於其疑則與師友講論問辨焉可也。諸葛忠武傳録呈，有當删正及當增益者，不惜示及。家亦有集，但殊不類諸葛公語，當非本書。王子思所編似太草草，某中間所載公之語云：「吾心如秤，不能爲人作輕重」，乃得之貞觀政要中，不知向前别曾有處載此否？劉子澄亦得書。仲信令兄必歸侍旁，煩爲致意。某見吾友下問之誠，據鄙懷不敢有隱切，不必示它人也。寒甚，呵筆奉此，更惟自愛。

又

兩兄既皆歸，子職良釐。孟子論事親爲仁之實，蓋人心之至親至切，孰尚乎此！此實問學之根柢也。所諭敬之説，謂用力誠不可怠惰，而向晦宴息亦須隨時。某以爲向晦入燕息乃敬也，知向晦燕息之爲非怠惰，乃可論敬之理矣。

答胡廣仲

向來臨行時所示講論一紙，連日尋未獲，然其略亦頗記得矣。大抵某之鄙意以爲民受天地之中以生，均有是性也，而陷溺之；陷溺之則不能有之。惟君子能存其良心，故天性昭明，未發之中，卓然著見，涵養乎此，則工夫日益深厚，所謂存心養性之妙。然而其見也，是心體流行上發見矣，不是有時而心，有時而性也。此精微處，須究極之，只爲世間人思慮紛擾百出，故無未發之時，自信不及。此話須要以收放心爲先。此意非言語可盡，遠書姑道萬一，試更與伯逢、德美共思，不可以舊所安爲至，更不研窮也某所見亦豈敢自以爲是，亦幸往復焉。

又

龜山所得誠甚弘裕，但宣和一出，在某之隘，終未能無少疑，如劉元城。□□□□□□□〔二〕，然以聖門論之，恐自處太高。磨而不磷，涅而不緇，在聖人乃可言〔三〕，自餘高弟如閔子騫，蓋有汶上之言矣。至於以世俗利心觀龜山者，則不知龜山者也，何足辨哉！前輩未容輕看，然吾人講學，則不可一毫有隱爾。

又

來書所謂性善之説，於鄙意殊未安。夫善惡相對之辭，專善則無惡也；猶是非相對之辭，曰是則無非矣。性善云者，言性純是善，此「善」字乃有所指。若如彼善於此之「善」，則爲無所指，而體不明矣。而云如彼善於此之「善」〔四〕，非止於至善之善，不亦異乎？且至善之外，更有何善？而云恐人將理低看了，故特地提省人，使見至善之淵源，無乃頭上安頭，使人想像描貌而愈迷其真乎〔五〕？切幸更精思之也。主一箴之論甚荷，但某之意正患近來學者多只是想像，不肯着意下工。伊洛老先生所謂主一無適，真是學者指南，深切著明者也。故某欲其於操舍之間體察，而居毋越思，事靡它及，乃是實下手處，此正爲有捉摸也。若於此用力，自然漸覺近裹趨約，意味自别〔六〕。見則爲實見，得則爲實得，不然，徒自談高拽妙，元只在膠膠擾擾域中三二十年，恐只是空過了，至善之則烏能實了了乎？箴之作，亦以自警云爾，更幸察焉，却有以見教是望。正作此書間，又領葉家便价所持帖，尤慰。所論大學知止知至之説，大略是如此。蓋知止是知其所止，慮而後能得，得是得其所止，未至於得，未可謂知至也。然易所謂知至而曰至之，此知至字却須輕看；而至之者乃大學知至者也，如何？尺紙無由盡意，加以私家有少修造，未能詳，幸察。

答直夫

甚矣，學之難言也！毫釐之差，則流於詖淫邪遁之域，生於其心，害於其政，發於其政，害於其事，可不畏與！世固有不取異端之説者，然不知其説乃自陷於異端之中而不自知，此則學之不講之過也。試舉天理、人欲二端言之。學者皆能言有是二端也，然不知以何爲天理而存之，以何爲人欲而克之，此未易言也。天理微妙而難明，人欲洶湧而易起，君子亦豈無欲乎？而莫非天命之流行，不可以人欲言也。常人亦豈無一事之善哉？然其所謂善者未必非人欲也。故大學之道，以格物致知爲先。格物以致知，則天理可識，而不爲人欲所亂。不然，雖如異端談高説妙，自謂作用自在，知學者視之皆爲人欲而已矣。孟子析天理人欲之分，深切著明。如云今人乍見孺子匍匐將入於井，皆有怵惕惻隱之心，非所以内交於孺子之父母也，非所以要譽於鄉黨朋友也，非惡其聲而然也。蓋乍見而怵惕惻隱形焉，此蓋天理之所存。若内交，若要譽，若惡其聲，一萌乎其間，是乃人欲矣。雖然，怵惕惻隱，蓋其苗裔發見耳。由是而體認其所以然，則有以見大體，而萬理可窮也。内交、要譽、惡其聲，亦舉一隅使學者推之耳。日用之間，精察不舍，則工夫趣味，將有非言語可及者。某愚，而所從事者在是，願高明紬繹而反復焉，庶幾其有益也。念無以復來意，不覺多言，伏紙悚戰。

答范主簿伯崇

比寄酒誥到元晦處，曾見否？某近讀諸誥，反復其温厚和平之氣，深足以感發人。若夫編簡脱誤，可疑處則不必强爲之説也。垂諭仁之説，若只將做周流無滯礙氣象看了，却只是想象。又云其所以然者乃仁也，不知其所以然者果何與？願只於日用間，更因其發見苗裔而深察默求之，勿舍勿棄，當的然見其樞機之所由發者矣。不識何如〔七〕？

答舒秀才周臣

別紙之諭，備見至意。某向者受五峯先生之教，浹于心腑，佩之終身，而先生所造精微，立言深切，亦豈能盡窺其藩？向者元晦有所講論，其間亦有與鄙見合者，因而反復議論，以體當在己者耳，固吾先生所望於後人之意也。如晦叔、廣仲、伯逢皆同志者，故以示晦叔，而晦叔復以示二公，庶幾往返之有益耳。蓋嘗丁寧，不可示之非其人。其間所論有前後之不同者，蓋旋據窺測所到而言，何敢執一而不惟其是之從也？若世俗之人以私意淺量觀者，亦無如之何。但此議論只當同志者共紬繹所疑，不當遽泛示，以啟見聞者輕妄心也。若左右謂以爲成書而傳之，則大誤矣。

答宋教授

講聞令譽爲有日矣，茲辱過訪，開慰可知。且蒙委貺盛文，退而三復，非惟辭氣暢裕，使人歎愛，而有以窺所志之遠大，欣幸曷勝！第某不足以當之也。自惟不敏，雖有志於古道，而晨夕自省，矯偏救過之不暇，其何能有益於人？邇來愈覺論學之難。蓋升高自卑，陟遐自邇，學者多忽遺乎所謂卑與邇者，而渺茫臆度夫所謂高與遠者，是以本根不立，而卒無以進〔八〕。彼蓋未知聖賢本末精粗非二致，而學之有始有卒也。左右謂二程先生之説天下知誦之，而不知習察之功，謂之不傳可也，斯言是也。以左右之高明而欲從事乎此，其何可量！願因下問，紬繹其端，惟不以爲卑與邇而忽焉，則幸甚幸甚！

答俞秀才

垂諭，足見紬繹不輟。所謂一陰一陽之道，凡人所行，何嘗須臾離此？此則固然。然在學者未應如此説，要當知其所以不離也，此則正要用工夫，主敬窮理是已。如飢食渴飲，晝作夜息固是義，然學者要識其真。孟子只去事親從兄上指示，最的當。釋氏只爲認揚眉瞬目、運水搬柴爲妙義，而不分天理人欲於毫釐之間，此不可不知也。自餘並見别紙，幸詳之，有以往復，甚幸！

答喬德瞻

觀來書，有以見玩繹不廢，甚幸。近日學者論「仁」字，多只是要見得「仁」字意思，縱使逼真，亦終非實得。看論語中聖人所言，只欲人下工夫，升高自下，陟遐自邇，循序積習，自有所至，存養體察，固當並進。存養是本，工夫固不越於敬，敬固在主一。此事惟用力者方知其難。來喻謂舊雖知有主一無適之言，至臨時又難下手。夫主一無適，正爲平日涵養，遇事接物方不走作，非可臨時下手也。諭及陸、薛、徐三君〔九〕，恨未之識。敬亭記潘叔昌寄來，方見之。敬則實、實則虚之意，遺書中已有，但虚則無事矣，亦疑傷快了。蓋「無事」字殺此段意思不了。如明道云兩忘則澄然無事矣，無事則静，静則明，便完全近看。惟二先生説話完全精粹，比其它先生不干事，其次則尹，又其次則楊，方到謝上蔡。後生何足以窺前輩，但講論間又不可含糊耳。更以其大者移於小物，作日用工夫，此語大意固好〔一〇〕，亦疑立言有病也〔一一〕。

又

所謂静思與臨事有異，要當深於静處下涵養之功〔一二〕，本立則臨事有力也。某自覺病痛如此，不敢不勉，願與同志者共之耳。

又

來諭克己之偏之難〔一三〕，當用大壯之力，誠然也。然而力貴於壯而工夫貴於密，若工夫不密，雖勝於暫，而終不能持於久而銷其端。觀諸顔子沉潛積習之功，爲如何哉！有不善未嘗不知，知之未嘗復行，非工夫篤至，久且熟者，其能若是乎？別紙一一答去，有以復之是望〔一四〕。

答潘叔昌

來書所謂思慮時擾之患，此最是合理會處。其要莫若主一。遺書中論此處甚多，須反復玩味。據目下看底意思，用工譬如汲井，漸汲漸清。如所謂未應事前，此事先在，既應之後，此事尚存，正緣主一工夫未到之故。須是思此事時只思此事，做此事時只做此事，莫教別底交互出來，久久自別。看時似乎淺近，做時極難。某比作主一箴，爲一相識所刊，其間亦有此意。

又

所諭收斂則失於拘迫，從容則失於悠緩，此學者之通患。於是二者之間，必有事焉，其惟敬乎！拘迫則非敬也，悠緩則非敬也，但當常存乎此，本原深厚，則發見必多，而發見之際，察之亦必精矣。若謂先識所謂一者而後可以用力，則用力未篤，所謂一者只是想象，何由意味深長乎？言不逮意，更幸思之。

又

來諭於主一用工，此正所望。若實下手，乃知其間艱難曲折甚多，要須耐苦辛，長遠而勿舍焉，則寖有味，爲仁由己，而由人乎哉？勉之勉之！如某孤陋，正有望於諸友講益也。

答潘叔度

來書得以窺近日所存，甚幸。但以鄙見，尚恐未免於迫切之病。如云以是心事親則爲孝，以是心從兄則爲悌，視聽言動無非是心，推之無所不用其極之類，辭氣皆傷太迫切。要當於勿忘、勿助長中優游涵泳之，乃無窮耳。孝悌爲仁之本，遺書中有一段說，非是謂由孝悌可以至仁，乃是爲仁自孝悌始，此意試玩味之。

又

垂諭吕蘇所苦思慮紛擾之患，大是難事，可見近思之功。主一之謂敬，無適之謂一，持守誠莫要乎此，要是久益有味耳。孝悌爲仁之說，某近來玩程先生「爲仁自孝悌始」之意，極爲精切。若如來説，於事親從兄之時，體孝悌所從出，則仁可識，却未盡。蓋未免將一心體一心之病，更幸深思之。孟子論勿忘、勿助長後引揠苗爲喻，言助長爲多。蓋學者雖或知忘之爲害，而未知助長之甚，故反復言之也。

答潘文叔

所論雖間有平帖安静之時，意思清明，四體和暢，念慮不作，覺無所把摸，遇事接物則涣散矣。此蓋未能持敬之故。所謂平帖安静者，亦只是血氣時暫休息耳。且既曰覺無所把摸，烏得爲安静乎？敬則有主宰，涵養漸熟，則遇事接物，此意思豈容遽涣散乎？主一之義，且深體之。

答潘端叔

細觀書辭，有務實近本意味，良愜所望。致知力行，要須自近，步步踏實地，乃有所進。不然，貪慕高遠，終恐無益。近來士子亦往往有喜聞正學者，但多徇名遺實，反覺害事。間有肯作工夫者，又或不耐苦辛長遠，若非走作，即成間斷，亦何益也，吾友勉之！論語不可一日不玩味，伊川易傳亦宜細讀。某近年來讀此二書，益覺有深味耳。

答周潁叔

垂諭學者苟有一毫靠外之心，其工夫未得爲真實，是也。但才不近裏，便是靠外，分毫之間爲難察，正當用力，不可易言也。又謂今且據面前識得一字，便勉行一字，非敢求近功，亦是也。但未知今所識者何字，而所行者何字也〔一五〕？它時有便，不惜詳示，庶可往復蒙益耳。

又

來諭學貴力行，本無許多事，何言之易也？學固是貴力行，然所謂力行者煞有事。聖門教人循循有序，始終條理，一毫老草不得，工夫蓋無窮也。計必常從正字講論，惟深思而勉之。

答戚德鋭

垂諭心量褊狹〔一六〕，是己太重之病，伯恭相勉看西銘，善矣。第某尋常切謂西銘須是全篇渾然，體認涵泳之，所謂理一而分殊者，句句皆是也。人只被去軀殼上起意思，故有許多病痛，須是體認公共底道理，此所貴日用間實做工夫，却不可想象臆度也。

又

所論居敬，雖收斂此心，乃覺昏昏不活，而懈意漸生。夫敬則惺惺，而乃覺昏昏，是非敬也，惟深自警厲，以進主一之功，則幸甚。

答鄭仲禮

許時過從，别來懷想。自到郡，竭日夕之力，不敢不勉策，但恐終無補斯民耳。連日沛澤，早晚稻皆濟。憂國願年豐，此第一義也。仲禮與伯壽想不廢講論。湘中諸友樂聞者固多，真肯下工夫者爲誰？使人憂之。二友宜力勉也。

又

承書審聞還自莆中，起居一向清勝爲慰。某於此歲半矣，日夜黽勉，將勤補拙，未知還能及民萬分一否。示及所講，深喜相與不廢，想共伯壽常常紬繹，要須栽培深厚，日用間絲髮勿放過，不可只作説話也，仍互相點檢爲佳耳。新刊兩書寄去。中庸之説宜玩味，諸友有可以見示者，皆不惜頻寄。

校勘記

〔一〕敬已詳觀　「已」，宋本作「以」。

〔二〕如劉元城□□□□□□□　「城」下原闕七字，宋本同。

〔三〕在聖人乃可言　「人」原作「門」，據宋本、劉本、四庫本改。

〔四〕而云如彼善於此之善　「云如」，宋本作「如云」。

〔五〕使人想像描貌而愈迷其真乎　「貌」，宋本作「摸」。

〔六〕意味自別　「自」，原作「日」，據宋本改。

〔七〕不識何如　此句原無，據宋本補。

〔八〕而卒無以進　「以」，宋本、劉本、四庫本作「所」。

〔九〕諭及陸薛徐三君　此句上，寶真齋法書贊卷二六有「栻頓首啓德瞻祕校吾友：　潘叔度兄弟因會致言，晦叔已兩來相見，歲晚可遷來城中」三十三字。

〔一〇〕此語大意固好　「此」字原無，據宋本補。

〔一一〕亦疑立言有病也　此句下，寶真齋法書贊卷二六有「栻又上」三字。

〔一二〕要當深於靜處下涵養之功　「涵」，宋本作「潛」。

〔一三〕來諭克己之偏之難　「克己」，寶真齋法書贊卷二六作「言持」；此句上，有「栻頓首拜啟德瞻茂才吾友座下：爲別寖久，每用懷想，手問遠貽，慰懌可知也。暑雨，緬惟義履勝福。栻幸爾安常，不必念。承在城中親炙正字，想當日有進益」六十字。

〔一四〕有以復之是望　此句下，寶真齋法書贊卷二六有「其他互見諸書中矣。晦叔多時不相見，却嘗通書。書已寄去。未知再會之日，更希茂勉厚愛。不宣。栻再拜德瞻茂才吾友座下」四十八字。

〔一五〕而所行者何字也　「字」，原作「味」，據宋本改。

〔一六〕垂諭心量褊狹　「量」，原作「上」，據宋本、劉本、四庫本改。

南軒先生文集卷第二十八

書

與曾節夫撫幹

某二十四日到郡〔一〕，適當紀綱解弛之餘，未免一一整頓。今條目粗定，當以身先之。財計空虚，亦頗得端倪。數月之後，民力可寬。邊防尤所寒心，方别爲規模，以壯中權之勢。約束邊郡，務先自治以服遠人。盜賊紛然，初無賞格，亦已明立示信，當有爲效力者。自昧爽到日夕，未嘗少暇，雖差覺倦然，不敢不勉。有齋名「緩帶」，日所燕處，惡其名弛惰，易曰「無倦」。取夫子答子張、子路之語。今早方到英英堂，已略行銓量沙汰矣。其它事未暇一一報去，但自諸司而下，不免愛之以德，不敢以姑息，正恐其間須有咈意者，然亦無如之何。

又

茶賊在禾山二十日，諸軍環視，曾不得一正賊，今日兵將誠足用耶？今聞復出禾山，深慮其越逸，彼中有聞，時幸示報〔一〕。王樞耄及而繆悠，貶未足以塞責，又不知汪汝嘉能辦乃事否？頃見此人生得有福，命亦好，恐爲福將也。壽翁攝帥，一路之幸，且勸令持重，凡百號令，審詳明信乃佳。蓋彼中失信於人久矣，此賊其初失於不招，某蓋嘗入文字於五月初。今既殘害許多將與兵，却不可招。若合大軍五千而不能擒，此則亦無以爲國矣。所論岳祠及與王樞劄子皆好，有以見吾友守義不苟也。壽翁雖不易肯略言，但恐言之不入，亦不濟事耳。此間土剛而農惰，自前月二十八九有雨，至今近旬，已嘗祈求。舊例祈禱無義理，盡削之，只到社壇、風雷雨師壇，及於湘南樓望拜堯山、灕江，遣官寮奉祝板瘞山間，及投江中。今日五更登湘南樓，雷霆倏興〔三〕，下樓雨已下，須臾大集滂沛，過午方止，庭下水深數尺，四郊盡徧，今雨意未已也。一稔可望〔四〕，幸事幸事！庶幾使此邦之人益信土偶之非所當事，而山川是爲神靈也。因書謾及，不必語它人。急發遞至壽翁，欲其排日發探報來，更幸贊之。

又

某昨方奉書，遞中辱示，忽聞有罷命，深所歎息。彼蓋欲借左右以自解免，尚何郵乎公議？想目前得失不以寘胸中，某亦不復道相勸解之辭，吾曹惟有益勉其在我者耳。但今之達官鮮能受盡言，向來所以奉書，亦有不可與言之戒，詳其當時差出，便非好意，正欲尋事相中耳。它日必有能與君辯之者，但辯與不辯，亦不足問，歸家閉户勉學，此有餘地也。

又

左右天資之美，閑處正宜進步，工夫不可悠悠，且須察自家偏處，自聲氣容色上細細檢察。向在長沙，見或者多疑左右以爲簡忽，此雖是愛憎不同，要之致得人如此看，亦是自家未盡涵養變化，異日願有觀焉。某日接事物，恐懼之不暇，甚思城南從容之味也。

又

某到官已半月，覺人情頗相安，綱紀亦粗定，日間事隨手即遣，並不付吏輩，頗自省静。但如學校、軍政、財計，色色廢壞，未免一一料理，要爲着實可繼者耳。諸司向來相與不以誠而以術，府中遇諸縣亦然，今先務立信，上下似亦頗相應也。邊蠻有互相讎殺者，具令逐州以國家好生大德諭之，俾無以小忿自戕生靈。忠信可行蠻貊，拙者所守，惟此而已。惟是凡事不敢不奉法度，上下曠弛陵夷之久，未免少覺拘束，久亦當安習也。

又

前日春祭，親往舜廟，廟負奇峰，唐人磨崖在石壁中，貌象甚古。行禮既終，環視堂廡，則有庳之神在焉，固已甚懼。而唐武后亦勦入廡下，幡帳甚盛，又僧伽一部落亦在焉，不免即日盡投畀廟前江中，庶幾一廟之内，四門穆穆耳。此事獨可爲李壽翁言之。

又

得暇，想不廢玩繹。鬼神之説，横渠正蒙中宜深味之，此直須使胸中了了無疑，不然，它時恐或爲異説摇動也。

又

某承乏亦且一載矣，佩「心誠求之」之訓，味「哀矜勿喜」之言，黽勉之不暇，所幸去歲一稔，嶺民謂數年所無，而積年狡盗，悉就擒勦，人情頗安。惟是區區不敢苟目前，爲之久遠之慮，日夜在懷。保伍法先行於静江，境内極得其效，非惟弭盗，亦且息訟，因漸教以相親睦扶持之意，繼復推之一路，有數州者能料理有方，今又得朝廷斟酌降下，尤幸事也。静江財賦適承空乏之餘，初交割時府中借經司、漕司緡錢共幾四十萬，經司亦坐是費力。一年之間，痛節浮冗，謹密滲漏，今幸支吾，兼支還兩司錢十餘萬緡。去冬米賤，亦頗收糴爲備，幾二萬石。惟招軍治甲，不敢惜費，所收拾强壯刺將兵効用者已近五百輩，部勒教閲，合摧鋒及効用并帳前親兵千二百餘人，頗成軍伍。蓋此路控扼非一，此爲急務也。今郡事極簡，日間多得暇，但環視一路，思慮不能暫釋耳。會議財賦事，朝廷雖已行下而共議之，人與人異見，商量未成，比不免以所見定論再列於朝矣。諸州須得此事定，然後有濟也。諸邊悉幸無他，向來夔州李丈所忌憚之人，今甚帖然。然羈縻之地，與夫蠻獠之鄉，種類寔繁，一以爲赤子，一以爲龍蛇，豈容少忽！而邊備未實，每爲憂耳。士人中亦漸有知向方者，每呼其秀者與之講論端倪一二，更看久之如何。環城勝處誠多，但絶懶出，公務之餘，焚香默坐，間翻書數葉。爲况如此耳，恐節夫欲詳知，不覺縷縷。建安公救荒之政，聞江東之人極賴之，常通問否？此以僻遠，難於相聞也。節夫閑中想進修不輟，察偏矯習，當有新功。中庸謹獨、大學誠意，乃是下工夫要切處，不可悠悠放過也。彼中去崇安不遠，聞欲以暇時一往元晦處，甚善甚善！示及山園圖，反復不厭，便若身履其間，今再賦五章奉寄。雖然，園亦既廣矣美矣，若求增不已，却恐亦爲玩物溺志，要不可不察也。

與吴晦叔

元晦書來，云近看大學中之「其所親愛而辟焉」，「辟」字皆當讀作「僻」字，反復細看，誠如其説。蓋非惟文義上下相接，兼此篇中其餘「辟」字皆當讀作「僻」，不應此字獨異。又其理於修身齊家極爲緊切，乃易傳中「妻孥之言雖失而多從，所憎之言雖善爲惡」之意也，幸更詳之。

又

擇之後來頗肯放下舊説，第於鬼神生死之故，終是疑惑，書來，却云姑欲且寘此疑，專一持敬。某謂此疑方深，動輒有礙，雖欲持敬，豈不間斷分裂乎？窮理持敬工夫，蓋互相資耳。

可齋銘見攜在此，大意皆正，但恐説可欲未甚分明。可欲乃動之端，良心本體也，故伊川謂與「元者善之長」同意，如何？

又

告子之説，某向來解孟子此段，正與來諭同。近因在舟中改舊説，見伊川有云「不得於言，勿求於心」，此觀人之法。心之精微，言有不可便謂不知，此告子淺近處。明道云「人必有仁義之心，然後仁義之氣達於面」，故不得於心，勿求於氣可。此亦似以爲觀人之法也，故有疑焉。幸更詳之，見教。

又

可齋銘俟更詳之，續布聞。告子一段，大意固然。看伊川之意，以爲觀人之法，爲告子説云爾也。某解得一段，容續遺呈求教。近來玩味紬繹，大抵多覺向來看得偏處，始知所謂善學者求言必自近，易於近者，非知言者也，其至言哉！

又

示教久假不歸之説，論甚正。向來解中之語誠有未安，後來亦略有更改處，今復删潤録呈。但來諭固正矣，然如所解，烏知其非有也？謂懵不自知，却恐意義及文勢皆未順。

身之假之，固逈然不同。孟子此語要甚和平，謂使其能久假而不歸，烏知其非己有？蓋非便謂其能有之，亦寧知其不能有耳，語意蓋圓也。假雖是有名無實，若能不歸，則安知其非舍舊而更新乎？解中故云義不係於假而係於不歸。故孟子斯言，蓋進之於善道，而非絶之之辭。文定春秋中一段及此，併録呈，幸更深思之，却以見告。某今夏以來，時時再看語孟説，又多欲改處。緣醫者見戒，未欲多作文字，近日方下筆改正語説，次當及孟子。恐因見其間未安處，不惜一一疏示，相助開發也。所欲言者甚多，每以懷渴，所幾以時自厚。

又

舟梁之論，誠有益於學者。向來所疑，只恐辭氣間微有過處耳。

某已作岳下書，欲遣人問，忽得舍弟信報廣仲下世，傷歎淚落，不能以已。不謂盛年一疾，遽至於此！又念其有志古道，朋遊中所難得，平時相與講論，意望遠大，一朝有今古之隔，使人重痛惜之，不獨爲胡氏歎息也。晦叔交義篤至，尤當爲之動懷。此病只緣湘陰醫者下甘，遂撅了根本，豈有廣仲之弱，反謂賢氣有餘，又從而瀉之耶？如此庸醫，公然妄投劑，理當痛懲之，如何？專遣人去，匆匆僅能作此，它皆未暇及也。

又

季隨處人便辱書，甚慰。醇叟遂爾，使人感傷。挽章甚佳，近來詩律良進也。某亦作兩首，蚤晚寄去。孟子解向來老兄先要盡心，今録呈，煩細看，有以見告，是所望也。某近日無事，亦頗作論語章句，方畢學而篇，續亦旋寄。元晦中庸數章，俟答書了，併往。相去不遠，未即合并，無日不奉懷，何日遂成此來耶？力行近乎仁之説甚緊要，更須細味「近」字爲深長也。克伐怨欲之説，曾細味二程先生之説否？「仁」字須是如此看。伯逢所類遺書中語，已領。劉樞得書，聞十二月間遷入新第，但傳説頗華耳。子飛可傷之甚，前書已報去，不知諸喪今誰與殯葬？孤遺誰與收拾？似亦劉樞之責也。近報黄仲秉以集撰守鎮江，未知何故？它遲後訊。

又

某比來展省先塋，昨晚至止，松楸日茂，永慕之感，惟以涕零耳。本意欲畢事往山前與親舊相欵，適舍弟嚴陵之闕成見任，初與劉樞共勸渠對换此間或近地一闕，而其意堅欲往，已索迓兵。念兄弟相別在即，且欲相聚，不欲久出，故復不果，又恐重壓晦叔，不敢屈來此。

相望一山，徒極悵然，後早即還轅矣。近連得元晦書，亦寄所解中庸草藁來看，猶未及詳閲也。伯逢前在城中，頗欵某所解。太極圖渠亦録去，但其意終疑「物雖昏隔不能以自通，而太極之所以爲極者，亦何有虧欠乎哉」之語，此正是渠緊要障礙處。蓋未知物則有昏隔，而太極則無虧欠故也。若在物之身，太極有虧欠，則是太極爲一物，天將其全與人，而各分些子與物也。此爲於大本甚有害。前臨來，未及詳此，從容間更以告之可也。劉樞近日論交趾進象事，又以上江多旱處，以五萬緡往荆南糴米，就彼輸軍，此却截留合發之數。此等事皆是誠心愛民之實也。求田之説未嘗忘〔五〕，但未有穩當〔六〕，不敢奉告耳。

又

某比復奏請邊州久遠之弊，似聞朝廷已議施行，若得此事濟，則庶幾有可繼之迹，非直一時計耳。新漕凡事却似肯商量，不敢不推誠，更看如何。李伯諫爲異説所惑，遂下喬木而入幽谷，兼其説亦甚淺陋，不知伯諫何爲便爲所動？要是天資窒塞，元晦當時期待之太過耳。

又

别紙數條，一一以鄙見書其下，未知然否？幸精詳之。長物之説，正所欲聞。近來只是買得一石屏及得一觥，其它皆向來几案間日用者也。經營之説，傳者過矣。但健羡之意，雖曰知防，然未免其根在，尚時發見〔七〕。得來誨，極有助，當深加窒治也，欣感欣感！以此益思相聚之樂〔八〕。未間〔九〕，凡有所傳聞，無論虚實細大，幸一一見告，非吾晦叔而誰望耶？幸甚。

又

元晦謂略於省察，向來某與渠書亦嘗論此矣，後便録呈。如三省四勿，皆持養省察之功兼焉。大要持養是本，省察所以成其持養之功者也。

又

和章三復，幸甚。如所謂「花柳共日暖，桑麻經雨滋」，語意佳也。所諭氣稟之説，言語誠恐人致惑，今更云「如羊舌虎，其生已知其滅宗」之類，以其氣稟而知其末流至此，謂惡亦不可不謂之性，言氣稟之性也，如何？日與諸人理會詩，方到唐風。向來元晦所編多去諸先生之説，某意以爲諸先生之説雖有不同，然自各有意思，在學者玩味如何，故盡載程子、張子、吕氏、楊氏之説，其他諸家有可取則存之，如元晦之説多在所取也。此外尚或有鄙意，即亦附之於末。繫辭説亦已裒集。程子精微之論多見遺書中，如論孟精義編類得好，極宜習讀，但書多不帶來耳。近爲曾幹作一記，并數詩，録呈。岳陽附克己銘來，亦附一本去〔一〇〕。

又

示及元晦、伯逢觀過知仁説，正所欲見。某頃時之説，正與伯逢相似，後來見解經義處，惟伊川先生之言看得似平易，而研窮其味無斁。此段伊川但以謂君子之過過於厚，傷於愛，小人之過過於薄，傷於忍。經解本云：「人之過也，各於其類。君子常失於厚，小人常失於薄；君子過於愛，小人傷於忍。」近來嘗下語云：君子之失於厚，過於愛，雖曰過也，然觀其過而心之不遠者可知矣。若小人之過則失於薄，傷於忍。夫所謂薄與忍者，豈人之情也哉？而其失若此，則其所陷溺者亦可知矣。以此自觀，則天理在所精，人欲在所遏也。以此觀人，則亦知人之要也，未知兄看得如何？若如舊日所説，恐傷快了，聖人論仁不如是耳，更幸思之講之，却以見教。示諭所過者化之説，才讀一過，覺程子之説爲有功用也，俟少定，更詳之。

聞見思慮所及并廣西利害有可見告者，不惜逐項筆記，以俟面請。某獨任一路之責，蚤夜不遑，所幸今夏雨澤尤以時，目前遠近頗安帖，向來數事悉已得請，前書已報去。今諸州既少寬，橫斂苛訊悉從禁戢，庶幾民力之漸紓也。除諸郡既添鹽息外，海旁數郡乃責鹽之地，而官敷賣鹽，數益增於舊，亦爲鐫削區處，以至海南悉施行矣。區區心力之所及，不敢不盡，亦幸朝廷察見，肯相從耳。前書所諭權攝事，向來正爲求者多〔一一〕，而經司闕殊少，不足以給，想多不滿者。漕司却有闕多，然近來指揮，例罷違法權攝，如廣中用八路法，但可差在本路得替寄居待闕官耳，罷者甚衆，亦有利有害也。陳擇之本欲立秋後歸，自聞此報〔一二〕，不復可留。此公明審有思慮，此處置本路久遠根本之計，一二事極賴其助，甚惜其去也。誠之病痛多，未肯下手醫治，近亦力告之矣。

又

兩日行善化、寧鄉道中，境界可畏，使人不忍開眼。大抵十室五六空矣，其見存者無人色，有位者終未肯沛然拯濟，坐視天民之擠壑，爲之奈何！前在城中，不勝饒舌，昨復移書力說，且封民所食草根去，未知吪動否。

又

歎傷，衡山猶爲庶幾者。晦叔猶未見善化、寧鄉界中耳〔一三〕，不可言，不可言！某向在城中，亦無緣知得子細。振民之事蓋有二端：振濟也，振糶也。振濟須官中捐米以救之，振糶即用上户所認可也。今官中吝米不肯捐，專仰上户之糶，可乎？今潭城諸倉受納已有米近八萬斛〔一四〕，前勸陳帥借此上供米均濟農民乏食者，或借與亦可，却一面具以奏聞待罪，比至獲罪，而十數萬生齒已活矣，况未必獲罪耶？未知渠能辦否耳。若待常平司全永州糴米來濟，則索我於枯魚之肆矣，如何如何？

校勘記

〔一〕某二十四日到郡　「某」，宋本作「栻」。
〔二〕時幸示報　「幸」，宋本作「早」。
〔三〕雷霆倏興　「霆」，宋本、劉本、四庫本作「電」。
〔四〕一稔可望　「望」，宋本作「期」。
〔五〕求田之説未嘗忘　「求」字原闕，據宋本、劉本、四庫本補。
〔六〕但未有穩當　「未」，原作「一」，據宋本、劉本、四庫本改。
〔七〕尚時發見　「尚」，宋本作「有」。

〔八〕以此益思相聚之樂　「益」，原作「蓋」，據宋本、劉本改。

〔九〕未間　「未」，原作「益」，據宋本、劉本改。

〔一〇〕亦附一本去　宋本無「去」字。

〔一一〕向來正爲求者多　「爲」字原作墨丁，據宋本補。

〔一二〕自聞此報　「自」，原作「伯」，據宋本、劉本、四庫本改。

〔一三〕晦叔猶未見善化寧鄉界中耳　「猶」，宋本作「獨」。

〔一四〕今潭城諸倉受納已有米近八萬斛　「受」，原作「愛」，據宋本、劉本、四庫本改。

南軒先生文集卷第二十九

答問

答吴晦叔

遺書云：「自性之有形者謂之心，自性之有動者謂之情。」又曰：「心本善，發於思慮則有善、不善。若既發，則可謂之情，不可謂之心。」夫性也，心也，情也，其實一也，今由前而觀之，則是心與情各自根於性矣；由後而觀之，則是情乃發於心矣。竊謂人之情發，莫非心爲之主，而心根於性，是情亦同本於性也。今曰「若既發則可謂之情，不可謂之心」，然則既發之後，安可謂之無心哉？豈非情言其動，而心自隱然爲主於中乎？又孟子曰：「乃若其情，則可以爲善矣。」若發得是善，固可爲善，脱有不善，如何爲善哉？是皆可疑也。此精微處望明賜剖析。又曰：「人須知自慊之道。」自慊者無不足也。若有不足，則張子所謂有外之心不足以合天心也。此「有外之心」，與禮經「以其外心也」、與文定春秋傳云「心不外者，乃能統夫衆理」皆不同，豈非本心未瑩，猶有人心者乎？抑懷不足之意乎？

自性之有動謂之情，而心則貫乎動靜而主乎性情者也。程子謂既發則可謂之情，不可謂之心者，蓋就發上説，只當謂之情，而心之所以爲之主者固無乎不在矣。孟子謂「乃若其情則可以爲善」者，若訓順。弗克若天之若。人性本善，由是而發，無人欲之私焉，莫非善也，此所謂順也。情有不善者，非若其情故也。無不足者，天理之安也，本心也。若有不足，則是有所爲而然，杜撰出來，此人欲也，有外之心也。

規正韋齋意思有偏，誠爲確論。山間同志亦頗有此歎者。如孟子云凡有四端於我者，知皆擴而充之，豈可欲救一時之偏勝而自墮於一偏？併令人不知有「仁」字而爲學乎[一]？豈非略於省察之過乎？若使人敬以致知，不妨其爲是也。若不令省察苗裔，便令培壅根本，夫苗裔之萌且未能知，而遽將孰爲根本而培壅哉？此亦何異閉目坐禪，未見良心之發，便敢自謂我已見性者[二]。故胡文定公曉得敬字便不差也。明道説曾子告孟敬子之語誠是坦明，所謂於公字上研究「仁」字爲最近，信然，公則能愛矣。

不知苗裔，固未易培壅根本，然根本不培，則苗裔恐愈濯濯也。此語須兼看。大抵涵養之厚，則發見必多；體察之精，則本根益固。未知大體者，且據所見自持，如知有整衣冠、一思慮，便整衣冠、一思慮，此雖未知大體，然涵養之意已在其中。而於發處加察，自然漸覺有功。

不然，都不培壅，但欲省察，恐膠膠擾擾，而知見無由得發也。「敬以致知」之語，「以」字有病，前書中已見此語，未及奉報。不若云「居敬致知」。「公」字只爲學者不曾去源頭體究，故看得不是。觀元晦亦不是略於省察，令人不知有「仁」字，正欲發明「仁」字。如説「愛」字，亦是要人去所以愛上體究，但其語不能無偏〔三〕，却非閉目坐禪之病也，更幸思之。

程子語録云：「復非天地之心，復則見天地之心。」兹乃道非陰陽，所以陰陽者道也，理明辭瑩，無可疑者。而於其後又云：「復其見天地之心。一言以蔽之，天地以生物爲心者也。」而於易傳亦云：「一陽復於下，乃天地生物之心也。」如此，則是以一陽爲天地之心，大與前言相戾，甚非「反復其道，七日來復」之旨也〔四〕。望爲精剖，以祛所疑。

易傳所謂「一陽復於下，乃天地生物之心也。」此語言近而指遠，甚爲完全，蓋非指一陽而言也，言「一陽復於下，乃天地生物之心也」，細味之可見。「一言以蔽之，天地以生物爲心者也」，不知在遺書中甚處，檢未見，但見微言中載此句，而文亦不備，便中幸詳示諭，當更思之耳。畢竟覺得此語未安。「反復其道，七日來復」，不知晦叔如何説？

明道云：「道即性也，若道外尋性，性外尋道，便不是。」又嘗曰：「楊雄規模窄狹。」道即性也，言性已錯，更何所得？夫二人之品固不可同日而語，然其説則一，而其義所以不同者何也？

「道即性也」，此明道先生語，楊雄初無此語也。後段文意乃是謂道即性也，楊雄既不知性，則於道更何所得耳。

子文、文子之事，聖人以清、忠目之，就此事言，只可謂之清、忠，此洙泗言仁之所極是也。然遺書有謂聖人爲之亦只是清、忠，兹又不能無疑，夫聖人無一事之非仁，而乃云爾，何也？又况程子於博施濟衆之下，乃云今人或一事是仁，亦可謂之仁，至於盡仁道亦謂之仁，此通上下言之也，則又與忠、清之説不同，請爲明之〔五〕。

遺書中之意，大要以爲此事只得謂之清、忠，然在二子爲之，曰忠曰清而止矣，仁則未知也。在聖人事或有類此者。以其事言，亦只得謂之清、忠，然而所以然者，則亦不妨其爲仁也。如伯夷之事，雖以清目之，亦何害其爲仁乎？看先覺説話，切忌執殺，不知如何？

程子云：「視、聽、思、慮、動、作，皆天也，但其中要識得真與妄耳。」伯逢疑云：「既是天，安得妄？」某以爲此六者，人生皆備，故知均稟於天，但順其理則是真，違其理則是妄，即人爲之私耳。如此言之，知不膠否〔六〕？

有物必有則，此天也，若非其則，則是人爲亂之，妄而已矣。只如釋氏揚眉瞬目，自以爲得運用之妙，而不知其爲妄而非真也。此毫釐之間，正要辨别得。如伯逢病正在此耳，所答之語，大意已得之。

西銘：「天地之帥吾其性。」帥有主宰之義，不曰心而曰性，何也？

帥是統率之意，原本而言之，謂之性則可耳。

答胡伯逢

明道先生曰：「上天之載，無聲無臭，其體則謂之易，其理則謂之道，其用則謂之神，其命於人則謂之性。率性則謂之道，修道則謂之教。」又曰：「民受天地之中以生，天命之謂性也。『人之生也直』，意亦如此。」又曰：「孟子曰『仁也者，人也』，合而言之，道也，中庸所謂率性之謂道是也。」詳此兩說，則是中庸首兩句明道便屬人說矣。而伊川先生乃曰：「天命之謂性，率性之謂道者，天降是於下，萬物流形，各正性命者，是所謂性也；各正性命而不失，是所謂道也。」此亦通人物而言。循性者，馬則爲馬之性，又不做牛之性。云云。所謂率性也。修道之謂教，此則專在人事。伊川之說，則自首兩句已兼人物而言之矣。呂、游、楊之說則同乎明道，侯子之說則同乎伊川，二先生之說所以不同者，如何？

某竊詳所録明道先生之說，蓋明性之存乎人者也；伊川先生之說，蓋明性之統體無乎不在也。天命之謂性者，大哉乾元，人與物所資始也；率性之謂道者，在人爲人之性，在物爲物之性，各正性命而不失，所謂道也。蓋物之氣稟雖有偏，而性之本體則無偏也。觀天下之物，就其形氣中，其生理何嘗有一毫不足者乎？此性之無乎不在也。惟人稟得其秀，故其心爲最靈而能推之，此所以爲人之性，而異乎庶物者也。若元不喪失，率性而行，不假修爲，便是聖人。故惟天下之至誠能盡其性，而人之性、物之性亦無不盡。惟其有所喪失，則不能循其性，故有修道之教焉，所以復其性之全也。明道於人身上指出，要人就己體認耳，然亦豈遂謂物無天命乎？伊川發明其説〔七〕，統體可謂完備矣。侯子解稱兼人物而言者爲明道説，恐此亦必有據。或曰天命獨人有之，而物不與焉。爲是説者，但知萬物氣稟之有偏，而不知天性之初無偏也；知太極之有一，而不知物物各具太極也。故道與器離析，而天地萬物不相管屬，有害於仁之體矣，謂之識太極可乎？不可不察也。伊川不獨解「天命之謂性」一章有此意，遺書中如此説處極多，如説「萬物皆備於我」處亦然，幸詳攷而深思之。區區所見，未知然否？且辭不逮意，惟高明察之。

曰「心有知覺之謂仁，此上蔡謝子之言也。此言固有病」。切謂心有知覺謂之仁，此一語是謝先生傳道端的之語，以提省學者也，恐不可謂有病。夫知覺亦有深淺，常人莫不知寒識煖，知飢識飽，若認此知覺爲極至，則豈特有病而已？伊川亦曰覺不可以訓仁，意亦猶是，恐人專守着一箇覺字耳。若夫謝子之意自有精神，若得其精神，則天地之用即我之用也，何病之有？

謝上蔡之言，固是要指其發見以省學者，然便斷殺知覺爲仁，故切以爲未免有病。伊川先生所謂覺不可訓仁者，正謂仁者必覺，而覺不可以訓仁。侯子師聖亦嘗及此矣。若夫今之學者囂囂然自以爲我知之者，只是弄精魂耳，烏能進乎實地哉！此又上蔡之罪人也。

又曰「以覺言仁，固不若愛之切」，此亦似遷就之説。切謂以愛言仁，不若覺之爲近也。

就愛人上窮究仁之所以愛，宜莫親切於此，所謂知覺者亦在其中矣。

大公之理得，則天地之心即己之心，此語善矣，而其下語云「萬物之體即己之體」，却似未識仁。大公之理四字亦恐未親切。

萬物之體即我之體，立言者之意，乃是仁者以天地萬物爲一體，認得爲己，何所不至之意。大公之理四字也要人看。

解盡心首章云：「理之自然謂之天，具於人爲性，主於性爲心。」又於「人之所不學而能者，其良能也」，解云：「天命爲性，循性曰道，而主於身爲心。」何故言性、心有不同？且「主於身」者似專指軀殼之内言之，「主於性」者似性外有主矣，恐立言未瑩也。

主宰處便是心，故有主於性、主於身之言。然兩處語亦當瑩之，歸於一也。

又曰「若夫爲不善，則是物誘於外，而血氣隨之，性無是也」。然則所謂不善者，是性之所不爲也。夫論性不及氣則不備，而謂不善者，是血氣而非性，可乎？且謂性所不爲，夫誰爲之？

性無不善。謂性有不善者，誣天者也。夫水搏而躍之可使過顙，激而行之可使在山，是豈水之性也哉？此前日所以有「不善者性所不爲」之論，而不自知其過也。夫血氣固出於性，然因血氣之有偏而後有不善，不善一於其偏也。故就氣禀言之，則爲善固性也，惡亦不可不謂之性也則可；即其本源而言之，則謂不善者性之所不爲，乃所以明性之理也。若如來説，則是混天理、人欲而莫别，其故何異於性可以爲善、可以爲不善之論哉？

「萬物皆備於我矣」，解曰：「凡有是性者，理無不具，是萬物無不備也。故程子曰非獨人也，物亦然。」却於「親親而仁民」處解云：「人與人類，則其性同；物則各從其類，而不得與吾同矣。」有牴牾否？竊謂萬物皆備於我，乃仁之道，與天下歸仁之義同。蓋謂人能備之耳。我者指人而言也。昨見知言中有疑議，切所未安。若夫萬物素備之説，别是一義〔八〕。

此難以言語盡，請無横舊説於胸次，玩味伊川先生之言而深體之。

校勘記

〔一〕併令人不知有仁字而爲學乎　「知」，原作「可」，據宋本改。

〔二〕便敢自謂我已見性者　「者」，宋本作「哉」。

〔三〕但其語不能無偏　「能」，宋本作「容」。

〔四〕甚非反復其道七日來復之旨也　「旨」，原作「言」，據宋本、劉本、四庫本改。
〔五〕請爲明之　「爲」字原無，據宋本補。
〔六〕知不膠否　「膠」，宋本作「謬」。
〔七〕伊川發明其説　「説」字原脱，據宋本補。
〔八〕別是一義　「別」，原作「則」，據宋本、劉本改。

南軒先生文集卷第三十

答問

答朱元晦

王驩一段，解之甚精。大抵王驩無足與言者，獨使事若有未至，則當正之，而驩既克勝任矣，此外復何言哉！故曰：「夫既或治之，予何言哉！」

本一而已，二本是無本也。以愛爲無差等，而愛親亦以爲施耳，是非無本歟？儒者之言曰「立愛惟親」，又曰「立愛自親始」。曰「立」云者，則可見其大本矣。

和靖曰：「脫使窮其根源，謹其辭説，苟不踐行，等爲虛語。」石子重云：「愚以爲人之所以不能踐行者，以其從口耳中得來，未嘗窮其根源，無着落故耳。縱謹其辭説，終有疎謬。若誠窮其根源，則其所得非淺，自然欲罷不能，豈有不踐行者哉？」范伯崇云：「知之行之，此二者，學者始終之事，闕一不可。然非知之艱，行之惟艱也。」知而不行，豈特今日之患，雖聖門之徒未免病此。如曾點舞雩之對，其所見非不高明，而言之非不善也，使其能踐履，實有諸己而發揮之，則豈讓於顏、雍哉？惟其於踐履處未能純熟，此所以爲狂者也。又况世之人徒務知之，而不以行爲事，雖終身汲汲，猶夫人也，矧知之而未必得其真歟？和靖之言豈苟云乎哉！

和靖之言固有所謂，然諸君之說，意皆未究也。孔子觀上世之化，曰：「大哉知乎！雖堯舜之民比屋可封，亦能使之由之而已。」知者，凡聖之分也，豈可易云乎哉？傅說之告高宗，高宗蓋知之者，恭默思道，夢帝賚予良弼，非知之者有此乎？此舊學於甘盤之所得也。故君奭篇稱「在武丁時，則有若甘盤」，而未及乎傅說，蓋發高宗之知者，甘盤也。知之非艱，行之惟艱，說之意亦曰：雖已知之，此非艱也，貴於身親實履之，此爲知之者言也。若高宗未克知之，而告之曰知之非艱，則說爲失言矣。自孟子而下，大學不明，只爲無知之者耳。若曰行，則學者事父事兄上〔一〕，何莫不行也？惟其行而不著，習而不察耳。知之而行，則譬如皎日當空，脚踏實地，步步相應；未知而行者，如闇中摸索，雖或中，而不中者亦多矣。曾點非若今之人自謂有見而直不踐履者也，正以見得開擴，便謂聖人境界，不下顏、曾請事戰兢之功耳。顏、曾請事戰兢之功，蓋無須臾不敬者也。若如今人之不踐履，直是未嘗真知耳；使其真知，若知水火之不可蹈，其肯蹈乎？

叔京云：「經正則庶民興。」蓋風化之行，在上之人舉而措之而已。庶民興，則人人知反其本而見善明，見善明則邪慝不能惑也。既人不之惑，則其道自然銷鑠而至於無也。歐陽永叔云：「使王政明而禮義充，雖有佛，無所施於吾民也〔二〕。」亦此意也。

經乃天下之常經，所謂堯舜之道也。經正則庶民曉然趨於正道，邪説不能入矣。但反經之妙，乃在我之事，不可只如此説過也。只如自唐以來名士如韓、歐輩攻異端者非不多，而卒不能屈之者，以諸君子猶未能進夫反經之學也。如後周、李唐及世宗蓋亦嘗變其説矣〔三〕，旋即興復而愈盛者〔四〕，以在上者未知反經之政故也。

第一章：此天人性命之分，人物氣質之稟，所以雖隱顯或不同，而其理則未嘗不一也。

此語似欠。如云「在天人雖有性命之分，而其理則一；在人物雖有氣稟之異，而其體則同」，則庶幾耳。

言率夫性命之自然〔五〕，是則所謂道也〔六〕。

是則是自然。然如此立語，學者看得便快了，請更詳之。

修道之謂教。

後來所寄一段意方正，但尋未見，幸别録示。

「修道之君子審其如此」以下。

此一段覺得叢疊有剩句處。以鄙意詳經意，不睹不聞者，指此心之所存，非耳目之可見聞也。目所不睹，可謂隱矣；耳所不聞，可謂微矣。然莫見莫顯者，以善惡之幾，一毫萌焉，即吾心之靈，有不可自欺而不可以揜者。此其所以爲見顯之至者也。以吾心之靈獨知之，而人所不與，故言獨，此君子之所致嚴者，蓋操之之要也。今以不睹不聞爲方寸之地，隱微爲善惡之幾，而又以獨爲合。是二者，以吾之所見乎此者言之，不支離否？

此一節因論率性之道，以明修道之始。

恐當云「因論率性之道，以明學者循聖人修道之教之始」也。

此一節推本天命之性，以明修道之終。

恐當云「推本天命之性，以明學者循聖人修道之教之終」也。大抵天命之性，率性之道，聖人純全乎此，而修道立教，使人由之，在學者則當由聖人修道之教用力，以極其至，而後道爲不離，而命之性可得而全也。

「洪範之初一」至「正與此意合」。

洪範之説，固亦有此意。然似不須牽引以證所言五行、五事、皇極三德，然則八政、五紀之在其間者復如何？引周子之所論，亦似發明其意未盡，轉使人惑，不若亦不須引也。

或曰「然則中和果爲二物」云云，此數句却須便連前文，庶順且備耳。

第二章：隨時爲中。

「爲」字未安。蓋當此時則有此時之中，此乃天理之自然，君子能擇而得之耳。

第四章「道之不行也」至「不肖者不及也」。

所釋恐未安。某嘗爲之説曰：「知者慕高遠之見而過乎中庸，愚者又拘於淺陋而不及乎中庸。此道之所以不行也。賢者爲高絶之行而過乎中庸，不肖者又安於凡下而不及乎中庸，此道之所以不明也。道之不行由所見之差，道之不明由所行之失，此致知力行所以爲相須而成者也。」不識如何？

第五章「執其兩端，用其中於民」：兩端者，凡物之全體皆有兩端，如始終、本末、大小、厚薄之類。識其全體而執其兩端，然後可以量度取中，而端的不差也。

此説雖巧，恐非本旨。某謂當其可之謂中。天下之理莫不有兩端，如當剛而剛，則剛爲中；當柔而柔，則柔爲中。此所謂「執兩端，用其中於民」也。

第十章「强哉矯」：矯，强貌，詩曰「矯矯虎臣」是也。每句言之，所以深歎美之，辭雖煩而不殺也。

此説初讀之似好，已而思之，恐不平穩，疑聖人之辭氣不爾也。然此句終難説。吕、楊諸公之説雖亦費力，然於學者用工却有益爾。

第十一章「素隱」：素，空也。無德而隱，無位而隱〔七〕，皆素隱也。

「素隱」恐只是平日所主專在於隱者也。

第十二章「夫婦之愚，可以與知焉；夫婦之不肖，可以能行焉」：君子之道，造端乎夫婦。男女居室，人道之常，雖愚不肖亦能知而行。夫婦之際，有人所不睹不聞者，造端乎此，乃所以爲戒慎恐懼之實。

此固切要下工夫處，然再三紬繹，恐此章之所謂與知、能行者，謂凡匹夫匹婦之所共知，如朝作夕息、飢食渴飲之類。凡庶民行而不著〔八〕、習而不察，在君子則戒慎恐懼之所存，此乃所以爲造端。如所謂居室人道之常，固亦總在其中，若專指夫婦之間人所不睹不聞者，却似未穩，兼亦未盡也。

第十三章：人之爲道而遠，人不可以爲道，人心之所安者即道也〔九〕。

此語有病。所安是如何所安？若學者錯會此句，執認己意以爲心之所安，以此爲道，不亦害乎？

「庸德之行，庸言之謹，有所不足，不敢不勉，有餘不敢盡。言顧行，行顧言，君子胡不慥慥爾？君子知道之不遠人」至「豈不慥慥爾乎」。

此説費力。某以爲「有所不足，不敢不勉，有餘不敢盡」，惟游子定夫説得最好，當從之。若夫大意則謂道雖不遠人，而其至則聖人亦有所不能。雖聖人有所不能，而實亦不遠於人，故君子只於言行上篤實做工夫，此乃實下手處。

「道不遠人」至「做此」。

費隱之意，第十一章子思子發明之至矣〔一〇〕，來説固多得之。若此二字，凡聖賢之言皆可如是看，似不必以爲下數章皆是發明此二字也。大抵所定章句固多明析精當者，但其間亦不無牽挽處，恐子思當時立言之意却未必如此爾〔一一〕。蓋自此章以下至二十章，元晦所結之語皆似强爲附合，無甚意味。觀明者之意，必欲附合，使之亹通縷貫，故其間不免有牽强以就吾之意處。以某之見，其間聯貫者自不妨聯貫，其不可强貫者逐章玩味意思固無窮，似不須如此費力。章句固合理會，若爲章句所牽，則亦不可耳。自二十一章而下，其血脉自是貫通，如所分析，無甚可議者。

近有人疑「但能存心，自無不敬」，而程子言敬乃以動容貌、整思慮爲言，却似從外面做起，不由中出，不若直言存其心之爲約也。

某詳程子教人居敬，必以動容貌、整思慮爲先。蓋動容貌、整思慮，則其心一，所以敬也。今但欲存心，而以此爲外，既不如此用工，則心亦烏得而存？其所謂存者，不過强制其思慮，非敬之理矣，此其未知内外之本一故也。今有人容貌不莊，而曰吾心則存，不知其所爲不莊者，是果何所存乎？推此可見矣。

爲佛學者言，人當常存此心，令日用之間，眼前常見光爍爍地。此與吾學所謂「操則存」者有異同不？

某詳佛學所謂與吾學之云「存」字雖同，其所爲存者固有公私之異矣。吾學操則存者，收其放而已。收其放則公理存，故於所當思而未嘗不思也，於所當爲而未嘗不爲也，莫非心之所存故也。佛學之所謂存心者，則欲其無所爲而已矣。故於所當有而不之有也〔一二〕，於所當思而不之思也，獨憑藉其無所爲者以爲宗，日用間將做作用，其云令日用之間，眼前常見光爍爍地，是弄此爲作用也。目前一切以爲幻妄，物則盡廢，自利自私，此其不知天故也。

論語「何有於我哉」文義。述而、子罕

呂與叔謂我之道舍是復何所有，某舊只解作勉學者之意。後來詳與叔此説文義爲順，亦正合程子「聖人之教，常俯而就之」之意，如曰「吾有知乎哉？無知也」之類也。至子罕篇所云，尤引而示之近，門人果能於此求聖人，於此學聖人，則夫高深者將可馴至矣。

「範圍天地之化而不過，曲成萬物而不遺，通乎晝夜之道而知，故神無方而易無體。」此言聖人事，而結之以「神無方而易無體」，亦猶中庸述仲尼之德，而結之以「此天地之所以爲大」也。神無方，言其妙萬物而無不在也；易無體，言其變易而不窮也。聖人之功用，是乃神之無方、易之無體者也，蓋與之無間矣。

西銘謂以乾爲父、以坤爲母，有生之類無不皆然，所謂理一也。而人物之生、血脉之屬，各親其親，各子其子，則其分亦安得而不殊哉？是則然矣。然即其理一之中，乾則爲父，坤則爲母，民則爲同胞，物則爲吾與，若此之類，分固未嘗不具焉。龜山所謂用未嘗離體者，蓋有見於此也，似更須説破耳。

執其兩端，用其中於民，當從程子之言。前託游掾舉者非。

答胡廣仲

「心有所覺謂之仁」，此謝先生救拔千餘年陷溺固滯之病，豈可輕議哉！云云。夫知者，知此者也；覺者，覺此者也。果能明理居敬，無時不覺，則視聽言動莫非此體之流行，而大公之理在我矣，尚何憒驕險薄之有？

元晦前日之言固有過當，然知覺終不可以訓仁。如所謂「知者知此者也，覺者覺此者也」，此言是也，然所謂此者，乃仁也。知覺是知覺此，又豈可遂以知覺爲此哉？以愛名仁者，指其施用之迹也，以覺言仁者，明其發見之端也。

愛固不可以名仁，然體夫所以愛者，則固求仁之要也。此孔子答樊遲之問以愛人之意。

復卦下面一畫乃是乾體，其動以天，且動乎至静之中，爲動而能静之義，所以爲天地心乎。

至静而動不窮焉，所以爲天地心也〔一三〕。

答陳平甫

不可息者，非仁之謂歟？

仁固不息，只以不息説仁，未盡。程子曰：「仁道難名，惟公近之。」不可便以公爲仁，須於此深體之。

性，太極，太極不動，不動則不見其所以爲仁。心則與物接矣，與物接，則是心應之矣。此古人所以直指心要，曰「仁，人心也」。

未與物接時，仁如之何？

心無内外，心而有内外，是私心也，非天理也。故愛吾親，而人之親亦所當愛；敬吾長，而人之長亦所當敬。今吾有親則愛焉，而人之親不愛，有長則敬焉，而人之長不敬。是心有兩也，是二本也。且天之生物，使之一本，而二本可乎？

此緊要處不可毫釐差。蓋愛敬之心由一本，而施有差等，此仁義之道所以未嘗相離也。易所謂「稱物平施」，稱物之輕重，而吾施無不平焉，此吾儒所謂理一而分殊也。若墨氏愛無差等〔一四〕，即是二本。伊川先生答楊龜山論西銘書當熟玩味。

奔逸絶塵在乎思。

如此等語，皆涉乎浮夸，不穩貼。夫思者沉潛縝密，優游涵泳，以深造自得者也。今而曰奔逸絶塵，則有臆度採取之意，無乃流入於異端「一聞便悟，一超直入」之弊乎？非聖門思睿作聖之功也。推此類察之。

吾心純乎天理，則身在六經中矣。或曰何謂天理？曰飢而食，渴而飲，天理也；晝而作，夜而息，天理也。自是而上，秋毫加焉，即爲人欲矣。人欲萌而六經萬古矣。

此意雖好，然飢食渴飲，晝作夜息，異教中亦有拈出此意者，而其與吾儒異者何哉？此又不可不深察也。孟子只常拈出愛親敬長之端，最爲親切，於此體認即不差也。

平居以利物爲心，然後此道廣。

若曰常以利物爲心，是外之也。曰公天下萬物而不私其己焉則可矣。

人者天地之心。經以論禮，而五峰以論仁者，自其體言之爲禮，自其用言之爲仁。

仁其體也，以其有節而不可過，故謂之禮。禮運「人者天地之心」之言，其論禮本仁而言之也。

欲請足下本六經、語、孟遺意，將前所舉十四聖人槩爲作傳，繫以道統之傳，而以國朝濂溪、河南、橫渠諸先生附焉。洙泗門人至兩漢以下及國朝程門諸賢凡有見於道、有功於聖門者，各隨所得，表出其人，附置傳末，著成一書。

某晚學，懼不克堪也。若曰裒類聖賢之言行，聚而觀之，斯可矣。

欲請足下以己精思，探三聖人之用心，又會以河南、龜山、漢上之説，續成上下繫、説卦、序卦、雜卦解五篇，傳之同志〔一五〕，以貽後代。

某近裒集伊川、橫渠、楊龜山繫辭説未畢，亦欲年歲間記鄙見於下。如漢上之説雜而不知要，無足取也。

欲請足下本聖人遺意，將禮記雜漢儒説處重加删定，其所删去文義亦勿截然棄之，宜各附置篇末，仍著所以删去之意於語下，以昭示後學〔一六〕。

禮記亦正欲考究，若曰删定，則某豈敢！

欲請足下一言諭猶子然，令往石室等處物色明道、橫渠之後，挈與偕行於綿竹義莊内，月加廩給，或於崇慶上院割田與之經紀其生。庶幾大賢之後不至竟日窮年有飢寒之憂，然後隨其資性，漸教以學。

此事深可歎者，蓋有位爲政者之責，某輩在閑，又不當竊取而任之，若與之相識，則或周之教之可也。然來喻則不敢忘。

二先生論孟説〔一七〕

今送經解一秩去，伊川語説在其間。近朱元晦編論孟精義，如二先生凡説及論、孟處，皆具載其間矣。建寧已刊行，某方有一本，它日得之奉寄。

文定公春秋傳

今送一秩去。

五峰先生所著皇王大紀

五峰未易簀半年前，某見之，求觀此書，云此書千瘡百孔，未有倫序，未可拈出，若病少間，當相與考訂之。後來某得本于其家，殊未成次第，然其論數十篇可傳後便録寄。

葵軒孟解〔一八〕

某歸來，方足成後數篇，又更改舊説不停手，今録序引去。可見此等文字，豈敢云成書，只欲與同志共講論之益耳。它時當旋寫寄姪子然處。

葵軒語解

某舊來所解不滿意，自去冬來再以己見下筆，今方七篇。

洙泗言仁

寄一本去，有可見告者，不惜疏示。

校勘記

〔一〕則學者事父事兄上　「事兄」，原作「兄事」，據宋本乙。

〔二〕無所施於吾民也　「也」，宋本作「矣」。

〔三〕如後周李唐及世宗蓋亦嘗變其説矣　「矣」字原無，據宋本、劉本、四庫本補。

〔四〕旋即興復而愈盛者　「旋」下原衍「失」字，據宋本、劉本、四庫本删。

〔五〕言率夫性命之自然　宋本無「命」字。

〔六〕是則所謂道也　宋本無「則」字。

〔七〕無位而隱　「位」，宋本作「爲」。

〔八〕凡庶民行而不著　宋本無「民」字。

〔九〕人心之所安者即道也　「所」字原無，據宋本補。

〔一〇〕第十一章子思子發明之至矣　「至」，宋本作「盡」。

〔一一〕恐子思當時立言之意却未必如此爾　「爾」，宋本作「矣」。

〔一二〕故於所當有而不之有也　「之」，原作「知」，據宋本、劉本、四庫本改。

〔一三〕所以爲天地心也　「也」，宋本作「乎」。

〔一四〕若墨氏愛無差等　「差等」，宋本作「等差」。

〔一五〕傳之同志　「同志」二字原無，據宋本補。

〔一六〕以昭示後學　「昭」，宋本作「開」。

〔一七〕二先生論孟説　此則及下「文定公春秋傳」二則原無，據宋本補。

〔一八〕葵軒孟解　此則及下「葵軒語解」、「洙泗言仁」三則原無，據宋本補。

南軒先生文集卷第三十一

答問

答宋伯潛

明道云：「志動氣者什九，氣動志者什一。所謂氣動志者，非獨趨、蹶，藥也、酒也亦是也。」若止以藥與酒與蹶、趨言之，謂之少可也。明道又云：「氣專在喜怒，豈不動志？」夫人爲私欲所勝，喜怒不公，以移奪其志者多矣，而謂氣動志者什一，此則未諭。

所以有喜怒，亦志動氣也，但用喜怒之氣而志益不能自寧〔一〕，是氣復動志也。蓋常人志動氣，而氣復動志，無窮已耳。然自其始動而言，只可謂之志動氣也，惟趨、蹶與藥也、酒也，則是氣先之也。

孟子曰：「可欲之謂善。」伊川謂與「元者善之長」同理，又曰：「乾，聖人之分也，可欲之善屬焉。」剛仲嘗謂孟子言可欲，非私欲之欲也，自性之動而有所之焉者耳。於可與不可之際甚難擇，姑以近者言之。如飲食男女，人之所大欲。人孰不欲富貴，亦皆天理自然，循其可者而有所之，如飢而食、渴而飲，以禮則得妻、以其道而得富貴之類，則天理也。過是而恣行妄求，則非天理矣。故書曰「敬修其可願」，孟子又曰「無欲其所不欲」是也。乾，聖人之分，豈謂聖人之動皆循天理而然歟？以坤爲學者之事，莫是有馴致之意否？元者天德也，孟子所謂善，豈指天理而言歟？横渠又曰：「明善必明於未可欲之際。」未可欲謂大本未發者否？見於可欲，則性之苗裔已發見者，未可欲則本性全體渾然，不容一毫之僞。明之之功何自而先？莫亦當先從事於可不可之際，審擇而固執之否？愚見如此，中心亦未安，恐伊川引乾元處别有深意。

人具天地之心，所謂元者也。由是而發見，莫非可欲之善也。其不由是而發，則爲血氣所動，而非其可矣。聖人者，是心純全渾然。乾，知太始之體也〔二〕，故曰：「乾，聖人之分，可欲之善屬焉。」在賢者則有積習以復其初。坤，作成物之用也，故曰「坤，學者之事也，有諸己之信屬焉。」今欲用工，宜莫先於敬。用工之久，人欲寖除，則所謂可者益可得而存矣。若不養其源，徒欲於其發見之際辨擇其可與不可，則恐紛擾，而無日新之功也。

答周允升〔三〕

王通謂夫子與太極合德。若如先生之説，則人與物莫不有太極，詎止合而已。通顧爲是言，殆將太極别爲一物耶？㸐竊疑焉〔四〕，於是反復思之，意夫通之説蓋指其初者言之也。當其三才未判，兩儀未分，五行未布，而太極已固存矣。逮夫太極動而生陽，動極而静，静而生陰。陰陽分而兩儀立，陽變陰合，而五行生。無極之真，二五之精，妙合而凝。乾道成男，坤道成女，二氣交感，化生萬物，而人始具此太極矣。逆通之意，其指夫生物之初者言之耶？今夫人莫不具是性也，而盡性者誰歟〔五〕？性中皆有天也，而配天者誰歟？是以中庸之論惟天下至誠爲能盡性，惟天下至聖故曰配天。太極亦猶是也。儻曰太極吾所固有，何合德之云？則配天之説亦非耶？㸐嘗譬之日光，凡世間一切物能容光者莫不具日光焉，畢竟空中之日光自若也。今曰能容光者非日光也，固不可也；謂日光盡在是，而空中者無與焉，亦不可也。是故物生之初，太極存焉；生物之後，太極具焉。人雖各具太極，要其初者固自若也，此通所以有合德之説歟？昔者馬上所聞，尚有未諭者，故此諄諄，幸賜指教，使涣然冰釋爲荷。

天可言配，指形體也。太極不可言合，太極性也。惟聖人能盡其性，人極之所以立也。人雖具太極，然淪胥陷溺之，則謂之太極不立，可也。

程子曰：「萬物皆備於我，不獨人爾，物皆然，都自這裏出去，只是物不能推，人則能推之。雖能推之，幾時添得一分？不能推之，幾時減得一分？百理具在〔六〕，平鋪放著，幾時道堯盡君道，添得些君道多，舜盡子道，添得些子道多？元來依舊。」又曰：「萬物皆備於我，此通人物而言。禽獸與人絶相似，只是不能推。然禽獸之性却自然，不待學不待教，如營巢養子之類是也。人雖是靈，却椓喪處極多，只有一件嬰兒飲乳是自然，非學也，其它皆誘之。」又曰：「萬物皆備於我矣，反身而誠，樂莫大焉，不誠則逆於物而不順也。」又曰：「學者必先識仁，仁者與物渾然同體。孟子曰：萬物皆備於我，須反身而誠，乃爲大樂。若反身未誠，則猶是二物有對，以己合彼，終未有之，又安得樂？」此四段皆程子之説。前二説謂人與物皆然，後二説則獨指人而言。據孟子謂萬物皆備於我，未嘗曰物皆備萬物也。如前二説則人與物更無差別，與告子生之謂性何異？夫惟物不能備萬物，故止有一物之用，所以不能推者，只爲合下不曾備得。人則備矣，所以能參贊化育也。至於椓喪處雖多，這裏元來何曾增減？庶民自去之爾。故謂物莫不自天命，莫不有太極則可，謂物皆備萬物，則似恐未可。

既曰物莫不皆有太極，則所謂太極者，固萬物之所備也。惟其賦是氣質而拘隔之，故物止爲一物之用，而太極之體則未嘗不完也。

子貢謂夫子曰：「學不厭，智也；教不倦，仁也。」中庸曰「成己，仁也；成物，智也。」學之與成己，教之與成物，蓋無二事，而或曰仁，或曰知，孰爲定體耶？

中庸與子貢之言，互明仁智之體用也。

龍塘辱指教「學而時習之」當如程子説，時復紬繹，浹洽於中。今人讀語、孟、六經若先賢遺書，時復潛泳玩味，因其所啟端，發其所固有，久久涵養，是保是積，此誠可説也。當夫子時，六經未出，聖人教人者亦不至多言，士從之游者或一言而終身行，或數語而終身誦，或以愚魯而竟得之，不知所紬繹者何事？又如語孟精義諸先生之説或各不同，而皆不悖於理，將孰從之則是？

紬繹者謂理也、義也，不必止爲文字。諸先生之説有不同處。當平心體其至當之歸。

通書謂德愛曰仁〔七〕，伊川則謂仁是性，愛自是情。語録亦引「力行近乎仁」，云：「力行關愛甚事？」易傳復之六二曰：「仁者天下之公，善之本也。」語録皆以公爲近仁，未嘗斷以愛爲仁也。然則愛特仁之一事耳，而通書乃云然，近世朱丈之論亦然。此是則彼非，二者必居一，於此欲俾學者識仁之本體，厥道何繇？

力行近乎仁。力行者敦篤切至故也。便以愛爲仁，則不可，然愛之理則仁也。

「觀過斯知仁矣。」舊觀所作訥齋、韋齋記，與近日所言殊異，得非因朱丈別以一心觀，又別以一心知？頃刻之間，有此二用，爲急迫不成道理，遂變其説乎？爽嘗反復紬繹〔八〕，此事正如懸鏡當空，萬象森羅，一時畢照，何急迫之有？必以觀他人之過爲知仁，則如觀小人之過於薄，何處得仁來？又如觀君子之過於厚，則如鬻拳之以兵諫，豈非過於忠乎？唐人之刲股，豈非過於孝？陽城兄弟之不娶，豈非過於友悌乎？此類不可勝數，揆之聖人之中道，無取焉耳，仁安在哉？若謂因觀他人之過而默知仁之所以爲仁，則曷若返之爲愈乎？爽於先生舊説似未能遽舍，更望詳教。

後來玩伊川先生之説，乃見前説甚有病。來説大似釋氏，講學不可潦草。蓋「過」須是子細玩味，方見聖人當時立言意思也。過於厚者謂之仁則不可，然心之不遠者可知，比夫過於薄甚至於爲忮、爲忍者，其相去不亦遠乎？請用此意體認，乃見仁之所以爲仁之義，不至渺茫恍惚矣。

書以中庸名篇，而首論中和之道，然則中和與中庸當何如分？

中庸統言道之體用，中和就人身上說。

「小人之中庸也，小人而無忌憚也」，當從王肅説是？從上蔡説是？

脱一「反」字。

論舜之大知也，曰「執其兩端，用其中於民」，而不及「庸」。述夫子之忠恕也，曰「庸德之行，庸言之謹」，而不及「中」，何也？意其互見耶？亦各示其用也？

言各有攸當。且用其中於民，固所以言庸也。庸德庸言，此庸字輕看。

既曰「中庸不可能也」，又曰「君子依乎中庸，遯世不見知而不悔，唯聖者能之」。必聖者而後能，無乃絶學者之望耶？抑其義異，自不相通耶？

言中庸不可能，乃所以勉學者；唯聖者能之，盡其道爲難。

「仁者人也，親親爲大；義者宜也，尊賢爲大」，先後自有定秩。九經之序則先尊賢而後親親，二者當何如通？

即人心而論則親親爲先，就治體而言則尊賢是急。堯典「克明俊德，以親九族」亦是意。

答彭子壽

「中也者，天下之大本也；和也者，天下之達道也。」朱編修云：「大本者，天下之理皆由此出，道之體也；達道者，由此而出無所不通，道之用也。」龜年竊謂大本者即此理之存，達道者即此理之行，謂之中和，已是説出性情之理。若曰大本者，天下之理由此而出，無所不通，則是大本達道之外，又有所謂理也，不識此言如何？

大本者理之統體。會而統體，理一而已；散而流行，理有萬殊。若曰大本即此理之存，達道即此理之行，却恐語意近類釋氏。萬殊固具於統體之中。

「致中和，天地位焉，萬物育焉。」朱編修云：「敬而無失則極其中，而天地位矣；義之與比則極其和，而萬物育矣。」龜年竊謂未有極其中而不和者，未有天地位而萬物不育者，亦不必如此分説。不識如何？

分説無害。固未有天地位而萬物不育者，然天地位言其體，萬物育言其用，體用自殊，要須分看。但元晦之語不若龜山云「中故天地位焉，和故萬物育焉」爲得解經之法。

「君子時中」，朱編修云：「以其有君子之德而又能隨時以取中也。」龜年竊謂君子精義故能時中。謂之時中者，以其全得此理，故無時而不中，非是就時上取中也。今曰「以其有君子之德而又能隨時以取中」，心切疑焉。

隨時以取中，非元晦語，乃先覺之意，此意甚精。蓋中字若統體看，是渾然一理也；若散在事物上看，事事物物各有正理存焉。君子處之，權其所宜〔九〕，悉得其理，乃「隨時以取中」也〔一〇〕。然元晦云「以其有君子之德，又能隨時以取中」，語却有病，不若云「所貴於君子之中庸者，以君子能隨時以取中也」。

大學曰：「古之欲明明德於天下者，先治其國；欲治其國者，先齊其家；欲齊其家者，先修其身；欲修其身者，先正其心；欲正其心者，先誠其意；欲誠其意者，先致其知。致知在格物。」自物格而后知至，自國治而后天下平，如自本而葉，沿流而下。學者用力之處，莫切於格物致知。而此篇之書，自誠意至平天下，條析甚明，而獨於格物致知無説，朱編修以爲闕文是也。然龜年嘗以爲自平定天下，遡而求之，其極至於格物致知；自物格知至，順而達之，其極至於國治天下平。其間雖節目繁夥，而其道甚要。所謂要道，蓋不過格物致知而已耳。然聖人自誠意而下，又各疏其説焉，非謂格物致知之外又別有所謂誠意、正心、修身、齊家、治國、平天下之道。此蓋聖人深指人以格物致知者然也。故聖人於齊家之條，引書曰〔一一〕：「『若保赤子』，心誠求之，雖不中不遠矣。」此格物致知之最近者也，不識是否？

自誠意正心以至平天下，固無非格物致知事也。然疑致知格物一段解説自須有闕文〔一二〕。

非禮勿視，非禮勿聽。

主一則視聽有其則矣。

人心惟危。

人心因血氣而動，蓋危而難安也。

喜怒哀樂未發謂之中。

喜怒哀樂之未發，無所偏倚，中之所以得名。中者所以狀性之體段，若曰目視、耳聽、手舉、足履，則是已發矣；其無不當者，迺是中節，所謂時中也。

「鳶飛戾天，魚躍于淵」，言其上下察也。

鳶飛魚躍，指道之體用無乎不在也。

盡心知性。

明盡心體之本然爲盡其心〔一三〕，非善窮理者莫之能也。

無極而太極。

此語只作一句玩味。無極而太極存焉，太極本無極也。若曰自無生有，則是析爲二體矣。

堯舜豈無所用其心哉？

豈可謂堯舜無所用心，特動無非天耳。

過化存神。

存神，體也；過化，用也。存神故能過化。

君子行法以俟命。

行吾法則聽天所命，故富貴貧賤，夷狄患難，無不安也。

答吴德夫〔一四〕

孟子曰：「形色，天性也，惟聖人然後可以踐形。」説者謂踐者履踐也，如非禮勿視聽、非禮勿言動之類，謂之踐形。如此説，恐只是賢人事。一説謂聖人猖狂妄行，蹈乎大方，衆人則爲形所役，聖人則能役形。恐踐字説得費力。又一説：形者事之初萌，色者事之著見，惟聖人能踐之於其初，賢人則必待著見而後用力於其間。此恐説天性字不出。

天之生斯人也，有物必有則。凡具於吾身者皆物也，其中有則焉〔一五〕。踐如踐言之踐，實履之也。凡人雖有形色，而不能踐也，感物而動，不知所以踐之者也。賢人則知踐之矣〔一六〕，由己故也，以我視、以我聽、以我言、以我動也。聖人盡性，從容自中，與天地相流通，故動容周旋無非至理。曰「能」，則猶似用力也；曰「可以」，則見其自然而化，非聖人莫能與也。

上繫曰：「可久則賢人之德，可大則賢人之業。」此一段論乾坤易簡，至於可久可大，可謂極矣，何故止言賢人德業？或謂非聖賢之賢，乃賢於人之賢。

可久可大，賢人之德業也。久大則聖人也矣。

「舜明於庶物。」物，或説謂物則之物，或説謂萬物之物。然則明庶物者，奚獨舜哉？且攷之經，何以見舜之明庶物也？

道外無物，物外無道。舜明於庶物，則萬理著察，一以貫之，卓然大中之域，非生知其能然乎？夫舜起於畎畝之中，一旦加乎羣工之上，徽五典而五典從，納百揆而百揆叙，賓四門而四門穆，納于大麓而烈風雷雨弗迷，非明於庶物，其能然乎？

孟子曰：「口之於味也，目之於色也，耳之於聲也，鼻之於臭也，四肢之於安佚也，性也，有命焉，君子不謂性也。仁之於父子也，義之於君臣也，禮之於賓主也，知之於賢否也，聖人之於天道也，命也，有性焉，君子不謂命也。」

口之別味，目之別色，耳之別聲，鼻之別臭，四肢之便於安佚，豈人所爲哉？是性然矣。而口蘄於美味，目蘄於好色，耳蘄於鐘鼓，鼻蘄於芳馨，四肢蘄於安佚，則是感動於物而爲性之欲矣，故有命焉，而君子不謂性也。蓋貴賤有定分，窮達有定數，隨其所遇，無不得焉，而無欲之之意，則是天理也，故不謂性者，乃所以成性也。父子之恩，主仁而仁，不得於父子；君臣之分，主義而義，不得於君臣。賓主以禮而不接我以禮，賢者宜以知見於世，而邦無道，有不得而知焉。天道在聖人，而聖人固有不遇者，命則然矣。然而是可斷以無可奈何乎？斷以無可奈何，則人道息矣，故有性焉，而君子不謂命也。仁不得於父子，吾致孝以感而已，如舜是也；義不得於君臣，吾致誠以格而已，如周公是也。彼不以禮待我，而在我者盡其待之之道而已。孔子之於陽貨，可見也，知不得自見，吾雖退藏，益精其知以樂其道。伊尹在莘野未聘之時，可見也。天道在聖人〔一七〕，而夫子不得如堯、舜、文、武、周公施而達之天下，然著之六經，傳於門人，兼善萬世，天道流行，蓋無終窮矣。故不謂命者，乃所以立命也。如前所說，若流其性而不本於命，則人欲肆矣；如後所說，若委於命而不理其性，則天理滅矣。孟子之言，所以極性命之微，而同天人之用也。雖然，所以成性而立命者何歟？一則不謂性，一則不謂命，而心之道行乎其中矣，非知仁者其孰能明之？且聖人之於天道，立言與上辭不同。所以然者，蓋明天道即聖人之道，而聖人即天也。

「孔子之謂集大成。集大成也者，金聲而玉振之也。」

孟子言孔子不名一德而集羣聖之大成，非三子之所可及，而又以樂之大成明之。蓋樂之一變謂之一成，大成則其節奏之大備也。金聲而玉振之，節奏可謂備矣，蓋又各有似焉。

金聲有洪殺清濁之殊，聖人之智無所不周者然也。玉振始終如一，詘然而已〔一八〕，聖人之德無所不備者然也。此其先後固自有倫，然自其成者言之，則金玉並奏，知行偕極，不見其始卒有異也。

「金聲也者，始條理也；玉振之也者，終條理也。始條理者，智之事也；終條理者，聖之事也。」

伊川先生云：「此孟子爲學者言始終之義。由其能始條理，故能終條理，猶知至即能至之，知終即能終之。」又曰：「致知，智之事；行其所知而極其至，聖之事也。」據此一節，乃是言學者之事，所以學於聖人者，故因上文，「金聲玉振」而言，言學之序如此。蓋聖人則聖智合一，無始卒之異，學者則必知所先後，然後有以入德也。故孟子於此一節，特分而言之，明聖人之智，學者所當先務，必明盡衆理，咸極其至，然後力行以造夫聖人之所以聖者，始終各有條理而不可亂也。智之事，聖之事，猶言學智聖之功夫，非便以爲智聖也。

「智譬則巧也，聖譬則力也。猶射於百步之外也，其至爾力也，其中非爾力也。」

此一節復言聖人之事，以明夫子所以異夫三子者。夫子智聖合一，至而且中矣。然所以至者其力也，所以中者非力也，是巧之功也。是聖人雖曰合一，而智聖亦未嘗不偕極也。若三子徒恃其力而巧不足焉，則雖至而不能以中矣。若顏子者智足以中矣，其力未及至者，一息爾。天假之年，孰謂其不爲孔子哉？

西銘云〔一九〕：「知化則善述其事，窮神則善繼其志。」其旨何如？

西銘發明仁孝，蓋仁人之事親也如事天，事天也如事親，須臾不在焉，則失其理矣。神是心，化是用，然須默識，所謂神則化可得而言矣，能繼志乃能述事也。

校勘記

〔一〕但用喜怒之氣而志益不能自寧　「用」，宋本、劉本、四庫本作「因」。

〔二〕知太始之體也　「太」，原作「大」，據宋本改。

〔三〕答周允升　此篇宋本置於答吴德夫篇之後。

〔四〕㚍竊疑焉　「㚍」，宋本作「某」。下同。

〔五〕而盡性者誰歟　「性」下，宋本有「也」字。

〔六〕百理具在　「理具」，原作「里俱」，據河南程氏讀書卷二上改。

〔七〕通書謂德愛曰仁　「謂」，原作「論」，據繆本改。

〔八〕㚍嘗反復紬繹　「㚍」，宋本作「某」。下同。

〔九〕權其所宜　「所宜」，宋本作「時而」，屬下讀，亦通。

〔一〇〕乃隨時以取中也　「也」，原作「語」，據宋本改。
〔一一〕引書曰　「書」，原作「詩」，據宋本、劉本、四庫本改。
〔一二〕然疑致知格物一段解説自須有闕文　「説」，宋本作「釋」。
〔一三〕明盡心體之本然爲盡其心　「明」，原作「因」，據宋本改。
〔一四〕答吴德夫　此篇宋本置於答宋伯潛篇之後。
〔一五〕其中有則焉　「其中」，宋本作「而各」。
〔一六〕賢人則知踐之矣　「知」，宋本、劉本、四庫本作「能」。
〔一七〕天道在聖人　「天」，宋本作「夫」。
〔一八〕詘然而已　四字原無，據宋本補。
〔一九〕西銘云　此上，宋本有「叔京云」三字。

南軒先生文集卷第三十二

答問

答吕子約

樊遲問知，子曰：「敬鬼神而遠之，可謂知矣。」所謂知者，知鬼神之德是已。知事乎此則敬，敬則有事乎此矣。有事乎此，勿忘勿助，則鬼神著矣。故其洋洋如在者，狀其昭著云耳。於此知之有所未明，體之有所未盡，迫切而求的見，則愈近而愈妄，愈親而愈非，計度想料，妄而益妄，所謂鬼神之德何從而可識乎？其爲不知，孰大於是！中庸論鬼神之德，始曰〔一〕：「視而不見，聽而不聞。」而又繼之曰：「體物而不可遺。」觀乎此，恐是敬而遠之之旨，敢乞指誨。

遺書中有一段：「或問知鬼神之道，然後能敬能遠否？曰：亦未説到深遠處，且大綱説當敬不惑也。迫切而求的見，則愈近而愈妄，愈親而愈非。」此數語好，但更當深思孔子答子路之意。

敬鬼神而遠之，可謂知矣。惑而信之，非知也；孟浪不信，非知也。能敬能遠，始謂之知。敬而不能遠者，則其敬也生於畏禍與福而已，非所謂敬也；遠而忘乎敬者，則其遠也生於忘禍與福而已，非所謂遠也。二者均於疑以爲有，疑以爲無，非的實有見乎？此兩句固大綱，説示人以知之事，然非知鬼神之情狀，則安能敬而遠之乎？

敬鬼神而遠之，或問伊川：「知鬼神之道，然後能敬能遠否？」先生曰：「亦未説到如此深遠處。」且大綱説當敬不惑。此是玩味經旨之法，若更别生出事，却失了當時意。

氣聚則生，氣散則死。大化一移，升於天者爲魂氣，落乎地者爲體魄。魂游魄降，形質安有？其理固然。然闇處獨行，畏心或生，則疑以爲或有，豈非緣於習俗而中主不立故耶？又豈非隱微之中，神明集舍，而自有不可揜者耶？今固不敢徇於流俗，而返之於理。然孟浪不信，卒然撞出駭異之事，安敢自保其不爲所移乎？如魂魄之影響〔一〕，奪胎受蔭之説，理安有之？然亦當了然無疑，乃爲可耳，窺識彷彿，何得於己？

此等事不可放過，須窮究到實然無疑處。不然，被一兩件礙阻着，或爲異説動了，未可知也。

君子上交不諂，下交不瀆，何以謂之知幾其神乎？

交際易於因循。上交主於恭，過其則斯爲諂；下交主於和，過其則斯爲瀆。能持而不失，非知幾其能之乎？聖人論「介于石」之義，而獨以上下交之事爲言，惟篤實爲己者，知其爲甚切要也。

答嚴慶冑

昔聞五峰先生曰：「心可潛不可用。」然孔子有曰：「羣居終日，無所用心。」孟子有曰：「堯舜之治天下，豈無所用其心哉？」然則孔孟之言非歟〔三〕？又心所以宰萬物者，如用之，果誰用之耶？

言各有攸當，細味其輕重可也。

孟子曰「仁，人心也」，則仁即心矣。然又曰「以仁存心」，似又以心與仁爲二物，何也？夫心也，仁也，果可爲二物歟？

自非中心安仁者，須以仁存心。若如所言，是都不假用力也。

禮曰：「中心斯須不和不樂，而鄙詐之心入之矣。外貌斯須不莊不敬，而易慢之心入之矣。」云「入」者，自外之内之辭也〔四〕。心本在我，何以言入？

心本無鄙詐易慢，而鄙詐易慢生焉。猶水本清，爲泥沙忽雜之也。此須自體之，知其自外入也。

答游誠之

明道先生曰：「發己自盡謂忠，循物無違謂信。表裏之謂也。」又曰：「盡己之謂忠，以實之謂信。忠信，内外也。」九思思之，所謂忠者無自欺也，無自私也。處閨門而爲孝友，處鄉閭而爲謙恭，交朋友而爲信義，推而至於日用之細者，所爲出門如賓，承事如祭，坐如尸，立如齊之類，凡見於所言所爲，發於其中而著之於外者，無有一毫不盡此心焉。所謂信者，是亦此心之發時，因其應事於外而名之者也。處閨門所當孝友，則行其孝友；處鄉閭所當謙恭，則行其謙恭；交朋友所當信義，以至出門所當如賓，承事所當如祭，坐之容宜如尸，立之容宜如齊，因其理之有定，當其可而無違，是之謂忠信。忠信本無二致，自其發於内而言之之謂忠，自其因物應之之謂信，故曰表裏之謂也。明道以此釋曾子之言，曰「爲人謀而不忠，與朋友交而不信」，爲人謀則謀在我，是亦發於中之意；與朋友交則朋友在外，是亦遇事而應之之意。二先生論忠信内外，大槩如此否？

盡於己爲忠，形於物爲信。忠信可以内外言，亦可以體用言也。要之形於物者即其盡於己者也。玩程子之辭，意義蓋包涵矣。

「林放問禮之本」，伊川先生曰：「禮者理也，文也。理者實也，本也；文者華也，末也。理是一物，文是一物。」注云：「此與形影類矣。推此理則甚有事也。」發之於中，有所見而不可見，名之曰理，故曰本。行之於外，皆得其稱，粲然中理，名之曰禮，故曰文。理譬於形，禮譬於影，形先正則影自正。不知伊川之意如此否？又謂「甚有事」者，不知謂是每一事不問巨細便自各有本末否？

程子之意，謂禮字上有理有文，理是本，文是末。然本末一貫，通謂之禮也。然有理而後有文，曰推此理則甚有事，謂天地間莫不然也。

「居敬而行簡」，不知敬存而簡自行，爲復居敬而尚當行其簡？

固是敬存而後簡行，然亦須居敬而行其簡。

明道先生論持其志，曰：「只這箇也是私，然學者不恁地不得。」九思思之，謂人之有志，不能持之，使常自覺，其所在往往遇事則爲氣所使，顛倒失次，而不能制，與不自知其所以然者，皆志不定故也。使其志常定於內，昭然不亂，必不至遇事而失措矣〔五〕。故志不可不持，持之久而熟，則必須自知〔六〕，以心驗之，未見其爲私。明道謂「只這箇也是私」，其意如何？

才涉人爲便是私，有箇「持」字便是人爲。然學者須從此用工，由誠之進於誠，煞有節次。

或問伊川先生：「必有事焉，當用敬否？」曰：「敬只是涵養一事。必有事焉，須當集義。只知用敬，不知集義，却是都無事也。」九思思之，若能敬則能擇義而行，伊川謂知敬而不知集義爲都無事，不曉其旨。又集義所生，義生於心，不知如何集？

居敬集義，工夫並進，相須而相成也。若只要能敬，不知集義，則所謂敬者亦塊然無所爲而已，烏得心體周流哉？集訓積。事事物物莫不有義，而著乎人心，正要一事一件上積集〔七〕。

明道先生曰：「維天之命，於穆不已，不其忠乎？天地變化，草木蕃，不其恕乎？」伊川先生曰：「乾道變化，各正性命，恕也。」侯子曰：「伊川説得尤有功。天授萬物之謂命。春生之，冬藏之，歲歲如是，天未嘗一歲誤萬物也，可謂忠矣。萬物洪纖、高下、短長各得其欲，可謂恕矣。」九思謂「維天之命，於穆不已」，蓋一元之氣運行無息，所謂天行健者也。以其行健無息，故能生生萬物，而各禀此善意，故曰恕；其在人體之，則曰乾乾。誠意無毫髮間斷，則發見於外，斯能以己推之。以心之所本既善，則應人接物皆如其心，可謂恕矣。觀明道謂「草木蕃」，於伊川言「各正性命」〔八〕，不見有差殊。其在萬物得其所以蕃生，便是正性命，不知侯子何以分輕重，兼謂「維天之命」。爲「天授萬物」者，恐此天命只是天理。伊川所謂在天爲命，不必須是授之萬物始謂之命。故又謂春生冬藏歲歲如是，未嘗誤萬物爲忠，恐此亦只是恕，蓋已發者也。九思所言忠恕與天命，大意是否？及所疑侯先生之言，併乞詳教。

明道之言，意固完具。但伊川所舉「各正性命」之語，爲更有功。忠，體也；恕，用也。體立而用，未嘗不存乎其中。用之所形，體亦無乎不具也。以此意玩味，則見伊川之言尤有功處。侯師聖所説忠字，恐未爲得二先生之意。天命且於理上推原，未可只去一元之氣上看。

孟子稱孔子曰：「操則存，舍則亡，出入無時，莫知其鄉，惟心之謂與！」或問伊川曰：「心出入無時，如何？」曰：「心本無出入，孟子只據操舍言之。」又問：「人有逐物，是心逐之否？」曰：「心則無出入矣，逐物是欲。」九思謂性之在人可以言不動心者，性之已發已形〔九〕，安有無出入？今人對境則心馳焉，是出矣，不必言邪惡之事。只大凡遇一事，而此心逐之，便是出；及定而返其舍，是入矣。兼孟子固已明言其出入爲心矣，而伊川謂心無出入，不知逐日之間有出入者是果何物？又有一處，謂在人爲性，主於身爲心。謂在人爲性，則不可言出入；既曰主於身爲心，凡能主之則在内，不能主之則外馳，是亦出入之意。不知心之與性相去如何？思慮之於心，相去又如何？

心本無出入，言心體本如此。謂心有出入者，不識心者也。孟子之言，特因操舍而言出入也。蓋操之則在此，謂之入可也；舍則亡矣，謂之出可也。而心體則實無出入也。此須深自體認，未可以語言盡之耳。

孔子不悦於魯、衛，遭宋桓司馬，將要而殺之，微服而過宋。伊川先生曰：「孔子既知桓魋不能害己，又却微服。舜既見象將殺己，而又象憂亦憂，象喜亦喜。國祚短長，自有命數，人君何用汲汲求治？禹、稷過門不入，非不知飢、溺自有命，又却救之如此其急。數者之事何故如此？須思量到道並行而不相悖處可也。」注脚又謂今且説聖人非不知命，然於人事不得不盡。此説未是。

既曰並行而不相悖，則是雖遇變與災，自當盡其在我，以爲消變弭災之道，變之消不消，災之弭不弭，則不可必。然聖人隨事有以處之，不歸之於命與數而不問者，是謂並行而不相悖。不知注脚何以再言此？得非謂以命與人事爲二致，豈足以明聖人之心哉！當深惟聖人性命合一處〔一〇〕。

若說聖人非不知命，然於人事不得不盡，是命與人事爲二致，豈足以明聖人之心哉？當深維聖人性命合一處。

答俞秀才

修辭立其誠。修辭所以立其誠，意非徒修飾爲也，若修飾則祇不誠矣。平居亦當察此，而聖人獨言於九三者，蓋當危疑之地，處人情之變，辭危則易亢，辭遜則易枉，亦難乎有言矣。於是焉而能修之，則誠立矣。

修辭乃是體當自家誠意，深味曾子之所謂出辭氣者則可知矣。於九三言之者，大抵謂君子之學如是，故能盡乎處上下之道也，不必云「於是焉而能修之，則誠立也」。

蒙以養正，聖功也。蒙童之心，純一而未發，可與爲善，可與爲不善，在所以發其蒙者何如耳。自此養之以正，則易進於德，及其至處則聖人也。

以純一未發之蒙而養其正，可謂善矣。若夫爲不善，則是爲物誘而欲動，非蒙之可與爲不善也，動則失其正矣。

蒙：「山下出泉，蒙。」程先生曰：「水必行之物，始出，未有所之。」此意最深。水由地中行，行其性也；遇險而止，而行之性則未始止也，若積盈則行矣，故曰「盈科而後進」。在人蒙昧之時，而天命流通之理未始止也。若果决其行，涵養其明德而至於盛，乃養蒙之聖功也。

蒙之義只謂泉始出而遇險，未有所之，如人蒙穉未有所適，貴於果行育德，充而達之也。育德之義，尤當深體。

蒙之初六：「利用刑人。」人之昏蒙，不教而誅之，可乎？蓋人之不善，始發而絶之則易爲力，待其已發而後禁則扞格而難勝，故曰「童牛之牿，元吉」。

此爻且詳玩伊川之説。

韓愈所謂上中下三品者，乃孟子所謂才也。才雖不同，而所以爲性則一。孟子論性善，固極本窮源之論。至謂非天之降才爾殊，豈才果不殊耶？抑所謂才者乃所謂性也？才是資禀，性是所以。然性固行乎才之中，要不可指才便謂之性。然孟子所以謂之不殊者，何也？

孟子之論才，與退之上中下三品之説不同。退之所分三品，只是據氣禀而言耳。孟子論才曰「非天之降才爾殊也」，又曰「若夫爲不善，非才之罪也」。蓋善者性也，人之可以爲善者才也，此自不殊。

死生是氣之聚散，鬼神是氣之精者耳。萬物所以自形自色者，即鬼神所見之迹也。程先生謂往而不返謂之鬼，則知方來不測謂之神。鬼神之道，即太極往來之實也。即是觀之，滿虛空中無非鬼神之妙用，而人之所以齊明盛服以臨祭祀者，蓋亦集自家精神，其義固可體矣。天下之理有則是有，無則是無。死生命也，鬼神者，託於幽者也。然周公作書以告鬼神，欲代武王之死，世豈有是理耶？無是理而周公乃行之，亦必有道矣，幸先生詳教之。

鬼神之義〔一二〕，須更研究。周公欲代武王之死，只是渾全一箇誠意。至誠可以回造化，有是理也。若夫金縢册祝之辭，則不無妄傳者。如「元孫不若旦多材多藝，不能事鬼神」之類。意者金縢之事則有之，而册祝之辭則不傳矣。

九卦：損，德之修；益，德之裕；復，德之本；履，德之基；井，德之地；恒，德之固；學者用工之實歟？

九卦有次序，履德之基爲先，步步踏實地也。

答胡季隨

遺書云：「有人胸中若有兩人焉，欲爲善，如有惡以爲之間，欲爲不善，又若有羞惡之心者，此正交戰之驗也。持其志使氣不能亂，此大可驗。」不知如何而持其志？方其欲持志之時，而二者猶交戰於胸中，則奈何？

持志者主一之謂。若曰欲持志之時，二者猶交戰於胸中，是不能主一也，志不立也。

又云：「義理與客氣常相勝，只看消長分數，爲君子小人之别。」嘗深思之，謂誠然也。而或云初不可如此分，一言之善則天理矣，一言之惡則人欲矣。切恐其言太快〔一二〕，政如日月之運行，寒暑之推移，恐當進之以漸也。

所謂義理與客氣看消長分數，爲君子小人之别者，謂一日之間，察其所發孰多孰少爾。天理只是天理，人欲只是人欲，都無夾雜念慮。毫釐之間，霄壤分焉，此昔人所以戰兢不敢少弛也。

又云：「所見所期，不可不遠大，然行之亦須量力。」夫以學者力量較之聖人，霄壤異矣。若不一向自期以遠大，而欲量力而行之，恐或至於卑近。而心之所期，與身之所履，分爲兩段矣。恐當先立學聖人之心，日可見之行，皆須爲聖人之事，然後内外貫通耳。

所謂行之亦須量力者，恐學者貪高慕遠，躐等以進，非徒無益，而又害之也。大抵學者當以聖人爲準的，而自邇自卑，循序不舍，斯有進益耳。

又云：「天下善惡皆天理，謂之惡者非本惡。」又云：「事有善有惡，皆天理也，天理中物須有美惡。」孟子曰：人之性善，皆天理也。既非本惡，則人欲矣，恐非天理中物。天理中恐亦着惡字不得。

事物之始，無有不善。然一氣之運不齊，故事物之在天下亦不容無善惡之異。謂之惡者，非本惡，因其不齊而流爲惡耳。然亦在天理中也。所貴乎人者以其能保其性之善，不自流於惡爲一物耳。

又云：「學者須敬守此心，不可急迫，當栽培深厚，涵養於其間，然後可以自得。」今於下工夫之時不痛自警策，而遽栽培涵泳，不知何所栽培涵泳？恐或近於放倒也。

敬守此心，栽培涵泳，正是下工處。若近於放倒，則何栽培涵泳之有？

「一日克己復禮，天下歸仁。」蓋是積累工夫到處，非謂只勇猛便能如此，如釋氏一聞一超之說也。

如云尚何序之循，又何必待於自邇自卑而後有進？此等語意，全不是學者氣象，切宜戒之。所謂循序者，自灑掃應對進退而往皆序也，由近以及遠，自粗以至精，學之方也。如適千里者，雖步步踏實，亦須循次而進。今欲濶步一蹴而至，有是理哉？自欺自誤而已。

前日謂一氣之運不齊，故事在天下，不容無善惡之異云者，論氣故不容無善惡之異，且須將程子遺書詳攷精思，未可易而言也。

人固有秉彝〔一三〕。若不栽培涵泳，如何會有得？古人教人自灑掃、應對、進退、禮樂、射御之類，皆是栽培涵泳之理〔一四〕若不下工夫〔一五〕，坐待有得而後存養，是枵腹不食而求飽也。

校勘記

〔一〕始曰　「始」，原作「如」，據宋本改。
〔二〕如魂魄之影響　「魂」，宋本作「沉」。
〔三〕然則孔孟之言非歟　「孟」，原作「子」，據宋本改。
〔四〕自外之内之辭也　「之」，劉本作「入」。
〔五〕必不至遇事而失措矣　「措」，原作「錯」，據宋本改。
〔六〕則必須自知　「知」，宋本作「如」。
〔七〕正要一事一件上積集　「積」字原無，據宋本補。
〔八〕於伊川言各正性命　「於」，宋本作「與」。
〔九〕性之已發已形　「形」，原作「行」，據宋本改。
〔一〇〕豈足至一處　此十九字原作「歟」字，據宋本改。

〔一一〕鬼神之義　「義」，宋本作「理」。
〔一二〕切恐其言太快　「切」，四庫本作「竊」。
〔一三〕人固有秉彝　宋本、劉本作「人人固秉彝」。
〔一四〕皆是栽培涵泳之理　「理」，原作「類」，據宋本改。
〔一五〕若不下工夫　「夫」字原無，據宋本補。

南軒先生文集卷第三十三

題跋

題李光論馮澥劄子

臣伏見臣僚上言，推尊王安石爲名世之學，乞榜朝堂，欲以傾動海内，流播天下，鼓惑衆心。事係安危，義難循默。臣已具論列繳奏外，臣訪聞爲此説者乃諫議大夫馮澥。澥誠腐儒，不達世務，浸淫王氏之説，深入骨髓。平居議論，以安石爲孔孟之流，元符末上書，獨入正等〔一〕，力詆鄒浩，以爲哲廟逐臣，不當復用。懷姦造謗，老而無識。止緣崇寧曾有湟、鄯棄地之謀，爲蔡京所逐，因得虚名。考其素節，無可稱道，究其學問，誠爲頗邪。臣觀王安石在熙寧、元豐間神宗皇帝大有爲之日，創立制置三司條例司。司馬光争論神考之前，因邇英閣進讀，至蕭何、曹參事，光曰：「參不變何法，得守成之道，故孝惠、高后時，天下晏然，衣食滋殖。」神宗曰：「漢常守蕭何之法不變可乎？」光曰：「何獨漢也，使三代之君常守禹、湯、文、武之法，雖至今存可也。書曰：『無作聰明，亂舊章。』武帝用張湯言，取高帝法紛更之，盜賊半天下。元帝改宣帝之政，而漢始衰。由是言之，祖宗之法不可改也。」獨安石專任己能，排却衆論。當時大臣如韓琦、富弼，諫官御史如范鎮、呂誨、范純仁之流，信所謂名世大賢，盡遭斥逐，不仕以去。而任用呂惠卿、舒亶、李定，皆一時傾邪小人，不畏天下之公論，不卹百姓之愁苦，不顧宗社之安危。馴至蔡京、蔡卞合爲死黨，操述作之説，禁錮天下忠賢，掃除祖宗法度。五十年間，言路有防川之蔽，海内多敢怒之民，愁痛無聊，至此極矣。伏自陛下即位以來，破拘攣之説，掃末習之蔽，躬履素朴，持循典故，發政施仁，無一不合人心、當天意者。士大夫思税駕之地，百姓望息肩之期。王氏之學，尚復忍聞之乎？瀞職在論思獻納之地，不能以道義裨贊聖聰，反以安石爲大賢，託中道以濟其偏説，假公論以遂其私情，懷姦不忠，熒惑主聽。伏望陛下察其回邪，洞照讒慝，特賜睿斷，罷瀞諫職，斥使居外。儻臣所論未合聖慮，臣亦不敢復冒言路，亦乞重行黜責，以爲妄言之戒。冒犯天威，臣不勝惶懼激切之至。取進止。

六月　日朝奉郎、守侍御史臣李光劄子

御批：祖宗之法，子孫當守之如金石。蔡京首唱紹述，變亂舊章，至於今日。可作一詔付吴幵。

臣栻創見靖康翰墨，拊膺痛哭，不知涕泪之横流也。竊惟國家自王安石壞祖宗法度以行其私意，姦凶相承，馴兆大釁，至靖康初元，國勢蓋岌岌矣，而馮瀞輩猶敢封殖邪説、庇護死黨如此。傳曰：「爲國家見惡，如農夫之務去草焉，芟夷蘊崇之，絶其本根，勿使能殖，則善者信矣。」正誤國之罪，推原安石，所謂芟其本根者，紹興詔書有曰「荆舒禍本，可不懲乎」，大哉王言也！乾道三年秋八月戊戌，臣栻拜首謹書。

題趙鼎家光堯御筆

比覽元符諫臣任伯雨章疏，論列章惇、蔡卞詆誣宣仁聖烈太后，欲追廢爲庶人。誰無母慈，何忍至此！賴哲宗皇帝聖明灼見，不從所請。向使其言施用，豈不蔑太母九年保佑之功，累泰陵終身仁孝之德？自朕纂服，是用疚心。昭雪黨人，刊正國史，雖崇寧之後，迷國罔衆，推原本始，實自紹聖惇、卞竊位之時，而讒慝未彰，將何以仰慰在天，稱朕尊嚴宗廟之意？可令三省取索議藁來上，當正典刑，布告天下。早來朕所喻卿章惇、蔡卞事，此二人罪惡貫盈，須是盡追官爵，子孫親戚並不得與在内差遣。若如此施行，甚不過當。卿更看如何。

覽卿奏，只欲罷黜子孫，不及親戚。卿仁恕過人，朕甚嘉之。然利害極大，若留親戚在朝，但恐紛紛不已，爲善類患。前日卿嘗留身奏陳曲折，恐當絶其本根，勿使能植，則善者信矣。卿可熟思，勿復後悔。早來章僅除外任旨揮，未得施行。

臣栻伏覩，聖詔所云，蓋撥亂反正之宏綱，天下古今之公理，足以貽訓無窮，敢頓首以志卷末。乾道八年三月己巳朔，具位臣張栻謹書。

題太上皇帝賜陳規手敕

臣伏覩太上皇帝賜順昌守臣陳規手敕，下拜感歎。蓋自紹興以來，艱勤積累，至是時虜勢已屈，我師既捷，聲摇京輔，而朝廷講解之議已成矣。臣在省中，太常適上規事，臣以爲彰善癉惡，有國之典。規官雖未應謚，功則當謚，正以是役爲重也。仰惟昭回之章，所以待遇臣下與夫風厲振作之意，誠足以詔萬世也。

跋泰陵祭温公文藁蘇軾 玉堂藁

嗚呼！此泰陵誄司馬丞相之辭也。歲未及朞，綱紀略定，用賢之有益於國之如此。蓋此未朞歲之間，非特足以開元祐一時之治，而所以培植邦本，祈天永命者至矣。嗚呼盛哉！後八十有六年，具位張某謹書。

跋中庸集解

右石㬢子重所編集解兩卷，某刻於桂林郡學宫。子重之編此書，嘗從吾友朱熹元晦講訂，分章去取，皆有條次，元晦且嘗爲之序矣。桂林學官舊亦刻中庸解，而其間雜亂以他，懼其反誤學者，於是漫去舊版，而更刻此書。竊惟中庸一篇，聖賢之淵源也，體用隱顯，成己成物備矣。雖然，學者欲從事乎此，必知所從入而後可以馴致焉。其所從入奈何？子思以「不睹不聞」之訓著于篇首，又於篇終發明尚絅之義，且曰「君子之所不可及者，其惟人之所不見乎」，而推極夫篤恭之効。其示來世，可謂深切著明矣。學者於此亦知所用其力哉！有以用其力，則於是書反復紬繹，將日新而無窮。不然，譬諸枵腹而觀他人之食之美也，亦奚以益哉？

通書後跋

濂溪周先生通書，友人朱熹元晦以太極圖列於篇首，而題之曰太極通書，某刻於嚴陵學宫，以示多士。嗟乎！自聖學不明，語道者不觀夫大全，卑則割裂而無統，高則汗漫而不精，是以性命之説不參乎事物之際，而經世之務僅出乎私意小智之爲，豈不可歎哉！惟先生生乎千有餘載之後，超然獨得夫大易之傳，所謂太極圖乃其綱領也。推明動静之一源，以見生化之不窮，天命流行之體無乎不在。文理密察，本末該貫，非闡微極幽，莫能識其指歸也。然而學者若之何而可以進於是哉？亦曰敬而已矣。誠能起居食息主一而不舍，則其德性之知，必有卓然不可掩於體察之際者，而後先生之藴可得而窮，太極可得而識矣。

乾道庚寅閏月謹題。

跋遺書

二先生遺書，近歲既刊於建寧，又刊於曲江、於嚴陵，今又刊於長沙。長沙最後刊，故是正爲尤密。始先生緒言傳於世，學者每恨不克睹其備，私相傳寫，人自爲本。及是書之出，裒輯之精，亦庶幾盡矣，此誠學者之至幸。然而傳之之廣，得之之易，則又懼夫有玩習之患，或以備聞見，或以資談論，或以助文辭，或以立標榜，則亦反趨於薄，失先生所以望於後人之意爲逾甚矣。學者得是書，要當以篤信爲本，謂聖賢之道由是可以學而至，味而求之，存而體之，涵泳敦篤，斯須勿舍，以終其身而後已。是則先生所望於後人之意也，敢敬書之，附於卷之末。

跋西銘

人之有是身也，則易以私，私則失其正理矣。西銘之作，懼夫私勝之流也，故推明其理之一以示人。理則一，而其分森然，自不可易。惟識夫理一，乃見其分之殊，明其分殊，則所謂理之一者斯周流而無蔽矣。此仁義之道所以常相須也。學者存此意，涵泳體察，求仁之要也。辛卯孟秋寓姑蘇，書以示學生潘友端。

跋西銘示宋伯潛

人惟拘於形氣，私勝而迷其所自生，故西銘之作，推明理之本一，公天下而無物之不體；然所謂分之殊者，蓋森然具陳而不可亂。此仁義之道，所以立人之極也。學者深潛力體〔二〕，而後知所以事天〔三〕、事親者，其持循之要，莫越於敬而已。乾道八年七月己卯，敬書以遺宋剛仲伯潛父。

跋三家昏喪祭禮

右文正司馬公、横渠張先生、伊川程先生昏喪祭禮，合爲五卷。竊惟道莫重乎人倫，教莫先乎禮，禮行則彝倫叙而人道立。先王本天理，因人心而爲之節文，其大體固根乎性命之際，而至於毫釐曲折之間，莫不各有精義存焉。當是時，人由於其中，涵泳服習，敦龐淳固，蓋有不期而然者。自先王之制日以缺壞，情文之不稱，本末之失序，節乖而目疎〔四〕，甚至於雜以異端之説，淪胥而入於夷，風俗之所以不厚，人才之所以不振，職是故歟！夫冠昏喪祭，人事之始終也。冠禮之廢久矣，未能遽復也，今姑即昏喪祭三者而論之，幸而有如三公之説，其可不盡心乎！三公之所定，雖有異同，然至其推本先王之意，罷黜異端之説，是則未嘗不同也。司馬氏蓋已著書〔五〕，若横渠、伊川二先生雖嘗草定而未具，然所與門人講論反復，其所發明深矣。抑嘗謂禮之興廢，學士大夫之責也，有能即是書探攷而深思，深思而力行，宗族相親，朋友相輔，安知風俗之美，不由是而作興乎？妄意可助聖時善俗之一端，於是刻於桂林郡之學宫云。淳熙三年六月甲戌朔旦。

跋符君記上蔡語録

符君生於遠方，及游京師，乃能從上蔡謝先生問學，得先生一語，隨即記録。今傳於家者九十有七章，若符君者亦可謂有志於學矣。予謂當表而出之，以爲遠方學者模楷，故附志於兵部侍郎胡公銘詩之後，使來者當有攷焉。

跋希顔録

某己卯之歲，嘗裒集顔子言行爲希顔録上下篇，今十有四年矣。回視舊編，去取倫次多所未善，而往往爲朋友所傳寫。於是復加考究，定著爲一卷，又附録一卷。蓋顔子之事，獨載於論語、易、中庸、孟子之書，其間顔子之所自言，與夫見於問答者抑鮮矣，特聖人之所稱及，曾子、孟子之所推述者，其詳蓋可以究知也。自孟子之後，儒者亦知所尊仰矣，而識其然者則或寡焉。逮夫本朝，濂溪周先生、横渠張先生出，始能明其心，而二程先生則又盡發其大全，於是孔子之所以授於顏子，顏子之所以學乎孔子，與學者之所當從事乎顏子者，深切著明，而無隱於來世者矣。故今所録，本諸論語、易、中庸、孟子所載，而參之以二程先生之論，以及於濂溪、横渠與夫二先生門人高弟之説，列爲一卷。又采家語所載顏子之言有近是者，與夫楊子雲法言之可取者，并史之所紀者，存之於後，蓋亦曰學者之所當知而已。既已繕寫，則撫而歎曰：嗟乎！顏子之所至亞於聖人，孔門高弟莫得而班焉。及考魯論，師友之所稱有曰「不遷怒、不貳過」而已，有曰「以能問於不能，以多問於寡，有若無，實若虛，犯而不校」而已，自學者觀之，疑若近而易識，然而顏子之所以爲善學聖人者實在乎此，則聖門之學，其大略亦可見矣。必實用其力而後知其難〔六〕，知其難而後有可進之地也。然則後之學者貪高慕遠，不循其本者，終何所得乎？故予願與同志之士以顏子爲準的，致知力行，趨實務本，不忽於卑近，不遺於細微，持以縝密，而養以悠久，庶乎有以自進於聖人之門墻，是録之所爲作也。乾道九年八月九日謹書。

題周奭所編鬼神説後

鬼神之説，合而言之，來而不測謂之神，往而不返謂之鬼；分而言之，天地、山川、風雷之屬，凡氣之可接者皆曰神，祖考祠饗於廟曰鬼；就人物而言之，聚而生爲神，散而死爲鬼；又就一身而言之，魂氣爲神，體魄爲鬼。凡六經所稱，蓋不越是數端。然一言以蔽之，莫非造化之迹，而語其德，則誠而已。昔者季路蓋嘗問事鬼神之説矣，夫子之所以告之者，將使之致知力行而自得之，故示其理而不詳語也。至於後世，異説熾行，譸張爲幻，莫可致詰。流俗眩於怪誕，怵於恐畏，胥靡而從之。聖學不明，雖襲儒衣冠，號爲英才敏識，亦往往習熟崇尚而不以爲異。至於其説之窮，則曰焉知天地間無有是事，委諸茫昧而已耳。信夫！事之妄而不察夫理之真，於是鬼神之説淪於空虛，而所爲交於幽明者皆失其理。禮壞而樂廢，人心不正，浮僞日滋，其間所謂因其説而爲善者，亦莫非私利之流，亂德害教，孰此爲甚！故本朝河南二程子、横渠張子與學者反復講論而不置，夫豈好辨哉，蓋有所不得已也。若夫程子發明感通之妙，張子推極聚散之蘊，所以示來世深矣。學者誠能致知以窮其理，則不爲衆説所咻；克己以去其私，則不爲血氣所動。於其有無是非之故，毫分縷析，了然於中，各有攸當而不亂，然後昔人事鬼神之精意可得而求，德可立而經可正也。不然，辨之不明，守之不固，眩於外而怵於内，一理之蔽則爲一事之礙，一念之差則爲一物之誘，聞見雖多，亦鮮不爲異説所溺矣。湘鄉周奭考鬼神之説〔七〕，凡夫子之所嘗言見於易、禮、傳、魯論者悉集之，又取近世程子、張子之書〔八〕，上及於濂溪周子，下及於兩家門人〔九〕，凡語涉於此者合爲一編，以與朋友講求其故。某嘉其志，因書於後。

跋杍山書少陵歌行帖

杍山風流蕭散，如晉宋間名人，其書法亦然，覽之者猶可想見從容談笑時也。

校勘記

〔一〕獨入正等　「正」字原闕，據劉本、四庫本補。
〔二〕學者深潛力體　「力」字原闕，據劉本、四庫本補。
〔三〕而後知所以事天　「所以事天」四字原闕，據劉本、四庫本補。
〔四〕節乖而目疎　「目」，原作「日」，據劉本、四庫本改。

〔五〕司馬氏蓋已著書　「書」，劉本作「言」。

〔六〕必實用其力而後知其難　「必」，五百家播芳大全文粹卷一一〇作「惟」。

〔七〕湘鄉周奭考鬼神之説　「之説」二字原闕，據劉本、四庫本補。

〔八〕又取近世程子張子之書　「取」字原闕，據劉本、四庫本補。

〔九〕下及於兩家門人　「兩」字原闕，據劉本、四庫本補。

南軒先生文集卷第三十四

題跋

西漢蒙求跋

柳宗直輯西漢文類，其兄司馬序其首，有曰「搜討磔裂，攟摭融結，離而同之，與類推移」。世謂宗直是書固足以傳遠，抑有賴於司馬之文有以發之也。東平侯顔明取班史故事及雅馴語，恊而比之，他日過予，求爲之序。予謂侯君爲是書亦勤矣，予烏能發之？君家彦周任其責可也。雖然，有求於予，固將以求益也。試言讀史之法，可乎？讀史之法，要當考其興壞治亂之故，與夫一時人才立朝行己之得失，必有權度，則不差也。欲權度之在我，其惟求之六經乎！盍進於斯，而以餘事誦其言語文字之工，莞然一笑，可乎？因書於後。

跋孫子

右唐中書舍人杜牧所注孫子三卷。牧在當時號爲知兵者，親見藩鎮相煽爲盜不可制，國威日削，發憤感激。留意兵法可以教於後世者，無若武之書，於是章分句析，而爲之說。其言皆有所據依，推之事實而可以行。若牧者誠有志當世者哉！蓋君子於天下之事無所不當究，况於兵者！世之興廢，生民之大本存焉，其可忽而不講哉！夫兵政之本在於仁義，其爲教根乎三綱，然至於法度紀律、機謀權變，其條不可紊，其端爲無窮，非素攷索，烏能極其用！一有所未極，則於酬酢之際，其失將有間不容髪者，可不畏哉！若武之書，蓋講乎法度紀律，其於機謀權變之用詳矣。按西漢藝文志，武所著兵法凡八十二篇，圖九卷；牧亦謂武書凡數十萬言，曹氏削其繁剩，筆其精粹，爲十三篇〔一〕。是則今所存者特操所删定耳。牧初雖本操所注，然所自發明者蓋十之九。予得其書於集注中，而樂其說，因次第繕寫。牧本書悉存操說，今不復具。獨其間有涉於牧解釋辨正者，則亦因而併出之。嗟乎！夷虜盜據神州〔二〕，有年於兹，國家讎恥未雪，聖上宵衣旰食，未嘗忌北顧，凡在臣子所當仰體至意，思所以効忠圖稱者，然則於是書其又可以忽而不講哉？予故刻而傳之，願與同志者共焉，此亦牧當時之意也。

跋許右丞許吏部奏議

觀二許公先後立朝，當事會之際，皆力言和議之非，嗚呼善哉！自虜入中國，專以和之一字誤我大機，非惟利害甚明，實乃義理先失。義理之所在，乃國家之元氣，謀國者不可以不知也。

跋戊午讜議

自古爲國必有大綱，復讎之義，今日之大綱也。要不當論其利害之所存，獨念夫君臣父子之義不明，則戴天履地不能一朝處也，則知性與之俱立，若飢之必食，渴之必飲，弗可改也已。雖然，復讎之義固其大綱，而施爲舉措之間，貴乎曲盡。修德、任賢、立政，又復讎之大綱也。不此之爲，而徒曰吾讎之復，有是理哉？故某嘗論今日之事，正名爲先，而務實爲本。蓋名實一事，若夫爲人臣而不思大義之所存，甘心於事讎而不以爲恥，其爲罪固不可勝言；而或借復讎之説，名不正而實不務，欺當時而貽後患者，亦正論之稂莠也，可不察哉！乾道庚寅，始得吾友魏元履所編讜議，三歎之餘，附書於末。

跋温公黼座銘藁

壅蔽者，天下之大患也，古之明王所以致治者，亦去此而已矣。其道莫先於虚己，莫要於任賢。虚己則壅蔽消於内，任賢則壅蔽撤於外，内外無蔽，而下情畢通，泰治所繇興也。先正温國公反復開陳於治亂之際，可謂深切，讀其遺藁，使人流涕。嗟乎！公愛君之心，萬世不可泯也。

題司馬文正公薦士編

右司馬文正公薦士編，起至和之元，盡熙寧十年，凡百有六奏〔三〕，其間多公所親録，而其外題曰「舉賢才」，亦公隸筆也。某來宜春，公之元孫邁出以相示。翻閲終日，起敬起慕。惟公薦士報國惻怛篤至之心，後世觀此編者，亦可以想見萬一矣。

題文正公條畫沿邊弓箭手藁後

右文正公條畫約束沿邊弓箭手事，蓋公在并州佐龐潁公時所具藁也。其察微慮遠、固本防患之意具備。觀諸此，非獨可以窺公制事之權度，抑可得爲國御邊之良法矣。

跋濂溪先生帖

右濂溪周先生二帖。某來桂林，邇先生之鄉，因鄉之士何士先來訪，屬以攷尋先生舊蹟。已而胡良輔持此二帖及家譜石刻來，良輔寔先生姻族也〔四〕。按石刻，先生皇考諱輔成，任賀州桂嶺縣令，累贈諫議大夫，葬道州營道縣營樂鄉鍾樂里。又載濂溪隱居在石塘橋西。先生之兄諱礪，其子仲章，即第二帖所寄者是也。濂溪在其鄉，古有是名，先生晚築廬山下，有溪焉，因亦以名之，蓋示樂其所自生、不忘其本之意。良輔云，鄉之父老相傳，能道先生此意也。某不佞，竊誦習先生之言行，蚤歲獲拜遺像，今又得心畫而藏之，慕仰涵泳，不勝拳拳，敢敬書於左方。

跋上蔡先生所述衡州秦府君誌銘

右上蔡先生所述衡州秦府君志銘。先生克己之嚴，徙義之勇，任道之勁，讀斯文者亦可以想其餘風於辭氣間矣。先生之於言無所苟也，則府君之行事足以取信於來今不疑矣。府君之出劉拯景仁以此刻相示，蓋澗上陳公之書，字畫森嚴，寔歐陽率更書温公碑法，是亦可寶云。

題曾大父豫公思亭記後

皇祐四年，朝論以黎人不寧，擇可爲雷州者。有言曾大父豫公久佐西邊，熟兵事，亟命往守。自四明以數百兵轉海，比至，寇盗屏息，乃以閒暇時延見長老諸生，授條教。始雷之俗未知禮遜，長子之子常爲長，易數世之後，至叔父反拜猶子。公諭以長幼之序，親疎之宜，悉革其舊。又爲之增治城壘，行田積水，爲久遠計，雷人愛敬之。召還，監都進奏院，年踰六十，即以殿中丞致其事。自號希白先生。今家集目中有修城及西湖、思亭三記，皆爲雷時所作，而獨思亭之文存。後百有十五年，公之曾孫某敬書以授知雷州廬陵戴君，且屬爲訪舊刻存否，或可以補海康故事之闕也。

題先忠獻公清音堂詩後

先公書此詩，去易簀纔兩旬。先是，一日游清音堂，步上山頂，下煮泉亭瀹茗，命道士鼓琴，復步下石磴，略無倦意。笑顧某曰：「爾輩喜吾强健，不知吾大命且不遠矣。」次年重九日，泣血追記。

跋貴溪簿廳記

貴溪簿舍之不焚，可以見人情之不遠。彼雖放而爲盜，然其心終有不可盡殄者。爲政者推乎此，亦可以知馴足彌暴之方矣。陸君之爲人，所謂安静之吏，悃愊無華者。詩不云乎：「豈弟君子，神所勞矣。」

跋吕東萊與許吏部詩

許吏部以直道不容於時宰，而其典州持使者節，所至懇懇然，推其學道愛人之心惟恐不及。東萊寄詩，蓋公護漕廣右時也。「豈不在行路，自遠霜露溼。百川貫河來，砥柱乃中立。」誦詠斯言，尚可想味公平生也。

跋趙不遯壽昌堂記

不遯請以所遷官封其母，上方篤孝愛以錫天下，登聞，賜可，是足爲人子之榮矣。雖然，攷諸聖賢之訓，所以顯揚其親者蓋抑有其道，惟反求於身而勉焉，斯有以稱明詔寵光獎厲之意矣。不遯既摘取訓詞之語以名堂，其季不遂出堂之記示某，敬書於後。

跋宇文中允傳

故曲水令宇文中允，吾鄉之前輩先生也。熙寧間，伊川先生之尊父大中公守漢州，以禮致公典郡之學。今兩書具載伊川集中，謂公不以榮利屈志，道義爲鄉里重，非特今人之難，古人所難，則其人不問可知矣。又況司馬文正公與范文忠公相與稱道紀述，皆足以垂信於方來哉？元祐修裕陵實録時嘗爲公立傳，頗采文正所稱著於篇末。至紹聖章惇、蔡卞得志，改易舊史，乃謂公於法不當立傳，元祐諸人獨以司馬丞相故私公。小人不知春秋賢而得書之義，顧反用私意誣公論，類如此。紹興初，天子命大臣更正史事，盡黜姦臣之説，於是公復得立傳，是非久而自定，此天也。今吾邑綿竹附郭之南有所謂止止亭者，公所歸隱之地也。清泉老木，固亦無恙，而公之風烈，後生知所師慕者鮮矣。嗟夫！君子之仕，本以行道也，非欲貴求富也。昔之人道不得行，則不敢以居其官，若公豈忘世而素隱者哉？身爲縣令，以字民爲職，而扼於勢，不得其職，引而去之，義當然耳。觀公之去，猶以胸中所欲言者爲書獻之天子，則公之心非忘世而素隱，抑可見矣。古之所謂大臣者，以道事君，不可則止。使公而得時與位，則其於古大臣之事，豈不可望庶幾能之邪？世衰道微，仕者狃於習俗，憧憧然以欲貴求富爲心，而君臣之義益以不明。如公之風烈，要當表而出之，庶幾來者有所感動興起，夫豈小補邪？其家將刻元祐、紹興所立兩傳，併以諸公之文附列於後，求某爲書，念不敢辭，而不知其爲僭越也。

跋陳分寧傳

爲吏者受天子之土與民，不幸遭變故，守死其職，亦理之所當然也。然方世之衰，彛倫蕩覆，節義頹廢，於是而有能特立其間不爲之變者，其可貴豈特景星鳳凰比哉？表而出之，以風厲臣子，實爲國家之先務也。建炎中，北虜所蹂踐及於江右，牧守之臣望風逃避，甚至率民迎拜者相屬也。獨分寧宰陳公以區區一邑抗義不屈，斬虜使，期與民守死，卒全其境，使一時不至有秦無人之歎，其有補於世教抑多矣。淳熙四年，公之子義守靖州，以始末傳記文字寄桂林。某讀之慨然，謹附志於左。

題蔣邕州墓誌銘後

予來桂林，首訪其耆舊之賢，則聞蔣邕州之名，且曰邕州非獨行義推於鄉閭，邕州之政，近世所難得也，而予不及見其人矣。已而士大夫有自邕來者，皆曰邕之人至今思公不忘。而溪洞之豪來受事於幕府者，問前牧之善政，亦莫不以公爲首，且咨嗟歎息。至其州之民言之，則又眷焉有思慕之色。予於是歎夫蔣公之賢，去邕且十年，而使人稱之一辭。至於强者服，弱者懷，此豈偶然也哉？及究其所爲，則初未嘗爲姑息小惠。其御夷落，先示以信，號令簡而賞罰明，持身嚴正，表戢邊吏，毋得少侵牟之。至於治民，雖細事必躬親，不以入吏手，務爲安静不擾之政，而其梗悍爲善良害者，則必懲無貸。其所以久而不忘者蓋如此。予嘗怪今之爲吏，其號爲能者，則或以察爲明，以刻爲公，以不卹爲能任，而其號爲賢者，則又或以姑息爲惠，以縱弛爲寬，以模稜爲善處。故其能適以賈怨貽毒，撅害邦本，而其賢反以流弊基患及於後日。嗟乎，此豈真所謂賢能也哉！若公之賢，則庶幾矣。然自中興以來爲邕者不下數十人，而其民之不忘，不過二三人而止，公又近而尤見稱者。則夫公理之在人心，詎可没哉？公之葬，予亡友張安國嘗爲之志，辭甚美，獨恨述守邕事未詳，故予追書之，以授其子礪。

跋鄭威愍事

鄭威愍公守同州，城陷死之，可謂得其死矣。讀公書辭，胸中所處蓋已素定。嗟夫！義之所在，君子蹈之，如飢之必食，渴之必飲，不可改也。若一毫私意亂之，則顧藉牽滯，而卒失其正矣。然則觀公之爲，豈不凜然可貴哉？先公使川陜時，得公死時事爲詳。某侍旁，蓋敬聞之矣。乾道己丑公之孫忱德復以始末見示，輒歎息而書之。

跋范文正公帖

先公舊藏文正范公與朱校理手帖墨刻一卷，某以示汶上劉君子駒，一見咨歎，不忍去手，即摹本寘之篋笥，且屬某志其後。某竊惟文正公平生事業光明偉特如此，及觀此帖，味其辭意，而有以知公處事之周密；玩其書畫，而有以見公日用之謹嚴。此豈非其事業淵源所自耶？晚生何足以形容萬一！然嘗反復於此，而復有感焉。公蓋生二歲而孤，隨其母育於長山朱氏。既第，始歸姓范氏。今所與書者，即其朱姓時從子行也。公雖以義還本宗，而待朱氏備極恩意，既貴則用南郊恩贈朱氏父，以及其諸子之喪，皆爲之收葬，歲時奉祀，則別爲饗。朱氏以公蔭爲官者二人〔五〕，此載在遺事，世所知也。詳觀是帖，其親愛惇篤之意發於自然，蓋與待其本族何異。其於天理人情可謂得其厚矣。只此一事，表而出之，聞其風者蓋可使鄙夫寬薄夫敦也，誠盛德哉！淳熙元年六月既望張某謹題。

跋文正公帖〔六〕

文正范公德業之盛，借使字畫不工，猶當寶藏，況清勁有法度如此哉！至於温然仁義之言，使人誦歎之不足也。

跋文正公帖

右文正范公帖〔七〕，某得之文定胡公之家〔八〕，以刻於桂林郡齋。某聞君子言有教、動有法〔九〕，其於文正公見之矣〔一〇〕。觀此〔一一〕，雖一時書帖之間，亦足以扶世教垂後法〔一二〕，非德盛者其能然乎？故敬志之以詔來世〔一三〕。淳熙三年元日廣漢張栻書〔一四〕。

校勘記

〔一〕爲十三篇　「三」，原作「二」，據劉本、四庫本改。

〔二〕夷虜盜據神州　「夷」字原闕，據劉本、繆本補。

〔三〕凡百有六奏　「凡」，原作「九」，據劉本、四庫本改。

〔四〕良輔寔先生姻族也　「寔」，原作「是」，據劉本、四庫本改。

〔五〕朱氏以公蔭爲官者二人　「二」，劉本、四庫本作「三」。

〔六〕跋文正公帖　此題劉本、四庫本作「又」，下篇同。

〔七〕右文正范公帖　「右」，原作「此」，據劉本、四庫本、范文正公尺牘卷下改。
〔八〕某得之文定胡公之家　「某」，范文正公尺牘無。
〔九〕某聞君子言有教動有法　「某」，范文正公尺牘作「栻」。
〔一〇〕其於文正公見之矣　「其」，原作「某」，據范文正公尺牘改。
〔一一〕觀此　「此」下，范文正公尺牘有「帖」字。
〔一二〕亦足以扶世教垂後法　「教」下，范文正公尺牘有「而」字。
〔一三〕故敬志之以詔來世　「故」，范文正公尺牘作「敢」。
〔一四〕淳熙三年元日廣漢張栻書　此十一字原無，據范文正公尺牘補。

南軒先生文集卷第三十五

題跋

跋歐陽文忠公書梅聖俞河豚詩帖

文忠公喜誦梅公此詩，且屢書之，抑亦有所感歎而然耶？

跋吴晦叔所藏伊川先生上蔡龜山帖

乾道癸巳歲八月之七日，某伏閲是軸，喟然而嘆曰：嗟乎！學者不克躬見先生之儀刑，既朝夕誦味其遺言以求其志，攷其行事以究其用，又幸而得其字畫而藏之，蓋將以想慕其誠敬之所存而亡有極也，豈與尋常緘藏書帖者比哉！夫聞其風猶使人若是，况於如上蔡、龜山親炙之而稱高弟者乎？併與二公之書而寶焉，抑可見師友淵源之盛矣。

跋王介甫帖

後一帖，大理少卿許遵守京口時王丞相與之書，遵刻之石。始遵在登州論阿云獄事，丞相爲從臣，力主之。自後殺人至十惡，亦許案問，自首減死，長惡惠姦，甚逆天理。今此帖乃謂遵壽考康寧，子孫蕃衍，由其議法求所以生之之故。蓋丞相炫於釋氏報應之説，故以長惡惠姦爲陰德。議國法而懷私利，有所爲則望其報，其心術之所安，蓋莫掩於此，予故表而出之。

跋王介甫帖

金陵王丞相書初若不經意，細觀其間，乃有晉宋間人用筆佳處。但與人書帖例多忽忽草草。此數紙及予所藏者皆然，丞相平生何有許忙迫時邪？

跋王介甫帖

予喜藏金陵王丞相字畫，辛卯歲過霅川，有持此軸來售而得之。丞相於天下事多鑿以己意，顧於字畫獨能行其所無事如此。此又其晚年所書，尤覺精到，予所藏他帖皆不及也。

跋東坡帖

坡公與銀臺舍人帖，殆是行新法時勸其因入對盡所欲言〔一〕，且曰：「人臣事君，惟有竭盡，庶幾萬一，恐未嘗以前例爲戒。」讀斯言，凜凜有生氣。士大夫希世求合者固不足問，苟雖有言而懷不自盡，皆徇情惜己，非爲臣之義也，讀斯言亦可以興起矣。

跋東坡帖

坡公結字穩密，姿態横生，一字落紙，固可藏玩，而况平生大節如此哉！竊嘗觀公議論，不合於熙豐固宜。至元祐初諸老在朝，羣賢彙征，及論役法，與己意小異，亦未嘗一語苟同，可見公之心惟義之比，初無適莫也。方貶黄州，無一毫挫折意，此在它人已爲難能，然年尚壯也。至於投老炎荒，剛毅凜凜，略不少衰〔二〕，此豈可及哉？范太史家藏公舊帖〔三〕，其間雖有壯老之不同，然忠義之氣未嘗不蔚然見於筆墨間也，真可畏而仰哉！

跋蔡端明帖

蔡端明書，如禮法之士盛服齋居，不敢少有舒肆之意，見者自是起敬。

跋司馬忠潔公帖

右司馬忠潔公帖。惟公仗節仗義，不辱其先。某頃在儀曹，嘗上公節惠應謚法。今獲見翰墨，慨然想其平生，所謂臨風涕零之語，其憂傷之意，夫豈私於身哉？

跋張侍郎帖

右，侍郎張公政和間與成正賈公手帖，所論陝西鐵錢事使人歎息。蓋自熙豐用事大臣更變法度，其後祖述之者益以近利爲急，一時觀望，蠭起毛舉，至於無法之不變，而無法之不壞，陝西錢事亦其一也。小人大抵喜更作，務生事，其意欲乘時射利而已，寧爲國家生民計耶？是以歎息。

跋陳了翁帖

了翁忠義剛大之氣高出一世，及觀此帖，處事精密，不忽於細微，益知前輩工夫非苟然也。淳熙乙未歲未盡三日，賀州別駕李宗甫見寄。

跋了翁責沈

責沈者，贈諫議大夫忠肅陳公之所作也。公壯歲未聞前輩先覺之名，迄終身以爲歉，至引葉公之事自責，葉公實沈諸梁，故名其文曰「責沈」。龜山楊先生嘗爲之跋，既足以發明公之盛德矣。反復而讀之，又以見公進學之心尤嚴，於既老之際，徙義之勇，不忽於卑者之言，其虛中克己，皆可以爲後世師法。建康留守劉公得真蹟而刻之，以墨本來寄。某謂斯文之傳，誠有補於世教，獨恐遠方之士艱於得見，乃復刻於桂林學宫云。劉公名珙。淳熙四年六月戊子廣漢張某謹志。

跋李泰發帖

李公以八十之年，流落鯨波萬里之外，而翰墨辭氣凛凛如此，誠一時偉人也。某雖不及識公，展玩此軸，亦足想見其平生耳。

跋了翁與丞相隴西公書

丞相隴西公宣和元年六月論都城水事，自左史謫官沙縣。此諫議陳公所寄書也。丞相精忠大節森然如星斗之在天，而事業實權輿於此。諫議於丞相爲丈人行，今觀書辭，所以相與蓋甚篤。至前輩憂時之念深，故於人才拳拳如此，斂衽三復，敬歎何窮！惟是某嘗竊怪諫議平生於君父大義跬步不舍，其與異教淪棄三綱者不翅霄壤之異矣，顧乃區區樂講於其說，獨何歟？恨生晚，不及親見公質所疑也。

書相公親翰

子曰：「顔氏之子，其殆庶幾乎？有不善未嘗不知，知之未嘗復行。」易曰：「不遠復，無祇悔，元吉。」

甲申孟秋朔，先公次餘干。暑甚，憩趙氏養正堂。每閑暇親翰墨，多寫經書要言，置縑囊中，累十百紙。先公易簀於仲秋，不肖孤哀苦，謹藏遺澤，不忍發讀。越二年，前進士太原陳伯雄來相弔於湘水之上，自以嘗在江淮，辱先公誨言，欲求字畫而歸爲子孫藏。子慟哭開篋，取此紙授之。嗚呼！學聖人必學顔子，則有準的。顔氏之所以爲有準的，何也？以其復也。復則見天地之心成位乎中，而人道立矣。然而欲進於此奈何？其惟格物以至之，而克己以終之乎！嗚呼！此先公之所以教某者，今併以告陳子。丙戌十月甲戌，某敬書〔四〕。

跋尚憲帖

尚公之所以告其知己者可謂切矣。受人之知者不當爾邪？公之没也久矣，讀其書辭，猶覺生意凛然，義理之不可泯也。

跋孫忠愍帖

孫公此數帖，其處死蓋已素定，事豫則立，豈不信乎？自熙寧相臣以釋老之似亂孔孟之真，其説流遁，蠹壞士心，波蕩風靡。中間變故，仗節死義之臣鮮聞焉，論篤者知其有所自來也。觀公訓敕諸子從事經史，大抵以實用爲貴，以涉虚爲戒，其不受變於俗學可知，卒有以自立，宜也。鄂州史君千里寓書，敬題卷末。

跋尹和靖遺墨

和靖先生所居之齋，多以片紙書格言至論，寘於窗壁間，今往往藏於其家，如此所刻是也。反復玩繹，遐想其感發之趣深，存體之工至，而浹洽之味爲無窮也。嗟乎，學者於此亦可得師矣！

書贈吴教授

誠者天之道，敬者人事之本。敬道之成，則誠而天矣。然而君子之學，始終乎敬者也。人之有是心也，其知素具也，意亂而欲汩之，紛擾臬兀，不得須臾以寧，而正理益以蔽塞，萬事失其統矣。於此有道焉，其惟敬而已乎！伊川先生曰：「主一之謂敬。」又曰：「無適之謂一。」夫所謂一者，豈有可玩而執者哉？無適乃一也，蓋不越乎此而已。嘗試於平居暇日深體其所謂無適者，則庶乎可識於言意之表矣。故儼若思雖非敬之道，而於此時可以體敬焉。即是而存之，由是以察之，則事事物物不得遁焉，涵泳不舍，思慮將日以清明，而其知不蔽矣。知不蔽則敬之意味無窮，而功用日新矣，天地之心其在兹與？學者舍是而求入聖賢之門，難矣哉！至於所進有淺深，則存乎其人，用力敏勇與緩急之不同耳。吾友臨川吴仲權志於古道，將以敬名其所居之齋，而日勉焉。於其行也，書此以贈之，蓋朋友相與警勸之義也。

題長沙開福寺

長沙開福蘭若，故爲馬氏避暑之地，所謂會春園者。今荒郊中時得磚甓，皆爲鸞鳳之形。而奇石林立，一二百年來，供城中官府及人家亭館之玩，何可數計，而蔽於榛莽，卧於泥池者，尚多有之。當時不知載致何所，用民之力又何可量哉！馬氏父子乘時盗據一方，竭澤聚斂以自封，而又以資其侈靡之用，旋踵而衰，兄弟相讎敵，魚肉惟恐不及，亦其理與勢宜然。今湘岸有淫祠，江中有誓洲，及其交兵詛誓之所，小家自爲蠻觸，衹足以發千載之一笑〔五〕。寺之西祓禊亭下臨湖光，舉目平遠，自爲此邦登覽勝處，不足用馬氏爲汙也。

跋祖慶所藏其師宗杲法語

觀慶之請以父母爲言，而其師特爲拈出。嗟乎，是非秉彝之所存而不可以已者耶？今祖慶刻石蔣山，改父母作生死字。

校勘記

〔一〕殆是行新法時勸其因入對盡所欲言　「因入」二字原闕，據劉本、四庫本補。

〔二〕略不少衰　「略」，原作「路」，據劉本、四庫本改。

〔三〕范太史家藏公舊帖　「太」，原作「大」，據四庫本改。

〔四〕某敬書　「敬」，劉本、四庫本作「謹」。

〔五〕祇足以發千載之一笑　「笑」，原作「呋」，據劉本、四庫本改。

南軒先生文集卷第三十六

銘

困乎齋銘

趙郡李東老結茅於江南，榜之曰「困乎」，求予爲銘。予聞東老之居植竹千本，溪流其間，地偏而趣幽，子將以是爲困乎？東老蚤從名士遊，詩法甚高，方其得意，不復知有塵世事，子將以是爲困乎？以予觀之，殆不然也。

嗚呼困乎！性命之微，言之實難。孰探其源？匪言之艱。天高地下，而人其心。在躬者神，統乎高深。其端伊邇，曷睨以視。當落其華，而究斯理。嗚呼！信其爲困乎也已！

克齋銘

夫子告顔子以克己復禮爲仁，楊子雲曰：「勝己之私之謂克。」子雲蓋未知所以爲克者，故其言迫切而不近。廣漢張某曰：夫子所以告顔子乃終之之事，學者必卓然有見，而後可以用力於克也。清江陳擇之燕居之齋曰「克」，敢衍其義而爲之銘：

惟人之生，父乾母坤。允受其中，天命則存。血氣之萌，物欲斯誘。日削月朘，意鮮能久。越其云爲，匪我之自。營營四馳，擾擾萬事。聖有謨訓，克己是宜。其克伊何？本乎致知。其致伊何？格物是期。動静以察，晨夕以思。良知固有，匪緣事物。卓然獨見，我心皦日。物格知至，萬理可窮。請事克己，日新其功。莫險於人欲，我其平之；莫危於人心，我其安之。我視我聽，勿蔽勿流；我言我動，是出是由。涵濡泳游，不競不絿。允蹈彝則，靡息厥修。逮夫既克，曰人而天。悠久無疆，匪然而然。爲仁之功，於斯其至。我稽古人，其惟顔氏。於穆聖學，具有始終。循循不舍，與天同功。請先致知，以事克己。仁遠乎哉？勉旃吾子。

艮齋銘

艮齋，建安魏元履燕居之室也。在易，艮爲止，止其所也。某嘗考大學始終之序，以知止爲始，得其所止爲終，而知止則有道矣。易與大學，其義一也。敬爲之銘：

物之感人，其端無窮。人爲物誘，欲動乎中。不能反躬，殆滅天理。聖昭厥猷，在知所止。天心粹然，道義俱全。是曰至善，萬化之源。人所固存，曷自違之。求之有道，夫何遠而。四端之著，我則察之。豈惟慮思，躬以達之。工深力到，大體可明。匪由外鑠，如春發生。知既至矣，必由其知。造次克念，戰兢自持。事物雖衆，各循其則。其則匪它，吾性之德。動静以時，光明篤實。艮止之妙，於斯爲得。任重道遠，時不我留。嗟我同志，勉哉勿休。緊我小子，懼弗克力。咨爾同志，以起以掖。

敬齋銘

乾道四年，建安劉公自樞庭出鎮豫章，闢室於聽事之側，朝夕燕處，扁曰「敬齋」。廣漢張某聞而歎曰：公之志遠矣！夫敬者宅心之要，而聖學之淵源也，敢爲之銘以廣公意。銘曰：

天生斯人，良心則存。聖愚曷異，敬肆是分。事有萬變，統乎心君。一頹其綱，泯焉絲棼。自昔先民，修己以敬。克持其心，順保常性。敬匪有加，惟主乎是。履薄臨深，不昧厥理。事至理形，其應若響。而實卓然，不與俱往。動静不違，體用無忒。惟敬之功，協乎天德。嗟爾君子，敬之敬之！用力之久，其惟自知。勿憚其艱，而或怠遑。亦勿迫切，而以不常。毋忽事物，必精吾思。察其所發，以會於微。忿慾之萌，則杜其源。有過斯改，見善則遷。是則天命，不遏於躬。魚躍鳶飛，仁在其中。於焉有得，學則不窮。知至而至，知終而終。嗟爾君子，勉哉敬止！成己成物，匪曰二致。任重道遠，其端伊邇。毫釐有差，繆則千里。惟建安公，自力古義。我作銘詩，以諗同志。

敦復齋銘

復卦之義，以初爻爲重，於畫爲陽，於義爲善，於人蓋君子之道也。二比於初，故爲休復，四應於初，故爲獨復，而三之頻復而厲，則以其非比非應，開其遷善而危其屢失也。上之迷復而凶，則以其處極而最遠，往而不返也。觀諸此，則可見以初爻爲重矣。然則五之敦復奈何？五體順而居中，以中自考者也，故爲敦篤於復。夫能敦篤於復，宜曰吉曰亨矣，而獨曰無悔，奈何？無悔者，戒辭也，以其柔而遠於陽，故爲之戒辭，謂如是乃無悔也。南徐陳希顔舊名其齋曰「敦復」，歲壬辰，與予相遇於長沙，屬予銘。予知希顔有取於儆戒之意也，爲之銘曰：

惟聖作易，研幾極深。惟卦有復，於昭天心。六爻之義，各隨所乘。其在於五，敦復是明。其敦如何？篤志允蹈。順保其中，而以自攷。我觀爻義，厥有戒辭。君子體之，敬戒是資。人欲易萌，天理難存。毫釐之間，消長所分。凡百君子，奈何不敬？祇於夙宵，以若天命。惟積惟久，匪俟乎外。敢曰無悔，庶幾寡悔。

恕齋銘

潭州右司理之治，海陵周俊卿請予名其齋，予名之以「恕」，爲之詞曰：

刑成不變，君子盡心。明動麗止，象著義經。所存曷先，其恕之云。自盡於己，以察其情。意有所先，則弗敢成。見雖云獨，亦靡敢輕。幽隱之枉，是達是申。毫釐之疑，是析是明〔一〕。俾爾寡弱，無有或困。於爾强慝，靡訹靡遁。及得其情，又以勿喜。古人於此，恕有餘地。我名於齋，意實在兹。嗟嗟來者，尚克念之！

蒙齋銘

番陽余瑞蒙請予銘蒙齋，至於再三，予未有以言也。它日因有感於果行育德之義，乃爲之辭曰：

乾坤既畫，八卦是生。八卦相乘，萬象以明。下坎上艮，其卦曰蒙。其蒙伊何，原泉在中。泉之始萌，其行未達。雖則未達，而理孰遏。君子體之，於以果行。黽勉躬行，動畏天命。泉之始萌，其勢則止。止乃日澄，源源曷已。君子體之，於以育德。篤敬不渝，静保天則。惟養於中，大本攸立。惟敏於外，達道攸飭。内外交修，相須以成。久而有常，則能日新。我銘蒙齋，敢越斯義？惟言之難，實以自厲。凡百君子，有觀於斯。毋忽乎近，尚其懋之！

虚舟齋銘

詹體仁闢齋於便坐，屬予名，以其虚且長也，則題之曰「虚舟」。他日體仁謂予曰：「漆園之説遁而離，吾無取焉耳。在易之中孚『利涉大川，乘木舟虚』，將以是焉體之。」予歎其善思也，則又爲之銘：

心本虚，理則實。應事物，無轍迹。來不迎，去不留。彼萬變，我日休。行斯通，險可濟。孚豚魚，貫天地。曷臻兹，在克己。去其窒，斯虚矣。

主一齋銘

成都范文叔以「主一」名齋，予嘉其志，爲銘以勉之：

人之心，一何危。紛百慮，走千岐。惟君子，克自持。正衣冠，攝威儀。澹以整，儼若思。主於一，復何之。事物來，當其幾。應以專，匪可移。理在我，寧彼隨。積之久，昭厥微。静不偏，動靡違。嗟勉哉，自邇卑。惟勿替，日在兹。

南劍州尤溪縣學傳心閣銘

乾道九年，知南劍州尤溪縣事石𡼖既新其縣之學，復建閣於學之東北，買書五千卷藏之其上，而命工人繪濂溪周先生、河南二程先生之像寘於其中，使學者得以朝夕瞻仰焉。新安朱熹爲之名曰傳心之閣，而𡼖又以書請銘於廣漢張某。某竊惟念自孟子没，聖學失傳，歷世久遠，其間儒者非不知尊孔孟而誦六經，至考其所得，則不越於詁訓文義不間而已，於聖人之心，所以本諸天地而措諸天下與來世者，蓋鮮克涉其藩，而况睹其大全者哉！惟三先生生乎千載之後，乃能攷諸遺經，而得其大傳之妙以相授受，然後六經之言，羣聖之心，全體大用，晦而復明，如日之中，萬物皆覩。嗚呼盛矣！某愚不敏，夙嚮往焉，敢以建閣之意、命名之説，洗心拜手，叙而銘之。銘曰：

惟民之生，厥有彝性。情動物遷，以隳厥命。惟聖有作，合乎天心〔二〕。脩道立教，以覺來今。孰謂道遠，始卒具陳。俾爾由學，而聖可成。鄒魯云邈，章句有師。一經皓首，語道則迷。惟子周子，崛起千載。熟探其源，以識其大。立象盡意，闡幽明微。聖學有傳，不曰在兹。惟二程子，實嗣其徽。既自得之，又光大之。有渾其全，則無不總。有析其精，則無不中。曰體曰用，著察不遺。曰隱曰微，莫問其幾。於皇聖心，如日有融。於赫心傳，來者所宗。有屹斯閣，尤溪之濱，翼翼三子，繪事孔明。儼然其秋，温然其春。揭名傳心，詔爾後人。咨爾後人，來拜於前。起敬起慕，永思其傳。於味其言，於考其爲。體於爾躬，以會其歸。爾之體矣，循其至而。爾之至矣，道豈異而。傳心之名，千古不渝。咨爾後人，無替厥初。

顧齋銘

廣漢張某名華陽宇文紹節之齋曰「顧」，且爲之銘：

人之立身，言行爲大。惟言易出，惟行易怠。伊昔君子，聿思其艱。嚴其樞機，立是防閑。於其有言，則顧厥爲。毫釐之浮，則爲自欺。克謹於出，内而不外。確乎其言，惟實是對。於其操行，則顧厥言。須臾弗踐，則爲己愆。履薄臨深，戰兢自持。確乎其行，惟實是依。表裏交正，動静迭資。若唱而和，若影而隨。伊昔君子，胡不慥慥。勉哉勿渝，是敬是保。

讀書樓銘

醴陵丁懸明發請於某曰：「家有小樓，爲羣從講習之所，敢求其名。」某以「讀書」名之，而因銘以告：

洪惟元聖，研幾極深。出言爲經，以達天心。天心煌煌，聖謨洋洋。有赫其傳，惠我無疆。嗟哉學子，生乎千載。孰謂聖遠，遺經猶在。孰不讀書，而昧厥旨。章句是鑿，文采是事。矧其所懷，惟以禄利。茫乎四馳，其曷予暨。嗟哉學者，當知讀書。匪有所爲，惟求厥初。厥初惟何？爾所固然。因書而發，爾知則全。維誦維歌，維究維復。維以泳游，勿肆勿梏。維平乃心，以會其理。切於乃躬，以察以體。積功既深，有燁其明。迥然意表，大體斯呈。聖豈予欺，實發予機。俾予自知，以永於爲。若火始然，若泉始達。推之自兹，進孰予遏。若登泰山，益高益崇。維理無形，維經無窮。嗟哉學子，盍敬念兹。以是讀書，則或庶幾。

葵軒石銘

張子銘葵軒之石，於以出入觀省焉。

正爾衣冠，毋惰爾容。謹爾視聽，毋越爾躬。爾之話言，式循爾衷。爾之起居，式蹈爾庸。敬爾所動，毋窒其通。貞爾所存，毋失其宗。外之云肅，攸保於中。中之克固，外斯率從。天命可畏，戒懼難終。勒銘於石，用儆爾慵。

筆囊銘

司馬文正公貯筆黄囊及紅管筆一枝，今藏太史范氏，文正親題其上，實治平中賜物。淳熙六年敬銘：

厚陵之賜，文正之澤。傳之方來，見者改色。筆瑞吐辭，穀粟萬世。豈惟改色，公心是繼。在昔魏公，世保其笏。謹哉斯藏，惟德其物。

周奭硯璞銘

靡飾於外，含章在中。以時發舒，翰墨之功。君子觀象，於以蓄德。韜其光芒，惟貞靡忒。

箴

主一箴

伊川先生曰：「主一之謂敬。」又曰：「無適之謂一。」嗟乎，求仁之方，孰要乎此！因爲箴書於坐右，且以諗同志。

人禀天性，其生也直。克順厥彝，則靡有忒。事物之感，紛綸朝夕。動而無節，生道或息。惟學有要，持敬勿失。驗厥操舍，乃知出入。曷爲其敬，妙在主一。曷爲其一？惟以無適。居無越思，事靡它及。涵泳於中，匪忘匪亟。斯須造次，是保是積。既久而精，乃會於極。勉哉勿倦，聖賢可則。

四益箴

先君晚歲嘗大書四言以詔杓弟曰：「無益之言勿聽，無益之事勿爲，無益之文勿觀，無益之友勿親。」杓受而藏之惟謹。先君既没之九年，則以請於某曰：「伏自惟念，大懼無以承先君之意，既以『四益』名堂，願兄追述其義，將列之坐右，朝夕儆戒，以庶幾乎萬一。」某奉書而泣，退而爲箴以告之：

若古有訓，聽德惟聰。聞過以改，聞善以從。匪是之聞，則爲無益。謟言溺心，姦言敗德。嗟哉勿忘，敬其朝夕。卓爾有定，聽斯不惑。朝夕之間，何莫非事。事所當事，是爲君子。惟欲之動，則亂於爲。營營何益，擾擾孰知。止之有道，當收放心。曷喻其工，履薄臨深。異説害道，我則弗邇。浮文妨實，我則弗貴。而况末俗，骫論俚辭。當絶於前，勿亂於思。潛心聖賢，博攷載籍。聞見之多，於以蓄德。大倫惟五，友居其一。我觀昔人，敬戒無斁。以狎而比，以順而同。德惟日喪，友亦曷終。必端爾心，忠信是親。神之聽之，終和且平。

贊

漢丞相諸葛忠武侯畫像贊

惟忠武侯，識其大者。仗義履正，卓然不舍。方卧南陽，若將終身。三顧而起，時哉屈伸。難平者事，不昧者幾。大綱既得，萬目乃隨。我奉天討，不震不竦。維其一心，而以時動。噫侯此心，萬世不泯。遺像有嚴，瞻者起敬。

三先生畫像贊〔二〕

濂溪先生

於惟先生，絶學是繼。窮原太極，示我來世。

明道先生

於惟先生，會其純全。天理之揭，聖學淵源。

伊川先生

於惟先生，極其精微。俾爾立德，循循有歸。

于湖畫像贊

是于湖君，英邁偉特。遇事砉然，如箭破的。談笑翰墨，如風無迹。惟其胸中，無有畛域。故所發施，横達四出。雖然，此固衆人之所識也。今方袖手于湖之上，盡心以事其親，而益究其所未及，則其所至，又孰知其紀極者耶？己丑夏，廣漢張某書於湘中館。

書伊川先生易傳復卦義贊

天地之心，其體則微。於動之端，斯以見之。其端伊何，維以生生。羣物是資，而以日亨。其在於人，純是惻隱。動匪以斯，則非天命。曰義禮智，位雖不同。揆厥所基，脉絡該通。曷其保之，日乾夕惕。斯須不存，生道或息。養則無害，敬立義集。是爲復亨，出入無疾。

觀虎丘劍池有言

湛乎淵停，其静養也。卓乎壁立，其自守也。歷四時而無虧，其有常也。上汲而不窮，其用不膠也。其有似於君子之德乎，吾是以徘徊而不能去也。

校勘記

〔一〕是析是明　「析」，原作「折」，據劉本、四庫本改。

〔二〕合乎天心　「合」，原作「舍」，據劉本、四庫本改。

〔三〕三先生畫像贊　此題原無，據五百家播芳大全卷一〇九補。

南軒先生文集卷第三十七

墓誌銘

少傅劉公墓誌銘

公姓劉氏，諱子羽，字彦脩。世爲京兆人，八世祖避五季之亂，徙家建州。曾祖太素，贈朝議大夫；祖民先，任承事郎，贈太子太保。再世以儒學教授鄉里。考韐，任資政殿學士，贈太師，謚忠顯。公以門蔭入仕。宣和末，忠顯帥淛東，盗發睦州，陷諸郡，直抵越。越兵不滿千，而盗且數千，公以主管機宜文字佐忠顯，募民守，卒全其城。入爲太府簿，遷衛尉丞。忠顯帥真定，復辟公以從。女真入寇，圍城數匝，父子相與死守，部分方略，多公之謀，虜不能拔而去，名聞河朔間。除直秘閣。忠顯率兵入援京師，與虜戰，力屈死城下。方是時，爲國死難者蓋鮮，獨忠顯之節甚白。公痛家國讎耻之大義，不與虜共戴天。免喪，以秘閣修撰知池州，改集英殿修撰、知秦州，未行。召赴行在所，除御營使司參贊軍事。時太上皇帝即位三年，苗傅、劉正彦甫伏誅，有平寇將軍范瓊擁兵入覲。瓊在靖康變故中附賊逆亂，知樞密院事忠獻張公與公謀誅之。張公召瓊詣都堂，公叱縛之，致於理，懷敕榜出，撫其衆曰：「所誅止瓊，爾輩皆御前軍也。」衆頓刃應諾，悉麾隸它軍，頃刻而定。忠獻益奇公，及領川陝宣撫處置使，遂辟公參議軍事。公雅意欲圖虜，念關陝要地，而張公一見相知，非偶然者，遂不辭而從。宣撫司至關，據秦州，號令五路。會聞虜窺江淮，議爲牽制，合五路兵進，至富平，與虜遇，我衆不能支，虜乘勝。以前宣撫司退保蜀口，官屬震恐；有建議當保夔州者。公曰：「議者可斬也！宣撫司豈可過興州一步？係關陝之望，安全蜀之心，收散亡，固壁壘，以爲後圖則可。」與張公意合。公單馬直抵秦亭，公遣腹心，訪諸將所在。時虜騎四出，道阻不通，將士無所歸，忽聞公在近，宣撫司留蜀口，乃各引所部來會，軍復振。公命驍將吴玠栅和尚原，守大散關，虜不敢犯。紹興元年夏，始聚兵來攻，玠敗之；秋復來，又大敗之，俘獲以數萬計。宣撫司徙治閬中，公留關外護軍。上知其勞，除徽猷閣待制。明年，玠以秦鳳經略使戍河池，王彦以金房鎮撫使戍金州。二鎮皆飢，而興元帥過爲守備，閉關塞褒斜，二鎮病之。張公亟召玠、彦議事，皆願得公鎮興元，乃承制拜公利州路經略使兼知興元府。公至之日，盡弛其禁，通商輸粟，二鎮乃安。公謂虜用騎兵，利衝突，在我當先栅要地，以勁弓弩待之，蔑不濟者。且以是約二將，獨彦頗易公之説。是歲十二月，虜由商於犯金州，正月至上津，彦出不意，逆戰不能郤，遂焚金州，返保石泉。公遣將馳告玠，玠曰：「事迫矣！當亟徼於險。諸將不能辦，我當自行。不然，是負劉待制。」即越境馳一日夜，凡三百里，中道少止。公移書曰：「虜旦夕至饒風嶺下，不亟守此，是無蜀也。公不前，某當往。」玠即復馳，至饒風，虜急攻數日，死傷如積，更募死士犯祖溪關以入，出玠後，玠還漢中。公與玠謀守定軍山，玠憚之，遂西。公退守三泉，從兵不及三百，與士卒同粗糲，至取草木芽蘖食之，遺玠書曰：「某誓死於此，與公訣矣！」玠得書泣，其愛將楊政大呼軍門曰：「節使不可負劉待制！不然，政輩亦舍節使去。」玠乃從麾下自仙人關由間道與公會於三泉。虜游騎甚迫，玠夜視公方酣寢，旁無警呵者〔一〕，玠曰：「此何等時，而簡易乃爾！」公慨然曰：「吾死，命也，夫何言！」玠泣下，復往守仙人關，公獨留，爲壁壘於潭毒山上，十六日而成，又數日而虜至。中夜，斥堠將遣人報曰：「虜至矣！」諸將皆失色入白事。公曰：「始與公等云何？今寇至欲避耶？」下令蓐食。遲明上馬，先止戰地，據山角坐胡床，諸將奔至，皆泣曰：「此某等駐軍處，而公先之耶？豈可使虜矢傷公！」即争代公處。頃之，復有來報曰：「虜退矣！」乃還。方虜入梁、洋，蜀大震，宣撫司官屬争咎公，有爲浮言相恐動，請徙治潼川〔二〕，軍士聞者皆怒。公力爲書爲張公言：「某在此，虜決不能越，無爲輕動摇。」張公用公言，乃定。虜遣十五輩賫書與旗來招公及玠，公斬其十四人，令一人還曰：「爲我言於爾酋，來戰即來，我有死，何招也！」先是，梁、洋官私之積，公悉已徙置，虜無所得，糧日匱，前後苦攻，死傷十五六，涉春已深，癘疫且作，遂遁去，爲我師掩擊及墮溪谷死者不可勝計。虜之去四月也，其餘衆不能自拔者悉降，凡十數栅，虜之喪失蓋莫甚於此役。方是時，虜其大酋撒离喝、兀术輩垂涎於蜀，日夜聚謀。所選士卒千取百、百取十。其戰被重鎧，登山攻險，每一人前，輙二人擁其後，前者死，後者復被其甲以進，又死，則又代之如初。其爲必取計蓋如此。惟公與張公協心戮力，毅然以身當兵衝，將士視公，感激争奮，卒全蜀境。公還興元，分遣官吏，安集勞來，凡潰卒之乘時怙亂山谷間者，悉捕斬以徇。自是兵勢日振，方更恢遠略，然張公已困於讒，公亦尋被罪矣。是歲除寶文閣直學士。四年，責授散官，安置白州。始，吴玠爲偏將，公奇之，言於張公。張公與語，大悦，使盡護諸將，卒得玠力。至是玠上疏納節贖公罪，士大夫多玠之義，而服公之知人。明年，還故官，奉祠。時張公相矣，召公赴在所。又還集英殿脩撰、知鄂州，權都督府參議軍事、宣諭陜蜀。朝議欲合諸道兵大舉，公自蜀還，歷諸邊，盡得虛實，謂且當益繕治，廣營田以俟時。朝廷欲遂用，公顧親年浸高，力請歸養，以徽猷閣待制如泉州。泉素難治，番商雜居。公下車肅然，無敢犯。有事涉權倖者，立論奏釐正之。亡何，張公去位，言事者觀望論公，復責散官，安置漳州。以郊祀恩得歸，會江上擇守，起公爲沿江安撫使、知鎮江府。虜入寇，公建請清野，盡徙淮東之人於京口，填拊得宜，人情不摇。謂樞密使張俊曰：「異時此虜入寇，飄忽如風雨，今更遲回，是必有它意。」已而果欲邀和。及遣使來，揭旗於舟，大書「江南撫諭」。公見之，怒，夜以他旗易之。翼日，接伴使索之甚急，公曰：「有死耳，旗不可得！」及其歸，遣還之境外。張俊以公料敵及治狀聞，有旨復待制。和議成，公謂宜及無事時講脩淮漢守備，厲器械，治舟楫，其言甚悉。宰相秦檜忌之，諷言者論罷，復以祠禄歸。十四年十月二日遇疾，没於正寢，享年五十。積官右朝議大夫，以子貴贈太師。娶熊氏，贈福國夫人，再娶卓氏，贈慶國夫人。子珙，克世其家，復以忠義識略被今上眷遇，嘗爲同知樞密院事。識者不以劉氏三世宦達爲衣冠之盛，而以忠義相傳不替愈大爲家國之光。淳熙四年，珙爲建康留守，病且革，自力作書與其友張某，以銘公墓爲屬。某蓋公所從忠獻張公之嗣子也，奉書而泣，且無所從辭。於是取公弟子翬舊所狀行實，掇其大節，次第之如此。

惟公慷慨自許，每有捐身殉國之願。當事之難，衆人惶撓失措，公色愈厲，氣愈勁，遇事立斷，凛不可犯。尤長於兵，料敵決機，殆無遺筭，得將士心，皆願爲盡死。其爲政發姦摘伏若神，所治不畏强禦。而天性孝友，恂恂接人樂易，開口見肺肝。輕財重義，緩急扣門，無愛於力，振人乏絶，傾貲倒廩無吝色。姻親鄉黨昏喪悉任其責。闢家塾延名士以教鄉之秀子弟。吏部郎朱松疾病，以家事託，公築室買田，居之舍旁，教其子熹與己子均，卒以道義成立。平生再貶徙，處之怡然，不以介意。而其許國之誠，則至於没而不懈也。嗚呼偉哉！公以是歲某月某日葬於崇安縣五夫之原，某之爲銘，蓋後公没三十有五年也。公孫二人：學雅，承務郎；學袠，尚幼。孫女二人：長適將仕郎吕欽，幼未行。銘曰：

寒沍凛冽，喬松挺節。艱危反側，志士秉烈。允毅劉公，孤忠業業。國恥家讎，刻骨泣血。誓不同天，心焉如鐵。縛袴從戎，思奮其伐。虜方鴟張，闖蜀門闑。紛紛鄙夫，縮避一轍。惟公矢謀，充贊於決。身當兵衝，横遏力折。衆駭失色，我怒貫髮。驍將突兵，怙以奮發。羯酋力窮，麕走竭蹷。迄全蜀疆，如器無缺。伊人是恃，豈險難越。不寧蜀全，關輔可挈。投機於征，以冀日月。巧言害成，徤手孰掣。空令父老，談説嘖嘖。禾戎議興，公膺如噎。守臣舉職，妖旗莫揭。歸卧於家，忠憤曷洩。嗚呼中年，竟隕此傑！歲踰再紀，精爽森列。嗣德有光，公志益晰。我爲銘詩，追勒其碣。

吏部侍郎李公墓誌銘

淳熙三年九月庚戌，秘閣脩撰、知夔州兼夔路安撫使臨川李公以疾没於州治之正寢。五年，其孤鞏以同郡曾季貍所狀公行義來請某銘〔三〕。平時蓋欽公之爲人，且在賡右，與公相望僅再歲，接公行事爲詳。既不克終辭，乃叙而銘之。公諱浩，字德遠，一字直夫，家本建昌人，其徙臨川方再世。曾祖之遇，祖玩，皆不仕。考彦，以公贈朝奉大夫。公自幼入鄉校，嶄然異常兒，未冠，有文名。中紹興壬戌進士第。是歲，秦熺挾宰相子以魁多士，同年多往見之，或拉公行，毅然卒不往，調饒州司户參軍以歸。連丁内外艱，中間爲襄陽府觀察推官僅踰年，及免先大夫喪，調全州州學教授，改監行在雜買場門，實二十七年之冬，時秦檜蓋死矣。明年主管刑工部架閣文字，改勑令所删定官。論者争言秦檜時事無巨細，一切更改。公白宰相執政：「蚩尤五兵，李斯篆隸，苟便於世，亦不當以人廢。」方檜在時，公義不爲之屈，及其身没事變，所論及如此，則公存心平實，蓋已可見矣。又明年改秩，除太常寺主簿，尋兼光禄丞。輪對，首陳無逸之戒，且論宿衛大將恩寵太過，嬰兒過飽，恐非其福。太上皇帝感其言，宿將旋就第。自檜扼塞言路，士風寖衰，及太上總攬萬機，激厲忠讜，而餘習猶未殄，朝士多務緘默。至是百官轉對，公與王十朋、馮方、查籥、胡憲始相繼有所開陳，聞者興起，太學之士至爲五賢詩以述其事。然公自是亦不安於朝，請祠以歸，主管台州崇道觀。今上即位之歲，以太常丞召至闕，首論聖學，以爲人主務學則其餘嗜好無間而入矣。時忠獻張公督師江淮，而宰相有異議者從中多所沮抑，公引「張仲孝友」之詩及仁宗用韓琦、范仲淹、詔章得象等故事，乞戒諭朝廷同寅共濟。俄兼權吏部郎官、御史。尹穡附宰相湯思退，以公故嘗爲思退所知，欲扳引共擠忠獻，於是薦公。及對，乃明示不同之意，思退、檜皆不樂。踰歲，始正除吏部員外郎，兼皇子恭王府直講。其後宰相召同爲郎者四人，欲有所進用，最屬意於公，公不發一語。明日，同舍皆遷，公如故。其在王府，多所裨益，且因事以及時政，書之於册，幾上或見之，王亦愛重公。它日，公補外，累年以歸。王聞之，欣然謂僚屬曰：「李直講來矣！」蓋公之誠意有以感動也。爲郎踰年，會淛河水灾，詔郎官管職以上條時政闕失。公歎曰：「上憂勞求言，此豈可失也！」即日奏書，指論近密，且併及宰執奉行、臺諫迎合、百執事顧忌畏縮之罪，反復數千言，近世論事傾倒剴切，未有其比，聞者皆縮頸。上優容，曾不以爲忤，而執事者忌之甚，白外補，得知台州。州有揀中禁軍五百人，朝廷置訓練之官，其人貪殘失衆心，不逞者乘間謀作亂，露刃立堂下。公曰：「若等欲爲亂乎？請先殺我！」衆色駭，曰：「不敢！」乃徐推其爲首者四人黥徙之，迄無事。公倉卒應變，坐折姦萌，聞者益歎儒者誠有用於世也。天子以爲能，除直秘閣。並海有宿寇，久不得，公募其徒自縛，以贖罪，即得其渠魁。未幾召還，復爲故所居官。初公在台，有豪民鄭憲以貲給事於權貴人之門，爲一郡害，會姦利事發，械繫死於獄，盡籍其家，徙其妻子。至是權貴人者教其家訟冤，且誣公以買妾事，言者用是擠公。它日宰執將進呈文書，同知樞密院兼樞參知政事劉珙越次奏：「李某爲郡，疾惡太過，獲罪豪民，爲其所誣，臣考視其本末甚白。」上顧曰：「守臣不畏强禦，豈易得耶？」珙曰：「士氣不振久矣，若更沮李某，是終不復可振矣。」上問章安在，珙袖出之，遂留中不下。而大理觀望權貴人，猶欲還其所没貲，併以爲台州議刑太重。上親批其後曰：「台州所斷委得允當，鄭憲家貲永不給還，流徙如故。」公乃安。明年，遷司農少卿。時朝廷和糴米凡八萬石，而董事者有所憑恃，賤糴濕惡以欺没官錢，户部不敢詰。公視事，即奏請下有司治。大理附會，聽户部以支爲盤。公力争曰：「是非徒惠姦，且虧軍食。」上是其議。會大理奏結它獄，上忽顧輔臣曰：「棘寺官當得剛正如李某者爲之。」已而卿缺，又曰：「無易李某。」遂除大理卿，兼同詳定一司勑令。故事，寺獄空，上表賀，公獨不奏。先是，公在司農時，嘗因面對，陳經理兩淮之策。至是爲接伴使，還奏曰：「臣親見兩淮可耕之田盡爲廢地，心實痛之！」條畫營田便利甚悉，且併謂：「近日措置邊事甚爲張皇，一時誕謾之徒言虜勢衰弱，踊躍自奮，甚者爲剽攘以挑境外。此何益，徒有害。願戒將吏嚴禁防，無速近功，無規小利，日與大臣脩明治具，固結人心，持重安静，以待虜釁。」公之意以謂主上英明有大有爲之志，執事者所當奉承講究爲務，實經久之計，以卒成聖志。廷臣中誕謾者但爲欲速之説，而其苟且者又欲一功不爲，適足以害遠謀，玩歲月，故再三條陳營田便利，以爲是恢復根本之策，在今日所當汲汲而爲之也。上每改容嘉納。

宰相方議遣泛使，公與辯其不可，至以官職詠公，公怒，以語觸之，且力求外，以直寶文閣知静江府、主管廣南西路安撫司公事。命下之日，尚書郎有入對論擇帥事者，上欣然顧之曰：「如廣西朕已得人矣，李某也。」又諭大臣曰：「李某營田議甚可行，而大臣莫有應者。」公至鎮，勤於民事。郡舊有靈渠通漕運，且溉田甚廣，近歲頗堙塞，公命疏治之，民賴其利，立石以紀。邕管所隸羈縻安平州，其酋恃險凶横，聚兵謀爲邊患。公遣單使開心見誠，諭以禍福，引赦使自新，即日叩頭謝過，焚撤水栅受約束。前帥建議於宜州境南丹州置買馬場，朝廷用其議，下經略司。公力争其不可，遂止。衆謂南丹買馬之議若行，其爲廣西生事取釁，有不可勝言者，非公言之力，朝廷亦未悉其利害如此也。朝廷又令市象于交趾，公復力争。及公去，經略司竟往市，交趾遂因此驅以入貢，所過爲擾，人始服公之明。

治廣二年，召還入對，論俗不美者八，其言曰：「陛下所求者規諫，而臣下專務迎合；陛下所貴者執守，而臣下專務順從。所惜者名器，而僥倖之路未塞；所重者廉恥，而趨附之門尚開。儒術可行而未免有險詖之徒，下情當盡而未免有壅蔽之患。期以氣節而偷懦者得以苟容，責以實効而誕謾者得以自售。」上嘉納之，且詢所謂誕謾之人，公以實對。翼日謂宰相曰：「李某直諒。」遂擢權尚書吏部侍郎。

時政府有怙寵竊據者，又有附之同升者，從臣中又有爲之役者。公之造朝，已甚側目，且巧爲語以鉤致，公皆厲色，辭以拒之，於是相與謀使言者論，以公謂寘之近列，必變亂白黑，未及正謝而罷。是歲冬，提舉太平興國宮。明年夏，夔州路以缺帥聞，上顧念公，乃除秘閣脩撰，以寵其行。

部有思州，亦羈縻也。其守田氏與其猶子爲貳者不協，且起兵相攻。親草檄遣官諭之，二人感悟，歃血家廟，盡釋前憾，邊以妥安，蓋與廣西安平州一律。公之爲謀，大抵欲以誠意銷患於未然也。

在鎮踰年，以疾請祠，改提舉隆興府玉隆萬壽宮。命未至而公没矣。享年六十有一。積官至朝奉大夫。監司奏公盡瘁其職以死，特贈集英殿脩撰。公之葬在撫州金溪縣歸德鄉靈谷山之原。娶饒氏，封宜人，後公八月而卒。子男四人：犖，脩職郎、潭州司理參軍；肅，廸功郎、潭州益陽縣主簿；蔚，將仕郎；遵未仕。女六人：長適奉議郎、知袁州萍鄉縣事王謙，次適降授廸功郎、前湖南安撫司准備差遣曾摶，次適鄉貢進士姚彬，餘未嫁。孫四人，孫女三人。有文集、奏議、王府講議藏於家。

公少時力學爲文章，及壯歲更留意義理。其仕於朝，慨然以時事爲己任，見政有缺失，用人有憸佞，忠憤感激，所言多切至。生平不事表暴，未嘗勉强色詞，故不知者多以爲傲，或以譖公，上曰：「斯人無它，在朕前亦如此，非爲傲者也。」小人憚之，謀所以害公者無所不至，獨賴上終始照見保全之。其爲郡奉法循理，律己甚嚴。自嶺右歸，裝無南物。視其奉養，自爲布衣至侍從未嘗有異，風望整整，人不敢干以私。然以是故，悦公者少，不悦者衆。及聞其死，則識與不識皆歎息曰：「奈何失一正人！」蓋以天資質實，不徇於外，而涵養渾厚，不以利害動心，故遇事有力，奮發忠言，無所回撓，所謂古之遺直者，若公非耶？銘曰：

士或不競，枉尺直寸。以同爲和，以怯爲巽。垂紳立朝，噤莫肯言。就有欲言，亦弗究宣。謂予有待，實則患失。曾是詭隨，乃曰弗激。此風流行，非國之福。不有君子，孰振孰篤。我觀李公，披腹敷陳。反復無隱，心乎愛君。衆駭縮頸，君則容之。娼恚實繁，聚而攻之。是保是用，惟天子明。匪天子明，臣言曷伸。嗟哉若人，古之遺直。我作銘詩，以詔罔極。

校勘記

〔一〕旁無警呵者　「呵」字原闕，據三朝北盟會編卷一五八引補。
〔二〕請徙治潼川　「川」，原作「州」，據劉本、四庫本改。
〔三〕其孤鞏以同郡曾季貍所狀公行義來請某銘　「季」，原作「李」，據劉本改。

南軒先生文集卷第三十八

墓誌銘

工部尚書廖公墓誌銘

紹興九年，詔以延平廖公爲御史中丞。方是時，宰相秦檜當國，謀爲植黨固位之計，欲假臺諫之力，斥逐異己者。公先亦爲相所薦，及居言路，偘然守正，無所承望。每因奏事，論君子小人朋黨之辨，反復切至。相遣人風之，則答曰：「有言責者不得其言則去，枉道徇人，非吾志也。」會有故從官嘗委質叛臣之廷，以與相有姻，故歸自虜境，除資政殿學士、提舉醴泉觀使，奉朝請。公顯奏其惡，愈觸其怒。又嘗從容建白：「願起舊相之有人望者，處之近藩重鎮。」相聞之曰：「是欲寘某何地耶？」公以言不行，上章乞歸老，改工部尚書。其繼公爲中丞者，受風指劾公，上念公忠直，俾以徽猷閣直學士奉外祠，其明年迄致其事。於是廖中丞之名重於天下。

公諱剛，字用中，順昌縣人。曾祖諱隱，祖諱丕，以公故贈承務郎。考諱懋，任朝請郎，累贈通奉大夫。三世皆以淳質自守，孝義相傳，樂善好施，爲鄉黨所親依。公治家有法，資稟静厚，濟以涵養。自爲布衣時，嘗從其鄉人、故諫議大夫陳公瓘游，又嘗從侍講楊公時問學，故其後立朝行己，具有本末，蓋非偶然者。初登崇寧五年進士第，歷縣主簿、州判官、録事參軍、教授，凡五任，改秩調漳州司録，就除國子録，擢監察御史。時方争騖於進取，公足跡未嘗及權門。已而以親老引外，得知興化軍。

靖康初，以右正言召，未赴，遭通奉君憂。服闋，又以工部員外郎召，以母疾辭，會劇盗起旁郡，樂禍者相煽，縣之官吏悉逃去，鄉民扣公門求活，公以信義徧喻從盗者使反業。既而復有郡盗自旁縣來據井落，殺掠人，勢熾甚。部使者旦以檄屬公〔二〕，公遣子遲入賊中，喻以禍福。其渠領素聞公名，旬月間相率從命，餘黨悉散遣。先是，朝廷遣制置使將軍兵來，玩賊不時討，及聞公既撫定，則欲攘其功，遣偏將規圖傷害，至則執遲，注刃於頸，公不爲動，卒悔謝而去。除福建路提典刑獄公事。未幾，召爲吏部員外郎，遷起居舍人。以撫賊事增一秩，公曰：「以此受賞，非本心也。」卒辭之。

上方向儒學，公奏帝王之學不當如文士所爲，願去末學之無益，專務正心誠意以福天下。除權吏部侍郎、兼侍講。奏乞罷遣高麗使，又條陳屯田便利，皆切當時事宜。遷給事中，遭内艱。服闋，還瑣闥舊職，時紹興四年也。朝廷旌别淑慝，推究章惇、蔡卞迷國本末，追貶其身，且召其子若孫不得官於朝。於是章傑自郎官出知婺州，章僅自寺丞提舉江東監事。公封還詔書，謂如此豈足以示懲，有旨悉與之祠。明年，遷刑部侍郎。

初，公之曾大母享年九十有三，大父享年八十有八，皆及見耳孫。餘亦多壽考，累世以華髮奉養。公舊嘗名堂曰「世綵」，諫議陳公播之聲歌，士大夫從而爲詩者甚衆，緝之盈編，至是乞以所當遷官贈大父，且曰：「臣逮事大父，教以忠孝，念無以報。」因述家世事始末，上嘉歎而可之。宰相忠簡趙公方務推廣上孝愛之志，遂以世綵集進，奏曰：「陛下以孝治天下，凡人子之欲顯其親者莫不曲從，固知陛下念親未嘗少忘。今復覽廖氏事迹，伏惟聖懷不無感歎。」上它日謂公曰：「觀世綵集，誠人間美事也。」其書至今人間樂傳之。

又明年，以久在朝列，力請外，除徽猷閣直學士、知漳州。郡人素以侈靡相尚，昏葬例踰制。公下車，首立條約，且親爲文以訓告之，風俗爲變。在郡二年，應詔上封事，乞早以建國公正皇子之號。大略謂：惟誠足以動天地、感人心，今意雖有屬，而名未之正，恐未足以慰幽顯之望。

是歲，以年將七十，請謝事，時已降詔旨矣。詔書趣行至闕，則有中司之拜，首奏：「臣職在搏擊姦邪，當思大體。若乃捃拾細故，矜一得於狐兔之微，則非臣本心。」又奏：「經費不支，盗賊不息，事功不立，命令不孚，及兵驕官冗之弊蓋不一。其原則在於一人之身，若意誠心正以臨照百官，則是非不紊，邪正洞見，天下之弊可次第而革矣。」又奏：「人君之患莫大於好人從己。若大臣惟一人之從，羣臣惟大臣之從，則天下事可憂矣。」又論當遠佞人，且劾從臣中爲佞之尤者。時大將恃功希恩，所請多廢法。公隨事論列至於四，至肅然知畏。凡公奏論，皆本於誠實，務先大體，踐其初言類如此。方是時，善類倚公少安，至所言漸廣，卒爲時宰所擠去。自公之去，言事者類皆承望，而搢紳竄逐者相繼矣。

公謝事三歲，以十三年正月壬寅没於正寢。累官左朝奉大夫，封順昌縣開國男，詔以中大夫告其第。是歲十二月壬申葬於其居溪之南鳳山之原，從治命也。娶張氏，封淑人。子四人，長遲，嘗任朝散大夫，知邵武軍，後公二十七年卒；次過，今爲朝散郎，前知梧州；次遂，承議郎、前知化州；次蘧，朝散郎、廣南西路提點刑獄公事。孫男十五人。諸子遇郊恩，累贈公少傅。公自少時，居母謝氏喪，已有聞於鄉黨，長事繼母陳氏以孝謹稱。撫育其弟甚恩，先世舊産盡推以與弟及猶子。居家儉約，雖貴不改寒素。居官以清簡率下，不事威嚴，人服而從之。平時不觀無益之書，不爲無益之文，蓋其所存，每貴於實用躬行而已。某爲兒童，侍先公忠獻旁，側聞公之名。及忝廣右帥事〔二〕，公三子適皆爲郡於所部，而其季又爲朝廷選用，以使旨來治於桂。暇日求公奏議讀之，削藁之餘，僅有存者。一日，愀然以公墓誌銘爲屬。某自念晚生，其何敢任，而請愈力，顧不得而辭。於是首著公之大節，而次第其平生如此，實淳熙四年冬十月，蓋去公之没三十有四年矣。銘曰：

廖氏之先，家於太原。唐季避難，甌閩是遷。惟閩之廖，自公而著。豈以其位，惟德之故。公之清德，壯老一節。持身立朝，氷玉之潔。人搴其華，我掇其實。躬行是尚，如漢萬石。靡慕於寵，靡撓於勢。進無隱言，退不茹愧。謝事於家，而名益崇。惟其守道，是以亢宗。有寧其宫，公則命之。溪山所環，後則宜之。奕奕其後，孔蕃且昌。克念其德，以篤不忘。

王司諫墓誌銘

乾道己丑歲，某被命守嚴陵，驅車入境，俯仰其山川，而想子陵之風，詠「仰止」之章，且意夫人才代出當不乏也。既視事，則進長老、諸生而問近世鄉先生大夫之賢者，則得二人焉，曰諫議江公、司諫王公，皆以風節論議顯聞於世，爲鄉里所重。已而司諫公之子、今筠州史君來訪予，又得從問其父事甚詳，恨未能與嚴之人表而出之也。越三年，予屏居湘潭之上，筠州走書以清江劉清之之狀來請銘公墓。以予曩日之所敬，固不得以荒陋辭也，乃叙而銘之。

公諱縉，字子雲。王氏系出琅琊，晉司徒導南渡，始家江左。其後有居睦州桐廬者曰昫封，仕唐爲和州刺史，生肅清主簿洵，洵生梁烏程丞耕，耕生周明州衙推仁鎬，因家於明，而處者爲嚴州分水人。

公踰冠遊太學，中崇寧五年進士第，調歙州司法參軍，議獄以忠厚稱。移池州石埭令，斷訟，民服其明。方田法行，旋以不實罷，而石埭之民請以公所均爲定。用薦者改宣教郎、知婺州浦江縣。神霄宮初建，觀望者競爲侈費，邑當置下院，獨取之遠鄉，僅以充數而已。主者加詰，公曰：「朝旨不言城内外，縣境有觀而舍之，吾非違御筆也。」辟監杭州鹽倉、臨安縣市易務，知温州永嘉縣，調監池州永豐監。丁内外艱，會邑人翁漆乘亂聚衆，剽新城，令不以時應，盜益熾。新城求捕且急，令遽調松村保甲，以謀不素，大擾。吏懼莫知所爲，則以告公行義素爲鄉里所信，即日挺身往諭。已而縣得漆與其二子誅之，衆乃定。苗傅、劉正彦南遁，有詔起復公部松邨民丁追之，公以終制辭焉。大駕在永嘉，從臣有以公應詔，權吏部郎官。方移蹕草創之際，公請許詣選者得以關自言，而爲定其宜，士無滯留，而官不曠廢。

以論事忤宰相，出知英州。時二廣多盜，郡有土豪，公縻以職秩，結以恩信，得其死力，所捕致無不克宜。章賊尤熾，公縱諜者諭以利害，他日賊過郡境，以俚語戒其徒曰：「無犯吾佛。」曹成蹂踐湖南，爲岳飛所敗，走桂而東，破連州，衆號數萬，廣東大震，科調紛然。公獨如平時，客問所以然，公曰：「吾州無兵無城，寇至，但當登譙門諭之以禍福，否則以死繼之。處之既定，故寢食甚安耳。」寮屬請退保，公曰：「吾守土吏也，退將焉往？」卒以静鎮，全安一境。

御史循行，上公治行第一，有旨遷官。秩滿，令入對。會朱丞相勝非當國，雖故鄉監官至都堂，亦使趨庭自列。公顧不肯，勝非怒，虜方在邊，擬公至滁州。朝議皆言王公忭范丞相去之南荒，今方來歸，又置之北鄙，何邪？改知虔州，召爲金部員外郎。旋以選知温州，加直秘閣。陛辭之日，太上謂公未得去朝廷，即拜監察御史。既謝，擢殿中侍御史，時紹興五年五月也。

公首陳正紀綱、嚴法守、明賞罰、立軍政、廣儲蓄、厚風俗，冀爲經久之謀，且援古事以申諷諭曰：「晉武平吴，天下既定，何曾語其子曰：『吾每宴見，未嘗聞經國遠圖。』此亦今日之憂也。因言湯以七十里而有九有之師，惟仁足以得天下之心，夫豈以地之廣狹、勢之强弱哉？而書之言曰慄慄危懼，若將隕於深淵，惟湯畏天保民，此所以天下歸之，雖狹而廣，雖弱而强也。於是東南大旱，而江湖爲甚。公慮所以賑䘏之者，如伸枉濫、寬繫纍、禁科歛、緩逋負、免穀税、通糴舩、瘞殍者，其論奏甚備。而尤所拳拳者，以常平之法名存實廢，借允之不撥還，支移之不收納，此所以坐視凶荒而莫之救也。至推其本原，則願詔大臣以燮理之事，飭清躬以脩省之意，論極剴切。

六年二月，遷右司諫。公言聽忠言於艱難之時易，受直言於平定之後難，况寇讎未殄，願毋以目前暫無事而忽芻蕘之言。又因對言：「明皇即位之初，焚錦繡珠玉於殿前，厲精政事，以致開元之治；及侈心一動，窮天下之欲，以致天寶之禍。非初之難，而終之難也。陛下憂勤恭儉，圖濟中興，往歲金翠之禁自内庭始，天下風靡，而近者庫藏供瑇瑁，坑冶採青緑，未必以爲器玩設飾之用。然恐下之人妄意好尚，緣類而至，願深戒明皇之失，終始惟一，以永無疆之休。」上爲之改容嘉納。六月，臨安地震。公言：「地震駐蹕之所，豈非天心仁愛，著陰盛之戒邪？女子、小人、夷狄、盗賊皆陰類也。女子、小人則遠之，夷狄、盗賊則備之，恐懼祗畏，以應天心，此先哲王所以中興也。」又言：「陛下纂承，十年於兹，頻歲豐稔，僅足糧餉，一有小歉，民已流移。蓋耕者寡，食者衆，軍政未立，國用未節故也。謂宜詔大臣參酌祖宗舊制與每歲出納之數而均節之，抑僥倖以靖衆志，薄税歛以寬民力，爲久長之計。」

上幸姑蘇，軍屯淮上，逆賊驕雛，方肆陸梁，而主帥有慢令不赴機會者。公請奮周世宗、我太祖之英斷，以勵其餘。又言：「今所與共濟艱難、復大業者二三大臣耳，或出而總戎，或處而秉軸，交脩政事之間，進退人才之際，謀慮有不相及，則初意未必盡同。苟無私心，惟其當而已。蓄疑敗謀，理必不可。願戒大臣，俾同心同德，絶猜間之萌，協濟國事。」公以大臣不和爲憂，比終歲再三言之，至謂執政間有於賊馬南向之時，倡爲抽軍退保之計，上則幾誤國事，下則離間宰臣，言尤至切。又言：「軍興以來，多爲一切之制。今盗賊粗定，上下内外宜守成憲。而舊弊之未革者，如官資之轉行、過犯之改正、差遣之審量，皆用特旨廢定法。遠方監司守臣措置自肆，姦贓抵罪，鞠治既白，或不行法，止從輕比。若此類紀綱不立，法令不信，雖宵旰焦勞，未見可以爲治也。」張俊營第建康，廣袤，占民居，公請密敕俊自還之。内侍李琮，童貫壻也，恩旨復許其仕。公言梓宫未返，天下痛憤，忍令童貫壻再仕乎？所言多採用。兵部尚書吕祉護諸將於淮上，公請於都督府屬官中選知兵者助之謀議，且留軍中撫循訓練，通將士之情。未幾酈瓊叛，祉死之。先忠獻公時爲宰相，臺諫議以擇帥不善爲責，公曰：「司言責者獨不任其咎乎？且以是進退大臣，非知大體者也。」既而章交上，公獨論：「劉光世屯淮西，士卒數萬，惟王德一軍忠勇敢戰，餘皆驕惰自肆，不可用也。一旦以德踵光世之後，酈瓊等憚其威嚴，訴於朝，既爲之改命，而召瓊等赴行在，乃懷疑貳，相率北去，則潜爲此謀有日矣。張某引咎求罷，方防秋之際，二大將又入奏，而朝無宰相，無乃未可乎？」章再上，不報，求補外，復以直秘閣知温州。

先是，日食之變，詔求直言。臺臣有語公者曰：「上任我輩言路，而外求直言，建此議者必懷姦。」公曰：「日食求直言，故事也，豈以臺諫而廢？」及是又諷公：「曩趙丞相之去，我二人不擊，故不遷。今臺諫媒孽，右相勢已摇，吾與君遂言之，則同升矣。」公正色拒之。至是反劾公觀望，欲爲後圖，公聞之笑曰：「吾老矣，不顧目前之利，乃爲後圖，不亦左乎？」坐落職奉祠。

公在言路，知無不言。每謂人才實難，多事之際，尤宜爲朝廷愛惜，以故不專彈擊，而惟論安危利害大計與所以啟悟君心者。上嘗稱公中正不阿，得諫臣體。它日，言事者有不稱，上曰：「王某論事可思。」即復直秘閣、知常州。淮上戍軍經從有攘民羊及誣民爲盜，縛之去。公追得民與羊於舟中，獨不得軍卒姓名〔三〕，貽書誚主帥，卒以三輩徇河上，聞者服焉。會有故從官歸自虜中，蓋嘗仕僞庭，據吾京邑而爲之守者，過郡，公惡之，不爲禮，力求見，公面詰媿之。而宰相秦檜與之親厚，歸而泣訴，檜怒，十一年春，以公主管台州崇道觀。州人惜公去，以爲循良之政，前人莫及也。州舊有河貫子城，達於倉後，或堙塞。公請於朝，開深以便輸，至今賴之。退歸幾二十載，恬然自樂也。積官左朝奉大夫。既告老，以郊恩賜三品服。

二十九年六月己酉，與親戚笑語如常，時語其家人曰：「心中無一事，時至可行矣。」夜分而逝，享年八十七。九月甲申，葬於縣之分水鄉茅山之原。公天資忠厚，事親從兄，誠意篤密，子孫侍側，燕居笑談，必寓以訓敕。治縣八年，囚無庾死者。去官，人思之不忘。雅不喜求請，及公之存，子孫悉從吏部選，無詣堂者。其行義尤爲文定胡公、翰林學士朱公所知，皆嘗論薦於朝。劉清之曰：「嘗得公遺書，所謂霜臺諫垣藁者，合九卷，讀之累日，深惟既往之是非易定，而當時之毁譽難公也。觀前輩奏篇，至毁譽之際，雖元祐忠賢猶惜其是非之未定焉。而公書手跡具存，繫以時日，皆可依據，至所尊信必天下鉅人，所排黜必其自絶於善人之類者，非唯當時，迨今實然，而後知公之所言蓋有見於中，非苟然也。」

配詹氏，贈左光禄大夫良臣之女，贈碩人，後公一年卒。子男二人：曰休，右承議郎、權發遣筠州軍州事；曰勤，左朝散郎、權發遣處州軍州事。女四人：長適右廸功郎邵希仲，次適左朝散大夫翟軫，次夭，次適右廸功郎詹焕。孫男四人：瑑，右從政郎；玭、珙皆右廸功郎；珌未仕。孫女六人，曾孫男女十一人。銘曰：

士或遠實，浮華是滋。凡厥言行，曷據曷依。觀公平生，惟實之務。陳言諫省，質直靡嫭。有所毁譽，皆心所安。久而益信，是則爲難。其在郡邑，悃愊平夷。惟其有常，去輒愈思。其在閨闈，孝友融怡。豈惟其家，鄉黨是儀。子陵之山，千古蒼蒼。清芬不磨，惟公之藏。

校勘記

〔一〕部使者旦以檄屬公　「旦」，原作「且」，據劉本改。

〔二〕及忝廣右帥事　「忝」，原作「添」，據繆本改。

〔三〕獨不得軍卒姓名　「卒」，劉本、四庫本作「士」。

南軒先生文集卷第三十九

墓誌銘

夔州路提點刑獄張君墓誌銘

君諱棁，字仲山，於予爲從兄，實同高祖。予家自唐嶺南節度使由曲江徙長安，國子祭酒由長安徙成都。再世，高祖諱文矩，早捐館舍。夫人楊氏，挈孤依外家於漢之綿竹，今綿竹之張皆由高祖出也。君曾祖諱絢，祖諱鈞，考諱注，俱隱德不仕。考以君升朝恩封承事郎致仕，累贈正奉大夫。君未冠游鄉校，貢京師，入太學爲内舍生，預國子薦。靖康之難，間關歸故鄉，就類省試，登紹興二年進士科。已而丁内艱。免喪，遊東南。值先丞相忠獻公督師江上，辟君主管機密文字，以軍事入對，改承奉郎。湖寇平，用幕府功遷宣教郎，以親老丐歸，授潼川府路轉運司主管文字。秩滿，成都府路制置使席公益辟幹辦公事，未數月丁正奉公憂。服闋，通判參州，又通判夔州，未赴，權四川總領所撥發船運。至夔才兩月，以臺檄權知忠州。還夔，秩滿，通判峽州。丁所生母太碩人憂，差知資州，未及赴。服闋，知榮州，改知蜀州。秩滿入對，知隆州，中道改洋州。歲中除利州路提點刑獄公事，又徙夔州路。再歲請祠，有旨令入奏。行次荆渚，得請，主管台州崇道觀。即日西還，以疾没於巴東，享年七十有四。積官至朝請大夫。

君資禀淳茂，於勢利泊如也。方忠獻公督師，君以幕府，入對，論爲國當先自治，當上意。忠獻且器之，而君顧以親老力引歸。已而忠獻去國，爲時相所忌，併與族人抑之。君以資考連得倅貳，率遠次，且愈下，不屑也。其自蜀州入對，上即位之三年，方留意牧守，訪問再四，貴近有欲見之者，迄不往，授小州而歸。晚被召命，而祠請已再三上矣。平時官情大略如此。

其爲政大體本於忠厚愛民，不苟其職，而不爲赫赫名利之爲〔一〕。州三面阻澗，懸絶數十仞，自北山引水入城，承以木溜，雜泥滓，牛馬飲，民以爲病。君至，始以陶易之，甃三井以瀦之，爲宇以覆之，題其額曰「惠民」，至今賴其利。是時提舉司欲以它郡置場貿茶，君謂郡並邊，每歲以茶之晚生者易蠻馬，今爲場，使夷人知茶味，必得此而後市，則將何辭？論再三，議卒詘。其攝事總幕，益昌大水，軍儲並江不没纔數尺，君身當其衝，督役夫日夜築治，廩以完，迺請徙置高原，今南倉是也。其在忠州之歲，又會大水入郛郭，君先期令民徙，雖州治亦以舍，計口予食，親撫存之，民賴以活。忠素彫弊，獨以鹽課裨歲用。君會一歲用度出入，以其餘代下户輸上供銀數千兩，人尤德之。其在蜀州，州素苦重額，累政積負緡錢，總賦者方務聚斂，督趣急如星火。君視民力困，不忍剥取，寧以身受責。總賦者遣其屬至郡，鉤考微隱，首校公帑籍，迄無一毫私，獨劾君首議抗拒，爲諸郡倡。朝廷察見始末，使寬朞限以補，總賦者迄無如之何。郡有大辟，獄具，而君獨疑其贓未得。一夕夢至何處若神祠者，有大事「疑」字，驚而作曰：「必是獄也！」審究之，果主家給囚以不死，使之承，追逮遂服。蓋其惻怛之誠，雖夢寐不忘也。時北邊方用兵，總賦者議調西州民轉餉。君謂有三不可：西州賦重於三路，不待調夫，民力已疲矣。自蜀至利，役夫徒手走千里，始得負糧而行，又千里乃至西和，古人以爲千里餽糧，士有饑色，今且倍矣，獨奈何？且劍、利調夫，一人之費爲錢八萬；西州道遠，費必倍。以一夫十六萬錢計之，直米五十碩。古人以三十鍾致一碩爲困民，今以五十碩致六斗之粟，利害又相絶矣。卒寢其議，一路賴之。其在洋州，異時逋户反業，得貸牛出租於官，合諸州累欠至三千餘碩，總計者用爲實數以給軍，邊民至破産不能償，君列其事於朝，悉得免。郡歲受民租，總賦者輒對糴以給軍。先時民輸一石以七合爲羨，其後並緣十倍之，至是又欲以七升爲額。君曰：「作法於貪，其弊將可窮邪？」力沮止之。其持節利路，興、洋間多營田，與民田錯，官軍怙强爲擾，田且多荒。

君上其事于宣撫使，請令民亦得佃耕，農穀用以廣。蜀饑，流民至關外者甚衆，按視賑給，且廣糴以平穀價，使皆得食。知樞密院虞公允文時爲宣撫使，每咨訪以事，君率正論，一不及私。再三爲言成都路預借之弊，朝廷非不申敕，而迄不能止，蓋以諸郡例空乏無以塞責，則巧爲之計；今不若盡攷其用度出入之實上聞，而有以寬䘏之，則預借可戢，民受實惠矣。其後諸州卒得蠲減，實君發其端。其在夔路，於獄事尤切切，首下教禁戢四事：拷掠無得過數，繫治無事踰律，訊問必躬臨，疾病必以實。合一路之獄凡六十有五，禁囚百三十事。令下才閲月，以獄空聞者三十八所。夔、恭兩州合欠經制緡錢至二萬七千有餘，君謂赦令之下有所蠲，獨此不得邪？言於朝，併他路得免。其不急於催科，而篤於厚民類如此，亦異於俗吏所爲矣。

君孝友恂恂，幼事正奉公甚謹。中歲以來，率婦子奉所生母曲盡其意。居喪以毀瘠聞。治家有法度，不事華飾，不爲戲言，不忍言人過。鄉人尤親且敬之，不敢干以私。待族黨有恩，視其尤困乏者，推居官所得俸以給之。女兄及族弟之女貧不能行，君收撫嫁遣，比君没，哭之如父。少長，從忠獻公，公每愛其慤實，時時從旁推揚蜀之賢士大夫，而未嘗以語人。教子弟諄諄不倦，每曰：「爲人當植立，貴勢不可恃也。居官當廉謹，己欲不可縱也。治家當勤儉，衆財不可私也。此吾平生之所身履而以望於子弟者。」其所存亦可槩見矣。

君娶李氏，先君卒，累贈宜人。四子皆業進士：光弼以君蔭得廸功郎，充四川提舉茶馬司准備差遣；次光遠，將仕郎；次光裔、光顔。四女：長適廸功郎房鐸，早卒；次以廢疾不行；次適何如川；次適黎時雍〔二〕，皆爲進士。内外諸孫男女合十九人。以淳熙元年十有二月甲寅朔葬於縣之武都鄉。光弼等萬里遣來請銘。

予惟念自幼從先公周遊四方，於宗族闕敬。方君在忠獻旁時，予蓋未省事也。丙子之歲，忠獻在疚，君來省侍于長沙，始獲從君語。是歲忠獻入蜀，又獲欵也。顧其氣象猶有前輩重厚典刑，足以儀刑鄉黨，使後生小子消浮薄之習，不謂十九年間不復見君，而君亡矣。予既憂患之餘，念宗族日落，棠棣「脊令」之詩實感厥心，如此又何以辭？銘曰：

其德也，器厚而不窳。其藴也，樍實而不寠。其用也，泉澤而不淤。其傳以銘，匪今於古！

直秘閣詹公墓誌銘

自頃國家承平日久，士大夫豢於寵利，無捐軀殉國之志〔三〕，狃於宴安，諱言兵事，一旦戎馬入中原，相視愕眙，不過爲畏避偷生之計，仗節死義，罕有所聞，至其謀國，則以退怯爲得筭，事讎爲全策，風俗至此，夫豈一朝夕之故哉！然而其間天資忠義，務爲實用，不汩於習俗，有志於當世者，亦豈無其人？顧有而絀於時論，又不克盡其用，爲可歎慨，若詹公是也。

建炎初元，公通判鞏州，虜騎再渡河，狙脇陜洛，長驅至秦隴，將及鞏，郡守假它檄去。公即日合兵民七千人，授甲登陴。虜至城下大呼趣降，公命以勁弩射之，圍合數重，部分既定，歸與家人訣曰：「自國門直鞏九郡皆不守，吾守死矣！」竭家資犒軍，謂其父老曰：「我已與家人訣爾，當共助我！」皆感激，争出金穀。虜盡力攻五日，不能破，會公所乞熙河兵至，與虜戰，殺其酋三人，遂遁去，城卒全。紹興初，苗傅等甫伏誅，虜勢憑陵，諸將有憤激戮力之意，有司顧以調度不給爲憂。會大饗明堂，已下詔矣，公時從招討使，慨然奏疏，大略謂：「靖康之禍，人神共憤，久矣。今大敵在前，國勢不立，與其崇孝饗之虚文，曷若厲復讎之大義。請停大禮，悉以其費佐軍，督諸將分道攻守，以慰祖宗在天之靈。繼志述事，孰大於此！」事雖不行，識者韙之。

丞相張忠獻公督師〔四〕，遴選時彦，首辟公掌機事。劇賊楊么據洞庭〔五〕，奉檄先走鼎州，度事所宜〔六〕，條上悉中機會。方是時，虜挾我叛臣日窺邊，諸將列屯淮漢，幕府議軍事曲折，有非文檄所能傳者，必委公往諭意，析理會情，無不切當。蓋公舊爲河州士曹，故將王淵爲寨主，捶將校至死，郡守欲加罪，公曰：「小校犯階級，是不可以常人論也。」卒免之。

王公感激，平生事公如父兄。張俊、韓世忠始淵部曲也，故其言尤爲諸將所信，忠獻以是任之。

公善將兵事，嘗佐世忠解濟州之圍。行至熙河，聞虜騎已南，公曰：「卒遇敵，進退何據？當駐山陽，以佚待之，一戰可勝。」世忠鋭意，不能從，師至宿遷，果潰，自是愈心服。劉光世之罷兵柄也，尚書吕祉往蒞其軍於合淝。公已去幕府，貽書忠獻曰：「吕尚書之賢，固爲一時選，然於此軍恩威曲折，卵翼成就，恐不得與前人比。兼此軍今已付王德，德雖有功，而與其下酈瓊輩故等夷耳，恐有中不能平者，願更擇其偏裨素爲軍中所親附者使爲德副，以通下情。」忠獻然其言，未及行而酈瓊以叛聞。公明審有謀類如此。

自忠獻去國，和議興，公不復用。有薦之於時相者，時相方謀和亟，惡言兵，乃曰：「詹君而賢，何乃樂從兵間耶？」嗟乎，是豈知公心者哉！及虜暫歸河南地，見大夫無可使，則又謂公有守犖勞，俾以使指往關中。時公年高矣，親舊争勸無行，公曰：「朝廷名爲撫舊疆，吾雖老，敢辭乎？」曰：「然則無以家行乎？」公曰：「人情危疑，使者不以家行，是重之也〔七〕。」即日盡室引道問關入境，延父老問疾苦，布德意。會虜敗盟，不克終事。蓋其慷慨徇義之意，至老不衰。其爲人本末大略如此。所謂天資忠義，務爲實用，不汩於習俗，而有志當世者，若公非耶？而絀於時論，不得盡其用以死，則可不爲之歎息哉！予故特表而出之，世之君子必有能辯之者。

公諱至，字及甫，嚴州人。曾祖瑀，贈正奉大夫。祖詢，不仕。父安，學行爲鄉里所尊，以累舉恩，仕爲浦江簿，贈宣奉大夫。母太碩人余氏。公中崇寧元年進士乙科，授泗州推官、河州推官，徙士曹參軍，改秩，監在京廣衍倉，通判濰州，易南京留臺，通判永静軍及鞏州。召未對，除陝西轉運使，以親老辭。改御營平寇左將軍隨軍轉運判官，主管臨安府洞霄宫。起爲江淮招討使司隨軍轉運副使，知常州，改徽州，辟州督府主管機宜文字。以幕府功，除直秘閣。忠獻將薦於上，會太碩人有疾，力辭歸。遭内艱，服闋，提舉台州崇道觀，知處州。言者希時相意，論公與諸將善，坐是罷。起爲永興等路提點刑獄公事。後復丐祠，以崇道歸。紹興十年，以微疾没於其家之正寢，享年六十有八。初娶何氏，兩娶許氏，俱封令人。子男三人：攸之、仰之、倬之，並右從事郎。孫光祖、紹祖、似祖、興祖、昭祖。女長適廸功郎潘淵明，次適承節郎方守中，次適承務郎王興義。是歲十月甲子，葬於遂安移風鄉新邨之陽。積官至左中奉大夫，封建德縣男。

公自幼沉厚寡言，外樸中敏，孝友尚義。居太碩人之喪，鄉黨以爲法。育伯兄孤孫如己子。孀妹來歸，爲之區處生事，兒女婚嫁皆得所。宗族之貧無所給者，曰：於我衣食，死於我葬。以至外姻亦賴以濟。度量恢廓，喜怒不形，而人亦莫敢犯。奬借後進，聞一善若出於己，有不善爲之憂，委曲諷曉之，雖甚不肖，亦知愧。訓誘子弟，不欲傷恩，反復諄諄不憚。故凡其宗族與其鄉之人，生則相與愛敬，病則合力祈禳，終則至於流涕，此豈偶然哉！公於書無所不讀，讀輒不忘。務以躬行爲主，考論禮樂制度，往往得經意。尤喜推原歷代治亂得失之故。藴蓄深厚，發爲文章，雅健追古。其得意時，操筆如風，及讀之，雖宿致思者不能及。其藁隨多散失，所裒拾僅得瀛山集十卷。詹氏系本南陽，五代時有避亂來嚴之建德者，實公始祖也。其二子復徙遂安：一居遂安之原，至公凡九世；一居新安之原，亦同邑也。自宣奉公糾族講學，而詹氏始多秀士。及公益敦篤。懼兩原子弟世遠日疎，乃立二老祠，每歲季春，悉合其少長奉祀，事已，相與飲酒，序親愛以無忘厥初，雍雍然也。又爲之立墓祭之式，使後人世守之，其尊祖糾宗之意甚備。詹氏人才之盛，抑未艾也。公季弟曰棫，仕爲宗正寺丞，於公蓋同志者。公之葬，狀公行事甚詳〔八〕，兩銘文未有所屬。後三十有四年，歲在戊戌，宗丞有子曰儀之，今爲廣西轉運判官，與帥張某聯事講學相好也，於是始以屬某，而某實公所從忠獻公之嗣子也，乃不克讓，爲之論次如此而銘之。銘曰：

猗若人之好脩兮，懷瑾而爲美也。不隨俗而風靡兮，厲秋霜以爲志也。羌視鷸而弗疾兮，已獨斯之恥也。紛懷生以自營兮，子何艱之避也。周旋於羽檄之間兮，抑將以伸其義也。凛自信之不疑兮，曾習俗之何睨也。勒銘以昭之，後人之興起也。

通直郎致仕向君墓表

開封向氏自文簡公相真宗，天下稱賢，其家始大。於後欽聖憲肅皇后作配神宗，母儀三朝，其族益光顯，人才亦接踵而出，始終與國並昌。靖康女真之變，二帝北狩，衣冠南渡，一時仗節死義之臣僅可屈指計，而建炎之元，守死淮寧，風烈暴白者，實文簡四世孫忠毅公也。忠毅死時，其家幾亡噍類。第四子沈適以逆婦於故侍讀文定胡公之家，獲免於難。君即沈也，字深之云。

君生名門，資禀静厚，既受室於胡氏，日親文定之教，薰陶義理，步趨矩度，益以成其德。獨痛家國禍難之酷，終身於禄仕蓋泊如也；至於春秋復讎之義，則不能以忘於中。無路自伸，積憂薰心，早衰多病，以至没齒，識者惜之。自宣和中用叔中奉公子褒恩補登仕郎，紹興中始授右廸功郎、監潭州南嶽廟，又十五年復爲添監釐其務。有劉昉者安撫湖南，嘗希時宰意，誣奏君叔父秘閣公子忞。至是昉復來，君即引去，適改君湖南安撫司准備差遣，迄不上也。君念所生母李氏自淮寧相隔，歷歲久遠，迎養禮絶，遵律追服，率禮無違，服除，申畀前命。言者論忠毅淮寧之飾，訪其後人，尚書下符促赴闕。君以時方多虞，已又抱痾，養身崇德，無辱其先，庶幾足矣，希寵徼進非所願也，竟不往。前後凡五監潭州南嶽廟，最後以上登極恩轉右從政郎。在法，選人六考致其事，則通朝籍，君覬得以追責李氏，即引疾請，會新制，止得改次等。已而嶽廟理考，故人之在朝列者爲之請，乃更授右通直郎致仕。拜命才八日而君没，未及爲李氏言也，聞者尤傷之。

君孝友端諒，奉先致嚴，居家有制，爲人謀必周，主財用必公，制事敏而詳，接物簡而和。居處服用，取適可而止，視外營末趣、紛華盛麗，舉無足以撓其中。蓋其天資之美，而亦薰習之力也。君事秘閣如事父，間關百爲，備極勤力，深愛和氣，小心畏忌，奉承幹蠱凡四十年，人無間言。始忠毅死事，朝命官其後六人。以其一奏季弟鴻，鴻君蓋淮寧脱死於襁褓中者，自餘悉以聽秘閣之命畀其族人，而君之子士行，秘閣又以郊祀恩先己諸孫而及之。推此可見其叔父猶子相與情義之篤也。故侍郎胡公寅每咨嗟語人曰：「若向深之之事叔父，可以爲人猶子之法矣。」秘閣自南渡以來，聚族而處，甚恩，既没，君復率諸弟守其遺訓，綱紀輯睦如初。

乾道七年四月十八日微疾没於正寢，享年六十有四。是歲六月葬於衡山縣紫蓋鄉梅橋山，祔於忠毅公塋側。君曾祖考綬，故西京左藏庫使，祖考宗琦，故太中大夫，贈少師；考忠毅公子韶，故中奉大夫、知淮寧府，贈通議大夫，賜謚。君之配胡氏，文定公之女，賢德懿範，爲閨閫之表。子男六人：曰士行，廸功郎、前荆湖南安撫司准備差遣；餘皆夭。女四人：長適通直郎、江南東路轉運司主管文字胡大原，次適將仕郎劉無忌，次適蕭澥，次適趙維，皆進士。孫男二人：公頤、公顗。淳熙二年，士行以大原所狀君行來曰：「先君没四年矣，而墓表未立，敢泣以請！」某惟念如君之賢，實中心平日所敬者，獨懼文字不足以稱耳，而尚何辭！乃爲之銘。銘曰：

有赫其門，國之休兮。有美其質，羌好脩兮。被服名教，言行周兮。藐闟百罹，抱隱憂兮。世所趨慕，匪予求兮。湘江之濆，獨夷猶兮。終莫克如，尚奚尤兮。曷以詔後，表于丘兮。

校勘記

〔一〕而不爲赫赫名利之爲　「利」，原作「黎」，據四庫本改。

〔二〕次適黎時雍　「時」，原作「如」，據劉本、四庫本改。

〔三〕無捐軀殉國之志　「志」，原作「忠」，據劉本、四庫本改。

〔四〕丞相張忠獻公督師　「師」，原作「帥」，據劉本、四庫本改。

〔五〕劇賊楊么據洞庭　「么」，原作「公」，據劉本、四庫本改。

〔六〕度事所宜　劉本、四庫本作「度事宜所」，「所」字屬下讀，亦通。

〔七〕是重之也　「是」，原作「自」，據劉本、四庫本改。

〔八〕狀公行事甚詳　「甚」，原作「其」，據劉本、四庫本改。

南軒先生文集卷第四十

墓誌銘

通判成都府事張君墓表

君張氏，諱椿，字大年，漢州綿竹人。曾祖諱紘，贈太師、冀國公；祖諱鉞，舉孝廉；考諱濩，隱德于鄉閭，贈朝散大夫；妣宜人蔡氏。君幼孤，家徒四立壁，備極艱苦，而挺然有志於爲善。某之祖妣秦國夫人實收而教育之，逮長能自立，鄉黨稱之。忠獻公既貴，鄉里家事俾君任責，君謹守家訓，杜門讀書，身率宗族，公租及時先輸，無一事至官府。輕財好施，勇於爲義。視親姻之祭祀昏葬不能自給甚者，即助之，後生子弟之不率訓者切厲之，紛争不能自決者平處之，小大畏伏。屢試進士不遂，後亦不復往。忠獻公知其可以居官，遂使來南，用叔父徽猷公澋致仕恩，補將仕郎，君時年五十餘矣。旋授右廸功郎、都大提舉坑冶鑄錢司檢踏官〔一〕。未上，會省員罷。故開府儀同三司劉公錡帥荆南，辟爲松滋縣令。縣更兵火之餘，重以水潦湮墊，徙治，田萊多荒。又地産茶，方春，他路惡少私貨者執兵器旁午，甚至剽略殺人，官爲屯禁旅守要隘，盜益羣行抵捍，莫可遏止，令闕官且十年。君得檄，歎曰：「世豈有不可爲之邑哉？」至則以撫輯爲先，罷横歛，絶關禁，令商旅通行自如，榜諭盜使速自新反其業，其烏合游手願從軍者請於府爲効用，願耕者官給牛種爲營田，盜以是衰。則又推廣保甲法而行之，民欣然從令，盜無所措足。則上其事於朝，朝下之府，略施行於它縣，荆南至今民兵之盛，發端自此。然君於此思慮極詳密，猶恨其説未得盡用於時也。縣歲調夫築堤，費不貲，吏並緣爲姦，旋即决壞。君詳視向所築率退就淺近，不當其衝，更進，塞要害，冒大雪躬臨之，迄於堅實。明年秋大水，堤不没數尺，比退，無尺寸圮，邑人謳歌焉。乃新夫子廟宫，率諸生講誦，公居庫庾，次第一新，松滋自是始成官府。會府增戍官軍，符諸邑治舍，君獨以不擾集事。虜寇邊，它邑人例多逃徙，境内獨倚君安堵。及將去，庫有餘貲，以代下户租。既去，人思之。轉從事郎。中書舍人劉公珙薦君可任繁劇，差知建康府江寧縣。縣在府下，應接期會急星火。君先立科條，示以恩信，卒以整治聞。兵部尚書虞公允文制置荆襄，辟君爲准備差遣，用薦者改宣教郎，幕府事有未便，輒盡言。公命提舉激賞庫。掌庫者武吏，公所親信，異時無敢孰何，君獨勾稽究治，或以爲過。既代公者乃小人，搜剔費用隱微，卒不可得，公始歎得君助爲多。授夔州路轉運司主管文字。

會轉運判官周升享傅會大官，以舟運蜀馬，一路騷動，且將盡核羡財以獻。君推誠勸止非一事，至其甚不能遏，則不敢署文書，且與之辯，曰：「昔稱善理財者不過知取予耳，今知取而不知予，獨奈何？」使者大怒，捶吏逼公署，迄不可，則無知之何。時敷文閣待制王公十朋帥夔，素以剛正自任，每多君，曰：「使爲屬者人人如張君，上之人寧患過舉耶？」終身稱道推揚不置。已而馬運卒不可行，使者以罪罷，且死，君致其孥則盡力。君在職，嘗以臺檄攝知大寧監，半載，遠人安之。秩滿，通判成都軍府事。連帥吏才有餘，第所尚或偏，寮屬少年争爲刻新以求婚。君居其間，處以静厚，其怙勢妄動者輒面折之，帥亦頗憚焉。岷山之下堰水爲利最全，獨歲一葺，君適董其役，盛冬勞苦，不減松滋治堤時。或以君年高，勸少休，君曰：「民命所繫，使身可寒，亦爲之何勞耶？」在職二歲，堰獨完。方是時，虞公已爲相〔二〕，其親黨有爲邑府下者，自帥以下反曲意奉之，君行縣，獨問以職事，叱責之不顧。平生大抵直諒不回例如此。使得高位以行志，則其卓然表見者又可量哉！

以乾道六年九月七日微疾没於官舍，享年六十有九。累官至承議郎。以八年十月甲子葬於綿竹永祚鄉之原。配范氏，成都華陽人，儉順之德，實宜於家，後公三年殁。子男三人〔三〕：然，廸功郎；次熙、次甾。長女適鄉貢進士范子脩策，二女適廸功郎宇文紹莊，其仲季夭。孫男四人。淳熙三年冬，熙以然所記録其言行走桂林，請予爲表。予與君同曾祖，惟銘之義，始於鍾鼎，然與史異。記曰「銘之義，稱美而不稱惡」，此孝子孝孫之心也。至於後世，溢美過甚，而無以取信，然則宗族之間自爲之，抑可信乎？予謂惟其實而已。實之所在，雖親何嫌？抑其親者又觀之審也。若夫誕書妄紀，雖疏庸何信？故予於此不復辭。而如吾兄之賢，予實親見而熟誦之〔四〕，於兹之述，蓋有所不能盡也，嗟夫！

訓武郎趙公醇叟墓誌銘

君諱師孟，字醇叟，胄出昌陵，燕懿王之七世孫也。懿王生冀康孝王，康孝生丹陽僖穆王，僖穆生南康脩孝王，脩孝生崇温獻公，五世皆居嫡長。温獻諱令圖，是爲君之曾祖考。祖考諱子野，終襲慶軍承宣使。考諱伯莊，繇宫邸爲外官，終右朝請大夫、知道州。君生而秀異，長無貴驕之習，以孝友稱，用承宣公恩補官。紹興壬子歲調監永州祁陽酒税。秩滿，用宗室恩得監潭州南嶽廟。自是之後，寓居南嶽蕭寺中，屋僅數椽，被服不減寒士。無他嗜好，獨與簡編對，潛思博攷，矻矻忘晝夜，其於國朝法度興革廢置利害靡不周悉，至於天文、象數、卜筮、篆籀亦無所不通，論古今事纚纚可聽。間即游歷溪山以自娱適，蓋無復後進意也。

逮于壬午歲之春，先公忠獻留守建康，薦君才可以任事，操可以厲貪，願易文階，擢寘清近，以爲公族勸。有旨令赴在所，而君時已抱疾，喟然曰：「固願一見君父，効愚忠，其如疾何！且幸得託公族，竊厚廩，召而不行，國則有刑。」乃扶持越數驛，引疾以歸。蓋自始求退，以至於終，凡任嶽廟者五，主管台州崇道觀者四，其恬於進取如此。

始君來南嶽，會文定胡公之家在焉，君聞所講伊洛餘論而心慕之，與文定季子仁仲先生遊餘二十年，其間講論問辨，固非一端，而君自謂吾斯終未有所安也，故先生之歿，君哭之尤哀。然而君方年少時，性剛而氣鋭，遇事輒發，不可少忤；及見先生長者以來，閒暇静養，至於中歲，意象循循，寬厚和易，未嘗有忿色愠辭見於外，識君者皆謂與疇昔爲異人〔五〕，則學力之所變化亦可知矣。

於後有室家之戚，歷時而情未能遣，君頗病之。一日晨起，灑然有喜色，家人怪而問焉，則笑不答，已而語其友曰：「吾今而後始爲不負此生。平時滯吝，氷解雪消，其樂有不可名言者矣。」蓋自是以爲所得不疑，有隱几據梧之意。家事亦不甚經念，時獨旁觀老釋之書，囅然一笑。晚苦末疾，以乾道壬辰九月十七日終於所寓之正寢，享年六十有四。其年冬，君之友胡寔狀其行使來告曰：「醇叟不幸死而無子，將以十二月壬寅葬於衡山蘭橋之原，惟是所以詔來世者敢請。」某念往來湘中，熟君舊矣，義固有不得辭者。重惟習俗之弊，搢紳大夫往往競於寵利而不能自克。如君近出公族，抱負才業，而退然終身，孜孜求道，無所歆慕乎外，抑亦可尚也已，是宜銘。君積官敦武郎。配王氏，先八年卒。獨有二女：長適將仕郎張衍，次適右廸功郎柳州洛容簿范子文。君無恙時，或勸宜以時定嗣子，君曰：「兄弟有子，先人不乏祀，是亦足矣。」而識者尤悲之。銘曰：

世俗争騖，己獨處兮。公族烜赫，己踽踽兮。天資剛强，變寬裕兮。夫豈偶然，學所致兮。生以其常，死曷悴兮。勒銘於丘，示來世兮。

教授劉君墓誌銘

前贛州教授開封劉君靖之，淳熙五年四月二十四日以疾没於家。後三月，其弟前太常寺主簿清之葬君於廬陵先墓之側，書來請銘。頃予居長沙，聞章貢有學官始至，登講肄之堂，視其旁列繪像凡五六，皆近歲太守、部使者，即日撤去，進諸生而告之曰：「若亦知濂溪周先生嘗通判是邦乎？先生百世師也，學者所當尊事。」於是以其處爲先生祠，使誦習其書。問其姓名，而知君之爲賢。

今得清之所寄行録一編，大抵皆贛之士紀述君之言行。謂君之教人，首務正其趨向，月校其士以行義爲先，視其文論治道而尊管商，談學問而涉佛老，言時事而忘讎敵者，必痛抑力排之。終日坐直舍，雖休沐亦或不出。講質問辨者相踵，與之反復無少倦。有一善輒屢獎而申勸之，有不善，爲之愀然曰：「吾教之不至也。」以故多所感動，凡學之事，小大悉有條理。致其鄉之老成者使分教席下，向有濫居其職者輒漸自引去。士爭趨於學。益市書它州使之讀，而丐增其廩以食之。自太守、部刺史以下見其懷惻，無敢於紊其學政者，故君得以行其志。贛之士知有爲己之爲重，恥言利而趨於義，君之教爲多。故其去官，爭欲留之而不能。比其死，奔走往哭，又爭爲紀其言行，欲其有傳，夫豈偶然也哉！予於是而歎君雖在下位，而能不苟於職如此，且觀其所以教而知其志之遠且大也，則爲按其録而書之。

君字子和，本臨江人，五世祖太子太保式自臨江歸京師。曾祖斅，故朝議大夫、贈太中大夫；祖武賢，故承議郎；考滁，故通直郎致仕。母趙氏。君資稟冲淡而温厚，中紹興甲戌進士第。初任吉州司户參軍，兼掌獄事，即不爲詭隨。更尉邵武，上官文符之下，有病民者不輕以行。及得贛學教授，待次凡五年，益用力於經史，講論先覺師友淵源。及其居官，則推己之所從事者而與其士共之。秩滿改官。遭繼母裴氏憂，未及禫而君死矣。病且革，戒其家曰：「喪事勿用異説。」享年五十有一。娶趙氏，有子曰仁季，女一人。惟劉氏自國朝開基以至於極盛之際，世有顯人，名在國史，忠厚雍睦之風相傳，以至於今，世系益遠，而家法不衰。君之兄弟又能克篤其敬，相勉以道義，藹如也。大家子孫能世守如此者，其亦鮮矣。予雖未識君兄弟，而與君之弟相與書辭往來，有講論之好，來求銘君墓至五六，辭甚苦，有不得而辭焉。銘曰：

世之論者以郡教授爲不急之官，以予觀之，使得其人，則於其州可以成才而善俗，顧不急哉！贛之學，自紹聖間有賢者曰李朴先之實臨其官，今八十有餘年矣，而士猶稱之不衰，及君，又見稱曰：「是可繼先之也。」豈不賢哉！予故表而出之。

欽州靈山主簿胡君墓表〔六〕

惟建州崇安胡氏至文定公而始大，其上世皆居里中。文定公宦遊荆楚歲久，皇考宣義公淵歿〔七〕，葬於荆門，紹興初，因徙家衡嶽之下。於是二弟寔從，仲曰安止仕爲朝奉郎，生子寔字廣仲，是爲君。君雖生晚，不及親受文定之教，而自幼敏茂，氣識異於常兒。年甫十五，從家塾習辭藝，從兄五峰先生宏察其質之美也，從容告之曰：「文章一小技，於道未爲尊。所謂道者，人之所以生而聖賢得之所以爲聖賢也。吾家文定之業，子知之乎？」君拱而作曰：「某不敏，固竊有志乎此，願有以詔之。」先生嘉其志，樂以告語。君雖素羸多疾，而矻矻自力不肯置，由是所見日以開明。先生之歿，君獨念前賢淪落，且懼緒業荒墜，慨然發憤，見於辭色，孜孜訪友，惟恐不逮，講論反復，以求至當。議論貴決白，不爲含糊摸稜態。其居家雍睦而有制，閨門内外無不敬愛之。或諏其所以致此，則曰：「家道之失和平，皆由小知自私害之。吾一以公心惻怛居其間，故無事耳。」始朝奉公歿，時幼子寓僅垂髫，君撫育教訓，恩意甚力。輕財好施，意氣豁然。舅之子貧無所依，君收養之終身。以至族姻之不能自振者，賴君區處調護非一。而其好善疾惡亦本於天資，親朋有過，盡言不隱。雖甚愚窒，不忍棄，必反復開導，至其以非意相犯，則恬不與較。平時誦習文定公春秋之說，尤患末俗統系殽亂，每舉「莒人滅鄫」之義，言意深切。其操心主於忠厚，爲學謹於人倫，貴日用而恥空言。行事之可見者大抵如此。早以門蔭補將仕郎，殆將二紀，約居恬然，不急仕進，近歲始就廣西銓選，得欽州靈山縣主簿，亦未上也。乾道九年秋，因事至湘陰，得疾，堅痞在腰股間，醫者誤以快藥下之，則益甚，亟歸舊廬，以十月庚辰歿於正寢，享年三十有八。娶黄氏，知鄂州抗之女。子男二人：大同、大有，皆幼。一女才及笄。君之歿，士之識君者莫不爲德門惜。君之賢，至其所居鄉里之細民亦曰：「何善人之不壽也！」予與君交幾十五年，志意相合，歲時會遇，與夫書尺往來，無非以講論切磋爲事，則予之惜君，又豈常情可比哉？嗟夫！學者之病固非一端，以予觀於近世，其大者有二焉：貪高慕遠，則不能循序而有進；負己自是，則不能降心以從善。是二者，抑學者之所甚病也。數年以來，瞷君熟矣，蓋務實趨本，自反於卑近，而虚中求益，不私其故常，予是以知其所造將不可量也，孰謂天之降年止於斯邪！學力而未極其成，才高而未著於用，予之所深痛也，予豈不知脩短之有命耶？是歲十二月癸酉葬於衡山縣雲密峰之東，從其先君之兆。其友同郡吴翼以狀來求表墓，明年乃克爲之。淳熙改元九月戊申述。

吴監廟墓誌銘

予自爲兒童時即識吴君子通，胸中坦夷，善談論，豈弟人也。平時游公卿間，以忠信自將，一見即欵熟，久不以榮悴改。自予先公與丞相趙公當國，開督府，嘗辟君涖軍士之食及有疾病者。逮予家居湘中，君還自北，即復來登門。先君貶陽山，陽山窮僻多癘氣。時秦檜擅權，熖烈原火，忌疾特甚。先公屏居闔關不與人相聞，雖向來故吏亦有莫敢以書至前者。君獨屢入嶺求見，見必留久而後去，年歲間必復來。太夫人在長沙，君南來〔八〕，必待安問，復視先公飲食顏色寧健否，歸以告。君又與樞密折公善，折公貶郴，君亦每道郴問勞欵曲。方憸人帥潭，網羅善類〔九〕，搜抉細故以謟檜。君堂堂往來遷客間自若，不顧也，先公與折公皆作詩稱道之。其激義蓋如此。君諱芾，子通字也。其先自武夷徙家湘潭。曾祖惟忠、祖仁信、父仲明，皆業儒。君少而孝友，既孤，事母訓弟，有聞於其鄉。母病瞽踰紀，君精意療治，一日復明如初，人以爲孝誠之感也。游京師，聲譽籍籍縉紳間。廣西經略使呂源辟君自布衣補官爲屬，凡所以資源者甚至，其可知者，如料莫公晟有它意，欲消患未然，及并省平、觀二州以寬支移之擾，力行法禁以革泉貨出徼外之弊，廣人稱之。盜曹成破，臨賀餘黨未去，君以檄疾馳入城，保其資糧數十萬得無失。使者議狀其功，君力辭焉。出嶺調官，既入督府，復就版曹辟，爲諸路回易總領司主管文字。已而從路公允廸往南京，陷於虜，深自晦其能，亦屢以疑似坐獄，不爲屈，竟得脱歸。請祠返故居，遂不復出仕矣。

君論事纚纚，聽者忘倦。練習典故法令，以至山川險易、財賦本末出入皆甚悉。而又特精於醫。始君少時，父病瀕死，而醫無良，且玩視邀重利，君慨然閲素問岐伯、盧、扁之書，久而得其妙。視脉如洞見五臟，詳察其所以然，而投之劑無不應，如甘蠅飛衛之射、郢人之運斤。蓋心悟神解，非庸醫守紙上語者所能睥睨髣髴也，計所全活不可勝記。在京師時，士大夫私識其治法成書，相傳以爲異。及歸湘中，鄉黨尤賴之，人有持金帛報者，即謝不敢受。家四壁立，處之澹然。

紹興辛巳八月五日終於家，享年七十有五。是歲是月祔於先塋，實衡山武陽鄉。娶黄氏，先君卒；再娶陳氏。子以宗、林宗、元宗，孫伯騏、伯熊、伯驥。女長適奉議郎李茆，次適左廸功郎、鼎州教授王起宗，季適進士曠楊。林宗屢來求予志。予自念往在瀟湘，君每登堂拜太夫人，予以綵衣侍重親。俛仰十五年間，風木之悲，遂成永感，撫事追昔，痛如何言！而於君之誌有不得辭也。又念予嘗從先公旁聞君道虜事甚詳，云人心厭虜，思念我宋不忘，見父老屏處聚語，有或至流涕者。嗟乎，此非國家它日恢復之本邪？近世士大夫計較利害强弱，畏虜如虎，曾不思天下莫强於義理，況祖宗德澤滲漉之深耶？予因叙君事，憶君所嘗道者，而喟然有發於斯言云。銘曰：

嗟乎！體魄藏於斯，魂氣則無不之也。咨爾子孫，歲時瞻省，以謹以護。致饗於家，以敬以事，以無忝於嗣。

教授魏元履墓表

故台州州學教授魏君元履之喪，新安朱君熹既爲之志以内諸隧，而其子孝伯復以書來請表於墓。某雖聞元履之風而未及識，獨時以書往來，相與之意蓋有不待傾蓋而得者。又聞元履將殁，若以此屬於予，則於孝伯之請，反之於心，誠有不能已者，故不復敢以荒陋辭。元履諱掞之，舊名挺之，後更今名，則字子實，然以元履行。今爲建寧府建陽縣人。父大名隱德不耀，故禮部侍郎胡公寅嘗志其墓，述其世系甚詳。元履自幼立志不羣，方是時，建寧多儒先長者，元履始入郡庠，事籍溪胡先生憲，先生器之。已而遍從諸長者游，間又適四方，所交一時名卿賢大夫多丈人行，故聞見日廣，而聲稱亦日著。其爲學慨然企慕古先，於書無所不講，而於歷世治亂興亡得失之故與夫本朝故事之實有所諳究。爲文章長於論議。善談説，聽者無倦。其居家孝友恂恂，謹喪祭，重禮法。於親黨䘏死字孤，雖貧，極其力而爲之。其居鄉，遇歲饑，則爲粥以食餓者，且請於官爲之移粟，閭里賴之，視鄉人有不葬其親者，請富與之期，貧與之費，賴以掩者亦以千計。其有不舉子者，則爲文以告戒之，細民亦多爲之感動。其與人交盡其情，然不爲苟合，長善救失，惟恐不及。後進有一長，必亟稱而力推之；位望尊重者，苟有不合己意，亦面質不置。大抵其爲人於義最隆也。

方年壯時游江淛間，過衢，客郡守章傑之家，會故相趙忠簡公之喪歸自海外，傑雅以私怨趙公，且希秦檜意，逮治其家人，勢烈如火。元履獨慨然以書譙傑，長揖而去，傑亦無以害也。其天資疾惡，勇於爲義類如此。元履兩以鄉舉試禮部不第，福建路安撫使汪公應辰知建州，陳公正同知其賢，相與論薦，復爲時相所尼，不得召。居數歲，詔舉遺逸，轉運判官芮公曄率其僚與帥若守六人者以鄉人所狀行義聞，有旨特徵之，時宰相陳公俊卿實當國也。元履辭既不獲，乾道四年十二月用布衣入見，條當世之務，首論脩德爲立政之本，繼以正人心、養士氣爲言，以爲恢復之道，要必以是數者爲先。上奬歎開納，勞問移晷，翼日詔賜同進士出身，授左廸功郎、守太學録。異時學官多養望自高，不與諸生接，亦不復省學事。元履就職，則日進諸生而誨語之，視其屋有弊壞弗支者，亟請於朝而葺之。

其春釋奠於先聖，職當分獻先賢之從祀者，則先事白宰相：「王安石父子以邪説亂天下，不當祠，而河南程氏兄弟倡明絶學，以訓方來，其功爲大，請論奏屏去王安石父子，而追爵程氏，列於從祀爲允。」它日又白：「太學之教豈當專以浮言取人，宜隆德行，尚經術。其次猶當使之通習世務，以備官使。」皆不聽。元履念上恩厚，言雖不見用，未忍去也。於是時事有係安危治亂之幾，而自宰相以下無敢救正指陳者，懷不自已，每抗疏力言之，至於三四；不報，則移疾杜門，以書切責宰相。宰相病之，遂因元履之請，予告使歸。既行，則罷爲台州州學教授，五年六月也。

元履歸而喟然曰：「幸得遇明主，學力未至，無以感悟効報萬一，當益自勉而已。」舊榜其書室曰「艮齋」，至是日處其間，紬繹舊學，將求其所未至〔一〇〕。士子有從之游者亦不之拒，而元履病矣。病且革，顧念君親，處理家事，無一語謬。其母游氏視之，不巾不見也。戒其子：「毋以僧巫俗禮浼我。」招其友朱君熹，至則盡以終事爲託。以九年閏月壬戌歿於正寢，年五十八。娶劉氏，同郡徵士勉之兄女，先十九年卒；再娶虞氏。子男二人：孝伯長，國學進士；孝聞尚幼。所爲文章及論議合數十卷藏於家。嗟乎！習俗之弊久矣，惟一己之便利是圖，而其它有不遑卹也。若元履，平日制行，以急病讓夷爲心，一旦起布衣，有列於朝，則無隱君父，言衆人之所不敢言，其比於區區自謀者，相去豈止十百而已哉！而世或以近名訾之，抑昌黎韓子所謂怠與忌者，非邪？雖然，使元履而天假之年，益充其所志，以進其所願學，則其所成就發見，又豈止於是而已邪？予是以歎惜而書之。淳熙元年五月戊申廣漢張某述。

校勘記

〔一〕都大提舉坑冶鑄錢司檢踏官　「踏」，原作「校」，據劉本改。
〔二〕虞公已爲相　「已」，原作「以」，據劉本、四庫本改。
〔三〕子男三人　「三」，原作「二」，據劉本、四庫本改。
〔四〕予實親見而熟誦之　「誦」，劉本作「講」。
〔五〕識君者皆謂與疇昔爲異人　「異」，劉本、四庫本作「易」。
〔六〕欽州靈山主簿胡君墓表　「表」，原作「誌銘」，據劉本、四庫本改。
〔七〕皇考宣義公淵歿　「宣」字原闕，據劉本、四庫本補。
〔八〕君南來　「南來」，劉本、四庫本作「來南」。
〔九〕網羅善類　「網羅」，原作「羅網」，據劉本、四庫本乙。
〔一〇〕將求其所未至　「求」，原作「來」，據繆本改。

南軒先生文集卷第四十一

墓誌銘

宇文史君墓表

君氏宇文，諱師獻，字德濟，世爲成都人。曾祖宗象，贈太師、魏國公；祖邦彦，任尚書屯田員外郎，贈太師、蜀國公；考粹中〔一〕，任尚書左丞，累封南陽郡公，贈少師。宇文氏受姓系世之詳，已見於少師墓碑，故參知政事楊公椿之文。始少師與其弟簽書樞密院事虚中俱以文學論議被遇固陵，極翰墨之選，煒然一時。少師晚歲歸安於蜀，蓋倦於世故矣。長子師牧賢而有文，不幸早世，少師念之甚。君是時方童稺，已挺然不凡，日讀書講問，娱侍于前〔二〕，少師每爲慰釋，謂是兒且長，殆能繼二父之業〔三〕。少師故時賓客多英俊，見者莫不竦然，謂宇文氏復有子矣。少師捐館舍，君甫年十有二，執喪盡禮如成人。事妣福國夫人黄氏，奉承顔色不懈，而自奉極儉薄，人不知其爲貴公子也。季父直龍圖閣時中素重許可，尤器君，懋以問學。先用樞密公思補承務郎，服除，差監潭州南嶽廟。考滿，知漢州德陽縣丞，改知綿竹縣丞。暇則慕崔斯立之爲，痛掃漑，以種學績文爲事，且從其鄉之老成故工部尚書員外郎李公良臣及其秀士黄鈞、李流謙游，聞見益以廣，聲稱益以著。已而兩丞銓部，以微文俱不報，更從外銓，擬監漢汁邡縣酒税，居其官惟謹。改監漢州在城商税務，未上，會詔從臣各舉所知，楊公春時爲尚書兵部侍郎，以君博學有守聞，有旨召赴行在，時紹興三十年也。君念福國夫人年高，不忍遠去，力辭，差潼川府路提舉常平司幹辦公事，未上，改成都府轉運司主管文字。丁内艱，哀慕幾不能自全。免喪，楊公已在政府，力挽君陳下，亦竟不前，差四川安撫制置使司幹辦公事。歷事兩帥，其前者寬縱多慢，君據義不撓；其後者威嚴或過，君彌縫其闕，幕府歸重。先忠獻公雅知君，言於朝，遷知簡州。簡故少事，君復臨以安静，民甚便之。歲歉，飢民爲盜，連數郡，君所部先事區處得食，迄無從寇者，以暇時掇論時事之要，編白於朝，宰相亟稱之。未滿秩，移知綿州。綿爲大州，適承頽弛之後，帑庾匱甚，君獨整科條，察蠹弊，節用度，未幾而經常不缺。郡舊有冤獄，佃人殺主之僕而誣其主，外臺執偏見不釋，主家死於獄者三人，其它亡辜逮繫死者又以十數。方春天爲雨雪，地爲震，歷兩使者不能决，更送君所。君詳究其贖得情，數語折之，佃人引服，致之法，人謂可以少謝死者冤也。事益省，即理緝學校，舍其士者〔四〕，行鄉飲酒禮，使敦長幼之節。在郡再歲，樞密使王公炎宣撫四川，以請改知閬州，錫賚書甚寵。閬故嘗爲宣撫使所治，地尤重，事且夥。君先立之規模，上下趨令惟恐後，率以夜漏未盡數刻，秉燭出視事，不以爲勞，亦不覺有疾苦狀。

一夕與客評論書史自苦，既寢，家人輩聞喘息苦不屬，亟視已不能語，醫不及進藥而終，享年四十有七，實淳熙元年七月二十日。積官承議郎，以郊恩賜五品服。娶郭氏，故朝議大夫、知辰州黄中之女。子男一人，曰紹訓。女二人：長適唐剛文〔五〕，次許適梁秩，皆進士。是歲十有二月晦，歸葬於廣都縣靈溪鄉，附於蜀國公塋側。

君天資忠厚平易，與人交久而不厭，或少忤亦未嘗衰，家居婢僕不見其惡聲厲色；而至涖官之際，則簡嚴自守；所謂柔而有立者。伯兄既早世，事嫂甚謹，待猶子恩義無間言。嗜讀書，稽考至忘晝夜。論事貫穿今古，爲文辭贍蔚有餘地。所著甚多，藏其家。初，君以二父世科爲念〔六〕，刻苦習進士業，爲進士者多推稱之，兩以鏁聽試類省，輒下，益力，後雖已領州符，猶不置，蓋終其身以是爲歉。某嘗以謂，自先王教胄子之法壞，大家世族不得盡成其才，其下者苟從禄利，不樂親文墨事；至其間讀書欲自表見者，則又不屑其世禄，顧反以從進士覓舉，得之爲榮。噫！昔之人所望於胄子者豈爲是哉？若君居家孝友，涖官廉平，温厚博雅，於以進德，孰能禦之！顧區區猶以是爲歉，何哉？

某之先妣夫人實爲君從女兄，故某於親黨間講聞君行義爲詳。紹訓奉其母命萬里致書請銘，不敢辭。銘曰：

宇文入蜀三百年，支垂派别族益蕃。少師弟兄大厥門，迭執鴻筆司皇綸。二府聯登體貌尊，君生其家愿而温。被服儒素遠世紛，編簡浩博資剖論。部符二州民所恩，外若坦易守則敦。人言餘慶兹實存，誰其挽之排帝閽。哀哉玉立歸丘原，萬里方駕尼其轅。尚有銘詩貢來昆。

承議郎吴伯承墓誌銘

乾道六年七月十八日，右承議郎浦城吴君卒於長沙之寓居，年五十二。其子洵以治命奉其喪祔君之母夫人方氏之兆〔七〕，其年冬，遣書走告於尚書左司員外郎、侍講張某曰：「先君藴蓄不克施，懼遂泯没，相與厚善莫如公，惟是所以詔來世者，敢再拜哭授使者以請！」某讀其書，泣而諾之。

君諱銓，字伯承。大父朝議大夫獻可，以科第起家。父奉議郎知常，游於諸侯幕，以才術聞。君以大父恩補官，嘗兩試春宫及宏辭科，筮仕監潭州户部酒庫。其調江陵簿及知巴陵縣事，皆以故不上，而奉祠南嶽及崇道者前後凡五，中間用薦者改秩，暨覃恩遷官，賜五品服。所歷僅如此。君事親孝謹，終喪即澹然無復仕進意，不忍遠墳墓，朔望展省嗚咽，迄終身不衰。天資狷介質直，疾惡如讎，不妄交，少不知己意，輒拒不納；親黨朋友有過不忍茹，即告語之。以此爲賢者所重愛，而其間不知君者亦往往怨訕，君不恤也。遇其急難困苦死喪，輒推衣食資財以助，無吝色。築居湘濱，有亭榭華竹之勝，而名其堂曰「思親」，蓋其終身之思誠敦篤乎此也。嗜讀書，吟誦日夜不息。深於離騷，爲詩慕陶、謝紆餘閑澹之趣。其思甚苦，至所得意，心開目明，忽不知歲月之度也。以是居湘城蓋幾二十年。

君娶万俟氏，右僕射卨之女。初僕射自沅州召還，將倚以爲相，道長沙，君爲言天下事極剴切，且勸以無畏縮不言負上。及僕射得政，數以書招君，卒謝不往。親若舊有官於朝者，即不欲以書往來。然其居間每慨然有憂時之志，爲政於潭者往往就君問所宜，君爲言田畝間民所患苦，未嘗不纖悉反復，若有闕失，亦未嘗隱。方其仕時，部使者雅聞其名，交薦之。其間有不可者，輒謝不受，方曰士固當擇所託也。能自立蓋如此。

病且革，無它言，獨勉其子以學，且戒曰：「我死，毋得用浮屠氏。」是亦可見其所存已。長子洵，將士郎；次沂；幼未名。女三人。孫男梓。予與君寓居鄰墻間，一二日輒步相過，議論酬唱甚樂，別未一載而遂志君墓，悲夫！銘曰：

有特其資，不假其施。有蔚其文，不顯其聞。歸于其宮，曰從於親。尚其孝思，以永嗣人。

賈仲山墓誌銘

乾道庚寅之歲，新零陵守賈君訪予於休沐舍，泣且言曰：「森之弟仲山不幸不起疾，念其歿且無聞，以嘗獲從游，敬請志。」率五六日一來請。自予居湘中有年所矣，始聞仲山兄弟君家友睦，愉愉如也，已而皆識之，久且厚。予讀書城南，仲山適亦葺其居與予鄰，日相過也。去年予來守新定，仲山跨馬送予渡湘，行數十里不忍舍。予顧見其形色特瘁，且丁寧勞勉之。別未半歲而以訃聞，予固悲之，而其兄之請勤懇如此，予雅重其兄弟，平日相與之歡，又不忍拒其兄之請，於是乎書。

君諱林，仲山其字也。其先真定人，後徙鄭，自鄭徙鄆才四世。曾大父公直，仕爲中散大夫；大父諱節，爲顯謨閣直學士，顯於時；父澡，爲通直郎；母張氏。君蚤歲能屬文，長而值靖康之亂，奔馳江湖間。晚以叔父瀛死事恩，得初品官，歷撫州宜黄縣主簿、邵州軍事推官。所至以能稱。其聽訟剖析迎刃，大抵得其情。歷陽張孝祥治有聲於時〔八〕，其守撫及安撫湖南，率致君，任以事輒辦，率部使者薦於朝，改宣教郎，調知常德府龍陽縣事，未及上。享年五十有三。君一子，甚慧，年甫十二而夭，又一歲而君歿，爲可傷也已。君喜讀史，居閑自抄凡數十萬字，皆成誦云。銘曰：

聚散氣也，修短命也，始終理也。氣不能不離，命則不可違，而理則萬古之真也。

張氏墓誌銘

建昌南豐曾氏近世有君子曰發，字信道，仕爲吉州教授，友睦之行推於其鄉。鄉之人皆謂信道固賢，抑有内助以成其德焉爾。信道之配張氏，其先舒州人。曾祖鼎臣，贈太子太傅；祖復貫，贈太子太師；父激，故朝散大夫、知南安軍。夫人幼孤，鞠於叔父尚書右丞溦之家。天資静肅，不妄笑語，右丞公賢之，親爲擇配。信道時爲掾臨川，中書舍人吕公本中、尚書郎許公昕亟稱之，遂以歸焉。曾君之父樂施，家以施而匱。夫人自貴族入其門，躬履勤儉，不忽細故，莊敬而順，喜怒不見於色，小大無間言。信道既殁，教子持家，弗墜厥訓。晚歲家益饒，而夫人約素不改其舊，寢帷至四十年不肯易，一簟亦更十餘年，完緝殆徧，今其家俱保藏之，以訓示後人。然在夫人秉德有常，非其所勉强然也。

淳熙二年，天子奉觴前殿，推恩海内，夫人以子撙故得封太孺人。後一年而寢疾，一夕語家人輩曰：「吾疾殆不瘳矣，衣在某笥，衾在某笥，宜亟治具。」又曰：「某嫗吾嘗使之織，未歸其直，宜即償之。」明日又視具曰：「毋哭徒溷我！」廼終。蓋其平時專静，故死生之際能如此。是歲十月甲申葬于其鄉龍水之原。子男五人：長曰持；次撙，登隆興元年進士第，從政郎、前荆湖南路安撫司准備差遣；次挹、擴、擬。女嫁文林郎洪蘗。孫男八人：克、冕、覽、兖、寬、允，餘未名。孫女七人。擣在湖南時從予遊，狀夫人之行來請銘，不得辭。銘曰：

專静而常，惟婦之臧。儉德之光，世篤勿忘。

宜人王氏墓誌銘

淳熙二年秋，安陸宋文仲與其弟剛仲書來告其母夫人八月辛酉殁於袁州教授官舍，以喪歸葬，求予銘。予辭未果，又書來曰：「閏月癸酉既畢窆事矣，敢請立諸墓。」爲辭甚哀。予念文仲兄弟從予游有年矣，其哀亡已，誠不忍拒也，則爲之書。夫人姓王氏，六世祖太傅明，佐藝祖有勳勞，在太史。曾祖臨，事仁宗爲寶文閣待制。祖承，提舉利州路常平事。父恪，爲漢州雒縣令〔九〕。母解氏。夫人適右朝議大夫、知德慶府宋許，生兩男子：文仲，廸功郎、全州清湘縣主簿；剛仲，廸功郎、袁州州學教授。一女，適承事郎、監饒州景德鎮税万俟傳。孫男女凡七人。累封宜人。享年五十有八。德慶君之殁先夫人九年，葬於衡州衡陽縣五馬山之原。夫人之葬，寔合祔焉。

夫人幼孤，事母稱孝。既嫁，事姑以恭肅聞。相德慶君，周睦内外有恩意。德慶君殁，處家事嚴整，教子有法度，見族黨飢寒者，矜念施與惟恐不及。平時待接長幼，一以忠信爲主。聞人有善，喜見辭色，再三爲其子言之不置。按文仲之述其大槩如此，徵諸親友之所聞無異，乃係以銘。銘曰：

惟宅之安，無有後艱。惟安且久，以右厥後。

故安人常氏哀詞

晉原鮮于廣大任少母安人常氏。大任在襁褓，而常氏去其家；既冠而知之，則常氏殁矣。大任追念，哀疚蓋骨立。宦游四方，中歲歸故里，重惟生不得其養，殁又不知其處，無以塞其悲也，寄書友人張某，俾爲詞而紓之。詞曰：

孰生無母兮，予獨甚悲。赤子婉孌兮，母實鞠之。哺乳以節兮，燥濕是宜。子不能言兮，母實心之。冬之冽兮，母予溫之。夏之炎兮，母予凉之。母實瘁兮兒則肥，嗟母之恩兮曷其報之。子匍匐而欲步，子嘔嘔而將語，子未能識母兮，毋胡爲而舍子而遠去。子則於母兮何知，諒母心兮念兒以忘飢。年爗爗而浸長兮以思，撫予躬兮曷自。孰告予以所從兮，乃始滂乎其以泗。宗有承兮義則貞，堂有君兮恩或難伸。逮子既克知兮，則母已逝而不可見矣。予惟罔極之哀兮，其曷予已。嗟呼！母生，子不得婉愉於膝下；母殁，子不得俯伏於幽宮。徒白首兮鄉社，滴清淚兮何窮。地久兮天長，日升兮月常。嗟夫〔一〇〕，此天下之至情也，固爾難忘！

校勘記

〔一〕考粹中　「中」，原作「巾」，據四庫本改。

〔二〕娱侍于前　「于」，原作「子」，據劉本、四庫本改。

〔三〕殆能繼二父之業　「父」，四庫本作「公」。

〔四〕舍其士者　「舍」字原闕，據劉本、四庫本補。

〔五〕長適唐剛文　「文」字原闕，據劉本、四庫本補。

〔六〕君以二父世科爲念　「父」，原作「文」，據嘉慶四川通志卷四四改。

〔七〕其子洵以治命奉其喪祔君之母夫人方氏之兆　「喪」，原作「襄」，據文意改。

〔八〕歷陽張孝祥治有聲於時　「祥」，原作「詳」，據劉本、四庫本改。

〔九〕爲漢州雒縣令　「縣」，原作「陽」，據宋史地理志改。

〔一〇〕嗟夫　「夫」，劉本、四庫本作「乎」。

南軒先生文集卷第四十二

祝文

祈雨

服嶺以南，土剛而農惰。夏秋之交，數日不雨，已或告病。求神雖瀆，理不容緩。伏惟矜惠下民，早沛甘澤，周及四境，俾克大濟。豐年之報，敢不敬脩！

謝雨

近以農夫望歲〔一〕，有請於神，蒙神降休〔二〕，沛爲甘澤，浹洽周徧，一稔有期。更惟神惠，終以幸賜，吏當虔恭，益思不懈，以承靈貺。堯山灕江自「降休」下云「應不旋踵，沛澤周洽」。

祈晴

霖雨連仍，勢猶未已。深虞浸溢，有害秧麥，早夜不遑，用走控告。伏惟矜此下民，賜以開霽。惟神之惠，俾克敬承，吏之不恭，敢不修省！

祈雨

春且盡矣，民將莳田，而時雨少靳，土膏不滋。歲事所係甚重。是用奔走，控告明神。伏惟矜憐，沛以甘澤，周徧浹洽，克濟南畝，寔惟神休。吏之不恭，敢不修省！

謝雨

涉春以來，時澤未應，深虞農事之艱，奔走控告，神答如響，雷行雨霈，連日未已。民得以服事南畝，吏得以少寬百憂，神之賜其何以報！雖然，苗既莳矣，將秀之；既秀矣，將實之。實而堅，穫而周，始得以徧充吾民之腹，而克應公上之須〔三〕。然則自今以往，歷夏及秋，雨暘之節，各適其可，無或少愆，而後吏之責塞，不至數瀆於神，某實惴惴焉。惟民之凋瘁，方歲之豐，猶或不舒；惟神之聰明，其所臨饗，實依乎民。吏或有罪，願止罰于身，而無貽於民也。

祈雨

惟今之歲，賴神之休，早稻既穫矣，而彌旬不雨，禾之晚者，秀而未實。一簣之功，正在今日，是用奔走控告。沛澤之賜，惟神終惠之。

祈雨

惟茲晚稼，既視其生長，以至於今，亦且穗矣，必待一雨之沛而後成實，乃或靳焉，害於垂成。惟神之仁，獨不矜此，豈人事有以干陰陽之和歟？政有不平，刑有不中，驕怠之或萌，實長民者之責，惟民之寡弱，獨何與此？盍降罰於吏，無苦其民〔四〕。今兹一日不雨則有一日之傷，事既迫矣，號呼於神，惟神其哀念之！

謝雨

近以時雨有愆，祈請於神。蒙神降休，應以甘澤。尚祈終賜，俾遂有秋。敢不殫誠，仰祇神惠！

祈晴

維時初冬，氣當擎歛。廼者癸酉之夕，雷電交作，陽縱不收，繼爲霖雨，亦既彌旬。穀之登場者未暴，深虞其積而壞也，用走祈於神。所冀開霽，以成其終，導和致順，無爲民災。敢不敬省人事，以承休嘉！

謝雪此用之祭社，其祭稷神前四句云：「惟稷有神，司我下土。斡旋生育，功用莫禦。」餘同。

惟邦有社，實司其土，闔闢陰陽，呼吸風雨。民所憑依，國有彝禮，凡我命吏，敢不敬事。兹冬而温，氣或乖忤，陽驕不收，壤燥靡附。來牟何貽，癘疫是懼，奔走以告，俯伏傴僂。先以嚴霜，知神意許，釀陰連朝，雲同天宇。粲然雪花，上下飛舞，風無虚號，氣有和豫。載積載零，遠近周溥，沴氛一空，嘉祥來下。音户。物意昭蘇，土膏沮洳，既釋近憂，亦寬遠慮。嗣歲其有，兆端已豫，何以報神，正直是與。勿替引之，神日聽汝，俾我大田，有富無窶。嗚嗚其歌，坎坎其鼓，農夫之誠，神所惠顧。

祈雨

惟兹之歲，已届暮春。時澤未洽，麥苗就槁〔五〕。穀種不入，人心皇皇。吏用恐懼，奔走以告。惟神之仁，哀此下民。沛以甘雨，雷動風行，周溥霑足，以開有年。敢不敬恭，克承休德！

謝雨

近以時澤未應，控告于神。惟神哀民之生，賜以甘雨，俾克舉趾于南畝，爲惠曷勝！惟是自兹以往，農事日興，所望雨澤相繼，仍迄開於有年。惟神幸賜之以不倦，惟吏恪承之弗敢怠，惟民欣戴之何有極！

謝雨

近以雨澤未溥〔六〕，薦有控告，賴神之靈，連獲嘉應，久燥之壤，悉得就耕，謹再拜以謝。惟是農事之難，自兹以往，苗而秀，秀而實，所仰於雨澤大霈蓋源源也。惟神幸終賜以成有年，謹再拜以祈。

謝雨祈晴

夏至之日，某以南畝望雨，控告於神，賴神之靈，應不旋踵。今既半月，沛澤不翅有餘矣，而連綿不已，陰氣未收，復懼爲下田之葘，是用再有請於神，望即開霽，以終其賜。夫久晴而乞雨〔七〕，積雨而丐晴，其爲請誠若無厭者，惟神矜此下民，赦吏之瀆，而有以俯徇之。自今以往，伏願五六日至於旬時雨暘相須，無過與不及，保我嘉穀，以迄於有秋，則實拜神之大惠。吏之修省，其敢弗虔。

秋祭

茲以素秋，恪修常事，在禮所當報而不祈。惟是中秋以來，久愆雨澤，今稻之傷者雖不及事，然土壤堅燥，澤氣不升，實預懷嗣歲之慮。敢因以請，早賜甘澤，兆開豐穰，實惟神之休。

社壇

某被命來守此邦〔八〕，政有闕謬，願降灾於厥躬，而無以疵癘於斯民。惟明神實鑒臨之。

社壇

某恭承皇命，來守遐藩，視事之初，祇見壇壝。惟神克相，惠綏此民，政有乖戾，罰止某身。

社壇

惟雨暘寒燠之時與不時，雖司乎神，而寔係於人之爲。某以不敏，來守此邦，懼智慮有所弗逮，惟神寬之。至其自作之愆，則願降罰於身，而無以傷乎民，則惟神之明。

楚望

名山大川，神靈莫測，望祀之典，敢不敬恭！肇始二壇，用伸祈報。惟神歆格，佑我下民，俾雨暘時若〔九〕，歲事登濟，罔有菑害，以闡神之休。惟吏謹當率民奉事，自今以往，終古無斁。

祭烏龍山神

竊惟古者諸侯各祭境内之山川〔一〇〕，嚴其壇壝，潔其幣牲，以致吾誠焉耳。後世立之棟宇，設爲像貌，其失甚矣。仁安之山，實鎮兹土，風雲變化，雨我百穀，是爲神靈，民所依賴，而嚴祀之所曠然未講，其何以收聚？誠意克有感通，肇建兹壇，亦既訖事〔一一〕，謹率僚屬再拜以祠。惟神昭相，俾雨暘以時，嘉生無癘，吏雖不敏，敢不率民敬事，永以無替！亦惟神之休。

諸廟

某被天子命，來守此邦，靖共爾位，正直是與，顧雖不敏，敢不敬斯言！惟神實鑒臨之。

祭勾芒神

惟時新春，陽氣肇舒，乃出土牛，以首農事，致祀於神，實曰彝典。惟神孚祐，時其雨暘，順乃嘉生，賜以豐年，其敢忘神之德！

祭海陽山

嗚呼！海陽之山，呼吸雲氣，維邦之望，而民所恃。嗟嗟晚稼，亦既成穗，屬時驕陽，垂成莫遂。惟神至仁，矜此憔悴，觸石膚寸，一境是庇。沛爲甘澤，成我豐歲，孚於下民，永答神惠。

祭諸廟

惟茲稼穡，幸底有年，戴神之休，敢忘思報！謹以季秋，聿脩常事，惟神鑒臨，終惠賜之。

唐虞二帝

茲以素秋，恪修常事，威顏不遠，俯伏祇承。

灕江堯山

在禮，諸侯得祭其境内之山川，惟山川之靈，能出雲雨，故爲禱祀之所依。堯山、灕江，此邦之望也，而壇壝未立，修敬無所。兹以夏秋之交，近旬不雨，農夫望歲之切，用敢瞻望再拜，以致悃誠，且遣官僚捧祝以告。伏惟神靈惠乎，沛爲甘澤，俾克有年。圖報之脩，其敢復後！

秋祀堯山

兹以季秋，萬寶告成，謹遣官僚，敬修常事。仰惟神靈，賜以鑒格。

堯山灕江二壇

惟江山之神，實爲此邦之所瞻依，而壇壝禱祀無所，某用是懼。虔度高明之地〔一二〕，肇新規模。及兹而成，謹率官僚，俯伏以告。惟神孚鑒，佑此下民，俾歲屢豐，物無疵癘。吏當率民敬事，其永無斁。

虞帝祠

惟斯民之所以生〔一三〕，斯世之所以立，繄人倫之教是賴，而聖人實人倫之至也。帝之盛德，冠冕萬代，固豈下臣所敢贊述？蒼梧之野，謂帝嘗臨，夤緣此邦，獲奉廟祀。某涖官之初，適修常事，周視棟宇，缺壞弗稱，悚栗汗下，不敢荒寧。肇新規模，兹焉獲考，敬率官僚，俯伏以告。惟帝之澤，化育並行，動植蒙賴，何有窮極，敢云此邦，獨私其賜？

有虞氏二妃

惟神唐帝之女，嬪於有虞，協德聖神，垂則萬代。新宫肇建，内闔是嚴，修祠於春，敢率彝典。

大成殿

某以愚陋，被命臨民，早夜恐懼，未知所濟。惟當精思聖經之法言，體而行之，庶幾萬一，得寡於罪悔。視事之始，敢祗見於學宫。

文宣王

某恭承皇命，來守遐藩。視事之初，祗見於廟。爲政之方，備嚴經訓。雖曰不敏，敢不夙夜敬思力行，庶幾萬一！

先聖

某以承學，濫茲爲邦。視事之初，祗見於廟。佩居敬行簡之言，推學道愛人之志。雖曰不敏，敢不夙夜，庶幾萬一！

先聖

廟學新成〔一四〕，謹率僚吏與鄉之士行釋菜禮。敢不再拜稽首，思所以祗若明訓！

先師

廟學新成〔一五〕，謹率僚吏與鄉之士行釋菜於先聖，敢以先師兖國公配。

先聖

茲新棟宇，亦既告成，敬奉神像，即安于宫〔一六〕。

蜀漢昭烈帝祠 孱陵

惟帝痛宗國之荒墜，憤讎賊之憑陵，顛沛百罹〔一七〕，信義不舍。至於賢哲願爲之佐，英雄樂效其死，規摹宏遠，夫豈偶然！天若祚漢，豈無其成？雖曰不終，正理曷泯？眷言茲地，昔所遲回，風烈猶存，焄蒿悽愴。有廟以祀，典禮則宜，藩臣經從，敢不修敬！

嚴子陵祠

某以愚陋，被命來守此邦，竊仰先生高風於千載之上。視事之始〔一八〕，恨拘印紱，不得躬走祠下，敬遣廸功郎、嚴州州學教授鄭某往致一奠。

祭嚴先生

某竊惟此邦之所以重於天下者，以先生高風之所存也。雖舊隱之地，祠像具設，而學宮之中，烝嘗獨曠，其何以慰學士大夫之思？乃闢東偏，肇始祀事。嗟乎！世遠道散，寵利相希，而事君之義益以不明。惟先生曾不以一毫動其中，啟世祖貴德尊士之心，成東京砥節厲行之俗，流澤遠矣！翳我多士，克承繹之。

丞相萊國寇忠愍公祠〔一九〕公安

國有大議〔二〇〕，發言盈庭。紛紛鄙夫，蹙縮經營。豈國之愛，惟謀厥身。從違之間，興喪所分。不有英哲，孰相其成。一言之決，九鼎莫傾。允矣萊公，社稷之臣。定計澶淵，功垂日星。匪功之艱，其見克明。惟見之獨，勇莫我嬰。黄蓋一張，虜膽已醒〔二一〕。是曰廟勝，豈幸之云。彼纖雖巧，寧屈其伸。是非之公，久焉益新。蕞爾兹邑，公所嘗經〔二二〕。民之愛公，孔悲以忱。有翦者竹，爲之發生。我來拜公，起而涕零。才難道遠，孰起九原？何以昭之，不在斯文〔二三〕。

校勘記

〔一〕近以農夫望歲　「近」上，五百家播芳大全文粹卷八五有「某」字。

〔二〕蒙神降休　「休」，原作「沐」，據劉本、五百家播芳大全文粹卷八五改。

〔三〕而克應公上之須　「上」字原闕，據五百家播芳大全文粹卷八五補。

〔四〕無苦其民　「無」，原作「而」，據五百家播芳大全文粹卷八四改。

〔五〕麥苗就槁　「槁」，原作「稿」，據文意改。
〔六〕近以雨澤未溥　「近」上，五百家播芳大全文粹卷八五有「某」字。
〔七〕夫久晴而乞雨　「乞」，四庫本作「祈」。
〔八〕某被命來守此邦　此句上，五百家播芳大全文粹卷八四有「敢昭告於社稷之神」八字。
〔九〕俾雨暘時若　「時若」，原作「若時」，據四庫本乙。
〔一〇〕竊惟古者諸侯各祭境内之山川　此句上，永樂大典卷二一九五〇有「維乾道六年歲次庚寅五月辛亥朔十四日甲子，具位謹以牲幣清酌，致祭於山之神。某」三十四字。
〔一一〕亦既訖事　「訖」，原作「迄」，據劉本、四庫本改。
〔一二〕虔度高明之地　「虔」，五百家播芳大全文粹卷八四作「爰」。
〔一三〕惟斯民之所以生　此句上，五百家播芳大全文粹卷八四有「某謹以牲醴致祭于虞帝之祠」十二字。
〔一四〕廟學新成　「廟」上，五百家播芳大全文粹卷八三有「伏惟」二字。
〔一五〕廟學新成　「廟」上，五百家播芳大全文粹卷八三有「伏以」二字。
〔一六〕即安于宫　此句下，五百家播芳大全文粹卷八三有「敢告」二字。
〔一七〕顛沛百罹　「百」，原作「不」，據劉本、四庫本改。
〔一八〕視事之始　「視」，原作「祀」，據劉本、四庫本改。

〔一九〕丞相萊國寇忠愍公祠　「萊」，原作「菜」，據四庫本改。

〔二〇〕國有大議　此句上，五百家播芳大全文粹卷八四有「丞相萊國寇忠愍公」八字。

〔二一〕虜膽已酲　「酲」，原作「醒」，據五百家播芳大全文粹卷八四改。

〔二二〕公所嘗經　「嘗」，原作「常」，據劉本、四庫本改。

〔二三〕起而涕零至不在斯文　此二十字原闕，據五百家播芳大全文粹卷八四補。

南軒先生文集卷第四十三

祭文

祭虞雍公

惟公起自遠服，進登王朝。適逢禦敵之辰，曾靡辭難之色。攘袂獨奮，力折凶渠之鋒；驅車四馳，徧當邊圉之寄。式符眷意，遂正鈞衡。堂堂漢相之容，赫赫周民之望。方三年之坐閱，指萬里以言歸。顧寵光之至隆，在近世而莫比。豈期疾遇，遽以訃聞。帝所咨嗟，士增歎息。某之愚戇，嘗勤推轂之懷；論有異同，正惟公議之報。輒遣薄奠，用將鄙誠。公之英靈，實所臨鑒。

祭汪端明

嗚呼！公之盛名蓋四十年，有如黄鍾大吕，巋然在懸。使未攷擊，人之望之，亦知其爲衆樂之先。惟平日之所履，每務做乎昔賢。不與世以交鶩，不絶俗而孤騫。獨好義以欵欵，而懷忠之拳拳。苟片善之足取，必挽後而推前。或所趣之有違，敢妄假於色言。顧規模之若是，豈斯世之其然。昔棲遲於下僚，窮師友之淵源。逮顯用於王朝，論據經而不偏。實衆芳之所宗，蔚佩蘭而握荃。屢賦政於藩方，亦惠澤之究宣。晚卧柯山，静觀其旋。方玩心於義經〔一〕，不自放而益虔；隱聲實之逾隆，竚側席之招延。何大命之止斯，歎莫返於逝川。痛易簀於蕭寺，無居宅之一椽。嗚呼！前輩風流，於今邈焉。典刑云亡，後生孰傳！念言愚蹤，公所知憐。義篤金石，久而彌堅。書猶在手，人隔九泉。屬拘印紱，奔走莫緣。孰知予悲，涕泗洏漣。〔二〕

祭劉樞密 共甫

謹爲位致祭於故留守觀文樞密劉公之靈：惟公德業孚於上下，威望著於華夷。宜秉國鈞，以輔明主。天不憖遺，人之云亡。夙蒙公知，尤重傷痛。爲位家塾，慟哭寫哀。

再祭

嗚呼哀哉！六月甲子，喪我元臣。如其可贖，何直百身！蓋積天下之望已久，而閔天下之故已深。其明決足以斷謀於俄頃，而剛毅足以任重於千鈞。忠誠孚於君心，惠澤浹於斯民。威名慴乎姦宄，義蓋動乎三軍。使之主廟堂之上，固足以厭患於未形；而置之排難解紛之際，不俟施爲已足以折衝於精神。國虧柱石，人失典刑，此有識之士所以爲天下惜而至於泣涕沾巾者也。嗚呼哀哉！忠顯之烈，感乎幽明。貳卿之忠，不忌請纓。公自壯歲，念其家聲。虜馬飲江，扈從時巡。國有大政，抗論前陳。由斯而來，蔚其直稱。出身而刑，國有大人〔三〕。及其分閫，潢池息兵。遂登紫樞，以翼政經。收綱端本，用尊朝廷。凛然正色，公言是伸。復牧於藩，所至續聞。救荒之政，近世莫倫。旋觀設施，靡藹靡棼。左右具宜，久而愈新。江湖轍環，幾老於行。人望公歸，帝圖厥勤。豈不用公，未極於成。嗚呼哀哉！夫子知我，匪契之云。我之於公，惟義是親。相勉相厲，期報吾君。情深意得，有同弟兄。言念作別，乙未之春。我車入南，公往江濆。眷焉不舍，語何諄諄。豈期一闊，而隔死生。精爽在目，我言孰聽。嗚呼哀哉！義當奔走，送公歸輤，屬其拘攣，王事有程。哭公家塾，載遣此文。禮雖不豐，公鑒其誠。

三祭

嗚呼哀哉！公之云亡，既踰再時，匪今之悲，百年之思。故歲之冬，始奉遺墨，一見流淚，繼之以哭。墨淡行斜，如公疲薾，誦公之言，則何昭晰。始云國恥，抱恨九原，勉予忠義，以報吾君。中言先公，銘志未立，豈無他人，命予以筆。末復繼書〔四〕，囑弟及子，嗟予何人，乃託以死。精爽在上，耳聞公言，顧雖不武，敢怠勉旃。銘詩脱草，遽遺薦陳，獨塹荒蕪，曷詔不泯。貽書平甫，期守公訓，告於二子，罔墜厥命。惟元晦君，實公所敬，無求於外，惟晦是聽。公之息女，當擇於歸，顧予雖遠，願與聞之。凡公所命，當以復公，薄奠是將，告於公宫。

祭唐待制立夫

惟公清夷粹温，抗志千古。文辭深嚴，穆我王度。獻納雍容，有感無忤。遇民如兒，伊教匪怒。及臨事會，不改平素。人方忽忽，己獨有裕。嗚呼！惟公之賢，世或知之，而鮮克窺其微。蓋據梧隱几，獨得忘言之妙；故飢食渴飲，俱不外乎天機。歿無怛化，則亦其宜〔五〕。先君與公道義之交，豈獨賓客之敬。藐然孤生，早辱過聽，推其所懷，於公莫隱。方抱鉅痛，公復云亡，東望鄱水，有涕淋浪。免喪之初，念篤先友，敢遺蕪詞，侑此卮酒。

祭王詹事

惟公天與勁特，世推忠純。正色立朝，姦邪所憚。其於當今大義，胸中見之甚明，非苟然假竊者比也。蓋自發策大廷，至於殁齒，凡十五年，凛如一日。去年之春，復來造朝，身雖已病，愛君采篤。惟昔先人，雅器重公，藐然孤生，晚蒙公知。去違朝路，曾未幾日，遽聞來訃，越在道途。迄今定止，始克遣一觴之奠。蓋爲玆世痛公之亡，而非獨下交之私情也。

祭張舍人安國

某率某官某就城北祓禊亭爲位〔六〕，致祭於亡友舍人張公之靈〔七〕。嗚呼！去年此時，送公湘濱，豈期今兹，哭公失聲。英爽在目，交情不忘，邈不復見，我涕以滂。惟公天姿，邁偉發越，而不壽考，以昌王國。今兹之哭，豈吾黨私？醴肴匪多，公其臨之！

再祭

嗟乎，如君而止斯耶！其英邁豪特之氣，其復可得耶！其如長江巨河，奔逸洶湧，渺然無際，而獨不見其東匯溟渤之時邪！又如驊騮緑耳，追風絶塵，一日千里，而獨不見其日暮税駕之所耶！此某所以痛之深、惜之至而哭之悲也。惟君起布衣，被簡遇，十年之間，入司帝命，出領數路，文章之煒燁〔八〕，政事之超卓，多士之所共知，亦不待某之贊歎。惟其孝友恂恂，朝夕則恪〔九〕，人有不得而盡知者。方自荆州歸，某以書抵君，謂及此閒暇，專意承志，實進德修業之要，君深以爲然。孰謂曾未數月，乃有此聞！某傾蓋荷知，久而罙篤，言有勁切，君不以爲迂，此意何可忘也。道阻且長，不得往哭，遣致一奠，孰知予悲。

祭姚端明

惟公早試劇煩，見才猷之敏劭〔一〇〕；晚登廊廟，覩寵數之便蕃。方新十國之瞻，遽作九原之隔。凡兹民吏，孰不傷嗟！某昔歲朝班，嘗奉笑言之疑；如今官守，幸遵規畫之餘。念託契於交承，敢異情於生死！遠將一奠，少見鄙誠。

祭王侍郎嘉叟

惟靈彊毅自立，克大其門，進登王朝，無所附麗。從容造膝，有見不隱，帝稱其直，士歎其忠。豈期臥家，遽以訃告，凡百君子，孰不嗟痛！矧惟交舊，嘗辱論心，爲國惜賢，揮淚無已。道阻且遠，莫獲走前，一奠不腆，少致此誠。嗚呼哀哉〔一一〕！

祭黄侍郎仲秉

嗟乎，孰謂仲秉而止於斯耶！念言鄉曲之契，萬里相遇，意好特深。迨兹朝著，志同有幾？握手憂國，言靡及私。僕之去國，君則愴然，謂子之行，予胡可久，本期有補，寧爲潔身？嗟乎！斯言琅琅，猶昨日事耳。去年君歸，道荆鄂間，數寄手書，眷焉不舍，豈期抵舍，遽以訃傳。始聞其疑，已乃深痛。善類之喪，士所共嗟，矧惟下交〔一二〕，情其能已！嗟乎仲秉！温厚而文。立朝有忠益之譽，爲政有平理之稱。遠業未久，中道遽止，嗟乎痛哉！敬遣薄奠，遠致鄙誠，執事占辭，隕淚盈紙。

祭查少卿

嗟嗟元章，而止斯邪！修短有命，亦奚以悲，惟其所有，未克究施。昔之觀人，驗於其私。君之在家，孝友融怡；出而臨民，則具是依。人之有才，患不克勝，惟君敏才，遇事風生。而能自持，以蹈準繩，博見洽聞，貫穿古今。發於文辭，温潤老成，尤長論事，纚纚可聽。蚤登道山，嘉言有稱，持節蜀道，撫循春温。中外踐更，名實攸敦。前年之秋，萬里來歸。往臨秦淮，軍民具宜。人曰賢勞，君靡難辭。云何一疾，遂以訃家。逮兹踰年，竟老煙霞，訃音初傳，駭愕嘆呀。念昔幕府，傾蓋情親，朅來同朝，友誼采深。憂時許國，則識君心。邂逅歸舟，班荆共語。覺君病餘，未渠復故。怪君臨别，感慨如許。嗟嗟元章，有志未遂。尚約卜盧，湘水之涘，豈期一别，而乃永已。君弟在荆，銜血星奔；君孤藐然，孰誨孰存？哭遣此奠，君乎不聞。

祭吕郎中

嗚呼！前年之春，識公嚴陵。望其容，藹然有慈祥豈弟之氣，知其臨民之不苛也；聽其言，纚然多故家遺俗之事，又知其世守之不忘也。别後之書，情何篤也！訃音之傳，痛何遽也！况於令子，友義爲深，一奠之禮，敢以薄而廢耶〔一三〕？

祭費檢正

惟公植德敦静，蓋徐公之有常；秉心曠夷，實師德之無競。奉職外服，去愈見思；列官王朝，久不改度。方矚持符之拜，遽遭偃月之疑，猶冀護藩，豈期易簀？某夙蒙睠予，託在葭莩，祇增百感之深，莫前一酌之慟。禮雖不腆，情則可知〔一四〕。

校勘記

〔一〕方玩心於羲經 「方」字原無，據五百家播芳大全文粹卷九五補。

〔二〕涕泗洏漣　此句下，五百家播芳大全文粹卷九五有「尚饗」二字。
〔三〕出身而刑國有大人　五百家播芳大全文粹卷九四作「出而典州，治本重人」。
〔四〕末復繼書　「末」，原作「未」，據五百家播芳大全文粹卷九四改。
〔五〕殁無怛化則亦其宜　五百家播芳大全文粹卷九六作「存没無懼，化則亦宜」。
〔六〕某率某官某就城北祓禊亭爲位　此句上，五百家播芳大全文粹卷九六有「惟年月日具位」六字。
〔七〕致祭於亡友舍人張公之靈　五百家播芳大全文粹卷九六「致」上有「敢」字，「舍」上有「宫使顯學」四字。
〔八〕文章之煒燁　「燁」，原作「煌」，據劉本改。
〔九〕朝夕則恪　「恪」字原無，據五百家播芳大全文粹卷九六補。
〔一〇〕見才猷之敏劭　「劭」，原作「邵」，據四庫本改。
〔一一〕嗚呼哀哉　此句下，五百家播芳大全文粹卷九六有「尚享」二字。
〔一二〕矧惟下交　「下」，原作「卜」，據劉本、四庫本改。
〔一三〕敢以薄而廢耶　此句下，五百家播芳大全文粹卷九六有「尚享」二字。
〔一四〕情則可知　此句下，五百家播芳大全文粹卷九六有「尚享」二字。

南軒先生文集卷第四十四

祭文

祭萬二提刑兄

惟公植德忠厚〔一〕，持身謹嚴。早策名於雋科，遂蜚英於賢軌。對揚天陛，蓋嘗膺綸綍之褒；周旋坤維，所至有袴襦之詠。爰因郡最，益究外庸。漢水詳刑，茂著平反之實；夔門易節，有增刺舉之光。方聞趨召之恭，忽駭抱痾之報。竟兹奄忽，實重痛傷。載惟門户之哀，正竊棣棠之庇。永言流涕，莫喻此情。恨以阻修，無因奔走，一奠不腆，鄙誠是將。

祭黄運使清臣

惟靈敦厚爲質，而德慈祥。惟其所歷，阻難備嘗。故於民情，尤所究詳。景倩真清，徐公有常。將命嶺海，以身律荒。移節來湘，風采載揚。於彼原隰，馳驅靡遑。謂當終更，歸近帝旁。如何一朝，而奄云亡。賓席方設，語音琅琅。得疾俄頃，見聞駭傷。下逮閭里，攀嗟徬徨。某之所居，實邇門墻。奔走弗及，執手涕浪。念言傾蓋，意味則長。與人之周，是固難忘。疇昔勝日，從容豆觴。豈期於今，來哭公堂。一奠不腆，中誠是將。

祭趙養民運使

惟靈寶源積慶，列鼎傳家。宣化承流，飛聲籍甚。盤根錯節，游刃恢然。爰入對於昕朝，遂結知於宸扆。出綸示寵，持節分華。民瘼旁咨，豈憚驅馳之遠；邦財益阜，生取斂散之權。何一疾而弗瘳，不終更而歸報。王畿結綬，未酬葵向之廛；夜壑移舟，廼起薤晞之歎。某雅承契好，玆共官聯。笑語如存，忽驚於永已；酒肴不腆，少寄於餘哀。

祭蕭殿撰

惟公氣和而節剛，言訥而行敏。視之退然，初若不能，及其當可言之地，論議切直，風采凛凛，中外聳然，豈非庶幾乎仁者之勇耶？某頃在朝列，每見公憂時惻惻，備形辭色，心竊期之。已而平日之言，率皆可復，益知其所守有素，非苟然者。來使湘州〔二〕，某適在遠。方嗟再見之難，豈謂九原之隔。書猶在手，訃忽來傳〔三〕。爲時惜賢，臨風隕涕。一奠遺致，少述鄙誠。

祭宇文使君三十一舅

惟靈席慶鼎鍾之門，留心韋布之事。跡其壯歲，蔚然懿文。况德履之素寬，復天下之有裕。宜昌遠業，克繼先猷。方小試於偏州，固已稱於惠政。未結王畿之綬，忽移夜壑之舟。宣室受釐，不復賈生之召；桐鄉奉祀，空留朱邑之名。某適守遐方，遽承來訃。載誦渭陽之什，涕隕盈襟；緬想佳城之阡，心馳紼紼。

祭魏元履

嗟乎！仕於王朝，自一命而上，皆得一論疏時事，此古之義，而亦祖宗詔也。君起布衣，服在學省，忠言屢發，率關大體。在他人方且蹙蹜畏避，君輒先之，亦可謂毅然有立矣。世之議者羣起而求多於君，此蓋無足怪。然君自退歸以來，益務自修，以書抵予，謂將講學，進所不逮。予得之而嘆息〔四〕，以爲君異日之所成就，其又非予所可量者，而孰謂天不復假之年耶！君雖未遂傾蓋之願，而君相與之意則甚厚，豈謂竟不克識君耶！一奠往致，以紓予情。

祭儲經屬

惟靈早以藝文，有聲場屋；晚游幕府，簡默自將。故鄉渺然，羇懷莫寄。因循一疾，遂至沉綿。獨資同僚，共舉終事。嗚呼！可哀也夫！

祭秦致政

某來桂林，首訪鄉之老成，而將問政焉，人士同辭，以公爲稱首。公雖已枕疾於家，罕接人事，然如珠玉之在山淵，游於其間者亦足以借其輝潤。惟公起自兹土，取科第。歷事以忠厚廉直稱。亦嘗典州，有澤於民。已乃謝事於未衰，優游鄉閭，子孫滿前，安恬獲福，克享上壽，在公庶幾乎無所恨矣。然公之云亡，後生失儀刑之尊，吾黨乏咨詢之益，是用嘆傷，爲之流涕。不腆一奠，聊寫此誠。

祭甄總管

惟靈早以忠義赴乎功名，方排難解紛之時，有投機應變之智，慷慨辭氣，感動三軍。謂當究於設施，乃繼遭於排抑。逮於晚歲，再逢當寧之知；旋即九原，莫展據鞍之願。考先世平江之隤，想一時共濟之人，念事會之多違，歎奇才之難得。屬兹假守，適值喪舟，薄奠薦誠，臨風增愴。

祭賈仲山知縣

惟我別墅，與君隣墻，春朝秋夕，幅巾徜徉。湘西之別，我獨憂君，藹然其癯，願言愛身。甫兹半載，遽以訃傳，推案愕眙，繼以泫然。惟君之才，疏通而敏；惟君之行，友睦以謹。曾未究施，而止斯耶！道阻且長，予之悲耶！

祭邢致政

嗚呼魯仲，生而多艱。暫仕輒歸，已乃掛冠。其才有餘，蓋可撥煩。曾不少試，老於家山。問止名堂，惟適之安。窗户明潔，日對孱顔。坐上客滿，不空杯柈。且復重義，周人急難。謂享壽康，而年亦慳。我家長沙，殆若鄉關。故舊益落，爲之涕潸。昔來兹堂，舉酒相看；今來兹堂，帷白旐丹。嗚呼哀哉！

祭經幹八兄

嗟哉吾兄，生也多屯。惟生之艱，宜永厥齡。胡亦嗇之，而止於斯。命也不齊，其孰爲之。乙酉之夏，過我湘濱，撫我苦塊，話言諄諄。爲我久留，去則不忍，舟中之别，有淚如隕。我觀吾兄，齒髮未衰，願言愛身，相逢有時。兄復一笑，子言甚真，我健且武，當復南征。側聞還家，有以自娱。釃酒擊鮮，賓筵則都。謂當婆娑，樂此晚歲，豈期訃來，駭痛曷已！邈在萬里，走哭無從，寄此一觴，酹西南風。〔五〕

祭宋子飛參議

哀哉子飛，而至然耶！孰無憂患，君何酷耶！始聞哭子，繼曰悼亡，念君之親，白髮在堂。曾未幾日，亦以訃傳，想若曷任，摧荒曷全。作書吊君，下筆不忍，道阻且長，畏聞來信。哀哉子飛，身竟隨之，臨風泫然，爲君涕洟。如君吉德，所遭乃爾，惟命不濟，孰主張是。連陽識君，今兩周星，離合不常，交情愈親。湘岸之别，自夏徂秋，詩墨未乾，君已不留。有纍者殯，誰其收之？婉孌兩孫，誰其周之？里有賢公，隣有君子，話言平生，當亦任此。我獨在遠，莫克奔馳，一奠往致，哀哉子飛！

祭南康四九兄

嗚呼！同祖兄弟，今存四人。惟兄能文，自於妙齡。意其遠大，以翼吾門，僅守一州，才未克伸。豈謂茲朝，乃傳訃音，驚惶慟哭，痛心原鴒。爲位一奠，哀哉此情〔六〕！

同前

嗚呼哀哉！惟兄早歲，秀發而文。秦國之恩，篤於諸孫；忠獻之愛，視子攸均。矧惟伯父，寔艱寔勤，未究之業，付之吾兄。謂當遠大，以翼以承，如何中道，車折其輪，僅歷一州，莫覩厥成。嗚呼哀哉！某之於兄，少長相親，論文講藝，豈無友生。雪川之别，慘焉酸辛，視兄之容，澁而不榮。酒酣諄復，願言愛身，少屏剛劑，以致和平。孰期一疾，竟以此傾。嗚呼哀哉！於今幾年，遠寓雪濱，鴻雁莫聯，每傷予心。矧兹永訣，痛復可任！念當挈歸，以近榆枌，乃聞知命，留葬是云。嗚呼哀哉！遺字見屬，奉之涕零，將絶泚筆，又何剛明。嗚呼哀哉！屬拘印紱，奔走不能，向風長號，薄奠是陳。猶子幼弱，念言惸惸，敢不扶持，兄言是遵。尚惟英爽，其或來歆〔七〕。

祭胡廣仲主簿

惟君孝友之德，篤乎天性，問學之志，自乎初年。疾惡見其公心，臨事知其審慮。謂當遠大，以究所成，如何一朝，遽止於此。聞訃之始，痛恨則多，豈惟歎德門失承家之賢，抑亦吾黨失同志之助。交遊歲夕，重以昏姻，往哭未能，薄禮先致。涕零横臆，言不復文。

祭吴晦叔

嗚呼！惟君早登五峰之門，即捐進取之習，從事義理。今幾二十年，思慮益親，操履益固。而其曉悉人情，通練世事，持之以忠信，行之以周密，蓋有用之實才，而進學之良資也。豈謂一旦止於斯耶！某與君論心，爲日亦久，切磋講究，友誼金石。訃音來傳，泣下莫止。嗟乎！任道之艱，而同志益落，此予之所悲而且憂也。官守所拘，未能往哭，一奠遺致，言不復文〔八〕。

祭外姑何恭人

惟靈生於相家，來嬪德門，奉饋采藻，克謹晨昏。如賓之敬，婦道則宜，逮夫晚歲，有光母儀。允矣三德，協于彤史，胡不百年，永庇孫子。憶在柔兆，獲拜於堂，辰幾一周，有淚淋浪。我悲終天，靡怙靡恃，起尋渭陽，痛復抵此。傷哉道遠，一慟莫前，薄禮將誠，靈其鑒旃。〔九〕

省墓祭文

某往者惟念古不墓祭之義，每來晨省，號哭於前，不敢用世俗之禮，以行其所不安，而其中心終有所未滿者。近讀周官，有祭於墓爲尸之文，乃始悚然。深惟先王之意，存世俗之禮，所以緣人情之不忍，而使之立尸以享，所以明鬼神之義，蓋其處之者精矣。今兹用是敬體此意，爲位於亭，具酒肴之薦，以寫其追慕之誠。惟事之始，不敢不告。俛伏流涕，不知所云，惟考妣之神實鑒臨之。

校勘記

〔一〕惟公植德忠厚　「公」，劉本、四庫本作「兄」。

〔二〕來使湘州　「州」字原闕，據劉本、四庫本補。

〔三〕訃忽來傳　「忽」，原作「意」，據劉本、四庫本改。

〔四〕予得之而嘆息　「得」，原作「德」，據四庫本改。

〔五〕酹西南風　此句下，五百家播芳大全文粹卷九九有「嗚呼哀哉，尚享」六字。

〔六〕哀哉此情　此句下，五百家播芳大全文粹卷九九有「嗚呼哀哉，尚享」六字。

〔七〕其或來歆　此句下，五百家播芳大全文粹卷九九有「嗚呼哀哉，尚享」六字。

〔八〕言不復文　此句下，五百家播芳大全文粹卷一〇〇有「嗚呼哀哉，尚享」六字。

〔九〕靈其鑒旃　此句下，五百家播芳大全文粹卷一〇〇有「尚享」二字。

附録

直齋書録解題卷一八別集類下　［宋］陳振孫

南軒集三十卷，侍講廣漢張栻敬夫撰。魏忠獻公浚之長子。當孝宗朝，以任子不賜第入西掖者，韓元吉、劉孝韙，其入經筵，則栻也。

讀書附志卷下別集類三　［宋］趙希弁

南軒先生文集四十四卷。

右張宣公栻字敬夫之文也。朱文公校定而爲之序。然紫巖棊圖跋語之類皆不載於集中。

世善堂藏書目録卷下宋元諸名賢集　［明］陳　第

張南軒集三十卷

季滄葦藏書目文集 [清]季振宜

宋張南軒集四十四卷，宋刻。

絳雲樓書目卷三宋文集類 [清]錢謙益

張南軒集三十卷

四庫全書總目卷一六一集部十四別集類十四

南軒集四十四卷 浙江鮑士恭家藏本

宋張栻撰。栻字敬夫，廣漢人，丞相浚之子，以蔭補官。孝宗時，歷左司員外郎，除祕閣修撰，終於荆湖北路安撫使。事蹟具宋史道學傳。栻殁之後，其弟杓裒其故稿四巨編，屬朱子論定。朱子又訪得四方學者所傳數十篇，益以平日往還書疏，編次繕寫，未及蒇事，而已有刻其别本流傳者。朱子以所刻之本多早年未定之論，而末年談經論事、發明道要之語反多所佚遺，乃取前所蒐輯參互相校，斷以栻晚歲之意，定爲四十四卷，併詳述所以改編之故，弁於書首，即今所傳淳熙甲辰本也。栻與朱子交最善，集中與朱子書凡七十有三首，又有答問四篇，其閒論辨斷斷不少假借。如第二札則致疑於辭受之間；第三札辨墓祭、中元祭；第四札辨太極圖說註；第五、六、七札辨中庸註；第八札辨游酢祠記；第十札規朱子言語少和平；第十一札論社倉之弊，責以偏袒王安石；第十五札辨胡氏所傳二程集不必追改，戒以平心易氣；第二十一札辨論仁之説有流弊；第四十四札論山中諸詩語未和平；第四十九札論易説未安，是從來許多意思未能放下；第五十四札規以信陰陽家言擇葬地。與胡季隨第五札又論朱子所編名臣言行録未精細。朱子並録之集中，不以爲忤。又栻學問淵源，本出胡宏，而與朱子第二十八札謂胡寅讀史管見病敗不可言，其中有好處，亦無完篇；又第五十三札謂胡安國春秋傳，其間多有合商量處。朱子亦並録之集中，不以爲嫌。足以見醇儒心術，光明洞達，無一毫黨同伐異之私。後人執門户之見，一字一句無不回護，殊失朱子之本意。至朱子作張浚墓誌，本據栻所作行狀，故多溢美。語録載之甚明。而編定是集乃削去浚行狀不載，亦足見不以朋友之私害是非之公矣。論張浚者往往遺議於朱子，蓋未核是集也。劉昌詩蘆浦筆記駁栻堯廟歌指堯廟在桂林失於附會，其歌今在集中，蓋取其尊崇帝德而略其事實。昌詩又録栻愨齋銘，稱栻奉其父命爲其弟杓作，本集不載，檢之良然。然栻集即杓所輯，不應反漏，考高斯得恥堂存稿有南軒永州諸詩跋，曰：「劉禹錫編柳子厚集，斷至永州以後，少作不録一篇。南軒先生永州所題三亭、陸山諸詩，時方二十餘歲，興寄已落落穆穆如此，然求之集中則咸無焉。豈編次者以柳集之法裁之乎？」然則栻集外詩文皆朱子删其少作，非偶佚矣。

晦庵先生朱文公文集卷八九右文殿修撰張公神道碑

〔宋〕朱　熹

淳熙七年春二月甲申，秘閣修撰、荆湖北路安撫廣漢張公卒于江陵之府舍。其弟衡州使君杓護其柩以歸葬于潭州衡陽縣楓林鄉龍塘之原，按令式立碑墓道，而以書來謂熹曰：「知吾兄者多矣，然最其深者莫如子，今不可以不銘。」熹嘗竊病聖門之學不傳，而道術遂爲天下裂。士之醇愨者拘於記誦，其敏秀者銜於詞章，既皆不足以發明天理而見諸人事，於是言理者歸於老佛，而論事者騖於管商，則於理事之正反皆有以病焉，而去道益遠矣。中間河洛之間先生君子得其不傳之緒而推明之，然今不能百年，而學者又失其指。近歲乃幸得吾友敬夫焉，而天下之士，乃有以知理之未始不該於事，而事之未始不根於理也。然又不得盡其所爲，而中道以没，不有考焉以垂於世，吾恐後之君子，將有憾於吾徒也。熹之愚固不足以及此，然於共學輩流偶獨後死，矧定叟之所以見屬者又如此，其何以辭！顧以疾病之不閒，後五六年，乃得考其事而叙之，曰：

公諱某，字敬夫，故丞相魏國忠獻公之嗣子也。生有異質，穎悟夙成，忠獻公愛之。自其幼學而所以教者，莫非忠孝仁義之實。既長，又命往從南嶽胡公仁仲先生問河南程氏學。先生一見，知其大器，即以所聞孔門論仁親切之指告之。公退而思，若有得也，以書質焉，而先生報之曰：「聖門有人，吾道幸矣。」公以是益自奮厲，直以古之聖賢自期，作希顔録一篇，蚤夜觀省，以自警策。所造既深遠矣，而猶未敢自以爲足，則又取友四方，益務求其學之所未至。蓋玩索講評，踐行體驗，反覆不置者十有餘年，然後昔之所造，深者益深，遠者益遠，而反以得乎簡易平實之地。其於天下之理，蓋皆瞭然心目之間，而實有以見其不能已者，是以決之勇，行之力，而守之固，其所以篤於君親，一於道義而没世不忘者，初非有所勉慕而强爲也。

少以蔭補右承務郎，辟宣撫司都督府書寫機宜文字、除直祕閣。是時天子新即位，慨然以奮伐仇虜、克復神州爲己任。忠獻公亦起謫籍，受重寄，開府治戎，參佐皆極一時之選。而公以藐然少年，周旋其間，内贊密謀，外參庶務。其所綜畫，幕府諸人皆自以爲不及也。間以軍事入奏，始得見上，即進言曰：「陛下上念宗社之讎耻，下閔中原之塗炭，惕然於中，而思有以振之，臣謂此心之發，即天理之所存也。誠願益加省察，而稽古親賢以自輔焉，無使其或少息也，則不惟今日之功可以必成，而千古因循之弊，亦庶乎其可革矣。」上異其言，蓋於是始定君臣之契。

已而忠獻公辭位去，用事者遂罷兵與虜和。虜乘其隙，反縱兵入淮甸，中外大震。然廟堂猶主和議，至敕諸將毋得以兵向虜。時忠獻公已即世，公不勝君親之念，甫畢藏事，即拜疏言：「吾與虜人乃不共戴天之讎，向來朝廷雖亦嘗興縞素之師，然玉帛之使未嘗不行乎其間，是以講和之念，未忘於胸中，而至誠惻怛之心，無以感格乎天人之際，此所以事屢敗而功不成也。今雖重爲羣邪所誤，以蹙國而召寇，然亦安知非天欲以是開聖心哉？謂宜深察此理，使吾胸中了然無纖芥之惑，然後明詔中外，公行賞罰，以快軍民之憤，則人心悦，士氣充，而虜不難却矣。繼今以往，益堅此志，誓不言和，專務自强，雖折不撓，使此心純一，貫徹上下，則遲以歲月，亦何功之不成哉！」疏入，不報。

後六年，始以補郡。臨遣，得復見上。時宰相雖以恢復之説自任，然所以求者，類非其道，且妄意公素論當與己合，數遣人致慇懃，公不答。見上，首言：「先王之治，所以建事立功，無不如志，以其胸中之誠，足以感格天人之心，而與之無間也。今規畫雖勞，而事功不立，陛下誠深察之，日用之間，念慮云爲之際，亦有私意之發，以害吾之誠者乎？有則克而去之，使吾中扃洞然無所間雜，則見義必精，守義必固，而天人之應，將不待求而得矣。夫欲復中原之地，當先有以得其百姓之心；欲得中原之心，當先有以得吾百姓之心。而求所以得吾民之心者，豈有它哉，不盡其力，不傷其財而已矣。今日之事，固當以明大義、正人心爲本，然其所施有先後，則其緩急不可以不詳；所務有名實，則其取舍不可以不審，此又明主所宜深察也。」

明年，召還。辛相又方謂虜勢衰弱可圖，建遣泛使往責陵寢之故，士大夫有憂其無備而召兵者，皆斥去之。於是公見上，上曰：「卿知虜中事乎？」公對曰：「不知也。」上曰：「虜中饑饉連年，盜賊四起。」公又對曰：「虜中之事臣雖不知，然境中之事則知之詳矣。」上曰：「何事？」公遂言曰：「臣竊見比年諸道亦多水旱，民貧日甚。而國家兵弱財匱，官吏誕謾，不足倚仗。正使彼實可圖，臣懼我之未足以圖彼也。」上爲默然久之。公因出所奏書，讀之曰：「臣竊謂陵寢隔絶，誠臣子不忍言之至痛。然今未能奉詞以討之，又不能正名以絶之，乃欲卑詞厚禮以求於彼，其於大義已爲未盡，而異論者猶以爲憂，則其昧陋畏怯，又益甚矣。然臣竊揆其心，意其或者亦有以見我未有必勝之形，而不能不憂也歟？蓋必勝之形，當在於蚤正素定之時，而不在兩陳決機之日。」上爲竦聽，改容稱善，至于再三。公復讀曰：「今日但當下哀痛之詔，明復讎之義，顯絶虜人，不與通使。然後修德立政，用賢養民，選將帥，練甲兵，通内修外攘、進戰退守以爲一事，且必治其實而不爲虚文，則必勝之形，隱然可見。雖有淺陋畏怯之人，亦且奮躍而争先矣。」上爲歎息褒諭，以爲前未始聞此論也。其後又因賜對，反復前説，上益嘉歎，面諭：「當以卿爲講官，冀時得晤語也。」

時還朝未期歲，而召對至六七，公感上非常之遇，知無不言，大抵皆脩身務學、畏天恤民，抑權倖、屏讒諛之意。至論復讎之義，則反復推明所以爲名實之辨者益詳。於是宰相益憚公，而近倖尤不悦，遂合中外之力以排之，而公去國矣。蓋公自是退居三年，更歷兩鎮，雖不復得聞國論，而蚤夜孜孜，反身修德，愛民計軍，以俟國家扶義正名之舉，尤極懇至。於是天子益知公可用，嘗賜手書，褒其忠實，蓋將復大用之，而公已病矣。病亟且死，猶手疏勸上以親君子、遠小人，信任防一己之偏，好惡公天下之理，以清四海，克固丕圖，若眷眷不能忘者。寫畢，緘付府僚，使驛上之，有頃而絶。

嗚呼！靖康之變，國家之禍亂極矣。小大之臣，奮不顧身以任其責者，蓋無幾人。而其承家之孝，許國之忠，判決之明，計慮之審，又未有如公者。雖降命不長，不克卒就其業，然其志義偉然，死而後已，則質諸鬼神而不可誣也。

始，公出幕府，即罷外艱。屏居舊廬，不交人事。會盗起郴、桂間，聲摇數路。湖南帥守劉公珙雅善公，時從訪問籌策，卒用以破賊。還朝，爲上極言公學行志業非常人比，上亦記公議論本末。除知撫州，未上，改嚴州。到任，問民疾苦，首以丁鹽錢絹太重爲請，得蠲是歲半輸。召爲尚書吏部員外郎、兼權左右司侍立官。時廟堂方用史正志爲發運使，名爲均輸，而實但盡奪州郡財賦，以惑上聽，遠近騷然，人不自安。賢士大夫争言其不可，而少得其要領者。公亦爲上言之，上曰：「正志以爲今但取之諸郡，非取之於民也，何傷？」公對曰：「今日州郡財賦大抵刼刼無餘，若取之不已，而經用有闕，則不過巧爲名色，而取之於民耳。」上聞之，矍然顧謂公曰：「論此事者多矣，未有能及此者。如卿之言，是朕假手於發運使以病吾民也。」旋閲其實，果如公言，即詔罷之。

兼侍講，除左司員外郎。經筵開，以詩入侍，因葛覃之篇以進説曰：「治常生於敬畏，亂常起於驕淫。使爲國者每念稼穡之勞，而其后妃不忘織紝之事，則心之不存者寡矣。周之先后勤儉如此，而其後世猶有以休蠶織而爲厲階者，興亡之效，於此見矣。」既又推廣其言，上陳祖宗自家刑國之懿，下斥當時興利擾民之害詳焉。上亦歎曰：「此王安石所謂『人言不足恤者』所以誤國事也。」

俄而詔以知閤門事張説簽書樞密院事，公夜草手疏，極言其不可，且詣宰相質責之，語甚切。宰相慚憤不堪，而上獨不以爲忤，親札疏尾付宰相，使諭指。公復奏曰：「文武之勢誠不可以太偏，然今欲左文右武以均二柄，而所用乃得如此之人，非惟不足以服文吏之心，正恐反激武臣之怒也。」於是上意感悟，命得中寢。然宰相實陰附説，明年，乃出公知袁州，而申説前命，於是中外讙譁，而説後竟謫死云。

淳熙改元，公家居累年矣，上復念公，詔除舊職，知静江府，經略安撫廣南西路。廣西去朝廷絶遠，諸州土曠民貧，常賦入不支出，故往時立法，諸州以漕司錢運鹽鬻之，而以其息什四爲州用。以是州得粗給，而民無加賦。其後或乃奪取其息之半，則州不能盡運，而漕司又以歲額責其虛息，則高價抑賣之弊生，而公私兩病矣。公始至，未及有爲，專務以訪求一道之利病爲事。既得其所以然者，則爲奏以鹽息什三予諸郡。又因兼攝漕臺，出其所積緡錢四十萬而中分之，一以爲諸倉買鹽之本，一以爲諸州運鹽之費。奏請立法，自今漕司復有多取諸州，輒行抑賣，悉以違制議罪；其敢以資燕飲、供饋餉者，仍坐贓論。詔皆從之。

所統州二十有五，遼敻荒殘，故多盜賊。徼外蠻夷俗尚讎殺，喜侵掠，間亦入塞爲暴。而州兵皆脆弱慵惰，又乏糧賜，死亡輒不復補，鄉落保伍亦名存而實廢。邕管斗入群蠻中，最爲重地，而戍兵不能千人，獨恃左、右江洞丁十餘萬爲藩蔽，而部選提舉巡檢官初不擇人。公知其弊，則又爲之簡閲州兵，汰冗補闕，籍諸州黥卒伉健者以爲效用，合親兵摧鋒等軍，日習而月按之。悉禁它役，視諸州猶有不足，於糧賜若凡戈甲之費者，更斥漕司鹽本羨錢以佐之，申嚴保伍之令而信其賞罰。知流人沙世堅才勇，喻以討賊自效，所捕斬前後以十百數。又奏乞選辟邕州提舉巡檢官，以撫洞丁。傳令溪洞酋豪，喻以弭怨睦鄰，愛惜人命，爲子孫長久安寧之計，毋得輒相虜掠，讎殺生事。而它所以立恩信、謹關防、示形制者，亦無不備。於是境内正清，方外柔服，幕府無南鄉之慮矣。

朝廷買馬橫山，歲久弊積，邊氓告病，而馬不時至，至者多道死。公究其利病，得凡六十餘條。如邕守上邊，則瀕江有買船之擾；綱馬在道，則緣道有執牽之勞；其或道死，則抑賣其肉，重爲鄰伍之患。是皆無益於馬而有害於人，首奏革之。其他如給納等量支券之姦，以至官校參司名次之弊，皆有以究其根穴而事爲之防。由是諸蠻感悦，争以其善馬來，歲額率常先期以辦，而馬無滯留，人知愛惜，遂無復死道路者。

上聞公治行，且未嘗叙年勞，乃詔特轉承事郎、進直寶文閣再任。五年，除祕閣修撰、荆湖北路轉運副使，改知江陵府，安撫本路。湖北尤多盗，州縣不以爲意，更共縱釋，以病良民。公入境，首劾大吏之縱賊者罷之，捕姦民之舍賊者斬之，群盗破膽，相率遁去。公又益爲條教，喻以利害，俾知革心，開其黨與，得相捕告以除罪。其餘禁令方略，大率如廣西時。於是一路肅清，善良始有安居之樂。郡去北邊不遠，雖頗有分屯大軍，而主兵官率常與帥守不相中。帥守所將獨神勁親兵及義勇民兵若干人，比年亦廢簡閱，不足恃。公既以禮遇諸將，得其歡心，而所以恤其士伍之私者，亦無不至，於是將士感悦，相戒無輒犯公令。每按親兵，必使與大軍雜試，以相激厲。均犒賞，修義勇法，使從縣道階級。喻以農隙閲習武事，以俟不時按驗而加賞罰焉。其後團教，則又面加慰諭，勉以忠義而教以敦睦。首領有捕盜者，爲奏補官。由是戎政日修，而士心亦益感奮。會有獻言於朝，請盡籍客户爲義勇者，公慮惑民聽，且致流亡，亟取丁籍閲之，命一户而三丁者乃籍其一，以爲義勇副軍。别置總首，人給一弩，俾家習之，三歲一遣官就按，它悉無有所與。且爲奏言所以不可盡取之故，闔境賴焉。

辰、沅諸州，自政和間奪民田募游惰，號刀弩手，蓋欲以控制諸蠻，而實不可用。中廢復修，議者多不以爲便，詔與諸司平處列上。公爲奏去其病民罔上者數條，詔皆施行，人亦便之。並淮姦民出塞爲盜，法皆處死。異時官吏多蔽匿弗治，至是捕得數人，仍有胡奴在黨中。公曰：「朝廷未能正名討賊，則疆埸之事，不宜使數負吾曲。」命斬之以徇於境，而縛其亡奴歸之。北人歎其理直，且曰南朝於是爲有人矣。

信陽守劉大辯者，婺州人也，怙勢希賞，誘致流民，而奪見户熟田以與之，一郡洶洶。公爲遣吏平章，乃定。及是聞北人逐盜有近淮者，則又虚驚，夜棄城郭，盡室南走數十里，軍民復大擾。公方劾奏之，而朝廷用大辯請，以見户荒田授流民。事下本道，施行如章。公復奏曰：「陛下幸哀邊民，前詔占田已墾者，不復通檢；其未墾者，二年不墾，乃收爲營田，德至渥也。今未及期，而大辯不務奉承宣布，反設詐諼，虧國大信，以濟凶虐。且所招流民不滿百數，而虛奏且十倍。請并下前奏，論罪如法。」章累上，大辯猶得易它郡以去。

蓋方是時，上所以知公者愈深，而惡公者忌之亦愈力。公自以不得其職，數求去不得，尋以病請，乃得之。然比詔下，以公爲右文殿修撰提舉武夷山冲佑觀，則已不及拜矣。卒時年四十有八。柩出，江陵老稚挽車號慟，數十里不絶。訃聞，上亦深爲嗟悼。四方賢士大夫往往出涕相弔，而静江之人哭之尤哀。蓋公爲人坦蕩明白，表裏洞然，詣理既精，信道又篤，其樂於聞過而勇於徙義，則又奮厲明決，無豪髮滞吝意。以至疾病垂死，而口不絶吟於天理人欲之間，則平日可知也。故其德日新，業日廣，而所以見於論説行事之間者，上下信之至於如此，雖小人以其好惡之私，或能壅害於一時，然至於公論之久長，蓋亦莫得而揜之也。

公之教人，必使之先有以察乎義利之間，而後明理居敬，以造其極。其剖析開明，傾倒切至，必竭兩端而後已。所爲郡必葺其學，於静江又特盛。暇日召諸生，告語不倦。民以事至廷中者，亦必隨事教戒，而於孝弟忠信、睦婣任恤之意，尤孜孜焉。猶慮其未徧也，則又刻文以開曉之，至於喪葬嫁娶之法，風土習俗之弊，亦列其事以爲戒命。閭井各推耆宿，使爲鄉老，授之夏楚，使以所下條教訓厲其子弟，不變，然後言之有司而加法刑焉。在廣西，刑獄使者陸濟之子棄家爲浮屠，聞父死不奔喪，爲移諸路，俾執拘以付其家。官吏有犯名教者，皆斥遣之，甚或奏劾抵罪。尤惡世俗鬼神老佛之説，所至必屏絶之。蓋所毁淫祠前後以百數，而獨於社稷山川、古先聖賢之奉爲兢兢，雖法令所無，亦以義起。其水旱禱祠，無不應也。

平生所著書，唯論語説最後出，而洙泗言仁、諸葛忠武侯傳爲成書。其它如書、詩、孟子、太極圖説、經世編年之屬，則猶欲稍更定焉而未及也。然其提綱挈領，所以開悟後學，使不迷於所鄉，其功則已多矣。蓋其常言有曰：「學莫先於義利之辨，而義也者，本心之所當爲而不能自已，非有所爲而爲之者也。一有所爲而後爲之，則皆人欲之私，而非天理之所存矣。」嗚呼，至哉言也！其亦可謂擴前聖之所未發，而同於性善養氣之功者歟！

公之州里世系已見於忠獻公之碑，此不著。其配曰宇文氏，朝散大夫師中之女，事舅姑以孝聞，佐君子無違德，封安人，前卒。子焯，承奉郎，亦蚤世。二女，長適五峯先生之子胡大時，次未行而卒。孫某某，尚幼。後數年，胡氏女與某亦皆夭。嗚呼，敬夫已矣！吾尚忍銘吾友也哉！銘曰：

關尹之忠，文子之清。匪欲之徇，而仁弗稱。孰的孰張，以詔後學？公乘厥機，如寐斯覺。自時厥後，動罔弗欽。孝承考志，忠格天心。唯孝唯忠，惟一其義。惟命有嚴，豈曰爲利。群邪肆誕，公避而歸。兩鎮餘功，以德爲威。帝曰懷哉，汝忠而實。姑訖外庸，來輔來拂。上天甚神，曷監而遺？彼頑弗夭，此哲而萎。往昔茫茫，來今不盡。求仁得仁，公則奚恨。

宋史張栻傳卷四二九

張栻字敬夫，丞相浚子也。穎悟夙成，浚愛之，自幼學，所教莫非仁義忠孝之實。長師胡宏，宏一見，即以孔門論仁親切之旨告之。栻退而思，若有得焉，宏稱之曰：「聖門有人矣。」栻益自奮厲，以古聖賢自期，作希顔録。

以廕補官，辟宣撫司都督府書寫機宜文字，除直祕閣。時孝宗新即位，浚起謫籍，開府治戎，參佐皆極一時之選。栻時以少年，内贊密謀，外參庶務，其所綜畫，幕府諸人皆自以爲不及也。間以軍事入奏，因進言曰：「陛下上念宗社之讎耻，下閔中原之塗炭，惕然於中，而思有以振之。臣謂此心之發，即天理之所存也。願益加省察，而稽古親賢以自輔，無使其或少息，則今日之功可以必成，而因循之弊可革矣。」孝宗異其言，於是遂定君臣之契。浚去位，湯思退用事，遂罷兵講和。金人乘間縱兵入淮甸，中外大震，廟堂猶主和議，至勅諸將無得輒稱兵。時浚已没，栻營葬甫畢，即拜疏言：「吾與金人有不共戴天之讎，異時朝廷雖嘗興縞素之師，然旋遣玉帛之使，是以講和之念未忘於胸中，而至忱惻怛之心無以感格于天人之際，此所以事屢敗而功不成也。今雖重爲羣邪所誤，以蹙國而召寇，然亦安知非天欲以是開聖心哉。謂宜深察此理，使吾胸中了然無纖芥之惑，然後明詔中外，公行賞罰，以快軍民之憤，則人心悦，士氣充，而敵不難却矣。繼今以往，益堅此志，誓不言和，專務自强，雖折不撓，使此心純一，貫徹上下，則遲以歲月，亦何功之不濟哉？」疏入，不報。

久之，劉珙薦於上，除知撫州，未上，改嚴州。時宰相虞允文以恢復自任，然所以求者類非其道，意栻素論當與己合，數遣人致殷勤，栻不答。入奏，首言：「先王所以建事立功無不如志者，以其胸中之誠有以感格天人之心，而與之無間也。今規畫雖勞，而事功不立，陛下誠深察之日用之間，念慮云爲之際，亦有私意之發以害吾之誠者乎？有則克而去之，使吾中扃洞然無所間雜，則見義必精，守義必固，而天人之應將不待求而得矣。夫欲復中原之地，先有以得中原之心，欲得中原之心，先有以得吾民之心。求所以得吾民之心者，豈有他哉？不盡其力，不傷其財而已矣。今日之事，固當以明大義、正人心爲本。然其所施有先後，則其緩急不可以不詳；所務有名實，則其取舍不可以不審，此又明主所宜深察也。」

明年，召爲吏部侍郎，兼權起居郎侍立官。時宰方謂敵勢衰弱可圖，建議遣泛使往責陵寢之故，士大夫有憂其無備而召兵者，輒斥去之。栻見上，上曰：「卿知敵國事乎？」栻對曰：「不知也。」上曰：「金國饑饉連年，盜賊四起。」栻曰：「金人之事，臣雖不知，境中之事，則知之矣。」上曰：「何也？」栻曰：「臣切見比年諸道多水旱，民貧日甚，而國家兵弱財匱，官吏誕謾，不足倚賴。正使彼實可圖，臣懼我之未足以圖彼也。」上爲默然久之。栻因出所奏疏讀之曰：「臣竊謂陵寢隔絶，誠臣子不忍言之至痛，然今未能奉辭以討之，又不能正名以絶之，乃欲卑詞厚禮以求於彼，則於大義已爲未盡。而異論者猶以爲憂，則其淺陋畏怯，固益甚矣。然臣竊揆其心意，或者亦有以見我未有必勝之形，而不能不憂也歟。蓋必勝之形，當在於早正素定之時，而不在於兩陣決機之日。」上爲竦聽改容。栻復讀曰：「今日但當下哀痛之詔，明復讎之義，顯絶金人，不與通使。然後修德立政，用賢養民，選將帥，練甲兵，通内修外攘、進戰退守以爲一事，且必治其實而不爲虛文，則必勝之形隱然可見，雖有淺陋畏怯之人，亦且奪躍而争先矣。」上爲歎息褒諭，以爲前始未聞此論也。其後因賜對反復前説，上益嘉歎，面諭：「當以卿爲講官，冀時得晤語也。」會史正志爲發運使，名爲均輸，實盡奪州縣財賦，遠近騷然，士大夫争言其害，栻亦以爲言。上曰：「正志謂但取之諸郡，非取之於民也。」栻曰：「今日州郡財賦大抵無餘，若取之不已，而經用有闕，不過巧爲名色以取之於民耳。」上矍然曰：「如卿之言，是朕假手於發運使以病吾民也。」旋閲其實，果如栻言，即詔罷之。

兼侍講，除左司員外郎。講詩葛覃，進説：「治生於敬畏，亂起於驕淫。使爲國者每念稼穡之勞，而其后妃不忘織紝之事，則心不存者寡矣。」因上陳祖宗自家刑國之懿，下斥今日興利擾民之害。上歎曰：「此王安石所謂『人言不足恤』者，所以爲誤國也。」

知閤門事張説除簽書樞密院事，栻夜草疏極諫其不可，旦詣朝堂，質責宰相虞允文曰：「宦官執政，自京、黼始，近習執政，自相公始。」允文慙憤不堪。栻復奏：「文武誠不可偏，然今欲右武以均二柄，而所用乃得如此之人，非惟不足以服文吏之心，正恐反激武臣之怒。」孝宗感悟，命得中寢。然宰相實陰附説，明年出栻知袁州，申説前命，中外諠譁，説竟以謫死。

栻在朝未期歲，而召對至六七，所言大抵皆修身務學，畏天恤民，抑僥倖，屏讒諛，於是宰相益憚之，而近習尤不悦。退而家居累年，孝宗念之，詔除舊職，知静江府，經略安撫廣南西路。所部荒殘多盜，栻至，簡州兵，汰冗補闕，籍諸州黥卒伉健者爲效用，日習月按，中嚴保伍法。諭溪峒酋豪弭怨睦鄰，毋相殺掠，於是羣蠻帖服。朝廷買馬橫山，歲久弊滋，邊氓告病，而馬不時至。栻究其利病六十餘條，奏革之，諸蠻感悦，争以善馬至。

孝宗聞栻治行，詔特進秩，直寶文閣，因任。尋除祕閣修撰、荆湖北路轉運副使。改知江陵府，安撫本路。一日去貪吏十四人。湖北多盜，府縣往往縱釋以病良民，栻首劾大吏之縱賊者，捕斬姦民之舍賊者，令其黨得相捕告以除罪，羣盜皆遁去。郡瀕邊屯，主將與帥守每不相下，栻以禮遇諸將，得其驩心，又加恤士伍，勉以忠義，隊長有功輒補官，士咸感奮。並淮姦民出塞爲盜者，捕得數人，有北方亡奴亦在盜中。栻曰：「朝廷未能正名討敵，無使疆埸之事其曲在我。」命斬之以徇於境，而縛其亡奴歸之。北人歎曰：「南朝有人。」

信陽守劉大辯怙勢希賞，廣招流民，而奪見户熟田以與之。栻劾大辯詐諼，所招流民不滿百，而虚增其數十倍，請論其罪，不報。章累上，大辯易他郡，栻自以不得其職求去，詔以右文殿修撰提舉武夷山冲佑觀。病且死，猶手疏勸上親君子遠小人，信任防一己之偏，好惡公天下之理。天下傳誦之。栻有公輔之望，卒時年四十有八。孝宗聞之，深爲嗟悼，四方賢士大夫往往出涕相弔，而江陵、静江之民尤哭之哀。嘉定間，賜謚曰宣。淳祐初，詔從祀孔子廟。

栻爲人表裏洞然，勇於從義，無毫髮滯吝。每進對，必自盟於心，不可以人主意悦輒有所隨順。孝宗嘗言伏節死義之臣難得，栻對：「當於犯顔敢諫中求之。若平時不能犯顔敢諫，他日何望其伏節死義？」孝宗又言難得辦事之臣，栻對：「陛下當求曉事之臣，不當求辦事之臣。若但求辦事之臣，則他日敗陛下事者，未必非此人也。」栻自言：前後奏對忤上旨雖多，而上每念之，未嘗加怒者，所謂可以理奪云爾。

其遠小人尤嚴。爲都司日，肩輿出，遇曾覿，覿舉手欲揖，栻急掩其窗櫺，覿慙，手不得下。所至郡，暇日召諸生告語。民以事至庭，必隨事開曉。具爲條教，大抵以正禮俗、明倫紀爲先。斥異端，毁淫祠，而崇社稷山川古先聖賢之祀，舊典所遺，亦以義起也。

栻聞道甚早，朱熹嘗言：「已之學乃銖積寸累而成，如敬夫，則於大本卓然先有見者也。」所著論語孟子説、太極圖説、洙泗言仁、諸葛忠武侯傳、經世紀年，皆行于世。栻之言曰：「學莫先於義利之辨。義者，本心之當爲，非有爲而爲也。有爲而爲，則皆人欲，非天理。」此栻講學之要也。

子焯。

［清］黄宗羲　全祖望

南軒學案序録

祖望謹案：南軒似明道，晦翁似伊川。向使南軒得永其年，所造更不知如何也。北溪諸子必欲謂南軒從晦翁轉手，是猶謂横渠之學于程氏者。欲尊其師，而反誣之，斯之謂矣。述南軒學案。梓材案：是卷南軒文集，蓋謝山所補，其餘則黎洲原本也。

五峯門人楊、胡再傳

宣公張南軒先生栻

張栻，字敬夫，一字樂齋，號南軒，廣漢人，遷于衡陽。父浚，故丞相魏國公，謚忠獻。先生穎悟夙成。少長，從五峯胡先生問程氏學。五峯一見，知其大器，即以所聞孔門論仁親切之指告之。先生退而思，若有得也。五峯曰：「聖門有人，吾道幸矣！」先生益自奮勵，以古聖賢自期，作希顔録以見志。以蔭補承務郎。紹興間，忠獻出督，奏先生充機宜。以軍事入見，上異之，除直祕閣。丁父憂。服闋，長沙、郴、桂帥守劉公珙薦于朝，除知撫州，改知嚴州。奏言：「先王所以建事立功無不如志者，以胸中之誠有以感格天人之心而與之無間也。今規畫雖勞，事功不立，陛下誠深察之，亦有私意之發以害吾之誠者乎？」明年，召爲吏部郎，兼侍講。時相方謂敵勢衰弱可圖，先生奏言時猶未可，上爲歎息褒諭。其後因賜對，反覆前説，帝益嘉歎，面諭：「當以卿爲講官，冀時得晤語也。」會史正志爲發運使，名爲均輸，實盡奪州縣財賦，遠近騷然，士大夫爭言其害，先生亦以爲言，上閱其實，即詔罷之。除左司員外郎，仍兼侍講。講詩葛覃，進説：「治生于敬畏，亂起于驕淫。使爲國者每念稼穡之勞，而其后妃不忘織紝之事，則心不存者寡矣。」因上陳祖宗自家刑國之懿，下斥今日興利擾民之害。帝歎曰：「此王安石所謂『人言不足恤』者所以爲誤國也。」知閤門事張説除簽書樞密院事，先生夜草疏極諫其不可。旦詣朝堂，責宰相虞公允文曰：「宦官執政，自京、黼始。近習執政，自相公始。」先生奏再上，命遂寢。然宰相實陰附張説，明年，出先生知袁州。先生在朝未期歲，而召對至六七，所言皆修身務學，畏天恤民，抑僥倖，屏讒諛，于是宰相憚之，近習尤不説。退而家居累年，孝宗念之，詔除舊職，知靖江府，經畧安撫廣南西路。治閩，詔特進秩，直寶文閣。尋除祕閣修撰、荆湖北路轉運副使。改知江陵府，安撫本路。嘗與朱子書曰：「郭杲問此間得毋爲守備乎，緩急有堡寨否。某應以此間出門即平原，走襄陽僅六百里，所恃者襄、漢立得定，折衝捍蔽耳。太尉當力任此事，要兵要糧，此當往助。若教賊入肝脾裏，人心瓦碎，何守備爲。向來劉信叔、張安國皆有緩急移保江北之論，乃大謬也。賊到此地，何以爲國守臣，但當握節而死。渠爲悚然。然某所恃者，有此二萬義勇，所可整頓，緩急有隱然之勢。今專務固結其心，愛養其力，庶幾一旦可共生死。」雲濠案：與朱子書一節，謝山稿從南軒集中摘録，標識「此節當移載傳内」，今爲補入。湖北故多盗，先生首劾大吏之縱賊者，捕斬奸民之舍賊者，令其黨得相捕告以除罪，羣盗皆遁去。會信陽守劉大辯怙勢希賞，先生劾請論罪，不報，即以不得其職求去，詔以右文殿修撰提舉武夷山沖佑觀。病革，猶手疏勸上親君子，遠小人，信任防一己之偏，好惡公天下之理。先生有公輔之望，卒年四十八，世咸惜之。先生爲人坦蕩明白，表裏洞然，詣理既精，信道又篤。其樂于聞道而勇于徙義，則又奮勵明決，無毫髪滯吝意。故其德日新，業日廣，而所以見于論説行事之間者，上下信之，至于如此。著有論語、孟子、詩、書、太極圖説，經世編年等書。嘉泰中，賜謚宣。景定初，從祀孔子廟庭。修。

宗羲案：湖南一派，在當時爲最盛，然大端發露，無從容不迫氣象。自南軒出，而與考亭相講究，去短集長，其言語之過者裁之歸于平正。「有子，考无咎」，其南軒之謂與！

藏園群書經眼録卷一四集部三　［近人］傅增湘

南軒先生文集四十四卷　宋張栻撰　存二十八卷

宋刊本，十行十七字，白口，左右雙闌，版心上記字數，下記刊工姓名，卷中貞、桓、敦、擴字缺末筆。刊工有鄭春、江漢、方中、方淳、方茂、方忠、徐大忠、江浩諸人。前朱元晦草書序七行。

鈐有「曲阿孫氏七峰山房圖籍私篆」長方朱文、「朱文石史」朱、「青霞館」朱、「曲阿仲子」朱各印。

按：是書缺一至四卷，三十三至四十四卷，共缺十六卷。當時進呈者以二十九至三十二各卷剜改爲一至四卷，以充完帙。沅叔。（丁卯七月查點故宫藏書所見。）

南軒先生文集四十四卷　宋張栻撰　存卷一至三

明初刊本，十二行二十字，黑口，四周雙闌。　鈐有「天禄琳琅」、「天禄繼鑑」、「乾隆御覽之寶」、「五福五代堂寶」、「八徵耄念之寶」、「太上皇帝之寶」各璽印。（壬戌）

南軒先生文集四十四卷 宋張栻撰

明刊本，十二行二十字，黑口，四周雙闌。前有朱元晦序。

此本失前後刻書序跋，未知何時所刻，然觀其雕刻風氣，當爲弘治時所刊。有人以朱筆校過，有跋：「南軒先生文集，宋張栻撰，此明初刻本，甚罕。辛巳秋叚宋本校，小題低三格。宋本每半葉十行，行十七字，白口，雙魚尾。昔見元刊半葉十二行，行二十字，黑口，與此同，惜存第七八兩卷。首尾鈐『乾隆御覽之寶』，『太上皇帝之寶』，『五福五代堂寶』，『八徵耄念之寶』，『天禄繼鑑』等璽。此明覆元本，完整如新，可珍也。南華館主識於燕京。」

鈐有「巢經簃藏書印」、「如皋沙元炳印」，又月河莫氏藏印數方，皆近人也。

按：此刻罕見，余藏明刊本二部，皆與此不同。沅叔記。（文禄堂書，辛巳歲暮取閱。）

新刊南軒先生文集四十四卷 宋張栻撰 △一一四〇六

明嘉靖元年劉氏翠巖堂慎思齋刊本，十二行二十三字，黑口，四周雙闌。前淳熙甲辰朱熹序，序後題「時皇明嘉靖壬午元年孟冬之月吉旦翠巖堂京兆劉氏慎思齋重新刊行」。序後小木記刊南軒小傳。次目録，目下題「翠巖劉氏慎思齋刊」。本書首葉題「翠巖堂慎思齋刊」，卷尾有「翠巖堂」三字陰文橫木記。按：此本壬子春得之上海，最爲罕見，其刻工頗似慎獨齋，蓋必刊於建寧，故一時風氣使然也。沅叔。

南軒先生文集四十四卷　宋張栻撰　△一一四〇七

明刊本，十行二十字，白口，四周雙闌。卷一首題「知州後學繆輔之刊」，是嘉靖時卭州刻本也。鈐有「葉氏菉竹堂藏書」、「曾在寶是堂」、「二褎收藏」各印。（鳳山遺書，已收。己巳三月）

南軒先生詩集七卷　宋張栻撰　△三九五

舊寫本，十二行二十字。目録後卷七下記云：「下有文集三十七卷不及盡録」，是仍從全集鈔出，非别有單行本也。鈐有「海寧陳鱣觀」朱、「鷃安校勘秘籍」朱、「吴騫幼字益郎」白各印。

末有「乾隆辛丑春日從海昌書舟得之藏於拜經樓」、緑筆題識一行。（吴仲懌家藏書，甲戌十月二十五日津估持以相示。）

藏園群書題記卷一五集部五宋别集類三校宋本南軒先生文集跋　［近人］傅增湘

宋刊本南軒先生文集，存卷五至三十二，凡二十八卷，舊爲清宫所藏，天禄琳瑯前、後目未經著録，今圖書館檢出，皮存於壽安宫。每半葉十行，每行十七字，白口，左右雙闌。前有朱子行書序，半葉七行。「貞」、「桓」、「敦」、「擴」皆缺末筆。刊工姓名列板心下方，有鄭春、江漢、江浩、方中、方淳、方茂、方忠、徐大中諸人。有「曲阿孫氏七峯山房圖籍私篆」長方朱文大印，「朱文石史」、「青霞館」、「曲阿孫仲子」朱文各印。昔人以卷二十九至三十二剜改爲第一至第四，以充全帙，當時典籍者竟未之察也。

余請於圖書館，持蜀中翻華刻本對勘，凡八日而畢。補卷五自西園登山五律一首，卷十一敬齋記一首，卷十道州重建濂溪周先生祠堂記脱文二十四行，卷三十答陳平甫書中條答五則。其文字詳略視世行本迥異者，爲潭州重修嶽麓書院記、經世紀年序、孟子講義序、胡子知言序各篇。其餘奪文訛字，殆不可計，余别撰校記存之，此不贅述也。丁卯七月十二日藏園居士記。時逭暑暘臺山清水院中。

宋槧南軒先生文集跋

［近人］昌彼得

南軒先生文集殘存二十八卷，宋張栻撰，宋寧宗間浙江刊本。版匡高二〇・八公分，寬一六・三公分，每半葉十行，小註雙行，行均十七字。左右雙欄，版心白口，雙魚尾。上魚尾下題「南軒集某（類）卷幾」，亦偶有省書名但題類名及卷數者；下魚尾下記每卷葉次，再下記刻工：鄭春、江漢、方中、方淳、方茂、吳津、江浩、方忠、徐大中等，或單記名或姓。宋諱「慎」、「敦」、「擴」諸字，偶缺末筆，不甚謹嚴。卷二第十一葉、卷六第三葉及第十八葉之後半葉、卷二五第十葉、卷二七第十三葉等四葉又半缺佚，乾隆中内府仿原式抄配。首冠淳熙甲辰（十一年）朱熹序及總目。每卷首行頂格大題「南軒先生文集卷第幾」，次行低二字題類目，第三行低四字題篇題，第四行起正文則頂格書。每卷末尾題以隔二行刻爲率，亦間有隔三、四行不等者。

栻字敬夫，號南軒，四川廣漢人，徙居衡陽，中興丞相魏國公浚長子。穎悟夙成，少師胡五峯宏，宏告以孔門論仁親切之旨，乃益自奮勵，以古聖賢自期，作希顔録以見志。以廕補官，除直秘閣。以劉珙薦知嚴州，改吏部員外郎，迭知袁州及静江、江陵二府。所至郡，大抵以正禮俗、明倫紀爲先，斥異端，毁淫祠，而崇社稷山川古先聖王之祀。調右文殿修撰提舉武夷山神佑觀，淳熙七年病卒，年僅四十八，謚曰宣。朱熹祭其文有云：「家傳忠孝，學造精微。外爲軍民之所屬望，内爲學者之所依歸。治民以寬，事君以敬，正大光明，表裡輝映」（朱文公集卷八七）。實足以表其一生之學問事功。熹又稱其「道學之懿，學世醇儒」（卷八一跋張敬夫所書城南書院詩），故宋史列之道學傳。栻一生事蹟具載朱熹所撰神道碑（朱子集卷八九）及楊萬里撰張左司傳（誠齋集卷一一五）。所著有南軒易説、癸巳論語解、癸巳孟子説、諸葛忠武侯傳、南軒文集等俱傳於世。南軒文集，宋世流傳凡有兩本，一本三十卷，見直齋書録解題著録，一本四十四卷，見趙希弁郡齋讀書志附志著録。

按朱子序稱：栻没之後，其弟杓裒得故藁四巨册，請朱子論定。朱子以其中所録多非晚年論定之作，乃訪得四方學者所傳數十篇，又益以平日往還書疏，於淳熙十一年定著爲四十四卷，尚未繕寫蒇事，而已有用别本摹印而流傳者。陳録所載之南軒集三十卷，殆即以張杓所輯之故藁别本而刻傳者。此三十卷本僅見於明季陳第世善堂及錢謙益絳雲樓兩家書目著録，後此未再見有收藏者。

朱子編定之四十四卷本，係依體分。卷一至三、古詩附詞、賦，四至七律詩，八表，九至十三記，十四至十五序，十六至十七史論，十八説，十九至廿八書，廿九至卅二答問，卅三至卅五題跋，卅六銘、箴、贊，卅七至四一墓誌，四二祝文，四三至四四祭文。熹曾序之，序文除冠傳世書首外，見載朱文公集卷七六。趙希弁云：「朱文公校定而爲之序，然紫巖碁圖跋語之類，皆不載於集中。」則是朱子於故藁有所刊削也。其本自元以降，遞經翻刻。四庫簡目邵懿辰標注謂路小洲家藏有元刊本，惟未見諸家著録。明代有弘治、嘉靖中京兆劉氏翠巖堂及明季繆輔之三家刻本，清代則有康熙中無錫華氏及道光、咸豐中四川兩次遞翻華氏本，明清諸刻本今俱傳世。南軒道學醇儒，故後世亦有輯其集中道學之文以單行者。可考者，最早有元初虚谷方回所輯南軒集抄，其本無傳，僅存方氏序文，載有桐江集卷一。於明則吴郡聶豹嘗輯南軒文集節要八卷，有嘉靖刻本傳世。於清則張伯行輯張南軒文集七卷，通行有正誼堂全書本。

宋代刻本僅清初季滄葦曾藏一帙，尚是四十四卷足本，載其書目，後代迄未見於諸家著録。本院所藏殘帙，則是天壤間僅存之宋槧。此本僅冠朱序，別無刻書序跋，不詳何人何時所梓。考其刻工中，如江浩、江漢、方茂、方淳、方忠諸人，俱見於寶禮堂及日本靜嘉堂藏淳熙三年嚴州官刻本通鑑紀事本末，復以書中避宋諱止於「擴」字，故吴君哲夫撰本院宋本圖録，定此本爲南宋寧宗時嚴州刻本。然考此本刻工方中及鄭春二人，又於孝宗時